A explicação do comportamento

FUNDAÇÃO EDITORA DA UNESP

Presidente do Conselho Curador
Mário Sérgio Vasconcelos

Diretor-Presidente / Publisher
Jézio Hernani Bomfim Gutierre

Superintendente Administrativo e Financeiro
William de Souza Agostinho

Conselho Editorial Acadêmico
Luís Antônio Francisco de Souza
Marcelo dos Santos Pereira
Patricia Porchat Pereira da Silva Knudsen
Paulo Celso Moura
Ricardo D'Elia Matheus
Sandra Aparecida Ferreira
Tatiana Noronha de Souza
Trajano Sardenberg
Valéria dos Santos Guimarães

Editores-Adjuntos
Anderson Nobara
Leandro Rodrigues

Charles Taylor

A explicação do comportamento
Com um novo Prefácio do autor e um novo Prólogo de Alva Noë

Tradução
Luiz Antonio Oliveira de Araújo

Revisão técnica
Ivan Ferreira da Cunha

editora
unesp

© 1964, 2021 Charles Taylor
Prefácio © 2021 Charles Taylor
Prólogo © 2021 Alva Noë

Todos os direitos reservados. Tradução autorizada da edição em língua inglesa publicada pela Routledge, membro da Taylor & Francis Group.

© 2024 Editora Unesp

Título original: *The Explanation of Behaviour*

Direitos de publicação reservados à:
Fundação Editora da Unesp (FEU)
Praça da Sé, 108
01001-900 – São Paulo – SP
Tel.: (0xx11) 3242-7171
Fax: (0xx11) 3242-7172
www.editoraunesp.com.br
www.livrariaunesp.com.br
atendimento.editora@unesp.br

Dados Internacionais de Catalogação na Publicação (CIP) de acordo com ISBD
Elaborado por Vagner Rodolfo da Silva – CRB-8/9410

T238e	Taylor, Charles
	A explicação do comportamento / Charles Taylor; traduzido por Luiz Antonio Oliveira de Araújo; revisão técnica de Ivan Ferreira da Cunha – São Paulo: Editora Unesp, 2024.
	Tradução de: *The Explanation of Behaviour*
	Inclui bibliografia.
	ISBN: 978-65-5711-172-7
	1. Filosofia. 2. Antropologia filosófica. 3. Crítica do behaviorismo. I. Araújo, Luiz Antonio Oliveira de. II. Título.

2023-2088   CDD 100
                                                    CDU 1

Editora afiliada:

Asociación de Editoriales Universitarias de América Latina y el Caribe

Associação Brasileira de Editoras Universitárias

PARA ALBA

Sumário

Prólogo 9
Prefácio 17

Parte 1 – Explicação pelo propósito
  1 Propósito e teleologia 27
  2 Ação e desejo 55
  3 Intencionalidade 91
  4 A linguagem dos dados 113
  5 O problema da verificação 145

Parte 2 – Teoria e fato
  6 Os determinantes do aprendizado 161
  7 O que se aprende? 193
  8 Orientação espacial 225
  9 A direção do comportamento 271
  10 Os fins do comportamento 301
  11 Conclusão 363

Referências bibliográficas 371
Índice remissivo 381

Prólogo

A filosofia, como a arte, quando é séria e vital, não se desatualiza; mas, à medida que a situação muda, as fontes do seu significado também podem variar. Isto se aplica ao livro que você está lendo agora. Quando *A explicação do comportamento* foi publicado em 1964, o behaviorismo ainda era a abordagem dominante na psicologia acadêmica (especialmente nos Estados Unidos), e isso apesar da crítica negativa de Chomsky ao *Comportamento verbal* de Skinner cinco anos antes.[1] Ataque não é uma palavra excessivamente dura para descrever a intensidade de bate-estacas da desmontagem de Taylor dos absurdos do behaviorismo (na segunda metade do livro); o estilo contido de alta filosofia analítica em que o livro está escrito não oculta isso de modo algum.

Mas os leitores filosóficos pouco interessados em exumar os restos do behaviorismo ou em compreender melhor sua ascensão e queda precisarão enxergar além da preocupação superficial do livro com o behaviorismo para vislumbrar o seu verdadeiro interesse. E este é um tema não menos importante hoje do que era então, ou seja,

---

[1] Chomsky, "A Review of B. F. Skinner's *Verbal Behavior*", *Language*, v.35, n.1, p.26-58, 1959.

a questão de saber se é possível fazer essa coisa que chamamos de ciência quando nós mesmos somos o seu objeto de estudo. Seria injusto dizer que a proposição de que a psicologia científica, ou a neurociência, ou a ciência cognitiva são pelo menos *possíveis* é um dogma da visão científica do mundo. Melhor seria dizer que essa afirmação é o resultado básico de um compromisso anterior com a própria racionalidade. Se podemos fazer perguntas, ora, então podemos usar os métodos da ciência – a coleta e a filtragem de evidência, o teste de hipóteses – para alcançar respostas. E o projeto de uma ciência do humano ou o de uma antropologia rigorosa ainda enfrenta obstáculos imensos e muito conhecidos. Estes têm a ver com a consciência e a subjetividade, o valor, a liberdade e a cultura, que se recusam, pelo menos até agora, a se deixar arregimentar pelo que muitas vezes se julga a exigência de uma visão científica do mundo, ou seja, do Materialismo Redutivo.

É justamente nisso que *A explicação do comportamento* de Taylor está interessado; é nisso que os seus livros recentes sobre o realismo na ciência e sobre a linguagem[2] continuam interessados quase meio século depois. E é graças ao seu envolvimento com esse tema, inigualável no valor final, que *A explicação do comportamento* recomenda a si mesmo aos leitores contemporâneos.

Mas há outras considerações que também se podem mencionar. Os livros de filosofia criticando a ciência existem às dúzias. Livros que conseguem fazê-lo de modo que se pode esperar, ou ainda se exigir, que os próprios cientistas prestem atenção são muito mais raros. Dois exemplos marcantes disso são *A consciência explicada* (1991), de Dennett, e, naturalmente, *Fenomenologia da percepção*, de Merleau-Ponty (1945/1964). Ora, a obra de Taylor é desse tipo. Eu estremeço ao pensar como seria estar no lugar de um dos pensadores que estiveram sob o seu exame inflexível e incansável na *segunda*

---

[2] Dreyfus; Taylor, *Retrieving Realism*; Taylor, *The Language Animal: The Full Shape of the Human Linguistic Capacity*.

parte do livro. Mas convém notar outras conexões entre Taylor e essa dupla de autores.

Consideremos em primeiro lugar que a perspectiva e as ideias do filósofo de Oxford Gilbert Ryle, cujo *Conceito de mente* foi publicado em 1949, nunca estão longe da superfície de *A explicação do comportamento*; e Ryle, cuja influência sobre todo o campo era enorme, viria a ser o mentor de Dennett em Oxford nos anos imediatamente seguintes à publicação do livro de Taylor. As próprias observações de Taylor (p.101) sobre os "sistemas intencionais", isto é, sobre os sistemas cuja inteligibilidade exige vê-los com um olho nos seus próprios propósitos, quase chegam a antecipar não só a terminologia de Dennett como também os elementos centrais da sua teoria.

O ataque de Taylor ao behaviorismo é surpreendentemente ryliano. Por exemplo, ele se concentra na confiança tácita do behaviorismo em uma concepção do mental como oculto e interior e, assim, como fora do alcance da ciência empírica. A ciência, tal como crê o behaviorista na análise de Taylor, confina-se ao estudo do "movimento incolor" porque a própria mente é supostamente inacessível à observação direta e ao experimento controlado. É esclarecedor – e irônico – lembrar que o behaviorismo deixa intacto e, na verdade, depende justamente do modo de pensar na nossa vida mental que ele tão seriamente almeja desacreditar. E, nisso tudo, é difícil não recordar o famoso ataque de Ryle ao cartesianismo e ao "Fantasma na Máquina".[3]

Quanto a Merleau-Ponty, consideremos o seguinte: *A fenomenologia da percepção* não é citada, pelo menos nas que conheço, em *nenhuma* das principais obras sobre linguagem, percepção ou mente publicadas por filósofos ou outros cientistas que escrevem em inglês nas quatro ou cinco décadas posteriores à sua publicação na França no fim da Segunda Guerra Mundial. Para citar apenas alguns dos

---

[3] Ryle, *The Concept of Mind*.

autores cujos livros ou artigos *não* mencionam Merleau-Ponty: Ryle, Austin, Quine, Putnam, Davidson, Kenny, Chomsky, Strawson, Marr, Fodor, Gibson, Dennett e Cavell. Poderíamos incluir Wittgenstein e Carnap para completar, embora os seus escritos mais importantes não estivessem em inglês.

A exceção a essa desatenção geral é o livro que agora está diante dos seus olhos, o qual, por acaso, foi publicado no mesmo ano em que o grande livro de Merleau-Ponty finalmente foi traduzido para o inglês. *A explicação do comportamento*, ainda que não fosse de modo algum sobre Merleau-Ponty – ele só é mencionado algumas vezes em notas de rodapé –, é, pode-se dizer, muito bem informado pela percepção e o espírito deste. Há ecos de Merleau-Ponty na escavação de Taylor do empirismo subjacente que motiva o behaviorismo e que convenceu a tantos de que *unicamente* o behaviorismo, com a sua recusa redutiva a tolerar objetivo, propósito, intenção, muito menos consciência ou desejo, tinha alguma chance de subir ao nível de ciência rigorosa. Tal como Merleau-Ponty, Taylor argumenta que não podemos explicar o que importa para as pessoas ou os animais nem por que eles fazem o que fazem, nos termos da associação regular nomológica de meros elementos, sejam eles concebidos como estímulos físicos e movimentos corporais, ou como sensações. E pelo simples motivo de que é apenas contra o fundo do que já é relevante e importante que podemos escolher o que pode servir como estímulo, resposta ou sensação, em primeiro lugar. A análise minuciosa de Taylor (no Capítulo 7) das fúteis tentativas de restringir e definir o que pode valer como estímulo ou sugestão esclarece esse ponto.

Ou tome-se o fenômeno discutido no capítulo-chave sobre "Orientação espacial". Para o behaviorista, o comportamento orientado do animal – saber como chegar a um objetivo, por exemplo, é explicado supondo que ele parta de associações aprendidas de estímulo e resposta. O animal aprende a ir para a direita em um momento e para a esquerda em outro. Mas isso não capta o fenômeno a ser explicado. A orientação genuína, insiste Taylor – e

Merleau-Ponty poderia afirmar a mesma coisa –, não é tão particular, determinada e explícita assim. É aberta e flexível. Como escreve Taylor: "Ser orientado [...] é ser capaz de prescindir de direções, ou melhor, de saber mais do que pode ser registrado em qualquer lista de direções" (p.231). Saber o seu caminho em um labirinto, ou numa caixa, ou num campo, ou no que for, "é uma capacidade mais geral de se locomover, de ir de qualquer ponto a qualquer outro ponto do ambiente". Isso "não se pode expressar em uma lista de fatos conhecidos sobre o ambiente". E, igualmente importante, não é uma forma de "saber que", como nota Taylor, entrelaçando esses *insights* de Merleau-Ponty com os de Ryle, e sim uma espécie de "saber-como" (p.230). Surpreendentemente, como demonstra a análise de Taylor, o relato behaviorista fica aquém não só quando se trata de seres humanos como também nos seus esforços para compreender a mente dos ratos.

E quando Taylor argumenta, no Capítulo 2, que o desejo não é somente intencional, no sentido do filósofo, mas que também é *motivado*, por assim dizer, podemos detectar mais desse entrelaçamento produtivo de temas filosóficos analíticos com *insights* da fenomenologia. O disposicionalismo de Ryle – em si uma variação do tema do behaviorismo, embora não redutivo – informa a ideia de Taylor de que o desejo e o seu objeto não estão em uma relação, por assim dizer, de correlação contingente. O desejo é por água; se este não fosse o seu alvo, não seria o desejo que é. Mas essa observação tem um resultado crucial sobre como pensamos a explicação do comportamento. Taylor argumenta que é o seu próprio desejo por água que explica por que você bebe; você não precisa de mais explicações de como ou por que o desejo consegue motivá-lo ao comportamento de beber; aqui não há, literalmente, nenhum espaço para mais explicações, causais ou de outra natureza. O que *precisaria* de explicação seria o fato de uma pessoa desejar água, mas não beber a água que está diante dela. Ora, essa ideia de que o desejo é, por assim dizer, intrinsecamente motivador está intimamente relacionada com o pensamento de Merleau-Ponty, segundo o qual o corpo e as nossas atitudes são regidos por formas precognitivas de intencionalidade, como o que ele chamou de "intencionalidade motora" (*motricité*). Crucialmente, para Merleau-Ponty, em geral não precisamos nem podemos abrir espaço para o apelo à deliberação, ao pensamento ou ao planejamento a fim de preencher a lacuna entre o desejo e a ação.

Taylor também apela, em diferentes momentos, para o que considero o princípio da primazia da situação. Com isso, vai além da conhecida observação de que o que mais importa para a explicação do comportamento, geralmente de qualquer maneira, não é como as coisas são, e sim como elas são *para* o animal, como o animal as considera, ou seja, o que Taylor chama de "ambiente intencional". Pois ainda há uma pergunta sobre como esse ambiente intencional entra em ação e orienta o comportamento. A sugestão de Taylor – e, uma vez mais, este é um *insight* com uma contraparte na obra de Merleau-Ponty – é que, embora os animais e as pessoas ajam por desejo e crença, na verdade, muito do que fazemos é menos regido pela nossa própria agência do que *exigido* ou solicitado pela situação em que nos encontramos. Ou melhor, para não opor agência e capacidade de resposta hábil ao que a situação exige, devíamos dizer, com Taylor, que muitas vezes a nossa agência consiste apenas nesse tipo de disposição para agir à luz da situação em que nos encontramos. E, uma vez mais, isso vale tanto para os ratos quanto para as pessoas. Fundamentalmente, uma situação nunca é somente um *locus* de estímulos; é, para o animal, um campo de significado e oportunidade nunca totalmente explícito, mas manifesto.

Na sobrecapa da primeira edição de *A explicação do comportamento*, Anscombe observa que a primeira parte do livro, a parte filosófica, "ostenta a mais notável compreensão da situação filosófica contemporânea e das suas raízes históricas [...] Há também uma satisfatória ausência dos tons e atitudes de qualquer escola filosófica específica". A julgar por isso, talvez fosse moda na época, nos intercâmbios filosóficos em publicações, proceder sem grande menção explícita aos pontos de vista dos colegas aos quais se responde ou nos quais se inspirou. E isso pode explicar por que o envolvimento de Taylor com outros filósofos, como Ryle e Merleau-Ponty, muitas vezes não era referido.

Outro exemplo de uma presença filosófica não divulgada é Wittgenstein, especialmente em relação com o tema crítico do *ordinário*. Como um tópico, o ordinário aparece em *A explicação do comportamento* de dois modos distintos. Em primeiro lugar, Taylor se pergunta se a possibilidade de uma bem-sucedida explicação não teleológica do comportamento humano ameaçaria, minaria ou deslegitimaria os nossos modos ordinários de explicar o comportamento em termos de propósitos e da nossa sensibilidade para o que as situações exigem de nós. Em segundo lugar, ele compara com frequência os estilos ordinários de pensamento e fala com os do behaviorista, ou com o que nos é permitido dizer na sancionada linguagem do "behaviorês". Aqui a questão se complica e chega a beirar o político. Qual é a base do nosso conhecimento putativo do que é ordinário? Acaso se trata de algo que aprendemos por introspecção? Com que autoridade podemos afirmar, como faz Taylor, que o pensamento e a fala ordinários sobre o comportamento são teleológicos? E quem somos *nós* afinal? Os leitores do livro de Taylor que estão, por assim dizer, ao alcance do som da sua voz? A cultura maior? Todas as pessoas em toda parte? Essas questões não são colocadas em *A explicação do comportamento*, conquanto surjam muitas vezes na recepção de Wittgenstein e na chamada "filosofia da linguagem ordinária", assim como na obra posterior de Taylor, na qual a noção de *hermenêutica* passa a desempenhar um papel cada vez mais importante. Portanto, seria conveniente aconselhar os leitores a ficarem atentos aos usos do mundo "ordinário".

Estudantes de pós-graduação e docentes em início de carreira muitas vezes são obrigados a ler de olho em um prêmio comparável à extração de uma pepita que eles podem usar no próximo artigo. Não é muito frequente nos permitirmos a oportunidade de apenas ler e permitir que o autor nos leve na sua viagem. Mas fazê-lo pode ser valioso. Recomendo que os leitores deem um jeito de fazer tal coisa aqui com o livro de Taylor. É um livro certamente jovial; a primeira tentativa de traçar um caminho a seguir; mas, retornando ao tema com o qual comecei, também é uma oportunidade de uma descoberta inteiramente nova de onde pensamos estar agora.

Alva Noë
2020

Referências

CHOMSKY, Noam. A Review of B. F. Skinner's *Verbal Behavior*. *Language*, v.35, n.1, p.26-58, 1959.

DENNETT, Daniel C. *Consciousness Explained*. Boston, MA: Little Brown, 1991.

DREYFUS, Hubert; TAYLOR, Charles. *Retrieving Realism*. Cambridge, MA: Harvard University Press, 2015.

MERLEAU-PONTY, Maurice. *The Phenomenology of Perception*. Londres: Routledge, 1945-1964. [Ed. bras.: *Fenomenologia da percepção*. São Paulo: WMF Martins Fontes, 2011.]

RYLE, Gilbert. *The Concept of Mind*. Londres: Penguin, 1949.

SKINNER, B. F. *Verbal Behavior*. Nova York: Appleton-Century-Crofts, 1957. [Ed. bras.: *O comportamento verbal*. São Paulo: Cultrix; Edusp, 1978.]

TAYLOR, Charles. *The Language Animal*: The Full Shape of the Human Linguistic Capacity. Cambridge, MA: Harvard University Press, 2016.

Prefácio

Estou muito satisfeito porque este livro, cuja base foi a minha tese de doutorado, será novamente publicado na Série Routledge Classics.

Na verdade, este livro foi uma intervenção em um debate importante que vem sendo travado há muito tempo e pode jamais chegar a uma conclusão final de consenso. Trata-se do debate entre os que acreditam que um relato adequado da vida humana, da sua evolução e do seu desenvolvimento histórico pode ser feito em termos (atomísticos e mecanicistas) de ciências naturais pós-galileanas, e os que sustentam que essa tentativa é fatalmente falha. Trata-se de uma disputa entre os que sustentam que o conhecimento realmente válido deve tomar forma "científica", cujos paradigmas se encontram nas ciências da natureza, e os que acreditam que nenhuma explicação adequada do ser humano pode desconsiderar ou deixar de lado os objetivos e as conquistas que nós buscamos, e os autoentendimentos com os quais lutamos, nenhum dos quais pode encontrar lugar em uma ciência construída sobre esses paradigmas.

Minha tese era (e continua sendo) que os propósitos e a autocompreensão – nos termos deste trabalho, teleologia e intencionalidade – não podem ser ignorados nas ciências da vida humana, sob pena de esterilidade e, enfim, fracasso. A meta é "reduzir" os complexos pensamentos, sentimentos e atos culturalmente definidos para explicações em termos de blocos de construção aceitáveis de uma ciência materialista: estímulos e respostas motoras, quando se trata de "comportamento"; as operações dos programas de computador como suposta base do pensamento; a replicação do DNA a traçar a continuidade ao longo da história dos "genes egoístas" e de outros que tais.

Mas faz parte da natureza desse debate ser travado em torno a diferentes projetos redutivos. No início, fazem-se reivindicações exageradas e abrangentes para o novo projeto: todas as ações animadas serão explicadas por vínculos estímulo-resposta construídos pelo "hábito", todo pensamento será explicado por programas de computador autocorretivos a operarem no cérebro como computador, toda hereditariedade pelos genes egoístas. Muito entusiasmo é gerado por essas perspectivas fascinantes. Mas, com o passar do tempo, os problemas se desenvolvem, as dificuldades se repetem, as hipóteses demasiado simples não dão certo e surgem dúvidas.

Por fim, chega-se a um ponto de crise no qual o projeto é abandonado ou, pelo menos, engavetado indefinidamente. Mas, para que esse movimento aconteça, tem de haver uma alternativa no horizonte. Pois, na verdade, essas duas perspectivas filosóficas (também se pode dizer: temperamentos – o redutivo e o humanístico) são vastamente compartilhadas. Os reducionistas não podem se afastar de determinado programa a menos e até que um substituto dele desponte no horizonte. E, na realidade, o que aconteceu em certo momento da década de 1960 foi a ascensão da moda dos computadores como modelos da mente, coisa que criou o pano de fundo para o abandono em massa do behaviorismo de Hull-Skinner, e os estudiosos mais jovens entraram na onda.

A explicação do comportamento (*AEdoC*) foi publicado em 1964, justamente nessa transição crítica! Coisa que talvez pareça me colocar no papel do galo lendário que não podia deixar de acreditar que o seu canto fazia o sol nascer. Mas, *naturalmente*, eu nunca *pensei* assim – bem, não durante muito tempo. (O verdadeiro golpe de misericórdia na antiga teoria foi administrado por Noam Chomsky na sua famosa crítica do livro de B. F. Skinner sobre a linguagem, *Verbal Behavior* [Comportamento verbal], depois da qual o behaviorismo foi reduzido a frangalhos.)

AEdoC foi o meu primeiro livro, mas não é um livro único, porque as questões em torno à ciência humana e às condições de uma explicação não redutiva adequada da ação humana continuaram a me preocupar durante toda a minha vida. Essas questões assumem formas diferentes em contextos disciplinares diferentes, mas há uma analogia óbvia entre os debates nesses lugares diferentes.

A minha posição sobre tudo isso inspirou-se desde o começo na tradição fenomenológica e, em particular, na obra de Maurice Merleau-Ponty. A sua influência é evidente em *AEdoC*. O modelo foi estabelecido por *La Structure du comportement* e *La Phénoménologie de la perception*, que unem as descobertas filosóficas e experimentais para fazer seus pontos principais.

Mais tarde, dei comigo no Departamento de Ciência Política, onde as questões acerca da natureza e do método das ciências sociais se tornaram inevitáveis. E as analogias com as questões tratadas em *AEdoC* eram inteiramente óbvias. Não que alguém estivesse propondo tomar emprestadas as teorias da ciência natural e explicar a ação humana em termos de estímulo-resposta. Mas se difundia a ideia de que a explicação da ação política tinha de invocar interesses concretos tangíveis. Essa era uma abordagem muitas vezes caracterizada como "materialista", termo esse que teve um papel central na variante marxista, mas a noção de "interesse" geralmente tinha um papel central na obra de cientistas políticos que eram virulentamente antimarxistas.

Porém, mesmo onde o reducionismo estava longe de ser grosseiro, havia uma tendência geral a evitar as tentativas de explorar em profundidade os diferentes autoentendimentos dos atores políticos ou de examinar em profundidade as diferentes culturas políticas que hoje operam em diferentes países.

O que chamo de "culturas políticas" são entendimentos compartilhados das instituições e práticas aceitas de uma sociedade. Posteriormente, cunhei a expressão "imaginários sociais" para designar esses entendimentos compartilhados. Mas o problema é que eles geralmente são pouco teorizados ou, em outras palavras, não são suficientemente articulados. O excelente trabalho de Irving Goffman, por exemplo, mostra quanto do que acontece nas trocas cotidianas se baseia no entendimento tácito, que não se encontra claramente formulado em nenhum lugar.

O resultado é que sondar a natureza desses entendimentos implícitos exige que se tente enunciá-los muitas vezes em termos que os agentes não reconheceriam imediatamente. Aqui, as aptidões e as práticas são mais bem mostradas no trabalho de etnógrafos habilidosos. Mas não há garantia de que vamos acertar as coisas. De fato, poderíamos até dizer que não existe algo como acertar as coisas definitivamente, no sentido de que, possivelmente, não se poderia obter nenhuma melhora.

Aqui estamos às voltas com o que a tradição fenomenológica chama de "interpretação" ou "hermenêutica", e esta é uma prática capaz de produzir genuíno *insight* genuíno, mas que nunca pode afirmar que chegou a uma versão final impossível de se melhorar. Uma das principais etapas do meu pensamento veio com a redação de um artigo, cinco anos depois da publicação de *AEdoC*, denominado "Interpretation and the Sciences of Man" [Interpretação e as ciências do homem] (ao qual eu hoje daria um título de gênero neutro, mas 1970 ainda estava na era ignorante, na qual a necessidade disso não era amplamente reconhecida).

Aqui os *insights* me vieram da tradição fenomenológica, porque foram pensadores dessa linhagem que desenvolveram as ideias-chave: Heidegger, Gadamer, Ricoeur.

Por que acho a "virada hermenêutica" importantíssima? Porque, na sua ausência, os teóricos sociais e políticos são tentados a lidar com universais artificiais, processos de sociedades diferentes agrupados sob um único nome, que, na verdade, são muito diferentes, porque, mesmo se os agentes envolvidos usarem o mesmo vocabulário, ou termos que são considerados traduções uns dos outros, as verdadeiras autocompreensões podem ser muito diferentes de uma cultura para outra, e as generalizações que fazemos só podem causar espanto por sua incorreção.

Duas áreas de que participei na tentativa de mostrar isso são: teoria da "modernização" e (como um componente desta) "secularização".

No fim do século XX, a moda da política comparativa para uma "teoria da modernização" universal estava no auge. O movimento na história mundial era rumo a sociedades economicamente desenvolvidas, geográfica e socialmente móveis, altamente urbanizadas, "seculares" (só para citar algumas das principais características), e, como essas sociedades pertenciam historicamente a civilizações diferentes, isso representou uma convergência em direção a uma semelhança muito maior. "Modernização" era o nome do processo que causou (ou está causando) isso, e acontece em civilizações diferentes em tempos diferentes, mas traz o mesmo resultado, e, como processo, é muito semelhante em toda parte.

Mas, quando se olha mais de perto para as sociedades reais, "em desenvolvimento" e "desenvolvidas", que constituem o nosso mundo, fica evidente que diferenças importantes persistiram, juntamente com as convergências supramencionadas. Na verdade, a própria noção de "desenvolvimento", que subjaz à classificação crucial que acabamos de invocar, também poderia nos cegar para diferenças importantes.

O necessário era o reconhecimento das "modernidades alternativas", ideia desenvolvida pelo Centro de Estudos Transculturais, com o qual venho trabalhando há 35 anos. (E um grupo em torno à obra fértil de Shmuel Eisenstadt desenvolveu uma concepção semelhante de "Múltiplas Modernidades".)

Quanto ao segundo conceito mencionado, "secularização", poder-se-ia argumentar que uma homogeneização infundada semelhante foi aqui imposta pela ciência social ocidental. Isso foi pensado muitas vezes para ser um processo único, acontecendo em um ritmo diferente e ocorrendo em diferentes países em momentos diferentes, mas fundamentalmente o mesmo. O resultado foi uma imagem muito centrada no Ocidente: nós, ocidentais, fomos os pioneiros, e os outros seguiram depois, às vezes com relutância, na nossa esteira.

Considerando que me parecia evidente, embora houvesse analogias entre os desenvolvimentos religiosos (ou antirreligiosos) em diferentes civilizações, os termos em que foram levados a cabo e as dinâmicas envolvidas eram bem diferentes. O modo de proceder seria tentar um estudo da secularização em uma civilização (e talvez mesmo isso fosse demasiado amplo, porque também havia diferenças importantes em qualquer grande civilização), e então contrastar essa imagem com o que se passou em outros lugares e construir uma imagem mais geral a partir de uma combinação desses estudos mais limitados.

Essa foi a ideia que me precipitou na redação de *Uma era secular*, que se concentrou deliberadamente no que ocorreu na sociedade ocidental, mais precisamente em (algumas das) sociedades que surgiram da cristandade latina da Idade Média. Esse foi um exercício de hermenêutica e tem toda a vulnerabilidade desse ramo do conhecimento. De acordo com o que eu disse acima acerca da hermenêutica, ele não pretende ser definitivo. Pelo contrário, sei que há muito mais a dizer e que o quadro será muito alterado por essas novas contribuições.

O meu livro mais recente, *The Language Animal* [O animal de linguagem], explora outra faceta do mesmo grupo de questões. As teorias reducionistas da vida e do desenvolvimento humanos sempre viram a linguagem como essencialmente importante devido à sua função de codificação, gravação e comunicação de informações. Os primeiros pioneiros modernos da teoria da linguagem que precederam, se sobrepuseram e contribuíram para o Iluminismo – Hobbes, Locke e Condillac – estavam muito enfocados no modo como a linguagem contribuiu para – na verdade possibilitou – o desenvolvimento da ciência. E esse foco persiste nos herdeiros dessa tradição, que se pode encontrar nas linhagens pós-fregianas da filosofia analítica contemporânea.

Não quero de modo algum contestar a importância dessa função da linguagem e a maneira como ela se desenvolveu e foi aprimorada mediante a lógica e a filosofia. Mas a linguagem tem outros papéis cruciais na vida humana, que têm sido explorados em uma tradição alternativa da filosofia proveniente do romantismo alemão, e na qual as figuras importantes são Hamann, Herder e Humboldt (e, no século XX, Heidegger). A linguagem é decisiva para a intimidade dos seres humanos; nós promovemos a intimidade e também mantemos a distância no modo como falamos uns com os outros. Mas, em um nível social mais amplo, a linguagem que usamos também cria ou sublinha hierarquias. Recordemos que, em muitos idiomas, a linguagem se apoia na distinção entre o tratamento íntimo e o formal (a distinção *tu/vous* ou *du/Sie*).

Sem falar no papel da literatura e da arte; nem na importância da narrativa para a nossa compreensão de nós mesmos.

Aqui há vastos campos a explorar e que precisam ser integrados à nossa teoria da linguagem e, por conseguinte, à nossa compreensão de nós mesmos como "animais possuidores de linguagem", a definição do humano oferecida por Aristóteles.

Essa descrição dos meus escritos faz-me parecer um monomaníaco. E talvez haja alguma verdade nisso. Mas, em todo caso, é preciso deixar claro que *AEdoC* me iniciou em um caminho que me levou a muitos destinos dos quais eu tinha pouca ideia na época, mas, em retrospectiva, formam um único itinerário por muitos lugares diferentes. Estou muito satisfeito pelo fato de o livro estar novamente disponível, coisa que agradeço à Routledge.

A minha obra encaixou-se principalmente naquilo que chamamos de "ciências humanas", as quais poderíamos caracterizar grosseiramente como as disciplinas em que a cultura e, particularmente, as diferenças culturais desempenham um papel óbvio: a história política, a teoria social, a religião, a linguística e outras que tais. Mas uma área central, na qual a disputa entre as duas perspectivas contrastantes tem sido discutida a fundo, está nas ciências biológicas ou da vida. Esta decerto é a área em que a postura reducionista pode parecer mais plausível.

Como não me sinto competente para intervir aqui, me inspirei muito na obra de Evan Thompson, Denis Noble e Lenny Moss.

Mas, uma vez eliminada a presunção reducionista, abre-se o caminho para uma explicação hermenêutica das culturas humanas, e é aqui que importantes descobertas ainda precisam ser feitas.

Charles Taylor
2020

Parte 1
Explicação pelo propósito

1
Propósito e teleologia

Costuma-se dizer que o comportamento humano ou o dos animais ou até o dos organismos vivos em geral é, de algum modo, fundamentalmente diferente dos processos na natureza estudados pelas ciências naturais. Essa oposição é expressa de várias maneiras. Dizem, às vezes, que o comportamento dos seres humanos e dos animais mostra uma intencionalidade que não se encontra em nenhum outro lugar da natureza, ou que tem um "significado" intrínseco que os processos naturais não têm. Ou dizem que o comportamento dos organismos animados exibe uma ordem que não se pode explicar pelo "acidente cego" dos processos na natureza. Ou ainda, para traçar um círculo mais estreito, dizem que os seres humanos e alguns animais são conscientes e dirigem o seu comportamento de um modo que não encontra análogo na natureza inanimada, ou que, especificamente em um relato de assuntos humanos, conceitos como "significado" e "valor" têm um papel singularmente importante que lhes é negado nas ciências naturais.

A essa visão se opõe a opinião de muitas outras pessoas, especialmente dos estudiosos das ciências do comportamento humano, segundo a qual não há diferença em princípio entre o comportamento dos organismos animados e quaisquer outros processos na natureza, e aquele pode ser explicado do mesmo modo que este por leis relativas a fenômenos físicos, e a introdução de noções como "propósito" e "mente" só servem para confundir. Esse é, em particular, o ponto de vista da escola do pensamento amplamente difundida na psicologia conhecida como "behaviorista".

Ora, a questão entre essas duas ópticas é de importância fundamental e perene para a frequentemente chamada antropologia filosófica, o estudo das categorias básicas nas quais o ser humano e o seu comportamento devem ser descritos e explicados. É supérfluo demonstrar que essa questão é central para qualquer ciência do comportamento humano – caso tal ciência seja possível. Mas isso não esgota de modo algum a sua importância. Pois ela também é central para a ética. Assim, há um tipo de reflexão ética, exemplificada na obra de Aristóteles, que tenta descobrir o que os homens devem fazer e como devem se comportar por um estudo da natureza humana e dos seus objetivos fundamentais. Trata-se da tentativa de elaborar isso que se costuma chamar de "humanismo". A premissa subjacente a essa reflexão, que não se restringe de modo algum aos filósofos, é que existe uma forma de vida superior ou mais propriamente humana do que as outras, e que a intuição imprecisa do homem comum nesse sentido pode se justificar na sua substância ou então ser corrigida no seu conteúdo por uma compreensão mais profunda da natureza humana. Mas essa premissa desaba uma vez que se mostre, caso se mostre, que o comportamento humano não pode ser explicado em termos de objetivos ou propósitos, mas deve ser explicado com base em princípios mecanicistas; pois então se demonstrará que o conceito de objetivos humanos fundamentais ou um modo de vida mais consoante com os propósitos da natureza humana – ou até a noção existencialista de que os nossos objetivos básicos são escolhidos por nós mesmos – não têm aplicação.

Uma premissa semelhante, segundo a qual se pode identificar um propósito ou um conjunto de propósitos intrinsecamente humanos, subjaz a toda reflexão – filosófica ou não – acerca do "significado" da existência humana, e ela também desabaria se a tese mecanicista se mostrasse válida.

Essas breves observações, que ainda não esgotam as ramificações da questão, bastam para mostrar por que ela tem sido do interesse perene de filósofos e leigos. Entretanto, apesar disso, ou talvez por isso, ela ainda aguarda resolução. Podemos tentar explicar isso simplesmente alegando falta de provas. As ciências do homem ainda estão na infância, mas esta não pode ser toda a explicação. Na verdade, ela parece simplesmente nos colocar diante da mesma questão com outra forma. Pois poderíamos dizer, com a mesma verdade, que as ciências do homem, e especialmente a psicologia, estão na infância porque essa questão permanece sem solução. Portanto, não basta simplesmente invocar a pesquisa. Na realidade, o problema é mais profundo: primeiro, temos de saber onde procurar. E, quando nos fazemos *essa* pergunta, percebemos que estamos, de fato, bem desnorteados.

A verdade é que nunca houve acordo entre os filósofos ou os outros estudiosos sobre o que está em jogo aqui, isto é, sobre o significado da afirmação de que o comportamento humano é intencional ou, o que é a mesma coisa, sobre qual é a prova relevante que decidiria a discussão. Para começar, de fato, nem mesmo se aceita geralmente que se trata de encontrar provas, pois alguns pensadores sustentam que a questão não é de modo algum empírica e sim que pode ser decidida simplesmente pelo argumento lógico.

Essa confusão pode nos tentar a dizer que a questão é insolúvel ou até que é uma pseudoquestão. Mas essa "solução" radical teria de ser estabelecida por algum argumento sobre a natureza da suposta questão envolvida. Antes de finalmente virarmos as costas para o assunto desse modo, vale a pena tentar uma vez mais definir o que está em jogo. Isso é o que tentaremos fazer na primeira parte deste livro.

1. Explicação teleológica

Afinal, o que significa dizer que o comportamento humano ou animal é proposital? O fundamental nessa afirmação parece ser a visão de que a ordem ou padrão visível no comportamento animado é radicalmente diferente daquele visível em outro lugar da natureza, pelo fato de ser em certo sentido autoimposto; a própria ordem é, de algum modo, um fator na sua própria produção. Esta parece ser a força da rejeição do "acidente cego": a prevalência da ordem não pode ser explicada por princípios a ela ligados apenas casual ou "acidentalmente", por leis cuja operação nela resulta só contingentemente, mas tem de ser explicada nos termos da própria ordem.

A questão, então, talvez possa ser formulada da seguinte maneira: os fatos produtores da ordem nos seres animados devem ser explicados não nos termos de outras condições antecedentes desconectadas, mas nos termos da própria ordem que eles produzem. Esses fatos ocorrem devido ao que deles resulta ou, para dizê-lo de modo mais tradicional, ocorrem "por causa da" situação que se segue. E, claro está, isso faz parte do que se entende pelo termo "propósito" quando é invocado na explicação. Pois explicar pelo propósito é explicar pelo objetivo ou resultado almejado "por causa do" qual se diz que o fato ocorre.

A explanação que invoca o objetivo em virtude do qual ocorre o *explicandum* geralmente é chamada de explicação teleológica, e, assim, pelo menos parte do que queremos dizer quando afirmamos que o comportamento humano ou animal é proposital é que ele deve ser explicado por uma forma teleológica de explanação.[1]

---

[1] Que isso não é tudo que se entende por "proposital" ficará claro nos capítulos 2 e 3. Mas, como suposição simplificadora, será útil à discussão deste capítulo esquecermos isso e tratarmos a "explicação pelo propósito" e a "explicação teleológica" como intercambiáveis.

Mas acaso isso nos leva adiante? O que se entende por explicação teleológica e como podemos estabelecer se ela é válida ou não para determinada gama de fenômenos? O restante deste capítulo se dedicará a uma tentativa de responder a essa pergunta e a cortar a meada de confusões que geralmente torna difícil colocar essa questão em foco.

2. Uma questão empírica?

Ora, surge imediatamente uma primeira dificuldade com a objeção de que essa questão, se uma explicação teleológica é válida, não é de modo algum empírica. De fato, muitos teóricos e particularmente os estudiosos do que se pode chamar grosseiramente de ciências comportamentais sustentariam que a alegação de que o comportamento animado deve ser explicado teleologicamente ou em termos de propósito carece de sentido, é empiricamente vazia ou "metafísica", que toda a questão não passa de uma "pseudoquestão". Isso é especialmente verdadeiro para muitos teóricos no campo da psicologia experimental, os da escola behaviorista, nos quais a discussão mais adiante neste livro muito se concentrará. Esses pensadores, extremamente hostis às pretensões da explicação teleológica, fazem pouco-caso dela ao buscar expor de forma sumária o seu caráter não empírico.

Se essa objeção for válida, toda a nossa investigação será interrompida antes de começar. Mas, de fato, não é. Na verdade, ela repousa sobre uma interpretação das noções de propósito e explicação teleológica que é arbitrária e de modo algum se impõe a nós.

Assim, muitas vezes se entende a asserção de que devemos explicar o comportamento de determinado sistema em termos de propósito como se devêssemos explicá-lo pelas leis da proposição $x = f(P)$, na qual "x" é o comportamento e "P" o Propósito considerado como uma entidade separada que é a causa ou o antecedente de *x*. É claro que a visão de que uma explicação em termos de propósito envolve a postulação de uma entidade especial não se restringe de modo algum aos que são hostis à ideia. Muitos dos que estavam no lado "vitalista" da controvérsia na biologia fizeram uso de uma entidade hipotética desse tipo. (Cf. a "enteléquia" de Driesch.) Mas não há dúvida de que o resultado final disso é criar um alvo fácil para os mecanicistas. Pois uma teoria desse tipo não pode ser confirmada nem aumentar de modo algum o nosso poder de prever e controlar os fenômenos.

Isso se pode ver facilmente. Na verdade, a única evidência empírica da operação do propósito é o comportamento que essa operação é usada para explicar. Portanto, não há nenhuma evidência concebível que possa falsificar uma hipótese desse tipo porque sempre que o comportamento é emitido, presume-se que o propósito responsável está operando *ex-hipothesi*. E, ao mesmo tempo, nunca seríamos capazes de prever o comportamento com a ajuda de tal hipótese. Porque se x tem um valor de x_1 em virtude de P ter o valor P_1, e se a única evidência de P_1 é a ocorrência de x_1, então não temos como saber antecipadamente qual será o valor de x.

É claro que poderíamos encontrar algumas condições antecedentes para P, de modo que tivéssemos condições de determinar o valor de P *ex ante* por meio de uma função como $P = f(a)$. Mas então estaríamos transformando P naquela que muitas vezes é chamada de "variável interveniente",[2] isto é, um termo útil no cálculo que, no entanto, é sem conteúdo empírico, e em si não é um termo descritivo empírico. Pois, nesse caso, todo o conteúdo empírico das duas funções $P = f(a)$ e $x = f(P)$ poderia ser expresso em uma função mais complexa que ligasse a diretamente a x: $x = F(a)$. Dizer que "*P*" não é um termo descritivo empírico significa que nenhuma

---

[2] Cf. MacCorquodale; Meehl, "On a Distinction between Hypothetical Constructs and Intervening Variables", *Psychological Review*, v.55, p.95-107, 1948, embora aqui o sentido da expressão difira levemente da interpretação deles.

proposição única sobre P está aberta para confirmação empírica ou infirmação. Assim, no caso citado, nenhuma dessas funções pode ser verificada isoladamente. Vimos que isso é verdade para $x = f(P)$, mas o é igualmente para $P = f(a)$. A proposição formada pela conjunção de ambas as funções está aberta para a confirmação empírica, mas então a evidência disso é a mesma que a evidência de $x = F(a)$, que não faz menção de P. Ou seja, não se pode dar nenhum sentido empírico à suposição de que $x = F(a)$ seja verdadeira, e a conjunção das duas funções, falsa. De modo que a questão de saber se as funções que contêm "P" devem ou não devem ser aceitas não é uma questão empírica, e sim puramente estipulativa, a ser determinada pela conveniência no cálculo. Portanto, "P" não é um termo descritivo empírico.

Assim, os que sustentam que o "propósito" é essencial à explicação do comportamento dos organismos animados ficam com a escolha pouco atraente de fazer uma afirmação inverificável sem nenhuma utilidade explicativa ou de ganhar seu ponto à custa de tornar as leis verdadeiras por estipulação. Tal visão do problema é muito comum entre os psicólogos do comportamento que não simpatizam com essa afirmação. A visão deles parece ser a de que os seus adversários adotam a primeira posição, a de postular uma entidade inobservável, proposições que não podem ser verificadas. Assim, Hebb, no primeiro capítulo de *The Organization of Behavior* [A organização do comportamento], fala alternadamente em "animismo" (a visão de que o comportamento deve ser explicado em termos de "propósito") e em "interacionismo" (a visão de que o comportamento é o resultado da interação de processos físicos observáveis e processos "internos" ou mentais inobserváveis) e, claro está, em "misticismo" (que parece não ter um sentido muito claro no uso de Hebb, mas que significa algo contraempírico, acientífico e geralmente desagradável). Do mesmo modo, Spence[3] fala em teorias

---

[3] Spence, "The Nature of Theory Construction in Contemporary Psychology", *Psychological Review*, v.51, n.1, p.47-68, 1944.

animistas como aquelas em que se deixa a relação dos constructos (inobserváveis) com as variáveis empíricas (observáveis) inteiramente não especificada (e, por isso, elas são inverificáveis como na primeira alternativa supramencionada).

O resultado dessa visão, então, é que a asserção de que os organismos animados têm um *status* especial é indecidível, ou melhor, que mesmo afirmá-la é dizer algo que não pode ser verificado. Se não encerrarmos a questão aqui, teremos de examinar mais de perto a explicação pelo propósito a fim de determinar se ela tem de envolver a postulação de uma entidade inobservável que é a causa ou a condição antecedente do comportamento.

Ora, como já dissemos, a explicação pelo propósito envolve o uso de uma forma teleológica de explanação, de explicação pelo resultado por causa do qual os fatos em questão ocorrem. Ora, dizer que um fato ocorre por causa de um fim é dizer que ele ocorre porque é o tipo de fato que ocasiona esse fim. Isso significa que a condição da ocorrência do fato é que se obtenha um estado de coisas tal que ocasione o fim em questão, ou tal que esse fato seja necessário para ocasionar o fim.[4] Oferecer uma explanação teleológica de um fato ou de uma classe de fatos, por exemplo, o comportamento de um ser, é explicá-lo, então, por meio das leis pelas

---

[4] É pequena a diferença entre essas duas fórmulas. Dizer que um evento é necessário a um fim é dizer mais do que que ele o ocasionará; pois acrescenta que nenhum outro evento no sistema em questão pode ocasioná-lo. Só se pode encontrar uma condição suficiente de tipo teleológico para um fato se ele estiver nessa posição única; caso haja várias possibilidades, não podemos explicar a seleção entre elas, a não ser que acrescentemos outro princípio teleológico, *e.g.*, o do esforço mínimo. Uma vez que os supostos sistemas teleológicos, cujo comportamento discutiremos em partes ulteriores deste livro, isto é, os organismos, parecem manifestar algum desses princípios, ou então selecionar entre alternativas quando estas estão disponíveis no repertório de algum outro princípio teleológico, *e.g.*, por certos padrões que são normas a serem observadas, geralmente presumiremos a seleção como feita e falaremos elipticamente no "evento requerido para" o objetivo ou fim.

quais a ocorrência de um fato é considerada dependente de que o fato seja necessário para o fim.

Então, dizer que o comportamento de determinado sistema deve ser explicado pelo propósito é, em parte, fazer uma afirmação sobre a forma das leis, ou o tipo de leis que controlam o sistema. Mas, *sendo* teleológicas, essas leis não serão do tipo que torna o comportamento uma função do estado de alguma entidade inobservável; em vez disso, o comportamento é uma função do estado do sistema e (no caso de organismos animados) do seu ambiente; mas a característica relevante do sistema e do ambiente dos quais o comportamento depende será a que a condição de ambos torna necessária para que o fim em questão seja realizado. Assim, por exemplo, podemos afirmar que as condições para determinada ação, digamos um predador perseguindo a sua presa, são (1) que o animal esteja com fome; e (2) que essa seja a ação "requerida", isto é, a ação no seu repertório que alcançará o resultado – pegar a sua próxima refeição. A condição para um evento B ocorrer não é, então, certo estado de P, e sim que o estado do sistema S e do ambiente E seja tal que B seja requerido para o fim G, pelo qual o propósito do sistema é definido.

O fato de o estado de um sistema e do seu ambiente ser adequado para exigir um determinado evento para que se produza certo resultado pode ser perfeitamente observável, e o fato de essa condição antecedente ser válida pode ser estabelecido independentemente da evidência fornecida pela ocorrência do próprio evento. Portanto, esse tipo de lei não sofre com as deficiências de funções do tipo $x = f(P)$. Pelo contrário, a validade das leis desse tipo pode ser verificada ou falseada, e, se verdadeiras, elas podem ser usadas para prever e controlar os fenômenos como quaisquer outras. Então, dizer que um sistema só pode ser explicado em termos de propósito – pelo menos na medida em que esta é uma asserção sobre a forma das leis – não envolve fazer uma afirmação inverificável mais do que postular uma entidade inobservável. O elemento de "propositalidade" em um sistema, a tendência inerente a certo fim, que é transmitido quando se diz que os eventos acontecem "por causa" do fim, não pode ser identificado como uma entidade especial que dirige o comportamento a partir de dentro, mas antes consiste no fato de que, em seres com um propósito, o requerimento de um evento para determinado fim é uma condição suficiente da sua ocorrência. Não é uma característica separável, mas uma propriedade de todo o sistema, aquela pela qual ele tende "naturalmente" a certo resultado ou fim. É essa noção de uma "tendência natural" a certo resultado ou fim – que discutiremos mais demoradamente na próxima seção – que está por trás da noção de que, em sistemas cujo comportamento deve ser explicado por leis desse tipo, a ordem resultante não pode ser atribuída a um "acidente cego", isto é, a princípios que se relacionam só contingentemente com a criação e a manutenção dessa ordem; pois o princípio subjacente às leis pelas quais se explica o comportamento é, ele próprio, uma tendência para produzir essa ordem.

3. Suposições de atomismo

Que considerações, pois, levaram à crença tanto dos mecanicistas quanto dos vitalistas em que a afirmação de um *status* especial envolvia a postulação de uma entidade especial? O pano de fundo dessa crença é muito complexo e explorá-lo implicaria desvendar um emaranhado de questões conexas que cercam esse assunto, a algumas das quais esperamos retornar no quarto capítulo. Mas, nesta fase, uma das causas talvez possa ser exposta.

Podemos ver prontamente que, em qualquer lei funcional explicativa, o antecedente e o consequente devem ser identificáveis separadamente. Assim, não pode ser uma condição lógica para a ocorrência do antecedente que o consequente ocorra. Algo assim era o problema da nossa $x = f(P)$. É verdade que não era uma condição (logicamente) de P ter certo valor para que x tivesse o valor correspondente exigido pela função, mas, como este era a única evidência daquele, acabou dando praticamente na mesma coisa. Analogamente, a ocorrência do antecedente não pode ser uma condição lógica para que o consequente ocorra. Ora, as leis teleológicas satisfazem esse requisito. Pois o antecedente pode ocorrer independentemente do consequente e vice-versa.

Mas há uma exigência mais forte que as leis teleológicas não podem satisfazer. Trata-se da exigência de que não só os dois termos que estão ligados em uma lei sejam identificáveis separadamente entre si, isto é, que não seja uma condição para a identificação de um dos termos que ele esteja vinculado ao outro termo na lei,[5] como também que cada termo seja identificado separadamente de *qualquer* lei em que ele possa figurar, *i.e.*, que ele não seja uma condição para a identificação de qualquer termo que esteja ligado a qualquer outro. Ora, essa exigência mais rigorosa provém do atomismo que faz parte da tradição do empirismo e é, em última instância, fundada em bases epistemológicas. A noção é que a evidência final para quaisquer leis que formulamos sobre o mundo está na forma de unidades discretas de informação,[6] cada uma das quais poderia ser como é ainda que todas as outras fossem diferentes, *i.e.*, cada uma das quais é identificável separadamente de suas conexões com qualquer uma das outras. O nosso conhecimento do mundo é construído a partir das conexões empíricas que se mostram válidas (contingentemente) na experiência entre essas unidades. Assim, a evidência para qualquer lei pode, basicamente, ser dada, embora talvez com muito tédio, nos termos das conexões entre tais unidades discretas. Assim, se se considerar que determinado produto químico C com

---

[5] É claro que podemos transformar isso em uma condição de identificação, mas então deixamos de ter uma lei empírica que figure na explicação. No entanto, pode ser que seja mais conveniente. Assim, *e.g.*, podemos incluir isso nas propriedades definidoras de um produto químico que derrete a certa temperatura.

[6] Por exemplo, as "impressões" de Hume para as quais, em última análise, todas as ideias devem ser referidas.

propriedades determinantes *x*, *y* e *z* deve produzir certo resultado R em algumas condições, embora possamos geralmente falar por conveniência nessa lei como C – R, a evidência final para isso é a concomitância de *x*, *y*, *z* e R, sendo cada um dos quais identificável separadamente dos outros.

Ora, as leis teleológicas não podem satisfazer essa rigorosa exigência de redução ao tipo básico de evidência requerida pelo atomismo. Desse modo, a explicação teleológica está, como já foi observado muitas vezes, conectada com alguma forma de holismo ou doutrina antiatomística. O primeiro termo de uma correlação teleológica viola o requisito rigoroso, uma vez que identifica a condição antecedente do evento a ser explicado, *B*, como um estado de coisas em que *B* levará a *G*. Assim, o antecedente é identificado nos termos das suas conexões nomológicas com dois outros eventos, *B* e *G*, *i.e.*, como aquele estado de coisas em que, quando *B* ocorre, *G* acompanha. Portanto, essa lei é elíptica como está e, diante de pressuposições atomistas, deveríamos ser capazes de reformulá-la de maneira mais satisfatória. Mas isso não se pode fazer, ou pelo menos não se pode fazer sem transformar a lei em uma lei não teleológica.

Isso pode parecer estranho. Por certo, aquele estado de coisas que é tal que *B* levará a *G*(*B* – *G*) também pode ser identificado intrinsecamente, ou seja, sem referência à sua relação com outros estados de coisas. Assim, retomando o exemplo do predador perseguindo a sua presa: em vez de descrever o ambiente em que o animal está iniciando a perseguição como aquele que exige essa ação com o objetivo de obter comida, poderíamos caracterizá-lo intrinsecamente, sem fazer nenhuma referência aos seus objetivos, *e.g.*, simplesmente enumerando os componentes ou mencionando certos estímulos-chave que estão afetando os seus receptores. Chamemos esse tipo intrínseco de caracterização *E*. Então, para qualquer lei teleológica, podemos enunciar uma nova lei *E* – *B* e esta, juntamente com uma lei para que *E* e *B* juntos produzam *G*, transmitirá o conteúdo da lei teleológica original. Presumiremos que *E*, *B* e *G* são todos identificáveis separadamente um do outro (e que eles são separadamente identificáveis dentre todos os outros termos ou que poderiam ser mais decompostos). Mas agora ocorreu um resultado surpreendente. Já não temos uma lei teleológica, mas, em seu lugar, duas leis de tipo não teleológico $E - B$ e $E + B - G$, a partir das quais pode-se deduzir uma terceira lei também não teleológica $E - G$; pois nenhuma delas caracteriza o antecedente como exigindo o consequente para que se siga algum resultado. A explicação teleológica desapareceu como o orvalho matinal.

Entre os filósofos empiristas é comum presumir que semelhante tradução para fora da existência sempre pode ser efetivada. Assim, Nagel[7] supõe que sempre se pode dar um relato não teleológico que, tal como o organismo vivo, mostre "direcionamento a um objetivo". Ele imagina um sistema S que mantém o estado G e tem três componentes A, B e C, que operam de tal modo que, se A sofrer uma mudança que leve o sistema para fora de G, B e C compensarão de modo a manter o sistema nessa condição. Tal sistema assemelha-se aos organismos vivos nas suas funções "homeostáticas", por exemplo, se a temperatura do ar cair, o corpo "compensará" para manter "G", nesse caso, a temperatura corporal normal para a espécie. É claro que, como afirmei, o relato ainda tem forma teleológica, pois as mudanças em B e C caracterizaram-se como "compensadoras" para manter o estado G. Mas não há motivo, pensa Nagel, para não caracterizar as funções que ligam as mudanças em B e C às de A de modo não teleológico, pelas leis da forma, sempre que A muda de Am para An, B então muda de Bx para By e C... etc.[8] Assim, por exemplo, poderíamos expressar o antecedente de determinada mudança em B, digamos, que de fato produza G, em termos

---

[7] Nagel, "Teleological Explanations and Teleological Systems", em Feigl; Brodbeck (orgs.), *Readings in the Philosophy of Science*.

[8] Parafraseei e muito comprimi o relato de Nagel, mas espero não lhe ter feito nenhuma violência.

diferentes de como essa alteração é exigida pelo sistema para *G*, a saber, nos termos dos estados de *A* e de *C*. Isso corresponderia, no nosso exemplo supramencionado, ao termo *E*.

Mas não temos o direito de fazer essa suposição. Claro está, qualquer condição antecedente de *B* que preenchesse as condições para a descrição "que exige *B* para *G*" (chamemos isso de *T*) também preencheria outra descrição "intrínseca", *E*. Mas isso não quer dizer que a ocorrência de *B* seja uma função da ocorrência de *E*, *i.e.*, que *B* dependa de *E*. Pois pode ser que, em outras circunstâncias, uma situação que preenchesse a descrição *E* não fosse seguida por *B*, sendo as circunstâncias precisamente aquelas em que a situação também não preenchesse as condições da descrição *T*; ao passo que todos os casos de *T* podem ser seguidos por *B*. Assim, no nosso exemplo, pode ser que os estímulos-chave que isolamos em um caso venham a impactar os receptores do nosso predador em outros contextos sem induzir o comportamento perseguidor; e isso só pode acontecer nos contextos em que tal ação não ocasione o objetivo de obter comida. Ora, em tais circunstâncias, não diríamos que *B* depende de *E*, e sim de *T*. A correlação *E – B* seria explicada mediante *T – B* e poderia ser derivada dessa lei juntamente com uma afirmação das condições em que *E – B* é válida, *E = T*. Quando o antecedente em uma lei de tipo teleológico *T* é substituído por um antecedente não teleológico *E*, a suposição é que todos os casos de *T* que são seguidos por *B* são casos de *E*. Mas, se isso é assim ou não, é uma questão empírica. Não temos garantia *a priori* de que vamos descobrir uma caracterização "intrínseca" *E* que se aplique a todos os casos de *T* (presumindo, para efeitos de simplificação, que *T – B* vale invariavelmente),[9] e que nunca se aplicará a um caso que não seja seguido por *B*. É claro que poderíamos descobrir uma disjunção em

---

[9] Por "invariavelmente", aqui se entende não necessariamente todas as vezes, mas de modo que as exceções sejam explicadas convincentemente pelos fatores interferentes.

tais descrições, *E*, *F*, *G* etc., mas não há motivo *a priori* pelo qual essa lista seja finita. Uma objeção parecida se aplica às traduções propostas por Nagel. Não há garantia de que uma lista finita de leis da forma, *An – By – Cq* etc., que cobrirá os fenômenos, *i.e.*, nos permitirá fazer as previsões que agora fazemos com as leis teleológicas, possa ser encontrada. Se isso é assim ou não tem de ser descoberto empiricamente. Mas, caso não seja, não podem nos acusar de termos substituído a lei teleológica. Pelo contrário, seremos obrigados a explicar o fato de essas regras de ouro se aplicarem quando o fazem nos termos dessa lei.

A crença em que as regularidades citadas nas explicações do tipo teleológico também devem ser explicáveis nos termos das leis não teleológicas é uma manifestação da tendência por parte daqueles que se opõem à visão de que os organismos têm um *status* especial para deixar de lado os problemas e resolver uma questão empírica com um fecho lógico.[10] E, se virmos que essa suposição é empírica, podemos ver o que há de errado na posição atomista. Porque o fato de a tradução proposta usar somente termos intrínsecos não é outra maneira epistemologicamente mais segura de enunciar a evidência para a lei teleológica; é uma explicação rival do tema; difere no significado e na evidência exigida para prová-lo. Pois a explicação teleológica assevera, isto sim, que o que ocorre é uma função do que é necessário para o fim do sistema, *G*, que um fato ser requerido por *G* é uma condição suficiente do seu acontecimento, ao passo que a "tradução" proposta nos oferece uma condição muito diferente. E qual afirmação é correta é uma questão empírica, quer dizer, a evidência necessária para um não é a mesma para o outro. A questão sobre se o rigoroso

---

[10] Talvez se possa observar algo das mesmas características no relato de Braithwaite, *Scientific Explanation* [Explicação científica], cap.10. Braithwaite também fala em uma variedade de cadeias que, partindo de pontos diferentes, terminam todas no mesmo estado final. Mas o importante na explicação teleológica não é a coincidência de diversos antecedentes que têm o mesmo consequente, e sim o tipo de antecedente envolvido [p.87].

requisito atomista pode ser atendido por todas as leis válidas é ela mesma uma questão empírica, que depende em parte da questão de saber se toda explicação teleológica – ou qualquer outro tipo de explicação que envolva suposições holísticas – pode ser eliminada. Isso não se pode decidir por decreto epistemológico, por uma regra no sentido de que a evidência para as leis teleológicas deva ser tal que possa ser expressa por meio de leis não teleológicas.

Mas talvez tenhamos descoberto parte da resposta à nossa pergunta. Pareceria plausível concluir que uma das razões para a crença generalizada em que as explicações que envolvem "propósito" exigiam a postulação de alguma entidade especial é o domínio das suposições atomistas. Pois o atomismo exclui efetivamente a explicação teleológica e, assim, também a possibilidade de construir a propositalidade como uma característica de todo o sistema e seu modo de operação. Pelo contrário, já que todas as leis se mantêm entre entidades discretas intrinsecamente caracterizadas, invocar um propósito é o mesmo que postular uma nova entidade discreta como um antecedente causal. Esta parece ser a única interpretação da explicação por propósito capaz de atender os requisitos epistemológicos. Mas é claro que ela viola esses requisitos de outra maneira, pois essa entidade é inobservável e, assim, todo o empreendimento está condenado desde o início. Mas, uma vez que examinamos as suposições nas quais isso se baseia, podemos ver que essa interpretação não nos é imposta.

Também se pode ver a influência do atomismo na interpretação equivocada comum da explicação teleológica como explicação em termos de uma correlação entre termos intrinsecamente caracterizados que tem a peculiaridade de o antecedente vir depois do consequente.

Assim, enquanto uma lei de tipo comum é da forma $A - B$, em que A, o antecedente, vem antes de B, o consequente, uma lei teleológica é da forma $G - B$, em que a ocorrência de B é explicada pelo resultado G que dela decorre. Assim, Hull, em *Princípios do comportamento*, sustenta que:

Na sua forma extrema, teleologia é o nome da crença em que o estágio *terminal* de certos ciclos de interação ambiental-organísmica é, de algum modo, ao mesmo tempo um dos antecedentes determinantes das condições que ocasionam o ciclo de comportamento.[11]

E, assim interpretadas, as explicações teleológicas podem se mostrar desprovidas de valor porque não podemos determinar se as condições antecedentes do comportamento prevalecem até depois que ele tiver acontecido. Portanto: "Efetivamente, isso significa que a tarefa de dedução só pode começar depois da sua conclusão! Coisa que, naturalmente, deixa o teórico completamente desamparado".[12]

Assim, uma vez mais, todo o empreendimento pode se revelar equivocado. E essa demonstração baseia-se em uma interpretação arbitrária. Pois, claro está, isso é uma caricatura da explicação teleológica. Em uma lei teleológica, o antecedente de um fato não é o resultado que se segue, e sim o estado de coisas anterior a ele no qual esse fato é o que deve acontecer para que se siga o resultado. Toda ideia de que a explicação teleológica é como a explicação causal, pois usa correlações entre fatos separados, mas dela difere na medida em que a ordem do tempo está invertida, *i.e.*, o antecedente vir depois do consequente,[13] é um equívoco. Porque não é necessariamente um contraexemplo de uma correlação teleológica se o primeiro fato no tempo (o fato *B*) não ocorrer, enquanto o segundo no tempo, *G*, ocorre; quer dizer, ocorre por acidente ou por alguma causa fora do sistema. E um caso em que o primeiro (*B*) ocorre sem o segundo (*G*) ainda pode ser tomado como evidência da correlação se, por exemplo, algum fator interferir para impedir *G* no último momento; ao passo que esse caso não teria relevância para uma correlação da forma *G – B*. Essa distorção da explicação teleológica

---

[11] Ênfase de Hull, p.26.
[12] Loc. cit.
[13] Cf. Braithwaite, *Scientific Explanation*, op. cit., p.337.

parece se apoiar em hipóteses atomistas que envolvem a rejeição do que é, na verdade, o termo antecedente nas leis teleológicas, e a construção destas como sendo entre entidades discretas, *i.e.*, entidades que satisfazem a rigorosa exigência de especificabilidade independente. A peculiaridade da explicação teleológica, que explica os eventos pelas causas finais, por aquilo em razão do qual eles acontecem, é então concebida como uma inversão da ordem temporal usual. A meta ou causa final é lançada como condição causal antecedente ordinária que acontece depois do que ela ocasiona. A coisa toda tem um ar esquisitíssimo, e a tentação de rejeitá-la prontamente se torna irresistível.

Tanto aqui quanto na interpretação do propósito como uma "entidade inobservável", o atomismo amontoou as cartas contra aqueles que sustentam que os seres animados apresentam um tipo de comportamento radicalmente diferente de outros processos na natureza. A única maneira de fazer algum progresso nessa questão é rejeitar as suas suposições e começar novamente.

4. A assimetria da explicação

Talvez já se tenha feito algum progresso. A alegação é que os seres animados são especiais dado que a ordem visível no seu comportamento tem de entrar em uma explicação de como essa ordem ocorre. Em parte, isso se pode expressar pela afirmação de que os eventos que ocasionam ou constituem essa ordem devem ser explicados em termos de causas finais, como se ocorressem "por causa" da ordem que se segue. Ora, essa afirmação não é inerentemente "mística" ou não empírica por natureza, nem isso implica postular quaisquer entidades inobserváveis. Envolve, em parte, a tese de que as leis pelas quais explicamos o comportamento desses organismos são teleológicas na forma, e se as leis que controlam um sistema são desse tipo ou não é uma questão empírica.

Mas, posto que não seja inerentemente "mística", essa afirmação envolve algumas características que discrepam *prima facie* de certas visões comuns do procedimento científico. Assim, uma explicação do tipo teleológico envolve a suposição de que o sistema em questão tende, natural ou inerentemente, a determinado resultado, condição ou fim; pois o princípio das leis desse tipo diz que o evento exigido para esse fim é uma condição suficiente da sua ocorrência. Mas nisso parecemos retornar (alguns diriam regredir) a uma forma pré-galileana de explicação em termos de "poderes". Muito descrédito, para não dizer ridículo, foi lançado nessa forma de explicação. Basta pensar no ataque impiedoso de Molière à profissão médica da sua época em *Le Malade imaginaire* [O doente imaginário]. Quando lhe perguntam pela "causam et rationem quare/ opium facit dormire" [causa e razão pelas quais / o ópio causa sono], o protagonista responde:

> "quia est in eo
> virtus dormitiva,
> cujus est natura
> sensus assoupire";[14]

isso para o aplauso dos "médicos" reunidos.

Mas essas restrições muito justas às explicações verbais não empíricas não mostram que essa maneira de falar sempre é absurda. É de tal maneira, como já vimos, como se a referência a "poderes" significasse a identificação de um antecedente causal. E foi esse o tipo de caso escolhido por Molière. Pois nunca se pode observar o suposto antecedente, como o Propósito ou a Entelequia. Porém, como mencionamos anteriormente, o apelo para "poderes" ou "tendências naturais" pode ser um modo de atribuir certas propriedades ao sistema como um todo e à sua forma de operação, e isso se pode verificar empiricamente.

---

[14] "porque nele existe um poder de sono, cuja natureza é acalmar os sentidos". [N. E.]

Mas o apelo a tendências "naturais" ou "inerentes", ainda que não vazias, envolve algumas das outras características tradicionais da explicação pré-galileana que não foram menos reprovadas. Envolve, por exemplo, a suposição de que se alcançou o nível básico de explicação. Pois asseverar que um sistema é proposital é fazer uma afirmação sobre as leis que se mantêm no nível mais básico de explicação.

Podem-se distinguir os diversos níveis de explicação da seguinte maneira: se aqui a explicação for concebida como explicação nos termos de uma lei funcional, então pode-se considerar uma explicação menos básica do que a outra quando as regularidades que as leis citadas na primeira se explicarem, elas próprias, nos termos das leis citadas na segunda. Assim, se o comportamento de um sistema pode ser explicado pelas leis $y = f_1(z)$ e as leis $y = f_2(x)$, nas quais "x" e "z" abrangem domínios diferentes, podemos chamar a segunda explicação de mais básica se o fato de as leis $y = f_1(z)$ válidas para o sistema poderem ser explicadas em termos de $y = f_2(x)$. De modo que o comportamento do gás em um recipiente pode ser explicado pela Lei de Boyle e também nos termos da teoria cinética dos gases, mas é a segunda explicação a mais básica.

Por que deveríamos nos preocupar com a explicação no nível básico fica claro quando vemos o que é para as regularidades descritas em um conjunto de leis ser explicadas por outro. Isso se pode interpretar como significando que o primeiro conjunto de leis pode ser deduzido a partir do segundo, o qual é, ao mesmo tempo, mais geral na sua aplicação.[15] Mas, obviamente, aqui não se pode aplicar essa interpretação porque um conjunto de leis que são de caráter proposital, *i.e.*, que descrevem o comportamento como tendente a certa condição, não podem ser *deduzidas* a partir de um conjunto de leis que não são propositais. Estamos às voltas

---

[15] Isto é, delas se podem deduzir outras leis ou outras evidências que lhes sejam relevantes. Cf. Braithwaite, *Scientific Explanation*, op. cit., p.300-3.

com "explicação" em um sentido mais forte, no qual as leis menos básicas $y = f_1(z)$ podem derivar não só de $y = f_2(x)$, mais básicas, como também destas junto com alguma outra declaração contingente de "condições iniciais" que garantem que z está de algum modo relacionado com x. O que esse tipo forte de explicação nos dá, e que o mais fraco não deu, é o conjunto de condições do qual depende o comportamento, e isso aumenta a nossa capacidade de exercer controle sobre ele ou, pelo menos, caso a nossa tecnologia seja inadequada, de nele prever mudanças.[16] Assim, podemos dizer que o conjunto de leis $y = f_2(x)$ é mais básico que o conjunto $y = f_1(z)$, pois aquele nos fornece as condições em que este se aplicará ou não, de modo que saibamos como construir sistemas exemplificando-os ou, pelo menos, quando prever qualquer sistema que ele exemplificará.

Agora está claro que a afirmação de que o comportamento de um sistema deve ser explicado em termos de propósito ou de tendências "naturais" ou "inerentes" se refere às leis que permanecem no nível mais básico de explicação. Pois se pode dizer que uma explicação mais básica estabelece as regularidades das quais dependem aquelas

---

[16] Ao que parece, muitos filósofos da escola empirista menoscabam essa característica da explicação, filósofos esses que tendem a restringir a sua explicação ao sentido mais fraco do termo. Assim, Braithwaite, *Scientific Explanation*, op. cit., p.302-3, aceita a proposição "todos os animais são mortais" como uma explicação de "todos os homens são mortais", porque a segunda pode ser deduzida da primeira e, ao mesmo tempo, a evidência da primeira não se limita à segunda; pois também sabemos que os cavalos, os cães etc. são mortais. Mas esta não passa de uma explicação no sentido mais fraco, pois nada acrescenta ao nosso conhecimento das condições para que os homens morram. Para a declaração de "condições iniciais" que permitem a derivação de *explicandum* de *explicans* é, em si, uma proposição necessária, "todos os homens são animais". Mas isso decerto é uma caricatura de explicação na ciência, na qual o tipo de descoberta a implicar a forma mais forte tem estado tão em evidência com resultados tão surpreendentes no controle do nosso ambiente. (Se toda explicação científica tivesse sido da forma sugerida pelo exemplo de Braithwaite, ainda estaríamos vivendo em uma era pré-tecnológica.)

citadas na menos básica, $y = f_1(z)$ é verdadeiro porque $y = f_2(x)$ é verdadeiro para o sistema, ou seja, aquele pode vir a se aplicar ou a não se aplicar ao sistema porque este se aplica constantemente a ele. Mas, se $y = f_1(z)$ for de caráter teleológico e $y = f_2(x)$ não o for, então a tendência a certa condição ou estado descrito no primeiro conjunto poderia se mostrar dependente do fato de o comportamento do sistema ser uma função dos fatores estabelecidos em $y = f_2(x)$. Portanto, poderíamos construir um cão mecânico programado para se comportar como um cão real. Nesse caso, as leis descritivas do seu comportamento externo [$y = f_1(z)$] seriam teleológicas como as do seu equivalente real, caracterizariam o comportamento como "direcionado a um objetivo", mas a explicação mais básica [$y = f_2(x)$] não. Com sistemas desse tipo, dificilmente podemos falar em uma explicação em termos de tendências "naturais" ou "inerentes". O que temos efetivamente é o fato da convergência de eventos rumo a certo resultado que, por sua vez, é explicado com base em princípios muito diferentes. Poderíamos explicar o comportamento de tal sistema sem usar nada como noção de propósito ou tendência e sem perder absolutamente nada, mas, pelo contrário, ganhando em poder explicativo ou preditivo ou em capacidade de controlá-lo. Os que reivindicam um *status* especial para os organismos animados, alegando que a ordem evidente no seu comportamento tem de ser explicada em termos de uma tendência ou "propósito" dos fatos para realizar essa ordem, dificilmente poderiam sustentar que a sua reivindicação se justifica por uma explicação desse tipo, na qual a tendência a realizar a ordem dada poderia ser explicada por outros fatores.[17]

---

[17] A questão se confunde dessa forma por alguns pensadores do campo da pesquisa cibernética adotarem um uso de "propositai" e "teleológico" tal que pode ser aplicado sem mudança de sentido aos seres animados e às máquinas que foram projetadas para imitá-los. Assim, Rosenblueth e Wiener, na sua discussão com Taylor, *Philosophy of Science* [Filosofia da ciência], 1950: "se a noção de propósito for aplicável a organismos vivos, também é aplicável a entidades não vivas quando mostram os mesmos traços observáveis de comportamento". Mas,

Assim, a afirmação de que "os propósitos" de um sistema são deste ou daquele tipo afeta as leis que valem no nível mais básico. Em outras palavras, é incompatível com a visão de que a própria tendência natural a certa condição pode ser explicada por outras leis. Portanto, a função de uma explicação que invoca poderes ou tendências naturais pode ser justamente a de pôr fim a novas investigações. E por isso é absurdo tomá-la por uma tentativa de afirmar algum antecedente. Pois o fato de uma tendência a determinada condição resultar nessa condição não requer nem admite explicação adicional. É, antes, a ruína de tal "correlação" que precisa de explicação. E essa característica lógica de uma explicação em termos de poderes, que a torna uma obstrução para novas investigações, também é a mesma que a inabilita para servir de lei empírica a ligar dois termos. Pelo contrário, ela só serve para caracterizar o tipo de leis que controlam o sistema.

Ora, essa afirmação de ter chegado ao fundo do poço da explicação não é a que se faz habitualmente na teoria científica, a possibilidade é sempre deixada pendente, por mais improvável que possa

---

se esse for o único sentido atribuído a "propósito", não se pode afirmar que os organismos animados são radicalmente diferentes, ou então essa afirmação deve ser interpretada como uma alegação obviamente falsa de que não se podem conceber máquinas que apresentem os mesmos "traços observáveis". E isso não faz parte do que as pessoas querem denotar quando dizem que os seres humanos e os animais são diferentes das entidades não vivas. A distinção não diz respeito a certos traços do comportamento observável, mas sim a leis que explicam o comportamento em um nível mais básico. Há uma crença generalizada em que exatamente essa distinção vale entre os animais e as máquinas que os imitam. Se é assim ou não é, naturalmente, o ponto em questão. Mas essa pergunta é prejulgada se aplicarmos a noção de "propositial" a qualquer caso indiscriminadamente. Tal redefinição de "propositial" só seria permissível se fosse verdade que a classe de sistemas para a qual é válida a noção no seu sentido ordinário, esse em que ela se refere às leis mais básicas, é a classe nula, o que, claro está, é exatamente o que Rosenblueth e Wiener supõem. Na verdade, a nossa noção usual de propósito não se pode aplicar adequadamente, a não ser metaforicamente, a máquinas, como veremos no próximo capítulo.

parecer, de que outro conjunto de leis, que são mais básicas, seja descoberto. Desse modo, pois, a explicação teleológica representa um desvio da norma moderna e um retorno a um tipo anterior de explicação.

A obstrução de novas investigações vincula-se a outra característica das formas pré-galileanas, a saber, a sua presunção de uma assimetria da explicação. Isso está implícito no que se disse antes. Ao sustentar que as leis mais básicas são tais que uma condição suficiente do acontecimento de um fato seja requerida para certo objetivo, que a tendência a esse resultado não se pode explicar por outras leis mais básicas, a explicação teleológica coloca um resultado entre aqueles que são idealmente possíveis para o sistema em uma posição especial. Para isso, o sistema atinge essa condição de resultado que não exige nem admite explicação; mas, se ele atingir qualquer outra condição, somos obrigados a prestar conta. Para o segundo tipo de resultado, estando em desacordo com a tendência do sistema, ele deve, se a teoria estiver correta, ser explicado por algum fator interferente especial. Assim, geralmente explicamos o comportamento anormal invocando a fadiga, a doença, o álcool, a tensão nervosa ou algum estado especial. Aqui a adução de um fator interferente difere dos casos ordinários, que não envolvem leis teleológicas, nos quais isso é feito. Se explicarmos um colapso na correlação $A - B$, aduzindo o fator interferente I, ambas as correlações $A - B$ e $A + I -$ não-B podem ser explicadas pelo mesmo conjunto de leis. Mas, neste caso, ainda não se pode explicar o fato de o sistema produzir o resultado para o qual tende, e *a fortiori* não pelo mesmo conjunto de leis pelo qual explicamos o vínculo entre o fator interferente e algum outro resultado. Assim, se estivéssemos lidando com um sistema não teleológico, por exemplo, com uma máquina projetada para imitar o comportamento animal, a diferença entre operação normal e não normal poderia ser explicada pelo mesmo conjunto de leis em termos de programação diferente do mecanismo. Mas, se estivermos lidando com uma espécie de animais vivos (conforme a hipótese usual), não há nenhum conjunto de leis pelo qual possamos explicar a sua tendência a emitir o comportamento em questão. Em outras palavras, dada a existência de animais dessa espécie, não há condições antecedentes para o seu comportamento normal – a não ser que se queira considerar como antecedente a ausência de todas as lesões, drogas e quaisquer outros fatores que produzam anormalidade –, mas qualquer resultado anormal tem algum fator especial pelo qual ele é rastreável. E, assim, a operação normal do sistema, *i.e.*, a ocorrência de eventos que resultem na condição normal é explicada por leis teleológicas, ao passo que qualquer funcionamento anormal tem de introduzir um conjunto de leis que liguem os fatores interferentes a condições não normais que não são teleológicas.[18] E essa é a base da distinção entre o "normal" e o próprio "anormal", entre o resultado "natural" e os "inaturais", que ambos devem ser explicados de maneiras bem diferentes; que existe, em outras palavras, uma assimetria de explicação.

Ora, essa é reconhecidamente uma característica pré-galileana; basta pensar na distinção entre movimento "natural" e "violento" na física pré-galileana.[19] E isso é muitas vezes suficiente para desacreditar essa forma de explicação com muitos pensadores, para os quais os princípios estabelecidos por Galileu são obrigatórios para todo o pensamento científico. E, na verdade, pode-se ver a lacuna entre a explicação teleológica e a em voga na ciência física moderna se compararmos os princípios de assimetria com os seus análogos modernos. Aqui, o termo "princípio" é pertinente porque a assimetria desempenha em uma ciência teleológica do comportamento

---

[18] Pois a especificação de um fator interveniente seria diferente da de um antecedente em uma lei teleológica, *i.e.*, o fator não se caracterizaria como um estado de coisas que exige *B* para *G*.

[19] Aqui talvez devêssemos dizer "pré-newtoniano", pois Galileu não se libertou inteiramente da linguagem dos seus antecessores. Entretanto, a sua reputação de pioneiro ganhou uma importância tão simbólica entre os que discutem essas questões a ponto de justificar o uso do seu nome nesse contexto.

um papel do tipo que a Inércia desempenha, por exemplo, na física newtoniana. Nos dois casos, os princípios servem para esclarecer os tipos de fato para os quais se deve aduzir um antecedente e os tipos de fato para os quais não é o caso. Para a primeira Lei de Newton, a continuação de um corpo em repouso ou em movimento retilíneo uniforme não admitia explicação nesse sentido, somente as mudanças na velocidade deviam ser explicadas. Podia-se falar no repouso contínuo ou no movimento retilíneo como "natural". Isso representou, claro está, uma mudança radical da ciência aristotélica, que sustentava que o movimento contínuo sempre devia ser explicado por uma força motriz.

Mas essa analogia serve para mostrar a importância da desanalogia. Pois o Princípio da Inércia é "neutro" em um sentido importante no qual o princípio da assimetria não é. Isto é, não faz parte daquilo que se afirma pelo Princípio da Inércia que, para qualquer sistema, determinada condição ou conjunto de resultados é natural. O Princípio da Inércia não distingue nenhuma direção particular na qual os corpos tendem "naturalmente" a se mover ou nenhuma constelação rumo à qual eles tendem a se mover. E, assim, pode-se dizer que é neutro entre os diferentes estados de qualquer sistema no qual se pode invocá-lo para explicar o comportamento (isto é, onde a teoria da qual ele é um dos fundamentos é invocada). Mas não se pode dizer isso de um princípio da assimetria, cuja função é justamente distinguir um estado ou resultado privilegiado.

A questão poderia ser colocada da seguinte maneira: a analogia entre o Princípio da Inércia e os vários princípios de assimetria que o precederam, especificando as "espécies naturais" e as suas tendências naturais, reside no fato de que ambos são usados para definir o tipo de evento que requer uma explicação; para este, movimentos, e para aquele, apenas mudanças na velocidade. Mas "exigir uma explicação" tem outro sentido, que é uma explicação em termos de forças externas, na qual um princípio de assimetria distingue os tipos de movimento que determinado corpo pode fazer, de modo que só movimento em certas *direções* requeira uma explicação. E essa é a desanalogia: que um princípio de assimetria distinga entre os diversos estados de um sistema em que ela é invocada na explicação, que não é neutra entre os diferentes resultados.

Os movimentos "naturais" são apenas uma subclasse daqueles que requerem explicação. Nesse sentido, o curso natural dos fatos é reversível. E, entretanto, esse é o curso "natural", isto é, que esse objetivo ou estado seja alcançado não admite explicação adicional, mas, pelo contrário, a própria tendência a ele deve ser invocada na explicação do comportamento do sistema. Assim, a explicação teleológica nos dá uma noção de "tendência a" determinada condição que envolve mais do que simplesmente o movimento universal e sem exceção dos eventos nessa direção. Pois, tal como a Inércia, ela diz respeito não tanto ao modo como os eventos se movem quanto a como eles devem ser explicados como quer que se movam. E, no entanto, ao contrário da Inércia, ela sustenta que determinado resultado em um dado sistema é privilegiado, que, em outras palavras, esse resultado se produzirá, a menos que surjam fatores compensatórios. Assim, surge a noção não só de uma direção de eventos empiricamente descoberta como também de uma inclinação ou pressão dos eventos rumo a certa consumação, que só pode ser verificada por alguma força compensatória. Essa, então, é força da noção de "poder" ou "tendência natural", não a tendência *de facto* dos eventos, e sim uma pressão dos eventos, que está por trás da visão de que a ordem exibida no comportamento dos organismos vivos não ocorre por "acidente", mas é, de algum modo, uma parte da sua "natureza essencial".[20]

---

[20] O princípio da assimetria parece ser invocado em uma doutrina sustentada por alguns pensadores: por exemplo, Peters, *The Concept of Motivation* [O conceito de motivação], p.9-16; cf. também Hamlyn, *The Psychology of Perception* [A psicologia da percepção], sobre o papel das explicações causais em termos do substrato fisiológico na explicação do comportamento. Esses fatores causais são considerados condições *necessárias*, mas não *suficientes* do comportamento. Eles fornecem, porém, "condições *suficientes* para falhas no desempenho, como no caso das

Podemos ver, então, por que essa visão sofre resistência, pois o resultado da revolução galileana foi precisamente varrer todas as assimetrias da ciência aristotélica, entre movimento "natural" e "violento", entre fatos sublunares e supralunares, e assim por diante, e substituí-las por uma ciência homogênea da natureza, na qual todas as diferenças fossem explicadas nos termos do mesmo conjunto de variáveis antecedentes. Mas, embora compreensível, a resistência não se justifica necessariamente. Pois se uma explicação de tipo teleológico vale ou não vale é uma questão claramente empírica. Por conseguinte, se o princípio da assimetria é válido e se as leis mais básicas são desse tipo, também são questões empíricas. A inadequação da física aristotélica não estava em nenhuma absurdidade inerente, e sim na sua grosseira inadequação em explicar os eventos naturais. Mas supor, a partir da superioridade dos princípios galileanos nas ciências da natureza inanimada, que eles *devem* fornecer o modelo das ciências do comportamento animado é dar um salto especulativo, não enunciar uma conclusão necessária.

---

lesões cerebrais, ao indicar uma condição necessária que estava ausente" (Peters, op. cit., p.16). Isso se pode interpretar como a tese de que o funcionamento normal do organismo segue leis teleológicas. Portanto, nunca podemos fornecer condições suficientes para um comportamento normal em termos de condições antecedentes "causais" (*i.e.*, não teleológicas), sejam elas fisiológicas, sejam de qualquer outro tipo. Mas podemos assim explicar falhas ou funcionamento inatural. As negações dessas condições causais da falha, então, são condições do funcionamento normal. Mas, sendo elas "causais" (*i.e.*, não teleológicas), não são condições suficientes, e sim apenas condições *sine qua non*.

Assim, a existência e a ausência de danos de certos órgãos podem ser uma condição necessária para determinado comportamento. Mas uma condição suficiente seria um estado desses órgãos juntamente com o estado de outros e o ambiente que juntos constituíam um antecedente do tipo teleológico. Sem a existência e a capacidade de funcionamento desses órgãos, um tal estado global não poderia existir, mas a existência do órgão não é a causa do estado (a sua condição suficiente) e, portanto, tampouco é a causa (a condição suficiente) do comportamento. A suposição difundida de que, porque certos estados fisiológicos são condições *necessárias* do comportamento, este deve ser explicado por leis fisiológicas não teleológicas envolve uma inferência ilegítima.

2
Ação e desejo

No capítulo anterior, tentamos apresentar um relato da explicação teleológica e, especificamente, refutar a acusação de que as explicações desse tipo eram não empíricas ou "metafísicas" no sentido pejorativo desse termo. O objetivo era tornar mais claro o que se entende por explicação por propósito, que, como vimos, envolve um tipo teleológico de explicação. Para simplificar a discussão, tratamos ambas como equivalentes, na verdade, há mais na explicação por propósito do que simplesmente a forma teleológica; é, pode-se dizer, uma forma de explicação com características especiais próprias. É hora, pois, de suspender a suposição simplificadora do capítulo anterior e tentar uma análise dessas características especiais.

Para fazê-lo, será melhor recorrer ao paradigma de todas as explicações por propósito, que é a forma de explicação implícita no nosso relato cotidiano comum do comportamento humano. Neste capítulo, tentaremos mostrar que a nossa linguagem pressupõe que o nosso comportamento deve ser explicado de certo modo e delinear o que é isso. No próximo capítulo, tentaremos expor mais claramente o que essa forma é e como ela se relaciona com a explicação teleológica em geral.

Examinaremos assim as noções comuns "ação" e "desejo" e as noções relacionadas pelas quais descrevemos e explicamos o nosso próprio comportamento e o dos outros. No entanto, haverá uma desvantagem envolvida nesse procedimento que devemos deixar clara desde o início. Pois a nossa discussão se centrará no comportamento humano, ao qual esses conceitos se aplicam principalmente. Mas geralmente queremos reivindicar um *status* especial, como seres "propositados" ou "intencionais", tanto para os animais quanto para os homens. Se for para tomar a "explicação por propósito" no seu sentido mais amplo, a discussão neste capítulo pode restringir o nosso escopo indevidamente. Portanto, na última parte do próximo capítulo, passaremos a discutir se, ou em que medida, as características observadas no nosso exame do comportamento humano podem ser significativamente atribuídas ao comportamento dos animais. Mas, por ora, a nossa discussão se ocupará, na maior parte, do comportamento dos homens.

1. Ações e objetivos

Vejamos primeiramente a noção de ação. Implícita na nossa noção cotidiana de ação está a de "direção" a um objetivo ou fim. Quer dizer, os nossos conceitos ordinários de ação geralmente escolhem o comportamento a que estão habituados não só pela sua forma ou as suas características evidentes ou pelo que ele ocasiona como também pela forma ou o resultado final que o agente tinha o propósito ou a intenção de realizar.

Isso faz parte da força da noção de "objetivo". Quando afirmamos que as ações são classificadas pelos seus objetivos, queremos dizer não só que elas são classificadas pelo resultado que produzem de fato como também pelo fim a que se destinam; e é por isso que falamos em um "objetivo". Mas o termo "objetivo" pode induzir em erro de outra maneira; porque o fenômeno do "direcionamento" está em evidência em uma gama mais ampla de comportamento do que quando falamos sobre objetivos ou metas.

Geralmente falamos em um objetivo ou meta quando há certa condição final ou mudança visada por uma ação; e uma ampla gama de ações, desde "pular a cerca" até "tomar o poder", é classificada pelos seus objetivos nesse sentido. Mas há muitas outras ações sobre as quais também quereremos falar como dirigidas nas quais não há tal condição final, pela qual elas são caracterizadas como identificáveis separadamente da própria ação – por exemplo, "estar do outro lado da cerca" e "estar no poder" relacionam-se com as ações exemplificadas anteriormente. Tais são, por exemplo, dançar, andar, correr e assim por diante. Ora, queremos muitas vezes falar de comportamento classificado dessa maneira como dirigido, porém o que visamos nesses casos não é uma condição final, mas simplesmente a emissão do comportamento do tipo requerido; e o fim não é um resultado identificável separadamente da ação, mas simplesmente a ação tem certa forma ou corresponde a determinada descrição. Nesses casos, talvez seja menos enganoso falar em um "critério" sendo cumprido em vez de um "objetivo" visado na ação, mas adotarmos um termo que se aplique a todos os comportamentos dirigidos simplificará as coisas, portanto falaremos a seguir de "objetivos" em um sentido especial abrangente, no qual se pode dizer que qualquer ação tem um objetivo.[1]

---

[1] Naturalmente, essas duas classes de ação não são exclusivas. Qualquer ação pode suportar muitas descrições, e algumas delas podem ser de tipos diferentes. Assim, um dançarino profissional não dança apenas, também ganha a vida ou faz dinheiro. Uma atividade não identificada pelo seu resultado pode ser empreendida por um "motivo ulterior" e, portanto, tem um objetivo no usual sentido restrito. Também pode ser alvo de outras ações, como quando ponho um fraque, chamo um táxi etc., tudo para ir dançar. Mas também há o caso oposto, no qual uma ação geralmente feita por um "motivo ulterior" é empreendida por si mesma. Assim, posso pular cercas a tarde toda, não a fim de chegar a um lugar qualquer, mas "simplesmente para me divertir". Em certo sentido, podemos dizer em tal caso que "estar do outro lado" já não é o objetivo da ação, pois não

Assim, os nossos conceitos ordinários de ação geralmente escolhem o comportamento como "dirigido a um objetivo" nesse sentido estendido. Mas temos de qualificar essa tese com o termo "geralmente", porque, na verdade, a fronteira entre o comportamento que chamamos de ação e aquele ao qual recusamos o nome é muito mal definida. E isso, por sua vez, decorre do fato de não haver uma demarcação nítida entre o comportamento dirigido e a outra gama de movimentos de um organismo que não pode ser descrita desse modo. Há, naturalmente, casos claros de ambos os tipos. Piscar não é claramente direcionado, ao passo que se candidatar a presidente é; mas, entre estes, há toda uma sucessão de casos intermediários, muitos dos quais não podem ser colocados inequivocamente nesta ou naquela categoria. A escala vai de piscar, tremer e espirrar, passando por bocejar e rir, até inquietar e rabiscar, a seguir, até andar, escrever, falar, e chegamos a comportamentos que são virtualmente sempre dirigidos. Grande parte do comportamento nessa escala pode ser chamado de "ação" em um sentido vago, até mesmo quando preferiríamos não falar em "direção". Mas ele também não se desviaria excessivamente do sentido normal do termo se o usarmos em um sentido forte ou restrito, segundo o qual só se pode falar em comportamento dirigido como ação, e é isso que nos propomos a fazer a seguir.

é a "finalidade" do que estou fazendo; ou seja, se eu fosse milagrosamente transportado para o outro lado, não teria alcançado o que pretendia fazer ou almejava ao empreender a atividade e poderia até ficar frustrado. Mas, em outro sentido, estar do outro lado faz parte da finalidade, já que, se eu não estivesse do outro lado da cerca após o meu salto, a ação não teria atingido o critério, cumprindo a descrição "eu pulo a cerca" que estabeleci como meu objetivo em sentido amplo. Grande parte da atividade "sem sentido" de um jogo é a ação em que o estado objetivo, que geralmente também é o que está sendo visado na ação, ou o objetivo no nosso sentido amplo, já não é esse, mas o objetivo é simplesmente o desempenho da própria ação. Assim, jogar é, muitas vezes, uma imitação de atividade "séria", mas com a exclusão do ponto "sério".

Ação e desejo

De que modo podemos dizer, então, o que é comportamento dirigido? Como mencionamos, ocorre que ele se caracteriza por termos cujos critérios de aplicação são duplos. Assim, para que alguma coisa seja uma ação no sentido forte, é necessário que ela não só termine no resultado ou atenda o critério pelo qual se caracterizam as ações desse tipo como também é preciso que a intenção ou o propósito do agente seja chegar a esse resultado ou critério. Em outras palavras, o agente não só deve fazer os movimentos adequados como também tem de ser a sua intenção ou o seu propósito executar esses movimentos. É esse segundo critério que dá razão à linguagem de "tentativa" e "realização", que, portanto, só pode ser usada em conexão com a ação no sentido forte. Pois, quando um comportamento deixa de satisfazer o primeiro critério para uma ação do tipo X, *i.e.*, quando o resultado não ocorre ou o critério não é alcançado, ainda podemos falar nela como uma "tentativa de X" se ela atender o segundo critério, *i.e.*, se se destinava a ou visava chegar a esse resultado ou critério. Por outro lado, quando o segundo critério é irrelevante, não podemos falar em "tentar". Do mesmo modo, quando a ação é bem-sucedida, podemos falar em "realização". Pois isso implica que algum padrão visado foi satisfeito, e aqui é o objetivo almejado que provê o padrão. Se não fosse o caso, não se poderia usar "realização". As noções de "objetivo", "tentativa", "realização" estão intimamente ligadas, e esse complexo de noções se aplica onde quer que tenhamos a ver com a ação no sentido forte.

Ora, está claro que a maior parte do que normalmente chamamos de ação satisfaz tanto esses critérios que, na verdade, exigimos que ambos sejam satisfeitos antes que falemos em ação. Assim, quando determinado comportamento atende o primeiro, mas não o segundo critério para X, quase sempre nos recusamos a chamá-lo de um X. Aqui é necessário ter cautela porque há dois tipos de casos. Pode ser que parte do comportamento não satisfaça de modo algum o segundo critério, como no caso de um homem sofrendo um ataque epiléptico. Nesse caso, o comportamento não é "dirigido", ou seja, não há nada que o homem tencionasse ou pretendesse fazer. E aqui suspendemos todas as descrições de ação e, portanto, a descrição de *X*, mesmo que o comportamento atenda o primeiro critério para *X* (que pode ser, por exemplo, um passo na mais recente forma de dança de alguma subcultura juvenil). Mas há outros casos em que um homem tencionava ou pretendia fazer algo, mas não essa ação que lhe é atribuída. E aqui a nossa prática comum é menos clara.

Às vezes, suprimimos a descrição. Desse modo, negaríamos que Sócrates tenha corrompido a juventude, ainda que concordemos que o efeito do seu ensinamento naquele contexto social estava fadado a destruir um senso de restrição moral. Em outras ocasiões, mantemos a descrição, mas a qualificamos com termos como "inconscientemente", "por ignorância", "por engano", "por acidente", "por inadvertência" e assim por diante. Há muitos motivos pelos quais tratamos os diversos casos de maneira diferente. Um dos principais, que advém do caso de Sócrates, é a sua conexão com a atribuição de responsabilidade. Assim, é possível que eu seja considerado moral ou legalmente responsável por algo que não pretendia fazer. Posso fazer uma coisa por acidente ou involuntariamente em circunstâncias nas quais devia ter tomado precauções ou me dado ao trabalho de averiguar. Em tais casos, eu posso ser inculpado ou punido, mesmo que a pena seja mitigada. E, como sou responsável pelo evento, ele naturalmente me é atribuído como uma ação, posto que com qualificação. Por outro lado, em casos, digamos, de ignorância genuinamente isenta, para tirar de mim toda a culpa, a ação geralmente não me é atribuída. Assim, se, ao passar o sal para o meu companheiro de mesa no vagão-restaurante do Simplon Orient, eu lhe passar um receptáculo que contém os planos secretos da Otan, não posso ser responsabilizado pela revelação para o outro lado. Certamente não diríamos que revelei o segredo. No entanto, se eu também fosse um agente e conhecesse o costume dos espiões balcânicos de transmitir informações por meio de saleiros, se passei esse porque pensei que, para variar, continha apenas sal, e eu podia ter averiguado e não o fiz, então sou merecidamente responsabilizado pelo que se segue, e, nesse caso, dizemos que eu *revelei* a informação, muito embora não seja um agente bolchevique e não o tenha feito deliberadamente, e sim inintencionalmente. Podemos, pois, atribuir responsabilidade fora do contexto paradigmático em que um homem perpetra uma ação no sentido não qualificado porque ele devia ter superado a lacuna entre a intenção e desempenho e, portanto, ainda é o culpado. Mas a noção de responsabilidade está estreitamente ligada à de ação; se se atribui corretamente a um homem a responsabilidade por uma ação, segue-se, então, que ele a cometeu; nesse caso, nós lhe atribuímos a ação, mas com qualificações.[2]

Às vezes, uma vez mais, atribuímos a alguém uma ação que ele não tinha intenção de cometer se isso se parecer, em algum aspecto essencial, com o que ele realmente tinha intenção de fazer. Assim, nos casos em que o comportamento é tal que nos permite distinguir o ato do objeto, e nos quais a intenção era de praticar a ação, mas não a esse objeto, muitas vezes atribuímos o resultado ao agente. Assim, pode-se considerar que o inocente do Simplon-Express *entregou os planos* ao agente porque tinha a intenção de lhe entregar uma coisa, o saleiro, e este incluía os planos.

Reiterando, às vezes atribuímos a alguém ações nas quais os resultados em questão são o que poderíamos chamar de "causalmente próximo" do que ele pretendia. Assim, ao fazer algo intencionalmente, eu ocasiono, inadvertidamente, algum outro resultado – como quando, ao me levantar da cadeira, desajeitadamente derrubo a luminária –, a ação definida por esse resultado muitas vezes me é atribuída, se bem que de modo qualificado; por exemplo, nesse caso,

---

[2] Podemos, portanto, ver o que nos separa dos acusadores de Sócrates. Suponhamos que a lacuna aqui, entre intenção e desempenho só pudesse ser fechada pelo silêncio, *i.e.*, a única maneira de evitar a corrupção moral não intencional resultante de Crítias, Alcibíades etc., seria Sócrates deixar de ensinar. Então a validade da acusação depende da questão de saber se a lacuna devia ter sido fechada, se o preço – o silêncio de Sócrates – não é excessivamente alto.

dizem que eu derrubei a luminária, se bem que acidentalmente. Mas só fazemos isso quando o nexo causal entre a ação que pratiquei intencionalmente e o resultado inintencional é relativamente direto e óbvio, ou quando o nexo foi estabelecido por ato humano diretamente para produzir esse resultado, como quando se considera que, ao apertar o devido botão, eu toquei a campainha, embora esperasse outro resultado. Mas, se o nexo for mais demorado, mais complexo ou mais incerto, não se pode sustentar a atribuição. Assim, não se pode dizer que o assassino Gavrilo Princip tenha provocado a Primeira Guerra Mundial nem que o eletricista incompetente, que instala mal a fiação, tenha incendiado a casa.[3]

De modo que a noção de ação normalmente envolve a de comportamento dirigido para um objetivo. Pois os termos de ação geralmente não podem ser aplicados, a não ser que o comportamento seja dirigido para um objetivo, e os termos de ação específica não se podem aplicar de modo não qualificado, a não ser que o comportamento seja dirigido para o objetivo específico em questão. Em muitos casos em que essa condição não é cumprida, não aplicamos o termo de ação nem mesmo de modo qualificado. E, quando o aplicamos, geralmente parece haver um vínculo entre a intenção e o desempenho; ou o ato intencionado e o atribuído são semelhantes de um modo essencial, ou estão ligados por um íntimo nexo causal, ou a própria lacuna entre os dois cai na gama da responsabilidade do agente, *i.e.*, o próprio fato de haver uma lacuna pode ser

---

[3] Também há casos em que podemos atribuir uma ação a alguém apesar da sua renúncia. Assim, um homem pode negar vigorosamente que o que está fazendo possa ser descrito como vingança, e dizer que apenas busca justiça. E pode não estar mentindo. Entretanto, podemos querer atribuir a ação a ele. Mas, nesse tipo de caso, não é que o segundo critério, o concernente ao objetivo para o qual a ação se dirige tenha sido flexibilizado. Pois uma parte essencial da hipótese de que o homem estava realmente praticando a ação é a afirmação de que, de algum modo inconsciente, ele pretendia praticá-la. Pois a questão aqui depende do motivo. Caso essa afirmação se revele equivocada, a hipótese cai por terra. Cf. a seguir, p.95-100.

considerado o resultado da ação ou da omissão do agente. Aliás, já se disse o suficiente para mostrar que a noção normal de ação é de um comportamento que não só produz certa condição como também é dirigido para produzi-la como um fim.

2. Ação e direção

Mas por que falamos no segundo critério, que diz respeito à intenção ou propósito, como a exigência de que o comportamento seja "dirigido"? Qual é a justificativa para se falar na "direção" do comportamento? A justificativa está no fato de que, se o segundo critério se aplica ou não, tem algo a ver com a maneira como explicamos o comportamento. Usando essa noção de "comportamento" como fizemos antes, em um sentido geral descomprometido, no qual ela pode abarcar tanto a ação quanto a não ação, é possível dizer que, ao classificar um comportamento como uma ação, consideramos, em certo sentido, o fato de ele atender o primeiro critério para uma ação desse tipo, *i.e.*, tem certa forma manifesta ou gera certo resultado pelo fato de atender o segundo critério, *i.e.*, era o que o agente pretendia fazer. Pois afirmar que algo é uma ação no sentido forte significa não só que o homem que exibiu esse comportamento havia elaborado a intenção relevante ou tinha esse propósito como também que a sua intenção a produziu. Ou seja, não é condição suficiente para a ocorrência de uma ação que um homem pretenda fazer algo e que ocorra o comportamento que é resposta à descrição relevante. Pois é perfeitamente concebível – e acontece, de fato, em casos raros – que os dois estejam desconectados e o comportamento ocorra por algum outro motivo. E, nesses casos, não caracterizamos o comportamento como uma ação no sentido forte. Assim, posso decidir, por brincadeira, pular como se estivesse assustado quando sucede algo, e, quando isso suceder, posso me assustar de fato e pular involuntariamente. Ou posso decidir esfaquear alguém e, antes que possa executar a minha intenção, pode ser que alguém empurre o meu braço. Nesses casos, não diríamos que eu agi, *i.e.*, que pratiquei a ação de pular ou de esfaquear; e esse fato pode ser de suma importância, *e.g.*, no segundo caso, por causa da conexão de "responsabilidade" com "ação" e as consequências jurídicas e morais que disso decorrem.[4]

Assim, a distinção entre ação e não ação depende não da presença ou da ausência da intenção ou propósito correspondente, e sim de essa intenção ou propósito ter ou não um papel na ocorrência do comportamento. Com ação, poderíamos dizer que o comportamento acontece por causa da intenção ou propósito correspondente; não sendo este o caso, não estamos lidando com ação. Mas aqui o uso da expressão "por causa de" pode enganar, porque não poderíamos dizer que a intenção foi o antecedente causal do comportamento. Pois os dois não estão contingentemente conectados no modo normal. Não estamos explicando o comportamento pela "lei", se não ocorrer nada inesperado, tencionar X é seguido por fazer X, pois faz parte do que queremos dizer com "tencionar X", que, na ausência de fatores interferentes, é seguido por fazer X. Não se pode dizer que eu intencione fazer X se, mesmo sem obstáculos ou outros fatores compensatórios, ainda não o tenha feito. Portanto, a minha intenção não é um antecedente causal do meu comportamento.

Mas chamar algo de ação é o mesmo que citar um antecedente causal, na medida em que ele exclui outros antecedentes da mesma natureza e define o tipo de explicação que é apropriado. Já vimos isso nos exemplos apresentados, nos quais relatos de comportamento em termos de reflexo ou do agente sendo empurrado bastam

---

[4] Há, naturalmente, casos limítrofes, nos quais usamos tais expressões, por exemplo, "acidentalmente de propósito", mas, como a natureza paradoxal dessa expressão implica, eles não prejudicam a validade da distinção que pode ser claramente aplicada à maioria dos casos.

para desqualificar esse comportamento como ação. De modo que chamar algo de ação, sem subordinar o comportamento a nenhuma lei, envolve a exclusão de certas explicações rivais, as incompatíveis com a alegação implícita de que a intenção causou o comportamento. Ora, uma explicação rival há de ser aquela segundo a qual mudar a intenção, na ausência de qualquer fator interferente, não teria efeito sobre o comportamento; isto é, um relato rival de um evento comportamental B seria um relato segundo o qual B ocorreria[5] nessa condição antecedente, independentemente de o agente ter ou não a intenção de cometer B.[6] Assim, se determinado comportamento é corretamente classificado como uma ação, não podemos explicá-lo por algum antecedente causal, no qual a lei que liga o antecedente (E) ao comportamento (B) não depende, por si só, de uma lei ou regra que regule a intenção ou propósito. Pois, se a lei que liga E a B não dependesse de alguma lei que ligasse E à intenção

---

[5] B ocorreria, isto é, na ausência de fatores compensatórios. Essa qualificação é necessária, pois sempre é possível que um reflexo seja inibido por uma intenção contrária, como, *e.g.*, tremer às vezes pode, mas esse comportamento quando desabatado ainda não seria chamado de "ação" porque a intenção não entra no relato dessa ocorrência. Ou seja, o que tende a ocorrer nessa condição antecedente é um fato que se aplica independentemente do estado da intenção do agente.

[6] Podem-se citar contra esse raciocínio os casos em que uma ação é "sobredeterminada", isto é, os casos em que há mais de um motivo para uma ação, de modo que, se um deles não se mantiver, o outro bastaria. Mas esse conceito só tem sentido quando se fala em ação. Não se pode dizer que determinado movimento possa ser *tanto* determinado como um reflexo *quanto* motivado como uma ação; pois uma caracterização exclui a outra. É claro que há contraexemplos aparentes; *e.g.*, quando responsabilizamos um homem e o culpamos de um comportamento "reflexo". Mas, nesses casos, queremos dizer que ele poderia, talvez com muito esforço, inibir o comportamento, ou que sabia que esse comportamento decorreria daquele antecedente e nada fez ainda para evitar este último. Mas nenhum desses casos mostra que o comportamento em si é *ação*. Posso ser considerado responsável pelos danos causados por uma avalanche ou um incêndio que iniciei por negligência, mas isso não torna a avalanche ou o fogo uma ação.

ou propósito *I* de fazer *B*, então *E* – *B* valeria se *E* – *I* valesse ou não. Mas então *B* ocorreria em *E* estivesse a intenção correspondente presente ou não. Nesse caso, mesmo quando está presente, não se pode dizer que ela ocasione o comportamento, desde que isso seja feito por *E*. Portanto, explicar *B* em termos de *E* seria oferecer uma explicação rival para desqualificar *B* como uma ação.

Desse modo, classificar o comportamento como ação é descartar certo tipo de explicação. É estabelecer o tipo de leis pelas quais se pode explicá-lo. A diferença entre os dois tipos de lei pode se ver a partir de um exemplo. Se eu disser que uma pessoa me bateu, é compatível com essa afirmação que o seu comportamento pode ser explicado por uma lei como "ele ataca qualquer um que o contradiga" ou até mesmo por uma hipótese mais irracional, como "ele bate em toda quinta pessoa com que se encontra". Mas não poderia ser explicado por alguma lei no sentido de que, *e.g.*, sempre que uma luz lampeja, o seu braço se move de determinada maneira. Pois, nos casos anteriores, essas são as condições do seu comportamento porque são condições da sua intenção ou propósito de se comportar de tal modo. Pode ser que ele queira bater em quem o contradisser porque essa gente o deixa zangado, ou que adotou uma política à qual ele se apega sejam quais forem as consequências desagradáveis ou por maior que seja a quinta pessoa. Nesse segundo caso, pode-se dizer que essa pessoa formou uma intenção condicional antecipadamente. Mas, nos dois casos, as regularidades do seu comportamento são regularidades das suas intenções ou desejos, e podemos alterar o seu comportamento induzindo-o a mudar a sua política ou a aceitar as contrariedades com mais tolerância. No último tipo de caso, porém, estamos dizendo que a tendência a agredir é independente de quaisquer intenções ou desejos que são condicionais ou decorrem do lampejar da luz. E, por esse motivo, não podemos classificar esse movimento como uma ação.

Há, é claro, muitos casos limítrofes, alguns deles patológicos. Mas, na medida em que descobrimos que a tendência a agredir era resistente às mudanças nos seus desejos ou intenções, nessa medida hesitaríamos em chamar isso de "ação".[7]

A noção de "ação" está ligada desse modo a "responsabilidade". Quando falamos em ação, explicamos o comportamento em termos de desejos, intenções e propósitos da pessoa. E é por isso que a consideramos responsável. Claro está, aqui também há gradações. A adoção de algumas políticas, *e.g.*, como em nosso exemplo, pode ser um sinal patológico. Certos propósitos ou desejos podem ser resistentes a mudanças em outras metas e políticas importantes de longo prazo pelas quais orientamos a nossa vida, e, na medida em que isso é verdade, somos julgados menos responsáveis por tê-las e agir sobre elas do que outros poderiam ser. Mas uma atribuição de responsabilidade é totalmente cancelada se pudermos mostrar que o comportamento em questão não era uma ação, que as intenções eram irrelevantes para ele.

Assim, as leis pelas quais explicamos a ação devem ser tais que o antecedente seja a condição de o agente ter certa intenção ou propósito, quer porque dá origem a um desejo, quer por ser o objeto de determinada política, de modo que a regularidade do seu comportamento depende da regularidade das suas intenções ou propósitos. Uma lei de comportamento que satisfaz essa condição pode ser chamada de "lei que rege a ação", ao passo que uma que relaciona o antecedente com o comportamento incondicionalmente pode ser chamada de "lei que rege o movimento". A questão poderia então ser colocada deste modo: que a ação só pode ser explicada por leis que regem a ação e que, uma vez que podemos explicar o comportamento por leis que regem o movimento, já não estamos lidando com a ação.

---

[7] O caso mais provável seria, claro está, que o desejo fosse reprimido, mas ele continua a aparecer no comportamento agressivo que agora seria "racionalizado" de algum modo. Nesse caso, ainda desejaríamos falar em ação.

Desse modo, parte da razão pela qual falamos em ações como "dirigidas" é que as ações devem ser explicadas por leis que governam a ação e, assim, ser explicadas em termos de intenções ou propósitos. Mas a noção de direção ganha a sua força específica pelo fato de a explicação em termos de intenções ou propósitos ser explicação em termos de objetivos ou metas. Pois, ao caracterizar a intenção de um homem de fazer algo, caracterizamos o objetivo, no nosso sentido ampliado desse termo, que a ação deveria cumprir, e, se explicarmos o seu comportamento pelo fato de que ele pretendia X, então o explicamos pelo fato de que X era o seu objetivo.

É por causa do papel da "intenção" e de conceitos parecidos na explicação da ação que frequentemente podemos oferecer como explicação do comportamento de alguém uma redescrição desse comportamento como uma ação de algum tipo. Assim, se um homem está tateando no escuro e erguendo as mãos para o teto, "está tentando consertar a luz" é uma resposta à pergunta "o que ele está fazendo?", mas também à pergunta "por que está fazendo isso?". Pois, ao caracterizar a ação, caracterizamos a sua intenção, e, ao caracterizar a intenção, explicamos o comportamento. E é por causa da conexão entre "intenção" e "objetivo" que a resposta que redescreve o comportamento geralmente pode ser substituída por uma simples declaração do objetivo. Assim, para a pergunta "por que você trabalha?", é igualmente adequado responder identificando o objetivo ("para ganhar dinheiro") ou redescrevendo a ação ("estou ganhando a vida").

Em suma, a *redescrição* de uma ação pode ser uma *explicação* dessa ação porque dá o objetivo pelo qual ela foi empreendida, pois o fato de algo atender o segundo critério de uma ação de certo tipo significa que ela deve ser explicada pelo objetivo que define as ações desse tipo. E esse é o caso se a redescrição atende ou não o primeiro critério desse tipo de ação. Pois, onde ela não o atende, falamos da ação que ocorreu, Y, como uma tentativa de alguma outra ação, X, e isso significa que a ocorrência de Y deve ser explicada pelo objetivo de X.

E é por isso que, ao redescrever um comportamento como uma ação do tipo A, ou como tentativa de A, dizemos que esse comportamento ocasionará, na situação – ou na situação como a enxerga o agente[8] –, o objetivo de A. Não sendo esse o caso, a atribuição de A terá de ser removida. Se, por exemplo, o comportamento não for adequado ao objetivo de A, só podemos manter a nossa afirmação de que essa é uma "tentativa de A" sustentando a afirmação de que o agente tem certas crenças (falsas), segundo as quais a sua ação alcançará esse objetivo. Mas essa redescrição do comportamento em termos de um objetivo que ele atinge ou pensa atingir também é uma explicação, como vimos, e isso significa que se deseja que o comportamento ocorra por causa da sua adequação ou suposta adequação ao objetivo. E é isso que nos permite falar naquele comportamento que satisfaz o segundo critério para a ação como um "comportamento dirigido para um objetivo".

3. Ação e sua explicação

A nossa explicação ordinária do comportamento como ação, portanto, geralmente envolve caracterizá-lo como comportamento dirigido para um objetivo. E isso significa que ele também envolve uma forma de explicação teleológica. Pois explicar o comportamento em termos do seu objetivo é dizer que ele ocorre "por causa" desse objetivo. A nossa explicação ordinária é assim, na medida em que faz uso da noção de ação no sentido forte, teleológica na forma. Mas essa forma teleológica não é fornecida somente pela "ação", também está implícita em outras noções explanatórias do discurso comum, especialmente a de desejo ou querer. Pois parte do que se entende

---

[8] Essa qualificação é obviamente importantíssima em qualquer explicação do comportamento de organismos animados. Voltaremos a levantá-lo no próximo capítulo.

por "desejo" é a disposição a concretizar o que é desejado. Ou seja, dizer que uma pessoa quer algo é dizer que ela está disposta a fazê-lo ou obtê-lo; nesse sentido, que o seu desejo de que resulte na ação adequada não exige nem admite explicação, ao passo que a ação não terminada exige que aduzamos algum fator compensatório se quisermos manter a alegação de que ela quer a coisa em questão. Portanto, as explicações em termos de desejo induzem o tipo de assimetria na nossa explicação do comportamento que já notamos, pois elas supõem uma pressão ou tendência no comportamento do ser que deseja rumo a determinada consumação.

A nossa explicação da linguagem ordinária é teleológica, pois na base de grande parte da nossa explicação cotidiana da ação está a noção de desejo. Essa noção está envolvida sempre que atribuímos um "motivo". Pois atribuir um motivo geralmente é declarar o fim que se queria ao realizar a ação (*e.g.*, "ele estava atrás do dinheiro"). Então, em alguns casos, especificamos o motivo caracterizando a "energia psíquica" por trás do ato, *i.e.*, citando o que costumamos chamar de sentimentos ou emoções, como o medo, a inveja, a cobiça, o orgulho, a raiva, a vergonha, a culpa ou o desejo (no sentido de desejo sexual). Mas a menção dessas emoções só explica o comportamento quando elas estão ligadas a certos desejos, de modo que para qualquer um a quem possam ser verdadeiramente atribuídas se atribua a tendência, embora talvez inibida, a exibir um comportamento de certo tipo. Assim, o medo está ligado ao desejo de fugir e, portanto, pode servir como um termo-motivo. Do mesmo modo, se eu explicar o fato de que muita gente que tem direito de recorrer ao Conselho Nacional de Assistência não o faça invocando o orgulho, *i.e.*, porque a ação ou a experiência lhe seria humilhante, isso pode funcionar como uma explicação porque, em parte, quando se diz que algo é humilhante, isso significa que as pessoas, geral e normalmente, desejam evitá-lo.

Parece, pois, que a nossa explicação ordinária do comportamento é teleológica na forma. Mas ainda não está claro o que se entende exatamente por "forma teleológica". Significa simplesmente que a explicação cotidiana faz uso de conceitos teleológicos? Ou as implicações são mais abrangentes: o uso desses conceitos implica, de algum modo, que *só uma* explicação teleológica é adequada, e que as leis de nível básico são teleológicas na forma? Por trás dessa pergunta, porém, há mais uma: acaso o fato de usarmos essas noções no discurso cotidiano significa que as implicações do seu uso, sejam quais forem, têm de ser verdadeiras? Às vezes se sustenta que deve ser assim, que, se pudéssemos mostrar que tais conceitos só poderiam ser aplicados corretamente no seu sentido atual a seres cujo comportamento seguiu leis teleológicas (isto é, quando as leis de nível básico eram teleológicas), isso bastaria para mostrar que os seres a que eles se aplicam ordinariamente são desse tipo. Essa premissa está na raiz de muitos argumentos que pretendem mostrar, a partir da natureza dos nossos conceitos comuns, que uma explicação não teleológica, não propositada, é impossível.

Mas antes tentaremos responder à primeira pergunta e descobrir quais são as implicações dos nossos conceitos ordinários. Uma linha de investigação pode indagar se a nossa linguagem ordinária oferece uma explicação de comportamento em termos de tendências naturais ou inerentes, isto é, uma explicação em que as leis de nível básico são do tipo teleológico. Mas essa pergunta, tal como se apresenta, está mal colocada. Pois a nossa explicação ordinária não oferece nenhum relato específico do nosso comportamento. Em outras palavras, não existe algo como a teoria de senso comum do comportamento. Quando as pessoas falam em uma teoria científica do comportamento como "conflitante com o senso comum", geralmente se referem a uma visão comumente sustentada na sua sociedade ou no seu meio. Mas esta difere notoriamente das visões comumente sustentadas em outras sociedades, e, assim, se quisermos falar em uma "visão de senso comum" nesse sentido, temos de dizer que não há uma, e sim várias.

É claro que essas visões, embora não sejam teorias, geralmente têm certas características análogas às teorias de tipo teleológico. Por isso, as visões de senso comum costumam conter "pontos de paragem" além dos quais o questionamento adicional é inadequado e ininteligível. E como geralmente invocam um desejo ou objetivo, que é encarado como "natural", elas desempenham um papel análogo às "tendências inerentes" da explicação teleológica. Desse modo, um exemplo de um ponto de paragem desse tipo seria como se alguém respondesse à pergunta "por que você está fazendo isso?" dizendo "a minha vida depende disso". Este é um ponto de paragem porque, a menos que se apresentem alguns fatores especiais (como "depois dos desastres que você sofreu, a vida não devia ser nada para você" ou "o que é a vida sem honra?"), não sabemos como responder à pergunta "por que você quer preservar a sua vida?". O fim da autopreservação é considerado como inerentemente desejável, como algo que os homens desejam naturalmente, de modo que não se pode oferecer nenhuma explicação adicional.

Mas as características das visões de senso comum só nos proporcionam evidências sobre o que a maioria dos homens acredita acerca de si mesma, ao passo que estamos tentando descobrir que forma de explicação está implícita no nosso relato cotidiano, seja qual for a teoria que aceitemos da motivação humana, seja qual for a visão que tenha ampla aceitação na nossa sociedade. E queremos saber especialmente se essa forma é compatível com uma explicação em termos de leis básicas que não sejam de tipo teleológico. Portanto, a nossa questão é se os conceitos que usamos na nossa explicação cotidiana podem ser aplicados sem mudança de significado a seres cujo comportamento poderia ser explicado por leis não teleológicas.

A resposta a essa pergunta, no que diz respeito ao conceito de "ação", deve ser negativa. Presumamos que tenhamos descoberto um conjunto de leis não teleológicas pelas quais poderíamos explicar o nosso comportamento. Por elas, as correlações ordinárias, grosseiras e prontas e as leis que regem as ações pelas quais relatamos o que fazemos no presente seriam explicadas em um nível mais básico. Isso é mais ou menos o que imaginam alguns pensadores do campo da pesquisa cibernética.[9] Assim, o fato de o mecanismo (ou, neste caso, o ser humano) emitir determinado tipo de comportamento neste momento pode ser explicado pelo modo como foi programado, sendo a correlação entre essa programação e aquele comportamento uma instância de alguma lei geral. Dessa maneira, pode-se explicar o comportamento por essa lei (ou leis), que constitui um nível de explicação mais básico do que a nossa explicação cotidiana, já que agora seremos capazes de derivar as nossas correlações observadas entre o comportamento e as suas condições antecedentes a partir dessa lei.

Ora, uma vez que essas leis básicas devem ser não teleológicas, elas têm de ser leis que regem o movimento e não leis que regem a ação, *i.e.*, não devem fazer uso da noção de "direção". Isso pode ser pensado o suficiente para encerrar o assunto, já que as ações só podem ser explicadas por leis que regem a ação e, portanto, uma explicação desse tipo mostraria que já não estamos lidando com ação. Mas a questão é mais complicada. Em primeiro lugar, pode-se afirmar que estas também eram leis que regiam a ação, que, em outras palavras, a nossa distinção cai por terra neste momento. Pois as leis que ligam as condições de programação ao comportamento também ligarão essas condições à intenção, ou o que agora poderíamos chamar de intenção, se essas leis forem realmente tais que nos permitam derivar as nossas correlações atuais que regem a ação a partir delas. Ou seja, essas leis terão não só de explicar por que emitimos o comportamento que emitimos como também por que desejamos ou pretendemos emitir esse comportamento. Assim, a condição antecedente da programação será um antecedente tanto de intenção quanto de comportamento.

---

[9] Cf. Rosenblueth; Wiener, "Purposeful and Non-Purposeful Behavior", *Philosophy of Science*, v.17, n.4, p.318-26, 1950.

Ora, é perfeitamente verdadeiro que a distinção entre esses dois tipos de lei não foi estruturada para se adequar a este caso, que, na verdade, como esperamos mostrar, ela pressupõe que este caso não surge. Mas isso não significa que a distinção seja eliminada aqui, que essas leis básicas rejam tanto a ação quanto o movimento. Pois o critério de uma lei que rege a ação é que a regularidade por ela delineada no comportamento é condicionada a uma regularidade nas intenções ou propósitos do agente, e as nossas supostas leis básicas certamente não atendem a isso. Pois, *ex hypothesi*, a conexão entre o antecedente e o comportamento não pode ser alterada mediante a alteração da conexão entre o antecedente e a intenção, pois esta não pode ser alterada sem que o antecedente também o seja.

Mas essa ainda é uma maneira enganosa de dizê-lo. Soa como se a dificuldade fosse simplesmente não podermos testar a hipótese de que essas leis rejam a ação. Porém esse mal-entendido procede da suposição de que a noção de "intenção" e as noções relacionadas teriam, em uma explicação de tipo não teleológico, o mesmo significado que têm na fala ordinária. Mas não é o caso. Na verdade, a "intenção", por exemplo, poderia receber dois significados, ambos diferentes do seu significado normal. Assim, o comportamento seria explicado por alguma condição antecedente de programação que determinasse que o mecanismo fosse guiado, por exemplo, de certa maneira, *i.e.*, de tal maneira que esse comportamento fosse emitido. Desse modo, poderíamos explicar uma lei de senso comum segundo a qual a condição ambiental E leva ao comportamento B pelo fato de E levar à condição de programação P, que, segundo a lei, é a condição antecedente de B. Mas agora digamos que $E - B$ é uma lei que rege a ação; que sentido se poderia dar à noção de "intenção" aqui? Poderíamos identificar a intenção como um estado subjetivo, isto é, os pensamentos ou sentimentos que acompanharam B, ou o que o homem disse a si mesmo ao fazer B; mas isso nos desviaria do nosso senso normal, pois nos permite dizer que estamos enganados ou equivocados acerca das nossas intenções, *i.e.*, acerca do que realmente está ocasionando o nosso comportamento; ou poderíamos preservar o papel da intenção na explicação do comportamento identificando-o pela própria condição de programação, de tal modo que a intenção B de um homem signifique simplesmente aquela condição P obtida, onde P era o antecedente de B; mas isso se desviaria do nosso uso normal em que a "intenção" seria um antecedente causal do comportamento.

Ora, se se tiver adotado o primeiro significado, a conexão entre P e a intenção seria contingente, e o fato de a intenção (I) não poder ser alterada sem que P seja alterado repousaria simplesmente no fato de P ser o antecedente causal de I. Mas, nesse caso, $P-B$ não seria condicional a $P-I$. Isto é, poderíamos interferir em $P-I$ sem interferir em $P-B$. Por conseguinte, $P-B$ e a lei mais geral da qual da qual ela foi deduzida seriam leis que regem puramente o movimento, e não a ação. E, se se adotasse o segundo significado, a conexão entre P e I seria necessária, a impossibilidade de alterar o segundo sem alterar o primeiro seria lógica, e então, também neste caso, $P-B$ não poderia ser condicional a $P-I$ em sentido causal. Então, uma vez mais, $P-B$ (ou $I-B$) seria uma lei que rege somente o movimento, não a ação.

Assim, as leis básicas de uma tal explicação não teleológica não seriam leis que regem a ação e, sendo assim, nós nos sentiríamos tentados a negar qualquer comportamento que sob elas incluísse o título de ação. Esse é, na verdade, o modo como o problema tem sido visto com frequência. Isso é evidente naquilo que se poderia chamar de "visão de Canuto"[10] do comportamento. Muitos temem ou esperam que o progresso gradual da explicação científica do comportamento submeta uma parte cada vez maior das nossas ações a

---

[10] Refere-se à ideia de que, só porque temos uma lei, o evento/fenômeno vai passar a se comportar de acordo com ela. É uma referência à história de Canuto e a maré (ver https://en.wikipedia.org/wiki/King_Canute_and_the_tidehttps://en.wikipedia.org/wiki/King_Canute_and_the_tide). [N. E.]

leis desse tipo, com a consequência de elas serem privadas desse *status*, uma a uma, e relegadas à categoria de não ação. Junto com isso – e este é frequentemente o principal motivo de interesse no assunto –, a área em que podemos atribuir responsabilidade, distribuir elogio ou culpa, ou repartir recompensa ou punição, diminuirá continuamente – até que, no caso-limite, não reste nada; os tribunais serão fechados ou transformados em institutos de engenharia humana, o discurso moral será relegado ao porão da história e assim por diante.

A perspectiva – ainda que baseada em uma extrapolação um tanto instável da nossa maior compreensão dos casos patológicos – é assustadora ou pelo menos impressionante, conforme a maneira como se olha para esses assuntos. Mas já será evidente que esse modo de os colocar é bastante desorientador. Pois a distinção entre ação e não ação, como muitas outras distinções fundamentais, não poderia sobreviver inalterada à descoberta de que todos os fenômenos que ela abrange na verdade caíram em um lado seu. E já vimos que noções como "intenção" sofrem alguma distorção quando tentamos aplicá-las ao nosso caso hipotético de uma explicação não teleológica. Na realidade, ainda seríamos capazes de, e presumivelmente queremos, distinguir cair de um penhasco e piscar, ganhar a vida ou candidatar-se à presidência, e a primeira classe seria explicada pela lei da gravidade ou por alguma lei reflexiva, e a segunda pelas nossas leis básicas de programação. Mas a distinção seria diferente da nossa atual entre ação e não ação, pois já não poderia depender de se a intenção ocasiona o comportamento. Pois se a afirmação de que é assim pode ser derrotada, como no presente, oferecendo uma explicação rival, e se uma explicação rival é aquela em que o comportamento deve seguir um antecedente, de acordo com uma lei que não é causalmente dependente de uma lei que liga o antecedente à intenção, então nada se qualifica como ação. E, se abandonarmos essa interpretação e tomarmos a mais adequada às novas circunstâncias, a de que o comportamento é ação quando pode ser subordinado a leis sobre programação, então estamos usando a "intenção" em um novo sentido, no qual a sua ligação com o comportamento é puramente contingente.

Assim, a nossa atual distinção não nos seria útil. Ela presume que podemos opor a explicação pela intenção à explicação por leis que regem o movimento. Mas no novo arranjo isso seria impossível. Pois, na interpretação mais provável, a própria explicação pela intenção seria uma forma de explicação pelas leis que regem o movimento. (E, na interpretação menos provável, em que a "intenção" significava algum estado subjetivo acompanhante, ela não explicaria absolutamente nada.) Portanto, a distinção não é estruturada para atender esse caso. Isso requer que possamos identificar como intenção ou propósito algo que não é um antecedente causal por não estar ligado contingentemente ao comportamento que ele ocasiona; entretanto, é como um antecedente na medida em que exclui outras, *i.e.*, exclui toda explicação por antecedentes em leis causais normais, *i.e.*, leis que regem o movimento. Temos de identificar, por assim dizer, um "antecedente" que esteja não contingentemente ligado ao seu consequente. Pois, de outro modo, não haverá nada chamado de intenção de se opor à explicação por leis que regem o movimento. Assim, há uma premissa factual na base dessa distinção, a premissa da crença, isto é, de que ela possa ser aplicada. E essa premissa se mostraria equivocada se uma explicação por leis não teleológicas se mostrasse válida. Assim, nesse caso, a nossa atual distinção entre ação e não ação e, portanto, a nossa atual noção de ação não poderia ser aplicada.

Esse ponto pode ser exposto de outra maneira. Porque a explicação por intenções ou propósitos é como a explicação por um "antecedente" que está não contingentemente ligado ao seu consequente, *i.e.*, porque o fato de o comportamento seguir a partir da intenção, com outras coisas sendo iguais, não é um fato contingente, não podemos explicá-lo por leis mais básicas. Pois explicar um fato por leis mais básicas é fornecer as regularidades das quais esse fato depende causalmente. Mas, não sendo contingente, a dependência do comportamento com relação à intenção não é contingente em relação a nada e, portanto, não em relação a tais regularidades. As condições só podem ser especificadas em frases como "outras coisas sendo iguais" ou "na ausência de fatores compensatórios", que só podem receber significado por referência à própria "lei", de que o comportamento decorre da intenção. Assim, o único escopo que resta para as leis mais básicas do comportamento está em descobrir os determinantes da intenção, isto é, as leis devem ser leis que regem a ação. Pois, se introduzirmos uma lei mais básica que rege o movimento $B = f(p)$, isso só pode ser compatível com o comportamento sendo ocasionado pela intenção (I) se $I - B$ puder ser derivado de $B = f(p)$. Mas $I - B$ não pode ser derivado de nada, pois não é uma correlação contingente. Segue-se que a nossa explicação para o comportamento por uma lei que rege o movimento é incompatível com o fato de ela ser ocasionada pela intenção ou propósito em questão e, portanto, com o fato de ela ser ação no sentido usual do termo.

Por conseguinte, a nossa noção de ação teria de mudar com uma explicação não teleológica sistemática do comportamento. Ela já não poderia depender do papel da intenção no sentido atual do termo. A diferença seria a seguinte: dizer que algo era uma ação, isto é, foi ocasionada pela intenção no novo sentido, seria dizer que a sua ocorrência poderia ser explicada pela lei $B = f(p)$. Classificar algo como uma ação seria subordiná-lo a uma lei. Mas isso não é o que normalmente queremos dizer quando atribuímos uma ação a alguém. Desse modo, quando digo que um sujeito me bateu, não estou dizendo que esse comportamento foi um exemplo de determinada lei. Sem dúvida, essa ação pode ser explicada por uma lei ou enunciado nomológico, como aquele nosso exemplo, "ele sempre bate nas pessoas que o contradizem", mas classificar isso como uma ação não é subordiná-la a esta ou a qualquer outra lei. Analogamente, identificar uma coisa como uma ação específica, ou seja, caracterizar a intenção da qual ela fluiu, seria dizer que ela seguiu um determinado antecedente *P*; ao passo que identificar uma ação específica no nosso uso ordinário não envolve escolher o antecedente que ela segue (contingentemente). É uma peculiaridade de uma ação que o fato de ela ter determinada direção ou de ser uma ação de certo tipo é um fato que se sustenta independentemente das condições antecedentes que o originam. Primeiramente, identificamos a ação e depois procuramos as condições que a ocasionaram. Mas esse não seria o caso no nosso novo arranjo; pois, se quisermos caracterizar uma ação pela natureza da intenção, teríamos de caracterizá-la pela condição antecedente que ela seguiu, de modo que dizer que algo era uma ação do tipo *B* seria dizer que ela seguiu a partir de um antecedente do tipo *P*.

4. O mecanismo é concebível?

Assim, dentre os nossos conceitos ordinários, a "ação" de qualquer modo não pode ser aplicada sem mudança de significado para seres cujo comportamento poderia ser explicado por leis não teleológicas. Mas acaso isso significa que uma explicação não teleológica do comportamento humano é impossível? À primeira vista, essa pode parecer uma conclusão plausível a partir do fato de que aplicamos a noção, e com muito sucesso, na descrição do nosso comportamento. Por certo, o fato de podermos usá-la para distinguir entre ação e não ação é suficiente para mostrar que as premissas na base dessa distinção se mantêm e que, se elas são incompatíveis com a explicação não teleológica sistemática, então tanto pior.

Mas essa conclusão seria demasiado precipitada. O fato de se ter feito uma distinção e se haver concordado com ela não mostra que ela foi devidamente compreendida, que os critérios com base nos quais ela foi supostamente feita são válidos. É o que mostra a história do pensamento. Assim, todos podemos entender a distinção aristotélica entre movimento "natural" e "violento", e todos admitirão que as coisas aqui distinguidas realmente caem em categorias diversas, mas isso não significa que possamos aceitar os critérios com base nos quais isso supostamente se fez e possamos aceitar que sejam realmente o "natural" e o "violento" que estão sendo distinguidos. Aqui aconteceu que, de fato, se fez uma distinção a partir de certos critérios que foram caracterizados erradamente, e a caracterização errônea estava ligada a certas características muito profundamente enraizadas do esquema conceitual da época. A descoberta do erro transtornou consideravelmente esse esquema.

O nosso caso apresenta mais do que uma analogia. Entre outras, a nossa explicação ordinária da ação tem uma semelhança, como vimos, com a explicação aristotélica pelo "movimento natural". Mas a analogia importante para o nosso propósito atual é a geral. Se uma explicação não teleológica sistemática estiver certa, então se mostrará que não caracterizamos corretamente a distinção entre ação e não ação. Não vai depender do papel da intenção como o entendemos agora, mas antes das leis pelas quais se explicam os diversos tipos de comportamento. Mas, como no caso citado, não há de ser porque as coisas distinguidas não sejam realmente distintas. Pelo contrário. Será simplesmente porque não caracterizamos corretamente os critérios com base nos quais fizemos a distinção. Na verdade, os modos pelos quais agora dizemos se nós ou outros homens temos determinada intenção, propósito ou desejo revelar-se-ão guias confiáveis para a natureza das leis em vigor. Mas se mostrará que não estamos distinguindo entre o que pensamos que estamos distinguindo. Os supostos critérios não serão os reais.

Isso pode parecer estranho. Decerto, poderíamos dizer, os critérios pelos quais distinguimos serão, em certo sentido, os mesmos, tanto antes quanto depois, embora o nosso novo conhecimento possa nos dar caminhos neurofisiológicos mais diretos de fazer a distinção. Somente a base racional da distinção, o que pensamos que depende dos critérios, será diferente. Em outras palavras, a distinção entre ação e não ação permanecerá, só os "sobretons metafísicos" serão abandonados. Ora, em certo sentido, os critérios são os mesmos. Mas essa maneira de expressar é enganosa. Pois essa distinção entre os critérios e a sua base racional só aparecerá depois que descobrirmos que estávamos equivocados. Então poderemos distinguir certa fisionomia de ação ou certos sentimentos ou pensamentos como *sinais* de determinada condição neurofisiológica de programação. Mas vamos chamá-los de "sinais" porque observá-los contrastará com a observação da própria condição, ou porque esse modo de relatar contrastará com modos mais confiáveis e diretos. Então, tendo distinguido o sinal do significado, poderemos dizer que esses fenômenos foram mal interpretados como sinais. Mas, hoje, a sua expressão ou ação irritada ou os meus pensamentos e sentimentos geralmente não podem ser chamados de "sinais" de desejo ou intenção. Pois já não há nenhum modo direto de observar ou dizer o que nós ou os outros pretendemos fazer. Ao observar estes, observamos os nossos desejos e intenções. Ou assim pensamos. Não podemos, nesse estágio, distinguir entre sinal e significado, entre os critérios e a sua interpretação ou base racional.

Essa é a natureza do caso. Isto é, segue-se da base racional dessa distinção que não deveríamos ser capazes de distinguir os critérios da sua base racional. Pois a nossa errônea caracterização desses critérios, caso o seja, terá sido ligada, como aquela acima, a certas características profundamente arraigadas do nosso esquema conceitual. E é uma exigência desse esquema que sinal e significado não sejam separados. Pois o esquema requer que identifiquemos, na intenção ou propósito, uma condição que esteja não contingentemente ligada ao que dela se segue. Mas então é essencial que sejamos capazes, pelo menos em alguns casos, de identificar essa condição diretamente, isto é, não meramente via sinais, *i.e.*, fenômenos que são apenas contingentemente ligados a ela.[11] Pois os sinais,

---

[11] É claro que o dualismo, seja do tipo cartesiano, seja do empirista, presumiu somente isso para todos os fenômenos mentais, com as conhecidas

nesse sentido, estarão apenas contingentemente ligados à intenção e, portanto, à ação. E, se pudéssemos observar unicamente os sinais, só lograríamos observar os antecedentes da ação, ou seja, as condições apenas contingentemente ligadas a ela. Mas então o nosso esquema conceitual entraria em colapso; porque o único modo de identificar algo como um sinal da intenção para X seria observar que ele usualmente era seguido por X. E então não haveria como distinguir um "sinal de intenção para X" de um "antecedente causal de X".

Por conseguinte, para que possamos identificar a intenção e, portanto, a ação temos de poder dizer que a observamos diretamente, ou seja, não meramente por intermédio de sinais. A intenção deve ter o que podemos chamar de "expressões diretas" em contraste com as indicações indiretas proporcionadas pelos sinais. Ora, no caso normal, o próprio comportamento que a intenção gera é considerado uma expressão dela nesse sentido. A incerteza pode surgir nos casos limítrofes, mas, falando em termos gerais, observar o comportamento é considerado observar a intenção ou propósito perseguido. Por isso, podemos ler os propósitos de um homem nas suas ações. E esse tem de ser o caso se quisermos ter a nossa noção atual de ação e identificar uma ação independentemente das suas condições antecedentes. É somente se a explicação não teleológica sistemática for mostrada para sustentar que as características fisionômicas da ação pelas quais a identificamos como tal seriam exibidas como sendo apenas sinais de um tipo geralmente confiável que certa condição antecedente mantém, que a "máquina" é programada de certo modo. Mas essa distinção entre sinal e significado acompanharia a mudança da noção de ação, e não poderia precedê-la. Os dois fariam parte da mesma mudança profunda e abrangente no nosso esquema conceitual.

---

consequências, semelhantes às aqui levantadas, de que uma explicação inteligível do nosso uso de termos psicológicos não podia ser dada, e com os inevitáveis subprodutos do ceticismo e do solipsismo.

Assim, é uma exigência do nosso esquema conceitual que os critérios da distinção entre ação e não ação não sejam separáveis da sua base racional, que a distinção não se separe dos seus "sobretons metafísicos". Se cometemos um erro, não é o de ter interpretado mal os sinais. É muito mais profundo. Pois a identificação desses fenômenos como *sinais* só será possível quando o nosso atual esquema conceitual for derrubado, isto é, quando o erro já estiver atrás de nós.

Portanto, o fato de fazermos a distinção entre ação e não ação não oferece nenhuma garantia de que o tipo de explicação que ela pressupõe seja o correto, de que o esquema conceitual em que se acha embutida não precise de revisão. Pois é possível que estejamos fazendo uma distinção inválida embora ainda distingamos coisas que são realmente diferentes. O fato de que a "ação" não pode ser aplicada no seu sentido atual a seres cujo comportamento pode ser explicado por leis não teleológicas não prova por si só que não somos tais seres. A questão permanece em aberto.

5. Mecanismo e desejo

Mas o que podemos dizer é o seguinte: se descobríssemos que, afinal de contas, somos tais seres, teríamos de alterar consideravelmente as nossas noções. E a "ação" não seria a única afetada. Se a "ação" deve ser alterada, então todos os conceitos relacionados também o devem ser.

Tomemos a noção de desejo, que inclui a de uma disposição para a ação. Aqui podemos ver uma mudança análoga de significado. A diferença que notamos no caso da "ação" está no fato de que teríamos de identificar as ações pelas suas causas, ou seja, classificar determinado comportamento como ação seria dizer que ele decorreu de certo tipo de antecedente. Mas agora reconhecemos a ação sem fazer nenhuma afirmação a respeito das suas condições antecedentes.

Ora, essa mudança se dá mediante a noção de intenção e outras noções relacionadas. Pois, como vimos, a "intenção" não pode sobreviver à descoberta de que não há nada que ocasione o comportamento e, no entanto, esteja a ele ligado de modo não contingente. A noção, portanto, se despedaça do modo descrito acima. Ou tomamos isso como significando o estado subjetivo, ou os sinais fisionômicos, mas então ele deixa de ser aquele que ocasiona a ação. Ou o usamos como condição antecedente da ação. E, nesse último caso, o mais provável, classificar uma coisa como ação seria simplesmente submetê-la a determinada lei.

Ora, o "desejo" necessariamente se despedaça do mesmo modo que a "intenção", pois desejar algo também está ligado de forma não contingente a fazê-lo, como vimos. Isto é, que a ação siga o desejo não requer nem admite explicação, ao passo que ela não o seguir requer explicação. Agora, porém, o único sentido que se poderia dar à "disposição para X", que faz parte da força do "desejo por X", seria a de uma condição antecedente de programação que foi a antecedente de X.[12] Todavia, isso seria contingentemente ligado a X. Mas então estaríamos confrontados com a mesma escolha: ou poderíamos identificar o desejo por certas características fisionômicas ou estados subjetivos,[13] mas à custa de deformar o conceito da força da "disposição para fazer", de negar ao desejo o seu papel na geração

---

[12] O antecedente teria de ser uma condição de programação e não meramente qualquer antecedente. Pois só poderíamos distinguir a ação da não ação pelo fato de que a primeira estava subsumida às leis de programação; de modo que os outros antecedentes, *e.g.*, os de leis reflexas, não seriam considerados para determinar a ação e, portanto, não poderiam ser chamados de desejos.

[13] É difícil encontrar termos para caracterizá-los em virtude da mudança envolvida no nosso esquema conceitual. Podemos querer falar em sentimentos, mas os termos do nosso vocabulário atual para sentimento geralmente levam consigo a força da disposição de um modo ou de outro. Assim, os sentimentos que acompanham o desejo geralmente são caracterizados como os "sentimentos do desejo de fazer isso ou aquilo", *e.g.*, sentimentos de desejo sexual e, portanto, pelo que a pessoa que os possui está disposta a fazer.

do comportamento; ou poderíamos manter essa força identificando o desejo como uma condição antecedente contingentemente ligada ao comportamento que ele ocasionou. Mas então atribuir um desejo a alguém seria dizer que a condição antecedente para o comportamento correspondente existia (que também seria a condição para os sintomas subjetivos do desejo). E essa não é de modo algum a força da nossa noção atual. Pois, ao dizer que alguém deseja algo, não se diz nada sobre as condições antecedentes para o comportamento correspondente. Primeiro identificamos o desejo e, depois, tentamos descobrir por que a pessoa quer e faz isso.

E ocorreria uma mudança análoga no *status* dos nossos critérios para aplicar as duas noções. Assim como o que agora chamamos de ver quais são as intenções de um homem, ou – como dizemos no nosso próprio caso – conhecer as nossas intenções, seria rebaixado à mera observação de sinais que eram um guia geralmente confiável para a "intenção", ou o antecedente da ação, de modo que o que agora chamamos de reconhecer os desejos ou vontades em nós mesmos ou nos outros seria simplesmente observar certos sinais fisionômicos ou subjetivos, geralmente confiáveis, de "desejo". Ou, alternativamente, se ainda quiséssemos chamar isso de "desejo de reconhecimento", o próprio desejo seria rebaixado para designar apenas um sinal que o antecedente possuía. O nosso esquema atual exige que, às vezes, sejamos capazes de identificar os nossos desejos diretamente, que o que queremos ou os outros querem seja, às vezes, na verdade normalmente, um fato aberto. Então, os fenômenos pelos quais nós os identificamos devem ser transparentes, por assim dizer, para que o desejo venha a ser lido diretamente através deles, sem necessidade de decodificar os sinais conforme algumas correlações estabelecidas na experiência. Assim, o nosso esquema é tal que podemos reconhecer em nós próprios ou nos outros um desejo por alguma coisa (no sentido de uma disposição para fazer algo antes que a ação tenha ocorrido) sem que, primeiramente, tenhamos de reconhecê-lo sob alguma outra descrição, como sentimento ou comportamento de certo tipo.[14] Na verdade, podemos ser capazes de não dar semelhante descrição do sentimento ou comportamento que geralmente precede certas ações além de simplesmente dizer que esse é o sentimento ou a expressão comportamental do desejo. Descobrir que esses fenômenos são realmente apenas sinais de "desejo" no novo sentido seria descobrir, por assim dizer, que o que julgávamos ser transparente era opaco; e isso envolveria uma vasta mudança conceitual.

A importância dessa mudança na noção de desejo também pode ser vista de outro modo. Pois "desejo" no sentido de "disposição para fazer" seria indistinguível da intenção, pois ambos seriam condições antecedentes de comportamento. Mas, se os dois são indistinguíveis, a distinção entre coisas feitas com relutância e com entusiasmo, entre o que fazemos *contra a nossa vontade* e o que fazemos de bom grado, cairá por terra, ou melhor, terá de ser desenhada de modo diferente. Essa distinção é possível no nosso esquema atual porque a identificação tanto de desejo quanto de intenção é independente da identificação das condições antecedentes para a ação correspondente. Assim, pode ser que nos digam para não querer fazer o que, no entanto, estamos fazendo ou pretendemos fazer, e quais, presumivelmente, portanto, condições antecedentes estão presentes no nosso fazer. E assim é possível uma distinção entre intenção e desejo, entre o que estamos simplesmente dispostos a fazer e o

---

[14] "Desejar X" pode ser chamado de "caracterização primária" de um "estado mental", na qual este não precisa ser identificado primeiro como outra coisa antes de ser identificado como um desejo. É isso que distingue uma disposição no sentido que está envolvido no "desejo" daquilo que é atribuído a certos objetos materiais. Assim, podemos dizer que algo é "frágil" ou "solúvel" e, com isso, denotar simplesmente que, em certas condições, esse algo se despedaçará ou se dissolverá. Mas essa só pode ser uma caracterização secundária, neste sentido, que antes que algo se despedace ou se dissolva, só podemos reconhecê-lo como frágil ou solúvel identificando-o primeiramente como um *A*, em que *A* é uma classe de coisas (*e.g.*, vidro ou açúcar) que se descobriu que quebram ou dissolvem.

que também apreciamos ou, pelo menos, queremos fazer. Pois nem todas as nossas disposições são desejos. O "desejo" contém mais do que a noção de disposição, contém a de uma "disposição espontânea", uma que "vem de nós", em oposição à que é imposta pelo destino ou pelos outros, por convenção ou qualquer outra coisa.

Mas, com uma explicação não teleológica sistemática, essa distinção teria de ser desenhada de modo diferente. Teria de se apoiar na presença ou na ausência desses estados fisionômicos ou subjetivos[15] que seriam produzidos por certas condições de programação e não por outras. Em outras palavras, um desejo seria aquela espécie de antecedente que também produziu esses subprodutos, e que uma ação praticada voluntariamente seria um fato sobre os seus sintomas concomitantes, e não o modo como foram provocados. Assim, a distinção já não teria nada a ver com a maneira como *explicamos* a ação, e já não teria a força de uma distinção entre o que vem de nós e o que é imposto.

Esse argumento pode ser contestado da seguinte maneira. Podemos imaginar um sistema cibernético, por exemplo, com um repertório bastante complexo, que pudesse ser colocado em situações que condicionassem dois resultados incompatíveis. O mais forte venceria; mas poderíamos dizer que uma "tendência" ou "disposição" foi inibida, a mais fraca, e, portanto, que o mecanismo agiu contra o desejo. Assim, poderíamos dizer que, embora as condições antecedentes para determinada "ação" estivessem presentes (e, portanto, a máquina estava "disposta" a empreendê-la), ela não ocorreu porque

---

[15] Uma vez mais, é difícil pensar em termos para descrevê-los. Necessitaríamos é de uma sensação de "sentir" despojada da sua força de disposição. É um sentimento desse tipo que parece ter sido invocado no dualismo cartesiano e empirista. *E.g.*, os homens são impelidos pelo prazer e pela dor. Aqui o sentimento é um antecedente causal. Mas, como todos eles, é apenas contingentemente o antecedente da ação, *i.e.*, a disposição para fazê-lo. Assim, sentimento e disposição são divididos. Estamos a somente um passo da explicação mecanicista, na qual o sentimento cessa de desempenhar até mesmo um papel causal.

os antecedentes estavam presentes para outro ato. Desse modo, poderíamos explicar a ação contra a inclinação em termos de conflito. Mas é claro que há muitos casos de ação contra a inclinação que isso não poderia cobrir; pois não é verdade que uma disposição seja sempre anulada por outra disposição. Assim, posso ficar em casa nas férias porque não tenho dinheiro e, em um sentido claro, faço o que não quero. Mas não há conflito. Em um sentido claro, estou disposto a praticar uma ação para a qual as condições antecedentes não estão presentes.[16]

Porém, mesmo considerando casos análogos que, sim, envolvem conflito, não poderíamos ter fundamento para falar em *desejo* aqui. O fato de se poder dizer que tal mecanismo age contra as suas disposições não nos autoriza a dizer que ele age contra a inclinação. Para isso teríamos de poder classificar as suas disposições como inclinações. Mas não teríamos motivo para fazê-lo, pois o único critério para a coisa ter disposição para X seria que as condições antecedentes para X estivessem presentes. Assim, não seríamos capazes de distinguir as "disposições" ou tendências que eram desejos daquelas que não eram.

Além disso, nem todos os casos de conflito são casos de ação contra a inclinação. Assim, se eu tiver problemas para decidir se devo tirar minhas férias na Inglaterra ou na França, seja qual for o resultado, não diremos que fiz o que não queria fazer. Desse modo, não podemos analisar a distinção entre agir voluntariamente e agir relutantemente em termos só de conflito, ainda que muitos casos em que o fazemos sejam casos de conflito. E, assim, em um sistema

---

[16] Mas, por certo, pode-se dizer que as condições antecedentes estão presentes para isso, a única coisa que me falta é o dinheiro. Mas então pode ser que as "condições antecedentes estejam presentes" *nesse* sentido para que eu coma lama; a única coisa que me falta é dinheiro (suficiente). Em um caso, a disposição vem com o dinheiro, no outro, precede-o. Mas o problema é como podemos distinguir esses dois casos, se nos for permitido falar unicamente em condições antecedentes.

não teleológico, a distinção teria de repousar nos sintomas concomitantes e, portanto, não seria uma distinção baseada no modo como explicamos a ação. E é nisso que ela diferiria da nossa distinção ordinária e, logo, quando a noção de desejo seria diferente da nossa noção ordinária.

3
Intencionalidade

1. Ação e movimento

O resultado dessa discussão foi que a explicação do nosso comportamento, implícita na nossa linguagem ordinária, é teleológica na forma. E isso deve ser tomado em um sentido forte. Não é apenas que noções tais como "ação e "desejo" sejam noções teleológicas; também é que o seu uso leva consigo a implicação de que nenhuma explicação não teleológica é válida. Mas a discussão das últimas páginas mostrou claramente mais do que isso: mostrou que a nossa explicação do dia a dia é mais que teleológica, que ela também tem algumas características especiais não compartilhadas por outras explicações, que se distingue das outras essencialmente por tratar de um tipo especial de evento.

Podemos ver isso facilmente mediante um exemplo imaginário. Assim, poderíamos conceber um sistema físico teleológico no qual haveria uma tendência a certa constelação de elementos. As tensões nesse sistema seriam medidas em termos de força e assim por diante. Mas aqui não desejaríamos falar em "ação". Pois também aqui a "direção" que os eventos tivessem seria definida pelas leis que regem o sistema do qual esses eventos foram instâncias.

É claro que, ao contrário dos sistemas não teleológicos, poderíamos distinguir entre os eventos que foram dirigidos e os que não foram, entre os que seguiram a tendência do sistema e os que não a seguiram; e isso nos aproximaria mais da distinção entre ação e não ação. Mas ainda não estaríamos lidando com a ação porque a única evidência concebível de que um evento tem determinada direção seria que as leis valesse para o sistema que definiu isso como a direção, e que esse evento tenha sido uma instância delas. Assim, ainda estaríamos identificando uma direção do evento pelas leis sob as quais ele poderia ser subsumido.

Assim, é necessário algo mais que uma explicação teleológica para que usemos a noção de ação, e, segue-se disso, também a noção de desejo. E esse algo mais é, como vimos, que sejamos capazes de identificar a "direção" de uma ação, *i.e.*, que tipo de ação ela é, independentemente da sua condição antecedente ou das leis pelas quais ela é explicada. Deve ser o caso em que fazer uma atribuição de ação é fazer um enunciado sobre esse próprio evento, isto é, não uma cuja verificação se encontra em leis ou regularidades que esse evento instancia. Mas, então, descrever determinado comportamento como dirigido de certo modo, isto é, caracterizá-lo como uma ação ou tentativa de ação é atribuir certa *natureza* a esse comportamento e não apenas subsumi-lo a certas leis.

Assim, o direcionamento das ações tem a ver com a natureza delas; elas não se distinguem dos outros eventos simplesmente pelo modo como as explicamos, pelas leis que elas exemplificam. Nesse sentido, as ações constituem um tipo ou uma categoria de evento irredutível ao movimento. A distinção entre ação e movimento é mais próxima da distinção entre vacas e ovelhas do que, por exemplo, entre uma roda girada pela mão e uma girada pela máquina. Dizer que a ação é irredutível ao movimento é dizer que a afirmação de que se praticou uma ação jamais é equivalente a um conjunto de enunciados que só descrevem os movimentos. Isso é assim mesmo se esses enunciados caracterizarem os movimentos nos termos das

Intencionalidade

condições em que eles resultam; pois um movimento que produziu determinado resultado não é a mesma coisa que uma ação que foi direcionada para esse resultado. E isso está fadado a ser assim enquanto caracterizarmos a ação pelo objetivo para o qual ela é direcionada.[1]

---

[1] Essa barreira lógica não diminui de modo algum pelo fato de geralmente caracterizarmos as ações pelo estilo do movimento envolvido ou o tipo de instrumento usado (*e.g.*, morder, agarrar, pular), bem como pela finalidade ("obter", "chegar"). A condição para que esse tipo de movimento ocorra, ou até mesmo que ocorra de modo a terminar em determinado resultado ou a atender determinado critério (como, e.g., no caso de dançar), não é a mesma que para uma ação que está ocorrendo (cf. o ataque epilético).

Aliás, não podemos sequer falar em movimento, no sentido de movimento puro, como critério empírico usual para dizer que uma ação ocorreu. Pois, quando usamos o comportamento manifesto como evidência de intenção e, portanto, de ação, quase nunca falamos em *movimento* simplesmente, em oposição a ação. Se eu afirmar que alguém tentou me bater, e citar os seus movimentos como evidência, geralmente não falo nos movimentos que seus membros sofreram de fato, e sim a respeito dos seus movimentos *dirigidos*, *i.e.*, ações. Infiro que esses movimentos não podiam ter outro objetivo, dadas as circunstâncias, a não ser me bater. Se for demonstrado que o homem estava completamente adormecido, a *premissa* da inferência desmorona. A distância entre movimento e ação é de pouco interesse para o senso comum porque raramente usamos termos de movimento puro para descrever as ações.

Portanto há uma ambiguidade no termo "movimento" que pode se estender ao "comportamento", pois podemos denotar com isso "movimento puro" ou ação. Essa ambiguidade é explorada pelo behaviorismo, que ganha certa plausibilidade por se mover ilicitamente a partir da afirmação de que aprendemos acerca das pessoas por meio do seu comportamento até a conclusão de que aprendemos a respeito delas através dos movimentos (puros) que elas executam.

Aqui deve-se distinguir a tese da questão da irredutibilidade lógica dos termos de ação a movimento feita por R. S. Peters, *O conceito de motivação*, p.12-5; Peters fala no "abismo lógico entre natureza e convenção". Ele indica que seria impossível encontrar um conjunto de enunciados descrevendo movimentos que fossem equivalentes a uma declaração do tipo: "ele assinou o contrato". Mas isso não é rigorosamente uma distinção entre ação e *movimento*; o argumento também serve para mostrar a irredutibilidade de "assinar um contrato" para outros termos de ação. Pois, como mostra Peters, "ele moveu a caneta de tal e tal modo"

Ora, a distinção entre ação e movimento traz consigo uma distinção entre o tipo de sistema ao qual a ação pode ser atribuída, *i.e.*, os organismos, e outro ao qual ela não o pode. Quanto àquele, pode-se dizer que ele dirige o seu comportamento, ou que parte dele é ação, no sentido em que isso não é verdadeiro para este. Em outras palavras, os sistemas do primeiro tipo podem ser considerados agentes, para os quais se pode atribuir a responsabilidade pelo seu comportamento em um sentido especial. Pois a noção de "direção", que está implícita na ação, implica a de um "diretor". Pois, quando dizemos que ele é essencial para que uma coisa seja uma ação dirigida a um objetivo, isso não significa simplesmente, como vimos, que deva produzir determinado resultado, descrito como a meta ou objetivo; nem significa, como no caso do nosso imaginário sistema físico teleológico, que deva ser explicado por certas leis; o

---

não poderia ser tomado como uma equivalência; para que isso envolva o original, teríamos de acrescentar certos enunciados estabelecendo as convenções nos termos das quais isso constituiria a assinatura do contrato; mas esse conjunto de enunciados não poderia ser, por sua vez, implicado pelo original, pois "ele assinou o contrato" não especifica de modo algum as convenções em vigor, só que não podemos verificá-lo a não ser que conheçamos essas convenções. Assim, a equivalência falha. Mas falha tanto com a declaração de ação "ele moveu a caneta assim" como o faz com a declaração de movimento "a sua mão sofreu tais e tais movimentos". A lacuna que nos interessa, porém, é precisamente aquela entre essas duas afirmações, *i.e.*, a lacuna entre ação e movimentos como tais.

Deve-se notar que o tipo de irredutibilidade de que fala Peters não é consubstancial com o "abismo lógico entre natureza e convenção", mas se estende além dele. No caso citado, o movimento conta apenas como ação em virtude das convenções que regulam a assinatura de contratos, e assim as duas afirmações não são equivalentes. Mas há outros casos em que o movimento (feito, não sofrido) contará como ação não em razão de convenção, mas de algum fato natural, e também nesses casos as duas descrições não são equivalentes. Assim, "fechou a porta com o pé" não equivale a "mexeu o pé de tal e tal modo". Pois a segunda só equivale à primeira devido ao fato de que o seu movimento resultou deveras no fechamento da porta nessa ocasião, e qual movimento faria isso não é especificado na primeira declaração. Mas a lacuna aqui não é aquela entre natureza e convenção.

fato de ele ter o caráter de ser dirigido a um objetivo ou de tencionar atingi-lo depende certamente de ele ser verdadeiramente um *locus* de responsabilidade ou agente que dirigiu o comportamento para esse objetivo, que emitiu um comportamento direcionado. Assim, "ação" e "agência" estão inseparavelmente ligadas, como sugere a etimologia desses termos.

Assim, os sistemas aos quais se pode atribuir a ação têm um *status* especial, na medida em que são considerados *loci* de responsabilidade, centros a partir dos quais o comportamento é dirigido. A noção de "centro" parece fortemente enraizada na nossa visão ordinária de tais sistemas e dá origem a uma metáfora profunda e penetrante, a do "dentro". Os seres que podem agir são pensados como dotados de um núcleo interior a partir do qual a sua ação manifesta flui. Essa metáfora foi adotada e interpretada por certas doutrinas filosóficas de tal modo que o "interior" é considerado outra substância, diferente em espécie do corpo "exterior" observável e do comportamento. A diferença entre os seres capazes de ação e os incapazes de ação reside, portanto, no fato de aqueles terem uma entidade adicional para além da sua natureza corporal, que estes não possuem. Mas a metáfora de um "interior" tem uma prevalência mais ampla do que essas doutrinas filosóficas, pois brota da noção de um centro de responsabilidade que é inseparável da noção de ação.

Entretanto, o que é essencial para essa noção de um "interior" é a noção de consciência no sentido de intencionalidade. Falar em uma "descrição intencional" de uma coisa é falar não só de uma descrição que essa coisa produz de determinada pessoa, a descrição sob a qual é subsumida a ela. Ora, a noção de uma ação como um comportamento dirigido envolve a de uma descrição intencional. Pois um elemento essencial envolvido na classificação de uma ação como uma ação de certo tipo, *i.e.*, como dirigida pelo agente a certo objetivo, é o objetivo para o qual ela é dirigida pelo agente, *i.e.*, a descrição na *qualidade* de ação para o agente. Pois, como vimos, nunca podemos caracterizar uma ação inqualificavelmente como uma com a direção *X* a não ser que *X* seja a direção dada pelo agente, e só podemos caracterizá-la como *X* mesmo de maneira qualificada, se houver alguma conexão entre "*X*" e "*Y*", a descrição que ela tem para o agente.[2]

Assim, "ação" é uma noção que envolve a de intencionalidade, e os tipos de sistema aos quais a ação pode ser atribuída são aqueles aos quais a consciência ou intencionalidade pode ser atribuída, seres dos quais podemos dizer que as coisas têm certa natureza ou descrição "para" eles. E isso dá força à metáfora de um "interior"; pois, à parte as muitas descrições que uma coisa pode suportar "externamente", ela também leva consigo uma descrição intencional ou "interior" que é essencial para a nossa compreensão da sua natureza. Assim, o *locus* da responsabilidade tende naturalmente a ser pensado como um *locus* "interior".

Pode-se fazer uma observação análoga acerca do "desejo". Pois, se somos capazes de identificar os nossos sentimentos e comportamentos como desejos diretamente, isto é, não como sinais, mas como expressões diretas de desejo, então há algum sentido em que a noção de desejo envolva a de consciência ou intencionalidade. Pois deve haver algum sentido em que o estado de desejo contenha

---

[2] Por "descrição intencional" não podemos simplesmente denotar o que o agente diria mesmo sinceramente. Pois um homem pode negar vigorosamente uma ação corretamente atribuída a ele. Mas, como indicamos no Cap.2, nota 3, para isso é essencial afirmar que é verdade para o homem que, de algum modo inconsciente, pretendia fazer isso. Assim, é essencial para a afirmação que a lacuna entre a ação e a confissão seja atribuída ao autoengano ou à falta de autoconhecimento. Mas isso não significa conhecimento dos resultados que a sua ação realmente ocasiona ou das descrições que ele mantém da sua ação *enquanto* fato no mundo – se esta fosse a única coisa envolvida, a questão poderia ser resolvida mais facilmente –, e sim o conhecimento dos seus propósitos, *i.e.*, a descrição que a ação realmente tem para ele. De modo semelhante, podemos ser enganados no tangente a outras "descrições intencionais", aos nossos gostos e desgostos, por exemplo, ou aos nossos desejos e aversões. Cf. abaixo.

a ideia do que é desejado, em que querer algo envolve a ideia desse algo; deve haver um modo como um desejo se refere a ou "tenciona" obter o seu objeto, se formos capazes de identificar o desejo diretamente pelo que é desejado. Assim, a noção de desejo parece estar intimamente ligada à de "ter a ideia de", neste sentido, isto é, dizer de alguém que algo é uma meta desejada é dizer que essa meta ou objetivo tem uma descrição intencional para ele, é um "objeto intencional".

Ora, isso é bastante claro no grande número de casos ordinários em que querer é saber o que se quer. Mas também há um sentido claro em que um ser humano pode estar enganado sobre o que ele quer – e isso de um modo não trivial. Ou seja, não estamos falando simplesmente do caso em que um homem não sabe a palavra certa para um objeto, mas poderia escolhê-lo ostensivamente, ou em que um homem se engana ao pensar que A é um meio para B e, querendo B, quer A; pois aqui o homem ainda tem razão ao saber a descrição sob a qual ele quer A, mesmo que essa descrição não se aplique, a saber, como "um meio para B". Nem estamos falando em casos em que o homem não sabe o que quer no sentido de não ser capaz de se decidir. Os casos em questão aqui são mais casos de desejo inconsciente, nos quais o homem não reconhece que quer algo ou que ele o quer sob certa descrição que, na verdade, é a descrição sob a qual ele o quer.

Mas aqui a intencionalidade também entra na nossa conta. Assim, podemos dizer que alguém está equivocado quanto ao que quer quando ele não sabe da motivação real das suas ações, que, na realidade, são ações em direção ao objetivo "realmente" desejado. Mas, nesse caso, podemos dizer que o homem estar enganado quanto ao que quer é estar enganado acerca da natureza da sua ação, isto é, há uma descrição verdadeira da sua ação que ele não aceitaria como verdadeira. Mas dizer que essa descrição mantém a sua ação não pode ser, nesse caso, dizer que ela a mantém *como* acontecimento no mundo. Isso seria aceitável nos casos descritos anteriormente (p.56 ss.) em que falávamos de ações atribuíveis com as qualificações "por acidente", "por engano", "inadvertidamente" e assim por diante. Com esses, muitas vezes basta que o resultado seja de fato ocasionado pelo comportamento do homem para que a atribuição persista. Mas nesses casos não há implicação de que o resultado em questão foi desejado pelo agente. Na verdade, o oposto costuma ser o caso. Por outro lado, alterar a descrição da sua ação com base no seu desejo real não declarado deve ser alterar a sua descrição *como* ação pretendida; isto é, a nova descrição deve ser de algum modo uma descrição que a ação tem para ele, uma "descrição intencional". Assim, dizer que é uma coisa e não outra que leva um homem à ação é dizer que a sua ação realmente é dirigida de um modo e não de outro, e que uma explicação do que isso significa envolve a noção de intencionalidade; pois o objetivo em questão tem uma descrição intencional para ele, como o objetivo da sua ação.

Então há casos em que podemos dizer que um homem quer algo inconscientemente, quando não faz nada que tenda para essa direção e pode até agir em sentido contrário, *i.e.*, no caso em que podemos falar no sentido freudiano de um desejo reprimido. Claro está que "repressão" é uma noção que envolve intencionalidade, já que envolve a de um desejo uma vez conhecido e depois colocado fora da vista, assim como aquele de uma atitude característica para com a ideia. Ora, o conceito freudiano de repressão pode não ser adequado em alguns ou em todos os casos, mas qualquer desejo inconsciente não atendido deve ter algumas características parecidas. Assim, se estamos falando de um *desejo*, deve haver algum fator que explique por que ele não é atendido, por que há resistência à disposição. Aqui não podemos falar simplesmente em obstáculos externos, pois estes não explicariam por que não há nenhuma *tentativa* de alcançar o fim desejado, a não ser, é claro, que eles fossem *reconhecidos* como obstáculos, coisa que só pode acontecer se o fim for de algum modo reconhecido como o fim desejado. Em outras palavras, a própria *resistência* deve ser motivada de algum modo, mesmo que a *ignorância* não seja como Freud acreditava. Mas então tem de haver algum sentido do qual o homem está se abstendo, como contra simplesmente não fazer o que ele está inconscientemente disposto a fazer. Mas a diferença entre "abster-se de fazer" e "não fazer" não pode residir simplesmente em uma descrição do comportamento de um homem *enquanto* acontecimento no mundo, pois, nesse nível, os dois podem ser indistinguíveis, mas deve residir no modo como o comportamento é dirigido, na descrição intencional que dele se mantém mesmo inconscientemente. Ora, a descrição intencional pela qual o comportamento é identificado é a de "resistir a procurar X", em que X é o fim desejado, e, assim, a "ideia de X" deve entrar na nossa explicação de "desejar X", mesmo que esse desejo seja inconsciente e não concretizado. Ou seja, X deve ter uma descrição intencional para o agente.

Se não houvesse resistência motivada, seria difícil ver como poderíamos falar em "desejo". Assim, pode ser que um homem queira fazer algo que está completamente fora de questão para ele até mesmo tentar, como procurar uma entrevista com Khruschov ou namorar Brigitte Bardot. E esse desejo pode ser completamente inconsciente, de modo que não chega sequer a se apresentar a ele de modo reconhecível na fantasia. Mas então não poderíamos falar aqui em "desejo", a menos que houvesse algum sentido em que ele fosse *dissuadido* pela ideia de que isso estava completamente fora de questão para si, mesmo que ele expressasse sinceramente a ignorância tanto do desejo quanto da dissuasão. Se, como é mais provável, o seu estar fora de questão era algo que ele aceitava plenamente, de modo que a "ideia de tentar tal coisa nunca lhe passou pela cabeça", então a noção de desejo deixa de ser adequada e falamos simplesmente em "desejar o impossível ou improvável".[3]

---

[3] E, claro está, esse também é um conceito que envolve intencionalidade, embora os desejos possam ser inconscientes. Não poderíamos falar em desejo a menos

Assim, o "desejo", tal como a "ação", é um conceito que envolve intencionalidade e só pode ser atribuído a seres aos quais se pode atribuir a consciência ou a intencionalidade. As noções de agência, ou de um *locus* de responsabilidade e de intencionalidade, estão, portanto, profundamente enraizadas na nossa linguagem ordinária. Isso se pode ver com outras noções-chave além dessas de ação e desejo. Assim, a ideia de agência é essencial à noção de pessoa, como a de um ser ao qual se podem atribuir propósitos, que pode ser caracterizado em parte pelos objetivos que persegue e pela maneira como trata o mundo ao seu redor. Do mesmo modo, a noção de querer no sentido que delineamos é essencial à noção de liberdade porque a distinção entre o que é livre e o que não é livre funda-se na diferença entre as ações decorrentes dos propósitos do ser em questão e aquilo que lhe é imposto, o que vem de "dentro" e o que é imposto de fora. E há muitas outras noções parecidas.

Assim, a explicação por propósito, como aparece no caso paradigmático, a saber, a forma de explicação implícita na linguagem ordinária, tem certas características importantes que não são as da explicação teleológica em geral. Pois, se o comportamento de um sistema ao qual é possível atribuir "ação" e "desejo" não pode ser explicado por leis não teleológicas, ele tampouco pode ser explicado pela forma ordinária de explicação teleológica. Falar em "ação" é dizer não só que as leis que regem o comportamento assim descrito são teleológicas como também que esse comportamento só pode ser explicado como ação, *i.e.*, em termos de intencionalidade.

Isso tem como consequência outra diferença importante da explicação teleológica ordinária, que foi brevemente mencionada aqui. Esta é o fato de que, ao explicar o comportamento em termos do objetivo ao qual ele é dirigido, a situação em relação à qual a ação deve ser adequada ao objetivo é a situação vista pelo agente. Em um

---

que, em algum sentido, o homem tenha pensado no que ele gostaria, mesmo de modo disfarçado para ele próprio, *e.g.*, na fantasia.

sistema teleológico ordinário com o objetivo G, B ocorrerá na condição em que B é necessário a G (chamemos essa condição de "T"). Mas, em um "sistema intencional" com o objetivo G, T não é suficiente para B. Nesse caso, porém, B ocorrerá quando o "sistema" *encarar* T como válido (na ausência de fatores de dissuasão), pois, do contrário, não poderíamos lhe atribuir o objetivo G. Em outras palavras, a condição para que uma ação ocorra é ser considerada adequada ao objetivo, e não simplesmente ser adequada de fato. E as duas coisas não podem andar juntas. A situação como realmente é pode diferir da situação sob a sua descrição intencional para o agente, ou seja, a descrição intencional não pode mantê-la de fato.

Podemos, assim, ver toda a extensão da diferença entre a explicação por propósito e o tipo de explicação teleológica que se aplicaria ao nosso sistema físico imaginário. Pois, no primeiro caso, a explicação teleológica não se mantém no organismo no seu ambiente "geográfico", mas no agente no seu "ambiente intencional", o ambiente tal como é para ele.[4] Portanto, a noção de um centro de responsabilidade é importante para nossa explicação.

---

[4] Algo análogo a essa distinção entre ambiente "geográfico" e "intencional" deve ser introduzido em qualquer relato teleológico do comportamento, pelo menos dos animais superiores, mesmo que se evitem as noções que envolvam intencionalidade. Assim, todos os organismos acima de um nível filogenético baixíssimo podem aprender acerca do seu ambiente, isto é, o seu comportamento se altera ao longo do tempo em um e no mesmo ambiente "geográfico", após a experiência nesse ambiente, e, geralmente, em direção a uma adaptação maior. Mas então, se tivermos de explicar o comportamento por leis teleológicas, a única maneira de explicar a mudança, atendendo os mesmos objetivos, é em termos de uma mudança na situação. Mas, como o ambiente geográfico permaneceu o mesmo, temos de introduzir uma distinção entre ele e a situação, uma vez que afeta o comportamento do animal. E é assim, quer queiramos, quer não usar a noção de intencionalidade. Daí o conceito da *Gestalt* de ambiente "comportamental", que contrasta com o ambiente "geográfico".

2. A consciência dos animais

Qual é, então, a forma de explicação que tentamos delinear nesses capítulos referentes à expressão "explicação por propósito"? Como ela provém de um estudo das noções usadas na nossa explicação cotidiana do comportamento, é possível descrevê-la como uma explicação do comportamento como ação; e, como vimos, isso significa necessariamente uma explicação nos termos das leis que regem a ação. Isso define a explicação por propósito como teleológica e, ao mesmo tempo, como uma explicação com características especiais próprias.

Pois as leis de nível básico têm de ser leis que regulam a ação, leis que estabelecem os tipos de ação em que os organismos se envolverão e as condições, se houver, para eles. Ao caracterizar os tipos de ação, elas caracterizam os tipos de comportamento dirigido, isto é, os objetivos ou propósitos para os quais a ação é direcionada. Assim, exporão, já que estas são as leis básicas, as tendências naturais ou fundamentais pelas quais se deve explicar o comportamento, os propósitos básicos que o organismo persegue.

Por conseguinte, a explicação será de tipo teleológico. As leis incorporarão um princípio de assimetria. Mas – e esta é a característica especial – as tendências em causa não serão tendências ao movimento puro em direção a determinada constelação, e sim tendências à ação. E é por isso que, aqui, podemos falar em "propósitos" básicos do organismo, no sentido do termo "propósito" que só se pode aplicar ao objetivo de uma ação. E também é por isso que falamos em "explicação por propósito".

A afirmação de que os organismos animados são organismos com propósitos pode, pois, ser interpretada como a afirmação de que o seu comportamento, ou parte dele, só pode ser explicado como ação.

Mas, antes de prosseguir, preciso levantar uma questão importante, ainda que não possamos lhe dar uma resposta muito satisfatória. O nosso esboço das características da explicação por propósito foi extraído dos conceitos que usamos para falar do nosso próprio comportamento e daquele dos outros no discurso cotidiano. Assim sendo, ele provavelmente representa adequadamente o tipo da diferença que se acredita existir entre os seres humanos e a natureza inanimada. Mas faz algum sentido entreter a hipótese de que essa é a base da distinção entre natureza animada e inanimada em geral? Não acredito que haja uma resposta *a priori* a essa pergunta, isto é, uma que não peneire a evidência do comportamento animal para ver se esse tipo de explicação se sustenta de fato nesta região. Mas acho que alguns dos motivos que levaram as pessoas a dar resposta negativa a isso se basearam, pelo menos até certo ponto, em um mal-entendido. Efetivamente, dar-lhe resposta negativa é afirmar que os seres humanos são fundamentalmente diferentes dos animais nesse aspecto. Ora, alguns filósofos acreditaram que esse era o caso porque os animais eram simplesmente máquinas mais ou menos complexas; mas, se se rejeitar essa doutrina, será menos fácil justificar o ato de traçar uma linha rigorosa entre o humano e o não humano a esse respeito. Na verdade, geralmente falamos nos animais como emissores de ações e até como desejosos, e é difícil verificar o que há de errado nesse procedimento.

Um terreno comum para sustentar que ele está errado é o ligado à noção de consciência ou mente. Pois, se só podemos atribuir "ação" e "desejo" aos seres dos quais podemos falar em termos de consciência ou intencionalidade, então, se podemos ou não atribuir ação e desejo aos animais depende de podermos atribuir-lhes consciência em certo sentido. Ora, aqui há muitas questões difíceis, e a que diz respeito ao que se entende por consciência não é a menor delas. Pois é claro que, se definirmos o termo para denotar "consciência humana", teremos de dar uma resposta negativa. Mas é isso que somos facilmente tentados a fazer. Assim, para tomar a noção de "consciência de um fim" no sentido em que ela é necessária para "querer", só podemos atribuí-la a um animal quando ele está realmente tentando conseguir o objetivo, ou, no caso de alguns animais superiores, quando o contexto e o seu comportamento mostrarem visivelmente que ele está inibindo essa ação, *e.g.*, quando mantido à distância por algum perigo ou o dono o instruir a esperar. Ora, se pensarmos a consciência dos fins como algo essencialmente separado da ação e anterior a ela, não temos nenhum fundamento para atribuí-la aos animais e, portanto, para lhes atribuir ação e desejo. Mas qual é o motivo para fazer isso? Na verdade, fazer isso é deteriorar os critérios de consciência de modo que somente os seres humanos possam se qualificar para o termo. Porque os seres humanos, como usuários de linguagem, podem ter consciência dos fins que desejam perseguir mediante a autodeclaração antes de empreender qualquer ação para chegar a esses fins e mesmo que nunca venham a empreender tal ação. Mas a consciência desse tipo não pode ser atribuída a não usuários de linguagem, pois não temos motivos para dizer que aqueles que não podem confessar a outros confessam a si próprios. Assim, os animais estão excluídos por definição.

Mas a questão é se se ganhou alguma coisa com essa redefinição. Acaso isso mostra que a consciência necessária para a ação é desse tipo? Caso não mostre, a questão de saber se podemos atribuir "ação" aos animais permanece sem resposta. Então qual é a evidência de que a "consciência" no sentido que implica a possibilidade da autodeclaração é essencial à ação?

Os fatos que podem nos fazer pender para essa conclusão são os seguintes. Supondo que um animal fuja de um objeto que lhe ofereço: como eu descubro exatamente do que ele tem medo, ou seja, sob qual descrição o objeto é assustador para ele? Só posso fazer isso pela experimentação, variando as condições, nesse caso o objeto na minha mão, experimentando diversos tipos de objeto, cada um dos quais se assemelhe em algum aspecto ao original, e ver se o animal foge ou não. O mesmo procedimento é necessário em muitos outros casos, e posteriormente veremos experimentos com animais nos quais esse procedimento é usado, *e.g.*, para determinar o que um animal aprendeu durante uma experimentação. Então, a verificação da proposição "o animal está fugindo do (ou correndo para ou atacando o) objeto vermelho", quando isso se entende como uma descrição da ação *como* ação, e não só dos seus movimentos, deve residir em um conjunto de experimentos em que as reações do animal são estudadas nas mais diversas condições. E este deve ser o caso dos seres que não podem declarar os seus propósitos pela linguagem. Mas, então, poderíamos dizer, o que significa afirmar "fugindo do objeto vermelho" (em oposição ao "objeto quadrado" ou "objeto grande" ou qualquer outra descrição que o objeto na minha mão tenha de fato) é simplesmente que, quando confrontado com objetos vermelhos, o animal foge. Mas, então, certamente, atribuir essa ação a ele, identificar o seu comportamento como essa ação é simplesmente declarar a condição antecedente (a apresentação de um objeto vermelho) que condiciona esse comportamento, para subsumir esse comportamento sob uma lei ("ele sempre foge de objetos vermelhos"). Mas se isso é o que se entende por atribuir uma ação a ele, então, como vimos, a noção de ação não está sendo usada no seu sentido normal.

Mas a conclusão não procede. Decerto é verdade que o nosso único fundamento para dizer que a ação do animal tem *essa* descrição é ele reagir do modo como reage nas diferentes condições. Mas isso não significa que *todas* as atribuições de ações a animais sejam desse tipo, isto é, sejam simples subsunções do comportamento sob uma lei. Quando digo que o animal está fugindo, por exemplo, ou que o cachorro está pulando a cerca ou que o leão está perseguindo a sua presa, não estou subsumindo o comportamento desses animais sob nenhuma lei ou declarando as condições antecedentes das quais ele depende. Para colocar a questão de outra maneira: o fato de só podermos determinar se o comportamento de um animal suporta *certas* descrições ao descobrir a correlação da qual esse comportamento é uma instância não mostra que não podemos caracterizar o seu comportamento como ação no sentido normal. Porque a questão ainda pode surgir se a lei ou correlação em questão é uma lei que rege a ação ou uma lei que rege o movimento. Ou seja, ainda surge a questão de saber se o comportamento regido pela lei é ação ou movimento. Pois ainda é possível que queiramos chamá-lo de ação porque pode ser identificado como tal sob *outra* descrição; porque, *e.g.*, queremos dizer que o animal *foge* sempre que lhe apresentam o objeto vermelho, e não apenas que ele move os membros de tal e tal maneira quando isso acontece.[5]

Portanto, a ausência de autodeclaração nos animais, e a consequente impossibilidade de lhes atribuir alguns termos de ação sem descobrir a lei concernente, não significa que não possamos lhes atribuir ação e distinguir, no seu comportamento, entre ação e movimento.

E geralmente queremos fazer isso e distinguir ação de movimento no comportamento animal. Tudo indica que temos bons fundamentos fisionômicos para distinguir entre, *e.g.*, a salivação de um cão ou a flexão do seu membro anterior sob estimulação cortical, por um lado, e ele a perseguir um gato ou a procurar comida, por outro. Parecemos ter motivos igualmente bons para atribuir desejo, frustração, dor, medo e assim por diante pelo menos em muitos animais superiores. Em suma, temos pelo menos fundamentos *prima facie* para classificá-los como agentes no sentido em que usamos

---

[5] Naturalmente, também com os seres humanos podemos usar a evidência de uma lei que rege a sua ação para anular a sua própria confissão ou autoafirmação ao avaliar a natureza da sua ação. Assim, podemos usar o nosso conhecimento do que um homem teme em geral para questionar a sua afirmação sobre o que ele evitou em determinada ocasião. Na verdade, o que estamos dizendo aqui, apesar do seu protesto, é que o seu comportamento realmente caiu sob essa lei. Mas isso não significa que subsumir o comportamento a essa ou a qualquer outra lei seja o que geralmente queremos dizer ao atribuir essa ação a alguém. Aqui, estamos, de fato, inferindo a natureza do agir a partir de uma explicação plausível dele, mas isso não significa que a natureza do ato seja identificada por essa explicação.

esse termo anteriormente (p.94). Quer dizer, queremos classificá-los como seres que dirigem o seu comportamento, de modo que atribuir determinada direção a determinado segmento do comportamento de um animal não é simplesmente dizer que esse segmento tem determinado produto final ou que deve ser explicado por certas leis, e sim que, seja qual for a explicação e quer ele atinja o seu fim ou não, essa direção é dada pelo animal.

A ausência de autodeclaração, portanto, não parece nos impedir de aplicar algo muito parecido com a nossa noção de ação a grande parte do comportamento animal. Entretanto, é necessário dizer "algo muito parecido com ação" porque não podemos negar que a autodeclaração faz uma enorme diferença. E os exemplos apresentados ajudam a mostrar isso. Pois, muitas vezes, só podemos determinar as descrições precisas da ação de um animal por meio de experimento. Assim, como vimos, só podemos dizer a que um animal está reagindo testando em diferentes condições, ao passo que, com um ser humano, podemos perguntar. Mas isso não significa simplesmente que somos suficientemente afortunados para ter um segundo modo mais direto de acesso no segundo caso. Isso significa que os seres humanos têm consciência daquilo a que estão reagindo de uma maneira que os animais não têm. Assim, quando digo que determinado homem, que está sob esta descrição X, receia ou deseja certa contingência, não estou dizendo a mesma coisa que no caso em que descubro que o cão tem medo do objeto que está na minha mão porque é um objeto vermelho. Pois faz sentido dizer que um homem está pensando ou considerando essa contingência sob a descrição X, ao passo que não faz sentido dizer que um cão está pensando nesse objeto como um objeto vermelho. Para um ser humano, usuário de linguagem, pensar em alguma coisa sob a descrição X geralmente envolve a aplicação dessa descrição a ela. Ora, é uma característica da nossa linguagem que, ao aplicar uma descrição a uma coisa, ao escolher uma coisa sob um conceito, estamos escolhendo uma coisa à qual outras descrições também se aplicam, algo que também se inclui em outros conceitos. Esse atributo está implícito em uma forma comum de proposição, na qual à coisa escolhida sob determinada descrição atribui-se outra descrição ("este monte de pedras é um túmulo"). Assim, para um ser humano capaz de compreender uma proposição desse tipo, pensar em algo como um monte de pedras é pensar nisso como algo que, ele é capaz de reconhecê-lo, também pode portar outras descrições. Assim, para os usuários de linguagem, a expressão "pensar em algo *como* um *X*" tem uma força específica, pois é verdade que eles também poderiam pensar (no que eles reconhecem) a mesma coisa com outra descrição. E "querer ou temer algo como um tal-e-tal" recebe um sentido porque essa descrição é uma entre muitas sob as quais o homem, agora ou em outro momento, poderia pensar nesse objeto.

Mas, no caso de um animal, não se pode dar o mesmo sentido a pensar ou temer algo "como um tal-e-tal". Pois, tratando-se de um animal, jamais poderíamos dizer que ele estava consciente dessa mesma coisa (isto é, o que para ele é a mesma coisa) sob duas descrições diferentes, simultaneamente ou em tempos diferentes. Portanto, não se pode dizer que o cão que está fugindo do objeto vermelho está consciente dele *como* um objeto vermelho.

Isso significa que o único tipo de consciência dos objetos ao seu redor que podemos atribuir aos animais é uma consciência da sua relevância imediata para o seu comportamento.[6] O objeto vermelho é algo de que fugir; a carne, algo para comer e assim por diante, mas

---

[6] Cf. a discussão de Merleau-Ponty, *La Structure du comportement*, p.123-30. Ele usa a expressão "valor funcional" para descrever a relevância do objeto para o animal. Os objetos aparecem, por assim dizer, "investidos de um valor funcional". Isso se usa para esclarecer algumas das descobertas de Köhler relatadas em *The Mentality of Apes*, sobre os limites da capacidade dos animais de resolver problemas que exijam o uso de instrumentos. Assim, um macaco que teve experiência com o uso de caixas para obter alimentos fora do alcance normal não usa, entretanto, uma caixa em que outro macaco está sentado. A caixa recebeu a relevância de um "assento" e não pode ser vista, neste momento, como tendo a de um "banco".

o animal não está consciente do objeto *como* algo de que ele deve fugir, ou da carne *como* algo para comer. Correlativamente, a única consciência da sua ação, dos objetivos tencionados, que se pode atribuir aos animais é a que acompanha a própria ação, a tentativa de atingir o objetivo.

Então a nossa pergunta é a seguinte: seria justificável negar a isso o nome "consciência" e, portanto, negar ao comportamento o título "ação"? Pareceria arbitrário fazê-lo. Pois, embora essa "consciência" difira da humana por não conter nenhum análogo do pensamento verbal humano, assemelha-se ao humano na medida em que justifica o nosso discurso segundo o qual o comportamento animal é dirigido no sentido forte anteriormente descrito.

Se nós, usuários de linguagem, achamos difícil conceber uma forma reduzida de consciência desse tipo (o que talvez não convenha porque há uma ampla gama de ações humanas rotineiras que parecem estar no mesmo nível), não podemos fazer disso um fundamento *a priori* para rejeitá-la de imediato. Pois a existência ou não de tal forma por certo deve ser considerada uma questão empírica, a ser decidida, presumivelmente, desse modo: cabe-nos descobrir basicamente se o comportamento animal só pode ser explicado por leis que regem a ação ou se ele é passível de explicação de um tipo mais mecanicista. Essa é a pergunta de que nos ocuparemos na segunda parte.

Mas deve ficar claro que, quando falamos em "intencionalidade" neste contexto, usamos a palavra no sentido amplo.[7] Pois, quando

---

[7] A noção nos sentidos aqui usados assemelha-se à que figura na obra dos filósofos da escola da fenomenologia. Cf. a noção de "*Sinn*" ou "*sens*" em escritos fenomenológicos, especialmente em Merleau-Ponty, *Phénoménologie de la perception*. Nessa obra, a tese da intencionalidade é interpretada como a tese de que as coisas têm um "sentido" ou significado para os seres conscientes. Mas essa noção vai além daquela da "descrição intencional" no sentido que pode ser atribuído a usuários de linguagem. Pois também é possível dizer que os objetos relevantes para o comportamento de um animal têm um "significado" para ele. Nos capítulos

falamos na "descrição intencional" de algo, uma ação ou objeto, no caso dos seres humanos, muitas vezes denotamos a "descrição privilegiada", *i.e.*, em qual dentre as suas muitas descrições intencionais o objeto é desejado ou temido *como*, ou qual descrição da ação incorpora o nosso motivo para fazê-la. Mas não podemos falar em "descrição privilegiada" no caso dos animais. E isso faz uma diferença crucial para qualquer ciência do comportamento. Pois os seres humanos, e somente os seres humanos, podem ser considerados conscientes dos motivos da sua ação, no sentido de que podem descrevê-los para si próprios e para os outros. Assim, enquanto o comportamento dos animais pode ser explicado simplesmente por um conjunto de leis das espécies, várias tendências a certos tipos de atividade – procurar comida e bebida, acasalamento etc. – que operam monotonamente e da mesma maneira em todos os membros e de geração a geração, no caso dos homens, um fator de variância é introduzido pelo fato da convenção. Pelo modo como funcionam as "leis das espécies", o modo como os homens procuram os objetivos que são comuns a eles depende da ideia que eles têm desses objetivos, da forma como os descrevem para si mesmos. E, assim, a espécie humana mostra uma enorme variação de sociedade para sociedade e, até mesmo, com pessoas excepcionais, de indivíduo para indivíduo, nos objetivos que aceitam e no modo como os procuram. Além disso, essas ideias fundamentais são transmitidas, com linguagem e costume, de geração a geração e são recebidas ou alteradas em cada geração, de modo que o comportamento é, em parte, uma função da história humana, daquilo que os homens fizeram a si próprios ao longo dos séculos. Nesse sentido, pode-se dizer que só o homem tem história.

---

seguintes, a "intencionalidade" e a "descrição intencional" serão usadas nesse sentido ampliado para que possamos aplicar essa última expressão à relevância para o comportamento do animal de um objeto ambiental ou ao seu propósito de praticar uma ação.

Mas esse importante campo de estudo está fora do escopo da presente obra. A questão que nos ocupa, sobre a validade da explicação por propósito, toca aquele aspecto em que o comportamento humano e o animal são iguais; ou assim acreditamos geral e irreflexivamente. E, assim, conquanto não seja inteiramente claro o que pode e o que não pode ser provado nessa área, pareceria melhor partir do pressuposto de que faz sentido falar em "ação" e "desejo" no caso de pelo menos alguns animais e tentar pôr à prova a tese de que eles diferem da natureza inanimada da referida maneira radical.

Mas, ao fazê-lo, perderemos uma vantagem da outra visão, que é a linha claramente demarcada entre os diversos tipos de contraste. Pois a linha entre o humano e o não humano (deixando de lado os hipotéticos e agora felizmente extintos "elos perdidos") é muito mais clara e nítida do que aquela entre o animado e o inanimado. Mas a indefinição do divisor de águas não é a única dificuldade. Há também o fato de que, à medida que nos aproximamos das extremidades inferiores da escala filogenética, conceitos como o de "ação" e mais ainda o de "desejo", em qualquer sentido mais forte do que o que está envolvido em qualquer ação não constrangida, parecem menos adequados. Por isso, posto que possamos falar em cães "querendo" alguma coisa, isso fica mais difícil no caso dos crocodilos e totalmente impossível no dos besouros. O conceito de "ação" ainda parece ter algum uso em profundidades maiores do que "desejo" nesse sentido mais forte, mas também se esvazia progressivamente de conteúdo à medida que nos aproximamos do fundo. Ora, esse fato certamente representa um problema para quem sustenta que animado e inanimado são diferentes, mas não constitui uma objeção. Pois a evidência decisiva para essa tese terá de ser se o tipo de explicação que se aplica de fato a certas variedades de animais, particularmente ao homem e a certos animais superiores, é ou não do tipo que chamamos de explicação por propósito. Se assim for, restará o problema de explicar o crescimento desse tipo de ser em evolução mediante várias etapas, uma evolução que deixou atrás uma trilha filogenética na qual não há rupturas acentuadas. É bem possível que se encontre uma progressão contínua que parta dos sistemas inanimados não teleológicos, passe pelos sistemas animados teleológicos até os que não são apenas teleológicos, mas de caráter proposital. Assim, pode ser que as espécies inferiores às quais o conceito de "ação" não tem nenhuma aplicação (assim como os subsistemas relativamente integrados em organismos superiores que são estudados pelos biólogos) sejam, porém, tais que o seu comportamento só possa ser explicado por leis teleológicas, ainda que destituídas de propósito.

Mas isso é especulação. Parece que a nossa melhor maneira de proceder seria examinar o comportamento de organismos superiores a fim de testar a afirmação.[8] Mas, ao fazê-lo, temos de ter consciência de que não estamos lidando com uma classe de seres nitidamente demarcada, e sim com uma que se transforma gradualmente nas bordas. Na verdade, teremos de lidar com os membros da classe aos quais dificilmente hesitamos em atribuir a noção de "ação".

---

[8] Na verdade, como veremos adiante, vamos discutir principalmente uma série de teorias elaboradas sobretudo para o comportamento animal, a maior parte dos nossos exemplos serão retirados do comportamento dos animais superiores. Mas o comportamento que vamos examinar tem análogos óbvios na ação humana e, na medida em que isso tende a apontar para a validade da explicação por propósito para esses animais, ele fortalecerá *a fortiori* o caso no que diz respeito aos seres humanos.

4
A linguagem dos dados

1. A neutralidade científica

Nos últimos capítulos, tentamos delinear o que se entende por explicação em termos de propósito e, portanto, o que significa a afirmação segundo a qual os seres animados diferem da natureza inanimada por ser "propositados". O próximo passo, então, deveria ser tentar descobrir como essa tese pode ser estabelecida ou refutada. Mas, antes de examinar essa questão pormenorizadamente, devemos considerar outra alegação apresentada pelos que rejeitam a explicação por propósito no sentido de que a questão pode ser resolvida *a priori*, isto é, sem ter de examinar o tipo de explicação que realmente se aplica aos seres vivos. Essa afirmação toma a forma usual, a saber, que as explicações em termos de propósito não são empíricas, que elas nos envolvem em proposições que não são passíveis de teste empírico.

Ora, já examinamos afirmações desse tipo em conexão com as explicações teleológicas que se revelaram infundadas. Mas essa objeção diz respeito ao aspecto da explicação por propósito, a saber, o uso de noções que envolvem a consciência ou intencionalidade. Pois se sustenta que a "linguagem dos dados" de qualquer ciência não pode incluir conceitos dessa gama.

Por "linguagem dos dados" aqui se entende a linguagem usada para descrever a evidência apresentada em apoio a qualquer teoria ou lei. É óbvio que os conceitos assim usados devem ser tais que possam receber uma aplicação inequívoca e de comum acordo. Caso contrário, qualquer conclusão teórica seria incerta e, acima de tudo, jamais poderia encontrar aceitação comum. A ciência é essencialmente um empreendimento levado adiante por muitas pessoas. É essencialmente pública, no sentido de que qualquer resultado alcançado por um ser humano deve ser capaz de ser verificado por outros, e isso é impossível se os nossos termos não forem claros e não tiverem uso acordado. Claro está, isso se aplica à linguagem dos dados. Os pensadores podem ter certos termos teóricos que não são aceitos por todos, mas são claramente interpretados nos termos das expressões da linguagem de dados, os outros entenderão o que se diz e poderão verificá-lo.

Essa abordagem do problema, a distinção entre a linguagem dos dados e a linguagem da teoria, é muito comum entre os cientistas do comportamento. E quase igualmente difundida é a visão de que os conceitos que envolvem a consciência ou a intencionalidade, aqueles que se referem a conhecimento, crença, expectativa, desejo e ação, no sentido de comportamento dirigido, não podem pertencer a uma linguagem de dados satisfatória. Assume--se que a linguagem dos dados deve conter somente conceitos que fazem parte do que os empiristas lógicos chamaram de "linguagem da coisa física". Pois se sustenta que os termos que envolvem a consciência, ou termos psicológicos, como poderíamos chamá--los, são tais que as proposições que os contêm são, sem interpretação especial, não testáveis. Acredita-se que isso é praticamente uma verdade autoevidente por muitos pensadores. Assim Estes, na sua discussão da teoria de Lewin, pode exclamar surpreso, "certamente, nenhuma das sofisticações teóricas de Lewin sustentaria que uma proposição que seja formulada no vocabulário psicológico convencional possa ser considerada acriticamente como confirmável pela observação".[1]

É claro que alguns teóricos usam esses conceitos, mas a sua aplicação envolve inevitavelmente certa arbitrariedade, certa leitura dos fenômenos dos preconceitos do próprio observador, como às vezes fazem os conceitos que designam as propriedades fisionômicas. Essa parece ser a observação feita por Hull, uma vez mais em conexão com Lewin.

> O principal motivo pelo qual acredito que a metodologia favorecida por Lewin não pode produzir uma teoria do comportamento satisfatória em ciências naturais, [...] é que seu campo quando garantido é principalmente subjetivo e o seu método preferido de garanti-lo é principalmente introspectivo. Enquanto eu o lia, a extinção experimental ocorre porque "o indivíduo percebe", reações condicionadas são evocadas em parte por causa de uma "expectativa" concomitante e assim por diante. Ademais, quando atribuídas a organismos inarticulados, entidades subjetivas como "expectativa", "percepção", "espaço de vida", "probabilidade subjetiva" e afins parecem degenerar em antropomorfismo puro; o investigador se projeta efetivamente no rato, o gato, o cachorro, o macaco ou a criança pequena, e diz "se estivesse nessa situação, eu perceberia, conheceria, sentiria, pensaria ou formularia uma hipótese assim e assim".[2]

Assim, para Hull, a aplicação de conceitos psicológicos aos animais parece totalmente arbitrária, o resultado simplesmente do observador imaginando o que ele pensaria ou sentiria. Naturalmente, o teste intersubjetivo para os enunciados que envolvam termos usados desse modo é impossível. Mas o uso de tais termos em uma ciência do comportamento humano deve ser igualmente evitado.[3]

---

[1] Estes et al., *Modern Learning Theory*, p.325.

[2] Hull, "The Problem of Intervening Variables in Molar Behaviour Theory", *Psychological Review*, v.50, p.287, 1943.

[3] Cf. Hull, "Mind, Mechanism and Adaptive Behaviour", *Psychological Review*, v.44, p.1-32, 1937.

Não menos importante entre as desvantagens desse procedimento é ele impossibilitar uma ciência matemática do comportamento:

> O principal problema com a metodologia subjetiva e antropomórfica [...] é as entidades por ela produzidas não serem realmente mensuráveis, ao passo que a verificabilidade satisfatória da teoria das ciências naturais exige quantificação bastante precisa: na medida em que uma teoria ou hipótese é incapaz de verificação, fica aquém do ideal científico. Por exemplo, o problema com um conceito como expectativa, [...] é que, quando tentamos verificar a hipótese em que ela aparece, não podemos dizer quanta expectativa esperar; nem sabemos a magnitude da reação que a expectativa deve mediar.[4]

Assim, isso parece decorrer da própria natureza da ciência, como forma de investigação que requer verificação intersubjetiva, que uma ciência do comportamento não pode fazer uso de conceitos psicológicos nesse sentido, *i.e.*, conceitos que envolvem a consciência ou intencionalidade. E assim a afirmação segundo a qual os organismos animados diferem apenas nisso, que um relato do seu comportamento deve usar conceitos dessa gama, é descartada desde o começo. Mas é possível objetar a isso, essa consequência drástica não ocorre necessariamente. A única coisa que se mostrou é que tais termos não devem aparecer na linguagem dos dados. Mas não significa necessariamente que eles não podem ser usados como termos teóricos, desde que sejam interpretados bastante claramente nos termos da linguagem dos dados. A maioria dos teóricos do comportamento, na verdade, sustentam que esses conceitos têm pouco uso, mas isso é ir além da demanda de que o seu uso seja simplesmente claro e inequívoco. Esse argumento só pesaria contra o seu uso de modo ilícito, para contrabandear suposições teóricas ocultas e pouco claras, que, aliás, são privativas do teórico que as usa; e, embora isso decorresse do seu uso como conceitos não interpretados na linguagem dos dados, não haveria objeção ao seu uso como termos teóricos.

---

[4] Idem, "The Problem of Intervening Variables in Molar Behaviour Theory", p.287.

Assim, nessa visão mais leniente, é necessária apenas uma linguagem de dados teoricamente neutra. Este é o pré-requisito da comunicação entre os cientistas. Isso nos permitirá usar conceitos psicológicos, mas exclui a sua inclusão na linguagem de dados. Pois, como noções teóricas, elas são propriedade de um grupo particular de teóricos, ao passo que os termos da linguagem dos dados têm de ser neutros entre todas as teorias. Esse requisito é declarado por Estes:

> Na medida em que uma teoria se destina a ser comunicável e suscetível de aceitação geral entre os pesquisadores, é necessário que a linguagem dos dados seja limitada a termos para os quais o acordo sobre o uso pode ser obtido entre investigadores qualificados, independentemente da orientação teórica. Como indicou Skinner, alguns termos do inglês comum são apropriados para a inclusão na linguagem dos dados de uma ciência do comportamento; outros não. Na descrição do comportamento animal, por exemplo, pode-se chegar a um acordo sobre o uso de termos referentes aos movimentos do animal ou das suas partes (*e.g.*, andar, correr, a flexão das patas dianteiras), mas não em termos com implicações teóricas ocultas (*e.g.*, tentativa, crença, busca).[5]

Mas essa concessão à oposição é muito pequena. Na verdade, já parece suspeita. Pois a posição equivale a isso, que as declarações que atribuem crenças, expectativas, desejos, ações e assim por diante, em declarações breves com o uso de termos psicológicos, não podem ter um sentido empírico inequívoco e claro, a menos que sejam interpretadas por meio de declarações que usem somente conceitos pertencentes à linguagem da coisa física. Por isso Verplanck interpreta Skinner como dizendo que

> "ouvir", "sentir", "tentar", "precisar", "de modo a" e "intenção" não podem ser incluídos na linguagem dos dados de uma ciência do comportamento, embora em muitos casos pode ser possível, por um processo de tradução watsoniano ou pela "definição operacional", recentemente na moda e talvez sobrecarregada,

---

[5] Estes et al., *Modern Learning Theory*, op. cit., p.321.

para dar a esses termos um significado nitidamente restrito dentro da linguagem dos dados, e assim nela os introduzir.[6]

Surge então a questão de saber se esses termos assim "traduzidos" serão reconhecíveis como os conceitos no seu uso ordinário, se serão suficientes como estes para permitir que os protagonistas da explicação intencional declarem o seu caso e ainda estar dentro dos limites do enunciado significativo e testável.

2. Definição operacional

O que significa "tradução" aqui? O modo mais comum de colocar esse requisito nos dias de hoje, como indica Verplanck, é em termos de "definição operacional". Essa expressão já tem uma história longa e bastante conturbada. Introduzida por Bridgman,[7] teve grande aceitação entre os pensadores que haviam sido influenciados pelo empirismo lógico, e muito se assemelha à sua camarada, a teoria da verificação do significado. Tal como no caso desta, tem havido uma disputa contínua ao longo dos anos quanto ao seu significado exato, e as versões anteriores, mais grosseiras, foram substituídas por outras mais refinadas. Na primeira forma de Bridgman, o requisito parecia extremamente rigoroso. Um conceito era considerado equivalente às operações pelas quais ele foi introduzido.[8] Isso parecia significar que qualquer enunciado que usasse um conceito

---

[6] Ibid., p.278; Verplanck fala aqui em "introduzir" esses termos na linguagem dos dados, em vez de introduzi-los como termos teóricos. Mas isso deve ser um deslize da parte dele. Pois, se a linguagem dos dados tiver de significar "linguagem da observação imediata", não podemos falar em introduzir nela termos por definição operacional, e sim em dar a esses vocábulos significado por definição nos termos das expressões que ela contém.

[7] Bridgman, *The Logic of Modern Physics*.

[8] Cf. ibid., p.5.

teórico era logicamente equivalente ao enunciado ou aos enunciados que descrevem os resultados das operações de medida ou aos testes pelos quais se determina o seu verdadeiro valor. Isso equivaleria à tese de que os termos teóricos eram construções lógicas a partir de termos para observáveis, ou os termos usados para descrever os resultados das operações de medição.

Mas esse requisito era visivelmente forte demais. Por exemplo, tornaria absurdo (autocontraditório) alguém dizer que determinado teste resultou em tal-e-tal, mas que isso não significava que a propriedade teórica correspondente tivesse o valor que normalmente era indicado pelo resultado desse teste. Ora, não só dizemos coisas desse tipo com frequência como também temos bons motivos para dizê-las, *e.g.*, se algo der errado com o equipamento.[9] Do mesmo modo, uma convenção desse tipo nos impediria de dizer que dois testes eram testes para a mesma propriedade, pois os enunciados que relatam os resultados de dois testes diferentes que foram, ambos, indicações de T, a afirmação de que uma variável teórica tinha certo valor, ambos os enunciados seriam logicamente equivalentes a T e, por isso, equivalentes entre si, o que é um absurdo.

Assim, concebeu-se uma interpretação nova e mais sofisticada de definição operacional, usando a noção de "interpretação parcial". Carnap foi um dos pioneiros no desenvolvimento dessa nova forma, e seria melhor expô-la nos seus termos.[10] A linguagem total de uma ciência pode ser considerada como constituída de duas partes, a linguagem de observação e a linguagem teórica. Esta última

---

[9] Naturalmente, poderíamos incorporar à noção de "o teste tem tal e tal resultado" a condição de que o teste não deve nos enganar dessa maneira, mas então não poderíamos ter certeza de qual foi o resultado antes de saber qual era o valor da propriedade, de modo que o teste deixasse de ser um teste para essa propriedade.

[10] Cf. Carnap, "Testability and Meaning", *Philosophy of Science*, v.3, n.4, p.419-71, 1936; id., "Testability and Meaning (Continued)", *Philosophy of Science*, v.4, n.1, p.1-40, 1937; e id., "The Methodological Character of Theoretical Concepts", em Feigl; Scriven (orgs.), *Minnesota Studies in the Philosophy of Science*, v.I.

pode ser considerada como um sistema lógico-matemático, com a sua formação de regras de transformação, o seu vocabulário primitivo não lógico e os seus postulados, que permitem a derivação de termos não primitivos não lógicos. Então, entre as linguagens teórica e de observação, estabelecem-se certas "regras de correspondência" ligando sentenças que usam termos teóricos às que usam termos de observação. Desse modo, os termos teóricos são parcialmente interpretados, *i.e.*, recebem significado empírico, mas só são interpretados por meio dos predicados observáveis, uma vez que a extensão da sua interpretação depende das regras de correspondência. Como afirma Carnap:

> Toda a interpretação (no sentido estrito deste termo, *i.e.*, interpretação observacional) que se pode dar à [linguagem teórica] é dada nas regras de correspondência, e a sua função é essencialmente a interpretação de certas frases que contêm termos descritivos e, indiretamente, a interpretação dos termos descritivos do [vocabulário teórico].[11]

Ora, a noção de uma "regra de correspondência" elimina as desvantagens da antiga visão de construção lógica, pois os termos operacionalmente definidos pelas expressões da linguagem de dados já não são construções lógicas a partir dessas expressões, isto é, as afirmações teóricas deixam de ser consideradas logicamente equivalentes a declarações que usam somente termos da observação ou linguagem de dados. Mas, ao mesmo tempo, toda a interpretação empírica que pode ser dada a esses termos pode ser dada em afirmações deste último tipo, pois, para qualquer enunciado teórico, deve haver uma lista finita de enunciados na linguagem de observação que dão todo o seu significado empírico, e que a ela estão ligadas pelas regras de correspondência. Qual é, então, a força da noção de interpretação parcial? A ideia é que, em uma data futura,

---

[11] Id., "The Methodological Character of Theoretical Concepts", op. cit., p.46.

é possível que queiramos acrescentar ao significado empírico desse termo ligando sentenças que o contêm por meio de novas regras de correspondência a sentenças que contêm observáveis. Portanto, não afirmamos, em momento algum, ter esgotado as possíveis interpretações do termo, como fazia a visão de "construção lógica".

É claro que Carnap tinha em mente principalmente a física, de modo que podia falar na linguagem teórica como um "sistema lógico-matemático". Essa expressão é um tanto ambiciosa para a psicologia, pelo menos no momento atual.[12] Mas as noções de "regra de correspondência" e de "interpretação parcial" também podem ser aplicadas aos problemas que estamos discutindo. Para esses propósitos, os termos teóricos são termos psicológicos, e a sua definição operacional deve ser levada a cabo na linguagem da coisa física. Assim, para qualquer enunciado que use um termo psicológico, deve haver um conjunto de enunciados que usem somente termos na "linguagem da coisa",[13] que dá todo o seu significado empírico. Assim, para dar um exemplo, Tolman[14] tenta definir "o rato espera comida no lugar L" do seguinte modo:

> Quando afirmamos que um rato espera comida no lugar L, o que afirmamos é que, *se* (1) ele estiver privado de comida, (2) tiver sido treinado no caminho C, (3) tiver sido colocado agora no caminho C, (4) o caminho C estiver bloqueado, e (5) houver outros caminhos que se afastam do caminho C, um dos quais aponta diretamente para o lugar L, ele percorrerá, *então*, o caminho que aponta diretamente para o lugar L.

---

[12] Embora nem todos os psicólogos pensem assim, como se pode ver lendo as obras de Hull. Mas a palavra "sistema" aplicada à teoria de Hull é um pouco pretensiosa, para dizer o mínimo.

[13] Surge a questão, é claro, se existe uma "linguagem da coisa", *i.e.*, um estrato de discurso descritível, separável do resto, que trata de "coisas" em algum sentido paradigmaticamente observável. Mas nós a deixamos de lado por ora, para retomá-la nas p.131 ss.

[14] Tolman; Ritchie; Kalish, "Studies in Spatial Learning. I: Orientation and the Short-Cut", *Journal of Experimental Psychology*, v.36, n.1, p.13, 1946.

> Quando afirmamos que o rato *não* espera comida no lugar *L*, o que afirmamos é que, nas mesmas condições, ele *não* percorrerá o caminho que aponta diretamente para o lugar *L*.[15]

De modo semelhante, todas as outras afirmações que usem termos psicológicos podem ser "traduzidas", de modo que obtenhamos uma "definição operacional" desses termos usando somente expressões da linguagem dos dados.[16]

Mas agora podemos ver que os conceitos psicológicos, assim definidos, dificilmente são equivalentes aos seus homólogos no discurso ordinário. Desse modo, a definição de Tolman dificilmente dá o sentido empírico que ordinariamente ligaríamos a "um rato espera comida no lugar *L*". Podemos ver perfeitamente que, em certas condições, essa poderia ser a descrição de um teste da verdade da proposição definida. Mas há outras condições em que não o poderia ser. Assim, se houvesse um gato no caminho que leva a *L*, não tomaríamos a imobilidade ou mesmo a fuga do rato como evidência de que ele não esperava comida em *L*. Ou, tomando o exemplo usado por MacCorquodale e Meehl na sua discussão sobre esse exemplo,[17] se

---

[15] Ibid., p.15. O itálico é de Tolman. Deve-se notar que a "definição operacional" se afastou de qualquer conexão necessária com as operações de medição. O nome é mantido, derivado da preocupação original de Bridgman com as operações de medição em física. Mas, na teoria psicológica, o requisito é simplesmente que expressemos o conteúdo empírico da afirmação teórica em um conjunto de condicionais empíricas usando somente os termos da linguagem dos dados. Cf. "os pares 'bicondicionais' e 'condicionais' de redução" de Carnap, "Testability and Meaning", op. cit., 1936 e 1937.

[16] É claro que se pode contestar os termos usados nas definiens de Tolman. Mas todos eles devem estar abertos à definição operacional, se não forem expressões na linguagem dos dados. Assim, "privado de alimento" seria definido em termos de cronograma de alimentação, assim como "treinado no caminho C" em termos de histórico de treinamento, e "correr" deve ser interpretado como se referindo a movimento em oposição a ação.

[17] MacCorquodale; Meehl, "Edward C. Tolman", em Estes et al., *Modern Language Theory*, op. cit., p.184.

o caminho *C* fosse branco e o caminho que leva ao lugar *L* também fosse branco, sendo os outros caminhos de qualquer outra cor, não poderíamos tomar o uso desse caminho pelo rato como evidência de que ele espera comida em *L*. Bem, pode-se dizer que essas são apenas as condições nas quais o teste fracassaria. Mas a questão é certamente a seguinte: o fato de essas serem condições do fracasso do teste tem tanto direito de ser chamado de parte do sentido empírico de "o rato espera comida em *L*" quanto a própria definição de Tolman. Ou seja, quem tiver entendido o que queremos dizer com essa expressão e, portanto, quem tiver entendido por que as condições de Tolman podem fornecer um teste da sua veracidade, também teria de concordar, uma vez informado das propriedades indutoras de medo dos gatos, que o gato seria um fator perturbador capaz de invalidar o teste, ou, no caso de ambos os caminhos serem brancos, teria de concordar que, se o rato fosse simplesmente treinado para percorrer o caminho branco, isso não constituiria esperar comida em *L*, assim como o próprio Tolman sabia que colocar um rato saciado no começo não mostraria nada nem de um jeito nem do outro.

Por conseguinte, se se considerar a que a definição de Tolman dá toda a interpretação empírica de "o rato espera comida em *L*", temos de concluir que ele usa "espera" de um modo que difere nitidamente do seu uso na linguagem ordinária. Pois, seja qual for o sentido em que se realizar um teste para dar uma interpretação empírica a um enunciado desse tipo, não se pode dizer que ele dá toda a interpretação empírica. Ora, por certo há um sentido em que a descrição de um teste para a validade de um enunciado pode dar o sentido empírico desse enunciado. Pois depende do enunciado asseverar o que ele faz no mundo, que se trata de um teste. Isto é, se alterarmos o significado do enunciado, o teste deixa de ser válido. E, assim, muitas vezes podemos ajudar uma pessoa a entender o que significa um enunciado descrevendo-lhe um teste da sua validade. Mas, se se tratar de um teste empírico, ele terá de descrever um evento que ocorrerá em certas condições e que é empírica ou contingentemente ligado ao que está descrito no enunciado. Mas se o vínculo entre o teste e o que o enunciado afirma for contingente, então ele dependerá de certas condições. Porém, para que essas condições sejam as condições nas quais o teste se sustenta, também depende do enunciado afirmar o que ele faz, exatamente da mesma maneira. Assim, se podemos dizer que parte do que queremos dizer com um enunciado é que certo teste terá certo resultado,[18] podemos dizer com a mesma facilidade que as condições para a realização do teste sejam de certo tipo faz parte do que queremos dizer.[19]

Não se pode dizer, então, que a definição de Tolman é apenas incompleta, que ela requer que sejam acrescentadas as condições da sua validade? Mas a questão é que as condições da sua validade não são finitas em número. Não há limite para o número de condições em que o teste tolmaniano de uma expectativa seria inválido. Assim como o exemplo do gato mostrou, bem como a própria condição de Tolman de que o rato deve estar com fome, deve ser o caso de o rato não ser motivado por nada além do desejo de comida. Então, como mostrou a hipótese do caminho branco, deve ser o caso de que o comportamento do rato pode realmente ser descrito como "percorrer o caminho de *L*", e não "tomar o caminho branco". *A fortiori*, é necessário que o comportamento do rato se qualifique como ação, *i.e.*, que esse não seja um comportamento reflexo, ou efeito de drogas ou de qualquer outra coisa. Ora, há um número indefinido de modos pelos quais qualquer uma dessas condições

---

[18] Nós o fazemos com frequência: assim, se eu disser "*p*", alguém poderia responder "você quer dizer que se eu *X*, então *Y*?". Este é um sentido perfeitamente bom de "quer dizer", no qual essa expressão é equivalente a "dar (parte do) conteúdo empírico de".

[19] É claro que, em um sentido de "querer dizer" ou "significar", esse pode não ser o caso, aquele em que temos de saber uma consequência do que afirmamos para que se possa dizer que queremos dizer isso. Mas aqui estamos usando o termo no outro sentido, aquele em que uma pessoa pode ser levada a abandonar uma crença, por exemplo, quando lhe mostram "o que isso significa".

pode ser falsificada, *e.g.*, o rato não deve estar também com sede e esperar água em *M*, ou sexualmente excitado e esperar um parceiro em *N*, ou sofrendo uma fadiga intensa, ou neurose experimental e assim por diante. O trabalho de pormenorizar todas as condições é interminável, como é, portanto, o trabalho de dar uma definição operacional. Isto é, o trabalho é interminável, a não ser que possamos dar a fórmula geral de um teste adequado. Mas a única maneira de dar a fórmula geral para que *O* seja um teste para *p* é dizer algo como "as condições devem ser tais que a conexão *O* – *p* se mantenha", *i.e.*, uma declaração das condições a partir das quais segue-se logicamente que *O* – *p*. Pois, se mencionarmos quaisquer condições de *O* – *p* de modo que seja um fato contingente que *O* – *p* mantém nessas condições, então a manutenção de *O* – *p* nessas condições dependerá de mais condições, e não teremos logrado mencionar todas as condições. Assim, nesse caso em questão, a única fórmula em geral para a validade do teste é que as condições sejam tais que a disparada do animal no caminho realmente seja um caso de agir com a expectativa de que haja comida em *L*.

Assim, só se pode considerar que uma definição operacional deu todo o significado empírico de determinado enunciado se ela especificar as condições que devem se manter de um modo assim circular. Mas isso não é tudo. Até agora, falamos como se só houvesse um teste para determinada declaração. Mas, claro está, não há um número definido de tais testes que possa "dar o significado" de uma declaração no sentido acima e, portanto, dar todo o significado empírico de um enunciado nos termos dos testes da sua veracidade seria uma tarefa duplamente interminável, que só poderia ser realizada por uma locução circular e incômoda como "quando afirmamos *p*, o que afirmamos é que qualquer teste para *p* será positivo desde que se verifiquem as condições em que ele é um teste adequado a *p*". Em outras palavras, só podemos dar o "significado empírico completo" de qualquer enunciado repetindo o enunciado (ou o que ele implica); que é o que se esperaria.

3. Psicologia não psicológica

Já se disse o suficiente para mostrar que qualquer definição operacional reconhecível de um termo psicológico, tal como este é entendido no discurso ordinário, seria relativamente inútil e dificilmente poderia satisfazer o critério dos operacionistas, que o termo deve ser definido pelas expressões da linguagem dos dados, pois a definição exigiria o uso do termo que lhe cabe definir. De modo que, se tomarmos a definição operacional como o nosso padrão, a "tradução" oferecida por alguns teóricos dos conceitos psicológicos equivale a uma "transformação" para além do reconhecimento. E isso por necessidade. Pois qualquer definição operacional finita de um conceito psicológico na linguagem da coisa tem, por assim dizer, de eliminar as implicações empíricas de um conceito em certo ponto e, assim, de alterar o seu significado. Portanto, se a única coisa que Tolman quer dizer com "o rato espera comida em *L*" é que o rato toma o caminho de *L* nas condições que ele descreve, então não está usando nada remotamente parecido com o conceito ordinário "esperar".

Na verdade, não é nem mesmo um conceito psicológico, se com isso queremos dizer um conceito empírico que pode ser usado para descrever eventos de certa gama, conhecidos como psicológicos. Pois o *status* do conceito empírico, nesse sentido, não é dado a termos teóricos pela interpretação operacionista. Na realidade, o *status* dos enunciados de uma linguagem teórica é estranhíssimo e nada fácil de definir.

É claro que os enunciados teóricos, nessa interpretação operacionista, não são considerados equivalentes aos enunciados que os interpretam (que a eles estão ligados pelas regras de correspondência). Ou seja, é supostamente um fato meramente contingente que o estado de coisas por eles descrito esteja vinculado aos descritos pelas declarações formuladas na linguagem dos dados. Isso parece ser o que Carnap queria, pois ele desejava atender o caso em que o teste é negativo, por exemplo, no entanto, nós queremos dizer que a propriedade se mantém.

Mas esse suposto *status* é prejudicado pelo procedimento de validação dessas afirmações teóricas. Pois os estados de coisas observáveis que valem como "evidência" delas o fazem por estipulação, e isso é incompatível com o fato de serem afirmações independentes de fato empírico, apenas contingentemente ligadas aos fatos observáveis que testamos, como Carnap gostaria que fossem.

A confusão acerca do *status* dos estados de coisas teóricos na interpretação operacionista pode ser colocada assim: os seus vínculos com os estados de coisas observáveis devem ser contingentes, entretanto, as conexões entre as declarações das duas variedades revelam-se puramente estipulativas. Mas essas duas relações são incompatíveis. De acordo com a primeira, é um fato empírico que determinado estado de coisas teórico, T, esteja ligado a determinado estado de coisas observável, O, de modo que O propicie evidência para afirmar que T é o caso. Mas, então, o fato de O propiciar evidência para T não pode ser objeto de uma decisão da nossa parte, mas é válido ou não independentemente de nós; e, assim, a conexão entre os enunciados correspondentes "de que O" e "de que T" não pode ser estipulativa. Mas isso, pela segunda relação, é considerado como sendo o caso.

Que a relação entre os enunciados das duas faixas deve ser estipulativa, segundo o operacionismo, pode não ser imediatamente evidente, mas pode ser demonstrado. Um fato empírico deve ser tal que, em princípio, possa ser estabelecido ou refutado pela evidência empírica. E dizer que ele pode ser estabelecido pela evidência é dizer que existem fundamentos para considerá-lo verdadeiro que pesam como fundamentos independentes da nossa decisão; na verdade, é uma parte essencial do que queremos dizer com "evidência" ser um sinal de que algo é verdadeiro e que vale como tal independentemente de nós, e cujo peso se pode estabelecer empiricamente.

Ora, a tese do operacionismo é que todo o sentido empírico de um enunciado teórico é dado em certo conjunto finito de regras de correspondência que o ligam a enunciados sobre observáveis. A lista pode ser longa ou breve, mas o número de regras pouco importa para o argumento, contanto que seja finito. Presumamos, então, um estado teórico T, vinculado por regras de correspondência aos resultados de testes $O1$, $O2$, $O3$. Diz-se que T é válido ("que T" é verdadeiro) sempre que $O1$, $O2$ e $O3$ ocorrem ("que $O1$", "que $O2$" e "que $O3$" são verdadeiros). Mas, então, suponhamos que perguntemos se $O1$, $O2$ e $O3$ são testes realmente adequados a T, se constituem evidência válida para ele. Se essa fosse uma pergunta empírica, seria possível estabelecê-la ou refutá-la pela evidência. Mas a única evidência que nos serviria aqui seria do tipo que, na presença de $O1$, $O2$ e $O3$, ajudasse a determinar se T vale ou não, ou vice-versa. Em outras palavras, para ter evidências relevantes para a pergunta, temos de ter um teste independente para T, ou seja, independente dos testes que produzem os resultados $O1$, $O2$ e $O3$. Mas isso, por hipótese, não podemos ter, uma vez que todo o sentido empírico "de que T" é dado em "que $O1$, "que $O2$" e "que $O3$". Portanto, em princípio, é impossível decidir essa questão, de um modo ou de outro, por evidência, e essa não é uma questão empírica; é uma questão estipulativa.

    Claro está que é da natureza da "interpretação parcial" podermos aumentar a gama de testes para T estendendo a interpretação do termo e acrescentando novas regras de correspondência. Mas esse processo de adição, envolvendo como envolve uma alteração no significado empírico do termo, será, ele próprio, realizado por estipulação. Por conseguinte, não se poderia considerar que os novos testes nos deem "evidência independente" para T, já que está aberto para nós dar ou negar esse seu *status*, e, como vimos, está na natureza da evidência fornecer fundamentos para afirmar algo que se sustenta como tal independentemente das nossas decisões.

    Tampouco ajudará invocar outro estado teórico, S, ao qual T está supostamente ligado, e pôr em operação os testes empíricos para S, Na, Nb e Nc. Estes estenderão a lista de testes para T sem alterar a dificuldade básica, o fato de o número de regras de correspondência que definem o significado do termo ser finito, e a questão de todos eles serem testes válidos para T deve ser estipulativa.

Muito menos estaremos em situação melhor se fizermos essa pergunta de cada teste separadamente. Como estabeleceríamos que $O1$ era evidência para T? Vendo que, quando $O1$ ocorre, $O2$ e $O3$ também ocorrem? Mas isso só nos dará o que queremos se pudermos estabelecer que $O2$ e $O3$ constituem evidência para T. E como faríamos isso? Certamente não vendo se $O1$ ocorre. Em algum momento, teremos de quebrar a cadeia de perguntas por uma decisão. Podemos quebrá-la em qualquer momento, mas estipulemos que $O1$ fornece evidência para T. Então será uma questão empírica se $O2$ e $O3$ fornecem evidência, mas a evidência para isso será simplesmente que os três resultados de teste ocorrem juntos e jamais ocorrem separadamente. É puramente por estipulação que chamamos esse caso de o caso em que $O2$ e $O3$ constituem evidência para T. Estamos na mesma posição que se descreveu antes, na qual, diante da ocorrência conjunta de $O1$, $O2$ e $O3$, procuramos em vão um teste independente para T. Só que optamos por lhe dar um nome diferente.

Assim, posto que as conexões entre os diferentes estados de coisas observáveis sejam contingentes, é estabelecido por estipulação que qualquer uma delas é considerada como uma conexão entre um estado observável e um estado teórico. Apesar da alegação de que os estados de coisas descritos em enunciados teóricos são apenas contingentemente ligados a estados de coisas observáveis, que estes servem como evidência para aqueles, a lógica real da definição operacional mostra que as conexões entre os dois tipos de enunciados são realmente de caráter estipulativo. Uma definição operacional é, portanto, uma verdade estipulativa.

Assim, os enunciados teóricos do operacionismo não têm, por assim dizer, nenhuma existência empiricamente independente. Pois, como enunciados empíricos, a evidência para eles é idêntica à evidência para os enunciados observáveis aos quais estão ligados por regras de correspondência. Eles não levam nenhuma informação extra que já não tenha sido dada pelos enunciados observáveis. São efetivamente elimináveis sem perda. E poderíamos, com base nos mesmos fatos observáveis, levantar uma estrutura inteiramente diferente de enunciados teóricos.

Os termos teóricos do operacionismo são, portanto, teóricos somente no sentido fraco da palavra. Pois, *como* conceitos empíricos, são totalmente elimináveis, têm o *status* de paráfrase ou notação taquigráfica para observáveis; mas, considerados como conceitos teóricos, *i.e.*, conceitos que podem ser usados em afirmações sobre estados de coisas especificamente teóricos, por oposição a observáveis, eles são totalmente não empíricos, uma vez que os enunciados em que figuram não podem ter outra verificação que não a que é determinada pelas definições estipulativas em termos de observáveis. Falando corretamente, o operacionismo não tem lugar para conceitos teóricos, se por isso entendermos conceitos *empíricos* que podem figurar em enunciados sobre certa gama de coisas chamadas teóricas.[20]

---

[20] Isso é claramente reconhecido por Braithwaite, *Scientific Explanation*, que deseja evitar a expressão "conceito teórico" e substituí-la por "termo teórico". De fato, toda a noção positivista de interpretação, como representada por Carnap, op. cit.; Hempel, "Problems and Changes in the Empiricist Criterion of Meaning", em Linsky (org.), *Semantics and the Philosophy of Language*; e Braithwaite, *Scientific Explanation*, op. cit., é confusa e inconsistente. Pois o objetivo era conceber a ligação entre um estado de coisas teórico e o teste para ele como contingente, *i.e.*, empírica, que poderia desmoronar se as condições não estivessem certas e, ao mesmo tempo, negar aos termos teóricos qualquer significado empírico que não fosse claramente derivado de alguma forma de observáveis. Mas o segundo objetivo derrota o primeiro, pois resulta na doutrina da interpretação parcial que torna estipulativa a ligação entre um estado teórico e o teste para isso. Claro, alguns positivistas extremos ficariam felizes em aceitar a noção de que toda a estrutura da teoria era estipulativamente verdadeira, mas é muito duvidoso se esta é realmente uma análise correta da teoria científica e, portanto, se a interpretação parcial é uma análise correta do significado empírico dos termos teóricos.

E, do mesmo modo, o operacionismo não permite nenhum conceito psicológico. Pois, como "traduzidos" para a linguagem da coisa, os enunciados psicológicos estão no mesmo caso: quando empíricos, eles lidam com eventos não psicológicos, e quando lidam com eventos psicológicos, eles são inadequadamente "interpretados" e, portanto, não empíricos.[21]

Assim, a concessão para que os termos psicológicos possam ser introduzidos desde que sejam interpretados pelos termos da linguagem dos dados revela-se vazia, pois esses termos não são como os conceitos psicológicos da linguagem ordinária e, em um sentido importante, não são conceitos psicológicos de modo algum. Mas, assim sendo, a visão de que os organismos animados são distintos precisamente porque as leis que regem o seu comportamento devem

---

[21] A visão da teoria como inteiramente estipulativa porque todo significado empírico toca somente observáveis levou ao "dilema do teórico". Assim, como exposto por Hempel, "The Theoretician's Dillema", em Feigl; Scriven; Maxwell, *Minnesota Studies in the Philosophy of Science*, v.II: o paradoxo da teorização "afirma que se os termos e os princípios gerais de uma teoria científica servem ao seu propósito, *i.e.*, se estabelecem conexões definidas entre fenômenos observáveis, então podem ser dispensados, já que qualquer cadeia de leis e declarações interpretativas que estabeleça tal conexão deve ser substituível por uma lei que ligue diretamente os antecedentes observacionais aos consequentes observacionais".

A defesa de Hempel da teoria, que é exclusivamente em linhas pragmáticas, mostra que ele aceita fundamentalmente a visão estipulativa que dá origem ao paradoxo. Mas, se a teoria deve ser defendida em bases pragmáticas, não pode ser atacada nessas bases, como, *e.g.*, faz Skinner quando afirma que os termos teóricos são constantemente propensos a nos induzir a aceitar entidades e explicações verbais? Nos corações positivistas, esse apelo à pureza radical sempre suscitará um eco. Mas veja Scriven, "A Study of Radical Behaviorism", em Feigl; Scriven (orgs.), *Minnesota Studies in the Philosophy of Science*, v.I, para uma crítica lógica mais fundamental de Skinner.

Para uma discussão entre os teóricos do comportamento sobre o papel dos termos teóricos, ver também o Symposium on Operationism, *Psychological Review*, v.52, n.5, 1945, e a discussão sobre construtos hipotéticos e variáveis intervenientes, aberta por MacCorquodale; Meehl, "On a Distinction between Hypothetical Constructs and Intervening Variables", op. cit.

ser expressas em conceitos que envolvem a consciência ou a intencionalidade, isto é, em conceitos psicológicos, não pode ser significativamente declarada. Isto é, nenhuma teoria que tenha usado tais conceitos pode atender os requisitos para a validação intersubjetiva de uma teoria científica. Desse modo, uma vez mais, a questão parece ser decidida *a priori*, e uma visão rejeitada por não ter sentido.

4. Suposições empíricas

Se quisermos fazer algum progresso, portanto, temos de examinar as premissas desse argumento, de que os termos psicológicos só podem ser introduzidos se forem "interpretados" por definição operacional. Por que isso decorre da natureza da ciência? A premissa crucial parece ser que os eventos descritos por declarações psicológicas são, caso cheguem a ocorrer, não observáveis, que somente os eventos que podem ser descritos por predicados na linguagem da coisa física podem ser propriamente considerados como observáveis, e que, portanto, pode-se dizer que as enunciados que usam termos psicológicos designam eventos observáveis somente na medida em que o seu conteúdo empírico possa ser expresso em enunciados que usam apenas termos da linguagem da coisa física. Em outras palavras, o critério para pertencer à linguagem dos dados para qualquer termo é que ele possa ser usado para fazer enunciados que descrevam eventos observáveis sem outras interpretações ou definições operacionais. A linguagem dos dados consiste em "um conjunto de termos que são tidos como indefinidos dentro da teoria, mas que podem ser postos em correspondência com observáveis".[22] Ora, os termos psicológicos não se classificam desse modo, portanto não pertencem à linguagem dos dados. Mas então eles só podem ser usados se as declarações feitas com eles podem ter um

---

[22] Estes et al., *Modern Learning Theory*, op. cit., p.321.

sentido empírico em termos de observáveis. Assim, se o que um enunciado psicológico descreve deve ser observável e, portanto, se o enunciado deve ser verificável, é necessário que todo o conteúdo empírico do enunciado seja dado em enunciados que usem apenas os termos da linguagem dos dados; em outras palavras, é necessário que sejam definidos operacionalmente. Mas, então, esses termos deixarão de ser conceitos psicológicos. De modo que decorre da natureza da teoria científica como um corpo de enunciados verificáveis que não se possa encontrar lugar para conceitos psicológicos. A premissa crucial, portanto, diz respeito à natureza ou "*status* ontológico" dos eventos psicológicos. Mas como se estabelece isso?

Pode-se ver como o operacionismo em psicologia pertence à tradição positivista, e como a tentativa em bases epistemológicas de eliminar conceitos psicológicos se assemelha às tentativas de eliminar conceitos que designam coletividades humanas (*e.g.*, nações) e até mesmo conceitos que designam objetos materiais em favor de uma suposta linguagem de "observação imediata". Mas é difícil enxergar como essa tentativa há de ser mais bem fundamentada do que as anteriores. Pois é um fato que nós fazemos, sim, e verificamos os enunciados que usam conceitos psicológicos no discurso ordinário. Tampouco se pode dizer que o fazemos porque esses termos são definidos operacionalmente, pois vimos que um termo psicológico definido difere do conceito como é ordinariamente usado. Os próprios operacionistas se dão conta disso às vezes: assim, MacCorquodale e Meehl aceitam que os enunciados psicológicos tal como costumam ser entendidos não podem ser funções de verdade de enuciados que usam unicamente os termos da linguagem dos dados.[23] Mas, se o termo fosse definido operacionalmente, e

---

[23] MacCorquodale; Meehl, "Edward C. Tolman", op. cit., p.185; um enunciado é uma função de verdade de alguns outros se o seu valor como verdadeiro ou falso for necessariamente determinado, uma vez que os valores desses outros são determinados.

se toda a interpretação empírica dos enunciados fosse dada na linguagem dos dados, então eles seriam funções de verdade de enunciados da linguagem dos dados. Assim, há uma admissão tácita de que os termos definidos operacionalmente diferem dos conceitos correspondentes. Mas, então, se os termos definidos operacionalmente podem, por si sós, figurar em enunciados verificáveis, como podemos verificar os enunciados psicológicos do discurso ordinário?

Os psicólogos que defendem o operacionismo nunca resolveram essa inconsistência na sua posição. Por um lado, sentem-se obrigados a aceitar o significado do discurso ordinário em contextos ordinários; por outro, quando se trata de ciência, sentem-se obrigados a rejeitar grandes partes dele, não só pela sua inexatidão ou por não designar as variáveis cruciais, o que seria perfeitamente compreensível, mas porque não podem ser usadas para fazer enunciados verificáveis. Assim, Hull nos diz que a sua abordagem "não nega a realidade molar dos atos propositais (em oposição ao movimento) da inteligência, do *insight*, dos objetivos, das intenções, dos esforços ou do valor; pelo contrário, insistimos na genuinidade dessas formas de comportamento".

Mas então ele continua dizendo: "Esperamos, em última análise, mostrar o *direito lógico* ao uso de tais conceitos, *deduzindo-os* como princípios secundários de princípios primários objetivos mais elementares".[24]

Mas, como Hull já nos disse na frase anterior que os seus princípios primários serão formulados somente em termos de linguagem da coisa ("movimento incolor e meros impulsos receptores como tal"), podemos ver prontamente que os "conceitos" de ação, valor, inteligência etc., aos quais logo teremos um "direito lógico", não são aqueles da linguagem ordinária. Pois os enunciados feitos com esses "conceitos" serão deduzidos de enunciados da linguagem da coisa física, isto é, seremos capazes de dar condições suficientes

---

[24] Hull, *Principles of Behavior*, p.25-6. Ênfase minha.

para a aplicação de tais conceitos na linguagem da coisa física; e, se for o caso, então já não estamos lidando com os nossos conceitos comuns, nem mesmo com conceitos psicológicos. Mas, então, a "realidade" dos atos propositais, objetivos, *insights* etc., que é concedida é muito pickwickiana.

Na verdade, os teóricos dessa corrente parecem tomar a premissa de que os eventos psicológicos não são observáveis pela fé. Mas nós decerto não podemos aceitar uma premissa desse tipo sem alguma prova. Isso teria de mostrar que a nossa noção ordinária de observação era inadequada. Pois, no sentido ordinário do termo, posso observar que Jones está apertando a mão de Smith (o que significa ação, não só movimento) ou que o meu cachorro quer a carne na minha mão, assim como posso observar que o gato está no tapete ou que a agulha aponta para 3,5°. Mas isso não quer dizer que eu infira tais coisas a partir dos seus movimentos. Sei que ele quer a carne porque está não só babando como também tentando abocanhá-la ou pedindo-a. Em outras palavras, o seu comportamento no sentido de *ação* é o de um cão querendo comida. E essa *ação* é observável, tão observável quanto a salivação e os movimentos dos ponteiros de um relógio. A confusão de ação com movimento muitas vezes pode ser usada para dar credibilidade ao behaviorismo. É verdade que aprendemos a respeito das pessoas através do seu comportamento. Isso se torna ainda mais verdadeiro se incluirmos a fala no "comportamento". Mas não se segue que aprendamos a respeito delas por meio dos seus movimentos ou das suas reações autônomas, ou por meio dos processos químicos pelos quais seu corpo passa. Pois o comportamento com o qual aprendemos é principalmente a ação, e é somente na qualidade de ação que é revelador, assim como a fala nos diz pouco ou nada como um fluxo de som, mas muito como linguagem significativa. Assim, se podemos dizer que alguns eventos psicológicos são "inferidos", em oposição a "observados", eles são inferidos a partir de outros eventos psicológicos; assim como alguns eventos físicos podem ser inferidos a partir de outros. De modo que mesmo se usarmos "observado" no sentido de "não inferido", não podemos dizer que os eventos psicológicos não são observados.

A menos que possamos mostrar que o sentido ordinário do termo "observar" está errado, a premissa sobre a qual os conceitos psicológicos foram excluídos do discurso científico devem cair. Ora, na verdade, há uma visão filosófica subjacente a essa redefinição da observação, posto que raramente confessada, e se trata do empirismo tradicional. Por isso se entende a doutrina empirista original sobre a natureza da experiência. Essa noção era de experiência como passiva, como consistindo na recepção na mente de impressões do "mundo externo". Mas isso teve ramificações na epistemologia. Pois, se experiência fosse a recepção de impressões, então qualquer crença acerca do mundo deve encontrar a sua evidência nas impressões recebidas na mente. Toda "ideia" que foi empiricamente fundada deve ter uma "impressão" correspondente. E se uma distinção entre duas ideias devesse ser empiricamente fundada, há de haver uma distinção correspondente entre as impressões. Mas, nessa visão, a base empírica para os conceitos psicológicos deve ser instável. Podemos ver isso com o conceito de ação, que em muitos aspectos é um conceito-chave, uma vez que muito da evidência para a atribuição de outras propriedades psicológicas encontra-se na ação. Qual é a impressão da qual provém a "ideia" de ação? É claro que a impressão que dá a execução de uma ação não pode diferir de modo algum da ocorrência dos movimentos correspondentes. Assim, como impressões, a evidência para um enunciado que atribui uma ação a alguém será a mesma que aquela para um enunciado de que os seus membros realizaram certos movimentos. Mas, então, a ideia de ação como distinta do mero movimento não pode ser uma ideia empiricamente fundada. Em outras palavras, se observar X é receber impressões do tipo x, nunca se pode dizer que observamos ações como distintas de movimentos; não podemos dizer que observamos Jones apertar a mão de Smith, se com isso queremos dizer mais do que certos movimentos das mãos, das cabeças etc. que observamos em Jones e Smith. Contudo, dizer que Jones e Smith apertaram as mãos é dizer algo diferente do modo como as suas mãos, cabeças etc. se moveram, e não se pode dizer que observamos a ocorrência de um evento assim descrito. Isso, portanto, deve ser inferido. Porém, e essa é a questão, jamais podemos ter evidência adequada dessa inferência, pois, até onde vão, as nossas observações nunca oferecem mais do que movimentos. Assim, nesse sentido, as ações são inobserváveis e, com elas, todos os outros eventos psicológicos. Portanto as declarações que descrevem eventos psicológicos não são verificáveis, a não ser que sejam traduzidas para a linguagem da observação imediata que não inclui conceitos psicológicos.

Essa visão filosófica, ou algo semelhante, parece fundamentar o operacionismo na psicologia e a crença ingenuamente aceita em que os conceitos psicológicos não são conceitos empíricos.[25] E, de fato, essa também parece ser a base filosófica de toda a noção positivista da "linguagem dos dados", a visão de que somente certas gamas de conceitos designam observáveis, e de que todas as outras devem receber um significado empírico por definição nos termos desses conceitos. Considerou-se, em várias ocasiões, que esse estrato privilegiado consistia apenas nos termos que são usados para descrever as próprias impressões (a linguagem dos dados dos sentidos), ou se considerou que consistia nos termos que caracterizavam as coisas pelas impressões que causavam ou causariam (a linguagem das coisas observáveis). E se tentou a redução em ambos.

A escolha dos diferentes estratos privilegiados foi em parte uma função de diversas preocupações entre os herdeiros modernos do empirismo. Aqueles cujo principal interesse era epistemológico tenderam a tentar a redução a dados dos sentidos; aqueles que eram principalmente filósofos da ciência têm estado sobretudo interessados em descobrir uma linguagem das coisas observáveis.

---

[25] Cf. a citação de Estes nas p.114-5.

Os filósofos do Círculo de Viena, que tinham um pé em ambos os campos, alternaram entre os dois (e alguns, em desenvolvimento posterior, tentaram até mesmo um terceiro – o fisicalismo). O que as duas tentativas têm em comum, no entanto, é a tese básica do empirismo tradicional, de que a percepção é passiva e que a nossa experiência é o efeito produzido pela realidade externa na mente ou "receptores". Isso fundamenta tanto a visão dos epistemólogos de que a base de todo conhecimento deve residir no efeito (os dados dos sentidos) e a visão dos filósofos da ciência de que os objetos da experiência nos impõem certo modo epistemologicamente privilegiado de classificá-los (exibido na linguagem das coisas observáveis). O interesse dos pensadores behavioristas com os quais estamos lidando neste livro concentra-se, é claro, na segunda abordagem.

Assim, a epistemologia do empirismo tradicional parece estar por trás do operacionismo. Mas o mesmo ocorre com o que se poderia chamar de sua antropologia filosófica, que ela compartilha com o cartesianismo. Isso também se relaciona com a noção de experiência. Pois, se vemos isso como a impressão de impressões na mente a partir do mundo exterior, então vemos a mente como algo em interação causal com este mundo, isto é, algo em que os evento são causalmente relacionados com os eventos no mundo exterior. Mas, se quisermos interpretar toda a experiência nesse modelo, teremos de falar em propriocepção também como a recepção de impressões "externas". Para esses propósitos, então, o corpo faz parte do mundo exterior e os eventos nele são os antecedentes causais dos eventos na mente. Mas, como todas as conexões causais, o vínculo entre elas é contingente (daí as dúvidas que sempre surgiram dentro do empirismo sobre se alguém vê o mundo como eu o vejo, *i.e.*, se os eventos externos produzem eventos semelhantes nele e em mim). Portanto, as conexões entre os eventos corporais e os mentais são contingentes (daí as dúvidas sobre se as outras pessoas realmente têm mente). Mas a interação causal entre mente e corpo é de mão dupla, a mente também afetando o corpo; e aqui as conexões também são contingentes. Mas então a mente vem a ser vista como separada do corpo, isto é, os eventos nela são apenas contingentemente ligados aos eventos corporais, são, portanto, identificáveis separadamente dos eventos corporais. Mas não podemos observar, exceto talvez no nosso próprio caso, um conjunto de eventos mentais identificáveis separadamente dos seus acompanhamentos corporais e, assim, os eventos mentais são mantidos de alguma forma "atrás" dos eventos físicos. Eles são, portanto, inobserváveis em princípio e devem ser inferidos do comportamento corporal manifesto. Mas então isso está a apenas um passo da conclusão behaviorista de que não há necessidade de tomá-los em conta.

Em outras palavras, se uma ação é um comportamento dirigido pelo agente, seu caráter de ser dirigido pelo agente (evento mental) está apenas contingentemente ligado à ocorrência do movimento correspondente (evento físico). A direção de um evento deve, portanto, ser identificável separadamente da ocorrência dos movimentos. Mas o único critério que temos para dizer que ocorreu um evento que poderia ser descrito como o agente a dirigir o seu comportamento é que ocorre um comportamento dirigido, *i.e.*, uma ação. Portanto, a direção do comportamento deve ser um evento "interior" oculto, que acontece por trás do movimento manifesto e que jamais podemos presenciar. Mas, se não o podemos presenciar, não podemos verificar proposições sobre ele, e assim os eventos dessa classe não podem ser o tema da ciência.

Ora, a noção empirista (e cartesiana) do mental como algo "interior" e inobservável em interação com o corpo também fundamenta a rejeição behaviorista dos conceitos psicológicos. Assim, Hebb[26] fala em "animismo" como uma doutrina que envolvia inevitavelmente o "interacionismo" entre mente e corpo, uma doutrina fadada a ser não empírica, já que um termo da interação era inobservável. Isso também é evidente na crueza assombrosa do relato de Hull da

---

[26] Hebb, *The Organization of Behavior*.

origem da crença na consciência.[27] A noção originou-se na Idade Média, quando era necessária para afetar as "relações sociais e o controle moral" para manter a perspectiva de recompensa e punição após a morte. Desse modo, a necessidade era de algo não físico que, entretanto, fosse "um elemento essencialmente causal na determinação da conduta ou comportamento moral".[28] Assim a consciência foi inventada.

Podemos, assim, ver a origem da crença em que a explicação por propósito deve envolver a invocação de uma entidade não observável. Como vimos no primeiro capítulo, isso é em parte uma consequência do atomismo, a exigência de que não seja condição para a identificação de qualquer termo que esteja ligado a qualquer outro. Porém, ainda mais importante na composição dessa visão é o conjunto de crenças epistemológicas e "antropológicas" do empirismo tradicional. Pois, se o mental é algo separado, e os eventos mentais são inobserváveis, qualquer explicação que use conceitos psicológicos, como a explicação por propósito, deve invocar entidades não observáveis. E, na medida em que a noção de "propósito" envolve a de direção pelo agente, deve se referir a um antecedente não observável de ação, o fato interno de querer ou intencionar.

Mas, a não ser que se aceitem essas doutrinas especiais do empirismo, parece haver poucos motivos para aceitar a premissa de que os eventos psicológicos são inobserváveis e que a nossa noção comum de observação é de algum modo enganosa, portanto poucos motivos para aceitar a visão de que a explicação por propósito é inerentemente não empírica. Para dizer o mínimo, ainda é preciso dar motivos convincentes para aceitar essas doutrinas. Ainda temos de entender a noção de que a nossa experiência consiste na recepção de impressões (ou "dados dos sentidos", como foram chamados

---

[27] Hull, "Mind, Mechanism and Adaptive Behaviour", *Psychological Review*, v.44, p.1-32, 1937.

[28] Ibid., p.31.

mais recentemente) ou que são fixadas, por assim dizer, em certa forma conceptual pelas coisas que observamos; e ainda temos de encontrar uma linguagem dos dados à qual seja possível "reduzir" todos os outros conceitos que usamos de fato em uma descrição bem-sucedida. Podemos talvez com mais justiça presumir que aquela "experiência primitiva", ou a nossa percepção comum do mundo, não é uma recepção passiva de impressões, mas vem sempre acompanhada por classificação, uma subsunção das coisas e dos eventos vistos sob alguma descrição. Haveria, assim, muitas maneiras de ver determinado conjunto de coisas ou eventos, muitas descrições sob as quais o observador poderia subsumi-lo, dependendo de seus interesses, formação, treinamento etc., nenhuma das quais seria a maneira básica. Isto é, a divisão entre "ver" e "interpretar", entre "observação" e "inferência" não seria bem definida, pois não haveria modo de ver qual poderia ser considerada, em relação às demais, como pura visão, sem interpretação. Assim, a noção de um estrato especialmente privilegiado de expressões, a linguagem dos dados, não teria base; pois ver algo sob a descrição de uma ação não envolveria mais inferência ou interpretação do que a ver sob a descrição de um movimento.[29]

---

[29] De fato, aqui a questão entre a visão empirista e a não empirista levanta de outro modo uma das principais questões deste livro, a que envolve a noção de intencionalidade. Pois o que está em jogo aqui é se a ideia de uma "descrição intencional" é essencial para uma explicação da visão. Pode o ver ser compreendido como a impressão de uma coisa vista unicamente no observador, ou temos de levar em conta a descrição sob a qual ela é vista? Em outras palavras, há um sentido de "ver" no qual podemos dizer que uma pessoa viu o X mas não o Y ali onde "o X" e "o Y" se referem à mesma coisa? Ou esta é uma questão de interpretação? Na primeira visão, a noção de "ver" nesse sentido envolve o de "ver sob certa descrição". Podemos, pois, falar não só no objeto visto, que pode ser identificado indiscriminadamente como X ou como Y, mas também no "objeto intencional" que só pode ser identificado como X. Cf. a tese de Maurice Merleau-Ponty, *Fenomenologia da percepção*, segundo a qual todos os objetos percebidos têm um "*sens*".

Do mesmo modo, ainda é preciso dar motivos convincentes para considerar a mente como um inacessível *locus* interno de eventos. Mas até que estes sejam produzidos, não há por que aceitar a premissa operacionista de que os enunciados psicológicos não são verificáveis a menos que sejam interpretados em termos não psicológicos. A decisão epistemológica nesse sentido, então, parece ser simplesmente mais uma tentativa de legislar *a priori* sobre a questão de se a explicação por propósito é o modo que ocorre com organismos animados. A suposta neutralidade dessas exigências epistemológicas é uma farsa. A alegação de Estes[30] segundo a qual a linguagem dos dados deve ser "limitada a termos para os quais o acordo sobre o uso pode ser obtido entre investigadores qualificados, independentemente da orientação" soa bastante razoável. Mas considera-se que isso exclui o caso em que diversos "investigadores" queiram usar tipos diferentes de conceito mutuamente irredutíveis na sua "linguagem dos dados", isto é, a linguagem na qual expressam as suas observações. Mas não há motivo para que os estudiosos não sejam capazes de chegar a um acordo sobre o uso um do outro, mesmo que um prefira não adotar os termos do outro. Por certo, podemos concordar com Hull sobre o significado de "estímulo" na sua teoria, mesmo que não acreditemos que ele vá muito longe com isso. Esse caso só é excluído se presumirmos que existe *uma* única linguagem dos dados, uma que é comum a todas as teorias e neutra entre elas. Então, no caso aqui apresentado, deve ser que um ou o outro esteja dizendo um absurdo. Ora, essa suposição parte da epistemologia empirista, na qual a evidência básica para todas as crenças é dada nas impressões da experiência primitiva que definem a forma da linguagem dos dados básica. Mas, por outro lado, não há necessidade de fazê-lo. Se o caso não for este, então a suposição de que certa linguagem é *a* linguagem dos dados é precisamente a suposição de que uma teoria deve necessariamente ser a correta, pois a

---

[30] *Vide* a citação na p.117.

outra não é uma teoria. O convite aos protagonistas da explicação por propósito para que expressem as suas observações na linguagem de dados recomendada pelos operacionistas é um convite ao abandono da sua teoria, e por nenhum bom motivo.

Um excelente exemplo disso é a revisão que Skinner faz de Freud.[31] Ele começa lamentando que Freud não tenha se libertado inteiramente do "padrão tradicional de procurar uma causa do comportamento humano dentro do organismo".[32] Esse padrão é exemplificado no "animismo", que é definido no modo dualista usual como a postulação de um "determinante interno". Isso, naturalmente, não pode explicar o comportamento, pois as condições antecedentes do determinante interno também devem ser expostas. Isso Freud tentou fazer, diz Skinner, mas ainda permaneceu muito prisioneiro do seu passado ao usar em tudo termos que se aplicavam à vida mental. A implicação é que tudo quanto há de valioso na teoria de Freud poderia sobreviver ao expurgo de todos os conceitos psicológicos, o que simplesmente a livraria de algumas conotações confusas e de enigmas filosóficos inúteis. Mas basta olhar para alguns dos exemplos de Skinner para ver que tal expurgo destruiria totalmente a teoria. Assim, sugere-se seriamente que termos como "agressão", "culpa" etc. sejam eliminados e que se expresse a teoria em termos de "conformação explícita de repertórios comportamentais".[33] "O que sobreviveu ao longo dos anos não é agressão e culpa, que posteriormente se manifestarão em comportamento, e sim padrões de comportamento em si." A um nível, a proposta parece totalmente confusa. Pois a finalidade da teoria freudiana é podermos identificar "padrões de comportamento" (isto é, ações) em termos de "agressão" e "culpa": certo ato é um ato de agressão,

---

[31] Skinner, "Critique of Psychoanalytic Concepts and Theories", em Feigl; Scriven (orgs.), *Minnesota Studies in the Philosophy of Science*, v.I.

[32] Ibid., p.79.

[33] Ibid., p.84.

o objetivo de outro ato é aliviar a culpa pela agressão e assim por diante. É somente *assim* caracterizadas que tais ações podem estar ligadas aos seus antecedentes no desenvolvimento da pessoa, ou talvez previstas a partir desse desenvolvimento inicial. Descobrir o "significado latente" de, por exemplo, um ritual neurótico não é se entregar a um devaneio que poderia ser inibido sem prejuízo para a teoria; isso é identificar a ação pela descrição sob a qual ela está vinculada às suas condições antecedentes, pelo papel que desempenha na economia psíquica. Assim, parece absurdo falar em "padrões de comportamento" *em oposição* a culpa, agressão etc. Mas, em outro nível, a proposta de Skinner não é confusa, mas totalmente destrutiva da teoria. Pois podemos interpretar "padrões de comportamento" como "padrões de movimento" (em oposição à ação), de acordo com a linguagem dos dados que o próprio Skinner usa e recomenda. Mas então não resta nada. Pois é unicamente como ações, e como ações com certo significado, que esses padrões podem ser ligados, na teoria, aos seus antecedentes. O importante não é a água estar correndo nas minhas mãos, e sim eu estar lavando as mãos, estar tentando limpá-las. As noções de ação, desejo e assim por diante são essenciais à teoria de Freud: fazem parte da sua "linguagem dos dados". Tentar "traduzir" a teoria para a linguagem dos dados considerada adequada por aqueles que não compartilham os mesmos pressupostos fundamentais é torná-la um absurdo. Não existe Freud sem psicologia.

5
O problema da verificação

1. Empírico ou conceitual?

No início do capítulo anterior, levantamos a questão de como se poderia testar a tese de que os seres animados são intencionais ou dotados de propósito, somente para deixá-la de lado em prol de um exame da teoria positivista da linguagem científica. Essa questão tinha de ser abordada em primeiro lugar, já que, se a teoria positivista estivesse correta, a primeira questão jamais surgiria: a tese de que os seres animados são intencionais ou dotados de propósito não passaria de um monte de disparates confusos indigno de consideração em uma era científica. Mas vimos que esse modo sucinto com a questão não adiantará.

Na verdade, nos capítulos anteriores, consideramos duas objeções da teoria positivista à explicação por propósito, e achamos que ambas deixam a desejar. A primeira, de que tratamos no Capítulo 1, enfocou a forma teleológica de explicação implícita em qualquer explicação por propósito. Essa forma era considerada inerentemente verbal e vazia, já que devia envolver a invocação de vagos "propósitos" ou "poderes" cuja operação jamais poderia ser prevista *ex ante*. Mas vimos que uma explicação teleológica é balizada como tal pela forma das suas leis, e não pela confiança em algum tipo especial de antecedente variável. Portanto, essa objeção cai por terra.

A segunda objeção, que consideramos no capítulo anterior, também dirigia a acusação de vazio empírico ou "falta de significado" contra a explicação por propósito, dessa vez devido ao seu uso de conceitos psicológicos. Mas, para dizer o mínimo, não se mostrou uma prova sequer de que o uso de conceitos psicológicos envolve necessariamente resultados tão desastrosos, e tampouco se pôde sustentar essa objeção.

Pareceria, pois, que não há atalho para a solução desse problema. A crença na existência de tal atalho é, obviamente, muito difundida entre os estudiosos das ciências do comportamento, e particularmente na escola de psicologia experimental conhecida como "behaviorista". A atração dos argumentos positivistas para os pensadores desse tipo de ideação são evidentes. Os adversários da visão de que os seres vivos são intencionais desejam abordar o estudo do comportamento com o método mais próximo possível das ciências naturais, e isso para eles significa explicar o comportamento por meio de leis que ligam os fatos físicos. Mas todo o peso da nossa compreensão de senso comum e da linguagem cotidiana acerca do nosso comportamento se opõe a essa abordagem. Portanto é grande a tentação de deixar de lado todos esses obstáculos com um argumento simples e decisivo que mostrará que a própria noção de propositalidade é empírica. Mas, se os argumentos dos capítulos anteriores estão certos, a questão não pode ser excluída desse modo.

Mas não pode ser excluída de algum outro modo? A pergunta surge naturalmente neste momento. Admitindo que não podemos decidir sumariamente a questão a favor do "mecanicismo" mostrando que a noção de propositalidade não é empírica, podemos, porém, virar a mesa e decidir a favor da tese contrária mostrando que essa noção é ineluTável? Um argumento nesse sentido partiria do fato, que discutimos no segundo capítulo, de que a lógica da nossa linguagem ordinária, e particularmente de termos como "ação" e "desejo", contém implicitamente a suposição de que o nosso comportamento é proposital. Se assim for, como podemos duvidar de que somos seres intencionais ou propositais sem introduzir a hipótese implícita de que podemos ter dito contrassenso em todos esses séculos? Mas, por certo, essa hipótese é insustentável, pois conseguimos nos comunicar, verificar proposições, chegar a um acordo intersubjetivo em um grande número de casos.

Mas, por mais forte que pareça, esse argumento, como vimos no segundo capítulo, não é decisivo. Pois o fato de as conjecturas por trás de determinado conjunto de conceitos serem inválidas não implica que elas não possam ser usadas para fazer distinções e formular proposições que podem ser acordadas e verificadas intersubjetivamente. Pois, como no caso das noções aristotélicas de movimento "natural" e "violento", o que elas distinguem pode ser realmente distinto, e o que escolhem como uma classe de fenômenos pode realmente ter um princípio de unidade além do qual ela é assim identificada; o que está errado pode ser simplesmente o fato de os critérios dessa distinção ou o princípio da unidade da classe serem mal concebidos. De modo que dizer que é possível que um dia descubramos que o nosso comportamento pode ser explicado por uma teoria mecanicista não significa que um dia podemos descobrir que temos dito disparates a vida toda. Aquela possibilidade permanece aberta, mesmo que esta seja inconcebível.

Assim, o argumento a partir da linguagem ordinária não é mais proveitoso do que o argumento positivista na produção de um atalho para a solução do nosso problema. Então, como podemos estabelecer ou refutar a afirmação de que os organismos animados são dotados de propósito?

Talvez pudéssemos colocar o assunto desta maneira. A discussão anterior parece mostrar que não há uma forma *a priori* de decidir a questão, isto é, nenhum modo que não envolva examinar o comportamento dos próprios organismos animados. Os dois argumentos apresentados, efetivamente, pretendem descartar uma solução do problema com base em considerações mais gerais, deixando o outro como único ocupante do campo; para o argumento a partir da linguagem ordinária, essas considerações são lógicas: a tese do mecanicismo é reduzida ao absurdo quando se mostra que ela implica que a nossa linguagem é absurda; para o argumento positivista, as considerações são epistemológicas: a tese da intencionalidade se mostra empiricamente vazia. Se se mostrar que ambos são inválidos, acaso não poderíamos concluir que a questão só pode ser decidida pelo exame do próprio comportamento em questão, ou seja, em resumo, uma questão empírica?

Mas aqui a palavra "empírica" pode enganar. Na verdade, o que está em jogo não é uma questão de fato ordinária, tal como se os coelhos comem alface; diz respeito à forma das leis a serem usadas na explicação e aos conceitos com os quais essas leis devem ser moldadas. Como vimos no primeiro capítulo, dizer que um ser é proposital é dizer que o seu comportamento pode ser explicado em termos de propósito, e esse em termos implica que as leis do nível básico são teleológicas na forma. Uma vez mais, no segundo capítulo, vimos que a forma de explicação implícita na nossa linguagem ordinária era incompatível com uma explicação de nível mais básico de tipo não teleológico, de modo que, se esta se mostrasse válida, teríamos de empreender uma revisão conceitual de longo alcance. As nossas noções ordinárias de comportamento exigem que se explique isso por leis que regem a ação. Portanto, a tese de que os seres vivos são dotados de propósito é a tese de que o seu comportamento deve ser explicado no nível mais básico por aquela forma de leis teleológicas que temos chamado de leis que regem a ação. E a tese do mecanicismo, negando isso diretamente, é no sentido de que as leis de nível mais básico são leis não teleológicas que regem o movimento. O que está em questão, então, é a forma das leis e dos conceitos nelas utilizados.

Ora, essa se poderia chamar de questão empírica, mas se poderia chamar, com igual justiça, de questão conceitual. Mas, nesse caso, seria um erro considerar essas duas descrições como mutuamente exclusivas. Na verdade, essa questão pode ser chamada de empírica no mesmo sentido que o Princípio da Inércia pode ser chamado de empírico e pode ser chamado de conceitual no mesmo sentido em que se pode dizer que a descoberta desse princípio envolveu uma mudança conceitual.

Na realidade, a questão que estamos discutindo apresenta uma estreita analogia com a questão da explicação do movimento na física do século XVII. Pois, como a discussão clássica, ela toca a forma conceitual das leis e, portanto, dela depende toda a direção em que a ciência em questão prosseguirá. Existe, é claro, uma analogia mais próxima, e isso não passou despercebido pelos teóricos do comportamento. Aproveitando a semelhança da explicação intencional com a forma dominante na ciência aristotélica, eles se aventuraram a prever que o mesmo destino aguarda aquela como aconteceu com esta. Tanto para Hull quanto para Lewin, por exemplo, a psicologia está prestes a entrar em uma era "galileana". Mas quer sejam resolvidas da mesma maneira, quer não, essas duas questões são semelhantes por dizerem respeito ao tipo de leis que devemos tentar estabelecer e, portanto, ao modo como a investigação deve prosseguir.

Pois bem, essas questões, tocando como tocam a estrutura conceitual da investigação, são, contudo, empíricas no sentido de que determinado princípio, digamos o do mecanicismo ou o da intencionalidade, seja julgado válido ou não dependerá, em última análise, de se se considera que as leis do tipo que ele prescreve sustentam e explicam os fenômenos. O princípio da inércia ganhou aceitação universal porque foi o fundamento do mais fecundo conjunto de leis explicativas descoberto até então. Só descobrindo o tipo de leis que sustentam o comportamento é que a afirmação de que os seres humanos e os animais são seres intencionais pode ser estabelecida ou refutada.

2. Testando uma teoria

A questão então é, nesse sentido especial, uma questão empírica. Mas isso não quer dizer que possa ser facilmente decidida. Uma coisa é estabelecer se um estado de coisas ocorre em determinado lugar e tempo, outra coisa, e mais difícil, é estabelecer se determinada lei é válida; mas é ainda mais difícil descobrir se as leis que vigoram em geral em determinada gama de fenômenos são de certo tipo, e este é o tipo de questão com a qual estamos lidando. Não é fácil ver como devemos começar a responder a uma pergunta desse tipo.

Há, além disso, um sentido em que a questão que estamos a tratar aqui nunca pode ser decidida de modo conclusivo, ou melhor, só pode ser decidida conclusivamente em uma direção. Pois a afirmação que estamos discutindo é no sentido de que as leis mais básicas têm certo caráter, *i.e.*, são leis que regem a ação. E isso significaria não só que um conjunto de tais leis seja considerado aplicável como também que não se pode encontrar nenhuma outra lei, da qual estas possam derivar, que seja de um caráter diferente. A afirmação, portanto, envolve uma declaração existencial negativa e, como tal, há um sentido no qual nunca pode ser estabelecida de forma conclusiva, por mais fortes que sejam as evidências disso. Mas pode, de qualquer modo, ser conclusivamente refutada; pois a única coisa necessária é um conjunto de leis do tipo que exclui a possibilidade de ser encontrada. Assim, embora possamos ter evidências da afirmação, no sentido de que todas as tentativas de explicar o comportamento com base em princípios não intencionais são consideradas inadequadas, sempre há a possibilidade de que algum outro conjunto de leis ainda não considerado venha refutá-la. Essa é a posição de qualquer afirmação de que as leis mais básicas em alguma região são de certo tipo.

Mas, embora a conclusão final escape ao nosso alcance, ainda se pode colher a evidência a favor da afirmação. Pois é possível examinar pontos de vista rivais e considerá-los insuficientes, e, mesmo que a questão deva permanecer em aberto, se não houver outras teorias rivais que sejam adequadas, podemos legitimamente colocar mais confiança na tese como um resultado. Um modo,[1] pois, de testar, pelo menos parcialmente, a afirmação de que os seres vivos são dotados de propósito é por eliminação. Mas fica a pergunta: como proceder?

Ora, em questões conceituais do tipo que estamos discutindo aqui, a substância empírica da tese conceitual toca o tipo de leis que se sustentam, o tipo de correlações que nos cabe buscar. Trata-se de uma tese que afirma que as variáveis independentes e as dependentes são de certo tipo e devem ser identificadas por conceitos de certo tipo. Assim, para decidir uma questão desse tipo, temos de descobrir se se podem encontrar correlações ou funções estáveis que tenham validade entre variáveis assim caracterizadas.

Isso pode parecer incrivelmente demorado e difícil, mas nem sempre é assim. A maior dificuldade nessas questões é muitas vezes a da definição. Uma vez que deixamos o nível de alta generalidade e definimos claramente o tipo de correlações que determinada tese conceitual exige em determinada gama de fenômenos, muitas vezes é possível mostrar que o tipo de regularidades postuladas não pode ser encontrado nos fenômenos. Se a tese estiver incorreta, isso muitas vezes se tornará evidente no exame por sinais razoavelmente confiáveis.

Então, no caso que estamos considerando, um ponto de vista rival da explicação por propósito se destacará como tal pelos tipos

---

[1] Há obviamente outro modo mais positivo de fortalecer essa tese, que é elaborar teorias satisfatórias do tipo por ela prescrito, usando leis que regem a ação. Mas o estado do nosso conhecimento atual é tal que seria um caminho menos fecundo do que o negativo. Neste campo, ainda é mais fácil destruir do que construir. A consolação é que a destruição, eliminando caminhos falsos, pode ajudar a apontar o caminho. Por isso, aqui vamos nos concentrar na tarefa negativa da eliminação.

de correlação que procura estabelecer. Estas serão, como já mencionamos, leis que regem o movimento, e terão forma não teleológica. Podemos chamar essas visões gerais, segundo as quais as correlações cruciais explicativas do comportamento se mantêm entre eventos de certo tipo ou caracterizados de certo modo, de teorias e distingui-las das correlações específicas que são submetidas a exame e geralmente se chamam hipóteses. Uma teoria rival será, então, uma visão que pretende que as correlações cruciais se mantenham, *e.g.*, entre estímulos e resposta, ou entre tensões e campos de força, ou entre assembleias de células e assim por diante. Assim, para qualquer gama de comportamento que estiver em disputa, será a afirmação de uma teoria rival que os fenômenos dessa faixa podem ser explicados pela correlação de eventos desse tipo específico que ela seleciona, que as regularidades, em outras palavras, são de certo tipo. E, como essas correlações regerão o movimento e os termos não serão selecionados por conceitos que envolvem intencionalidade, essa afirmação entrará em conflito com a explicação por propósito.

Ora, deve ser possível estabelecer se existem regularidades dos fenômenos entre eventos desse tipo ou se todas as hipóteses que ligam termos desse tipo estão fadadas a encontrar instâncias contrárias. Pode parecer impossível estabelecer tal coisa de modo conclusivo porque ela também envolve um enunciado existencial negativo. Mas, na verdade, a gama de hipóteses razoáveis abertas quando tentamos descobrir regularidades de certo tipo em fenômenos de certo alcance definido geralmente é muito limitada; e, o que é ainda mais importante, muitas vezes se restringe a correlações de certa forma específica. Nesse caso, normalmente será possível determinar se as regularidades são de tal modo a dar um possível fundamento a hipóteses dessa forma.

Mas, claro está, onde as hipóteses parecem não valer, é possível salvá-las tornando-as mais complexas, introduzindo hipóteses auxiliares especiais ou aduzindo fatores especiais. Enquanto não se tiver examinado e rejeitado tais hipóteses especiais, não se pode abandonar a teoria. Mas essas hipóteses especiais geralmente serão limitadas na sua forma pela natureza da própria teoria, e isso às vezes nos permitirá determinar de modo bastante inequívoco se a teoria pode ser salva recorrendo-se a elas. Além disso, tais hipóteses especiais terão de ser verificáveis, o que significa que o próprio fator especial deve ter condições antecedentes. Se a teoria estiver errada, esses antecedentes serão difíceis de encontrar, e o número de tais hipóteses gratuitas se multiplicará. Às vezes, o único fator ou hipótese especial que se pode aduzir para explicar os fenômenos desviantes é aquele que viola por si mesmo os requisitos da teoria de algum modo, de modo que o introduzir nos deixa com o mesmo problema que tínhamos antes. Tais hipóteses muitas vezes acabam sendo "soluções" puramente verbais.

Se descobrirmos que fatores desse tipo tendem a ser aduzidos pelos defensores de uma teoria, teremos um grave sinal de que a teoria está errada. Podemos dar um exemplo a partir das disputas na física anterior a Galileu. O princípio aristotélico de que todo movimento exigia um motor esbarrou no obstáculo da bala de canhão ou do objeto arremessado. Esses eram movimentos "violentos" e, portanto, os princípios do movimento não seriam internos, próprios da natureza das coisas. Mas, com as causas externas, só se poderia explicar o *início* desses movimentos, e não a sua continuação. Na verdade, esse problema só foi resolvido definitivamente pelo abandono do princípio de nenhum movimento sem motor a favor do princípio da inércia, para o qual a continuação do movimento não precisava de uma explicação separada do seu início. Mas, entrementes, apresentaram-se todos os tipos de hipóteses especiais para explicar o movimento continuado da bala de canhão depois de ter saído do canhão ou o da lança depois de ter saído da mão, como a de que o ar corria por trás do projétil, empurrando-o para a frente. Mas esses fatores especiais, como os críticos não tardaram a ver, tornaram a levantar os problemas que lhes cabia resolver; pois surgiu a pergunta, o que movia os fatores especiais? E, se se tentasse responder, no exemplo citado, por exemplo, que o próprio projétil deslocava o ar, então todo o fenômeno ficava muito parecido com o caso de uma pessoa se levantar pelos próprios pés. E, se não, a questão de explicar a continuidade do movimento continuaria indene.

Assim, embora, como observamos, se possa pensar, em princípio, que é impossível provar conclusivamente que não se podem estabelecer correlações entre eventos de determinada gama, na prática, geralmente seremos capazes de reunir provas bastante convincentes disso. Se uma teoria estiver errada, é muito provável que não se possa encontrar nenhuma correlação estável do tipo em questão. E é possível tomar isso como um sinal bastante confiável de que uma teoria é infundada, se as hipóteses apresentadas para a satisfazer, *i.e.*, que ligam eventos do tipo por ela indicado, forem consideradas inválidas, de modo que se deva aduzir um número grande e constantemente crescente de fatores especiais, cujo funcionamento não pode ser verificado, isto é, as condições antecedentes para cuja operação permanecem obscuras; e o caso será ainda mais forte se esses fatores especiais forem de tal natureza que tornem a colocar a questão que a sua introdução pretendia resolver.

3. O escopo da investigação

Isso, então, é o que o nosso procedimento deve ser, se quisermos testar a tese em questão neste livro. Devemos examinar os fenômenos para ver se as hipóteses do tipo proposto por teorias rivais se sustentam, ou se, por outro lado, essas teorias, uma vez em contato com os fatos, começam a exibir os sintomas mencionados no último parágrafo. Nesse caso, teremos boas razões para eliminar tais teorias rivais, e a tese da intencionalidade será correspondentemente fortalecida.

Esse procedimento obviamente tem as suas limitações. É claro que a validade das nossas conclusões será relativa ao estado do nosso conhecimento em qualquer ponto. Assim, não podemos criticar determinada teoria antes que se conheça algo sobre os tipos de regularidade entre eventos do tipo que ela destaca para as suas hipóteses. O tipo de pergunta que estamos tentando responder é científico, diz respeito aos princípios que devem estar na base de uma ciência do comportamento, e, como todas essas perguntas, é impossível respondê-la antes de toda a investigação científica. Mas, à medida que a área dos fatos coletados aumenta, é possível, da forma descrita, eliminar certas teorias, considerar a busca de certos tipos de lei como infrutíferas, e assim aproximar-se da teoria correta que pode estar na base de uma ciência satisfatória do comportamento.

Devemos sempre ter em mente, é claro, que uma aproximação pode não ser muito grande. Pois a eliminação de algumas teorias de certo tipo não mostra que todas as teorias desse tipo são inválidas; e o estabelecimento de uma teoria de certo tipo não mostra que os fenômenos não podem ser explicados por uma teoria de outro tipo que ainda não foi examinada. Porém, mesmo examinar todas as teorias que têm sido propostas até agora seria tarefa de várias vidas, e, quando se pensa nas novas teorias e nas modificações das antigas que surgirão com o tempo, pode-se perfeitamente acreditar que a questão não só não será decidida conclusivamente, como também não encontrará uma solução que alcance algo parecido com uma aceitação geral.

Sem embargo, é possível discutir proveitosamente até mesmo as questões inconclusivas; e tentaremos seguir os procedimentos descritos para continuar com a investigação na segunda parte deste livro. Mas para isso é necessário selecionar certa gama de teorias para que a discussão tenha algum valor. A gama que discutiremos aqui se extraiu do campo da psicologia experimental, o estudo do comportamento de animais e seres humanos por meios experimentais. Esse é o campo em que o behaviorismo tem sido a abordagem dominante há algumas décadas, e as teorias que serão particularmente avaliadas são as dos "neobehavioristas" ou teóricos do estímulo-resposta.

Isso significa, efetivamente, que nos concentraremos sobretudo nas chamadas teorias "periféricas", em oposição às teorias "centralistas". Aquelas são usadas aqui um pouco no sentido do termo "molar" de Hull,[2] isto é, aplica-se a uma teoria que tenta correlacionar grosseiramente elementos observáveis do ambiente e do comportamento, em oposição a uma teoria que tenta explicar o comportamento em termos de leis neurológicas. Mas essa forma de distinção pode induzir a erro. Pois não estamos falando no tipo de distinção mencionado por Deutsch[3] entre uma explicação em termos de generalizações sobre o comportamento e outra em termos do mecanismo subjacente. Pois virtualmente todos os relatos "periferalistas" arriscam algumas hipóteses sobre a forma de mecanismo subjacente ao comportamento, mesmo que sejam relativamente vagos acerca da sua incorporação fisiológica.[4]

Uma teoria "periferalista" no sentido aqui denotado é a que tenta explicar o comportamento como uma função da condição do ambiente e, talvez, de certos estados internos de déficit ou necessidade, sem usar de modo algum conceitos que envolvam intencionalidade. Uma teoria "centralista", por outro lado, a esse nível de explicação, faria uso de conceitos análogos aos que envolvem intencionalidade, isto é, ao explicar o efeito do ambiente sobre o

---

[2] Isto é, o termo "molar" tal como usado por Hull – ele não o inventou.

[3] Deutsch, *The Structural Basis of Behavior*, cap.I.

[4] Nesse sentido, a teoria de Deutsch está no mesmo nível que a de Hull, apesar da sua tentativa, ibid., cap.I, de distingui-las. O tipo de mecanismo sugerido por Deutsch é simplesmente mais sofisticado. Mas, em ambos os casos, a verificação está nas correlações de comportamento derivadas, e não em observações do mecanismo, já que se diz pouco ou nada sobre a sua incorporação; e, em qualquer dos casos, as correlações de comportamento derivam de um tipo específico de mecanismo. Hull, não mais do que Deutsch, tenta simplesmente coletar fatos sobre as regularidades de comportamento.

comportamento, ela invocaria certos estados do sistema com propriedades análogas às geralmente atribuídas a organismos por meio de termos psicológicos, estados de desejo, conhecimento, intenção; mas, ao mesmo tempo, tentaria explicar as propriedades desses estados por meio de leis mais básicas (neurofisiológicas), mostrando que tais estados resultam de certas condições iniciais de acordo com essas leis.

Uma explicação "centralista", portanto, não envolveria explicação por propósito nem o uso de conceitos genuinamente psicológicos, mas se assemelharia à explicação por propósito nisto: que as suas leis de primeiro nível relacionando a condição do ambiente com o comportamento invocariam estados do organismo caracterizados analogicamente. As propriedades desses estados, pelas quais eles são análogos a "estados intencionais", decorrem do fato de eles envolverem processamento – isto é, selecionar e interpretar – de informação acerca do ambiente e da própria condição do organismo e de seu comportamento pelos quais o comportamento é dirigido e guiado.[5] A tese "centralista" é que esse processamento é uma característica constante do organismo, de modo que, embora ele seja afetado pela experiência, o efeito da própria experiência depende da maneira como os eventos em questão são processados. E é por isso que, nessa visão, o comportamento nunca pode se tornar uma função da condição do ambiente por leis que não dão lugar aos estados intencionais ou aos seus análogos.

Ora, ao discutir teorias "neobehavioristas", vamos nos concentrar em explicações de tipo "periferalista". O motivo para reduzir assim o nosso escopo não é somente que ir além disso envolveria escrever não um livro, e sim vários. O fato é que as teorias "centralistas" ainda são por demais especulativas para permitir uma

---

[5] Aqui nós podemos falar em "informação" não só porque a condição do ambiente é selecionada e interpretada como também porque o processamento resulta em variações no modo como afeta o comportamento.

discussão fecunda. A questão colocada por esse tipo de teoria deve, pois, permanecer em aberto.

Mas ainda pode ser valioso averiguar se é possível uma ciência "periferalista" do comportamento que evite a explicação por propósito, e é essa pergunta que esperamos responder ou dar alguns passos em direção a uma resposta ao examinar essas teorias. Se a resposta for positiva, a afirmação que discutimos nos últimos capítulos revelar-se-á infundada; se for negativa, teremos algumas evidências da sua validade, ainda que incompletas e inconclusivas. E mesmo que a resposta seja inconclusiva, podemos esperar ilustrar como responder à pergunta quando se tiver reunido mais conhecimento.

Parte 2
Teoria e fato

6
Os determinantes do aprendizado

1. A teoria E–R

As teorias neobehavioristas ou de estímulo–resposta (E–R), de que trataremos nesta parte, são, de muitas maneiras, descendentes do empirismo clássico. Isso é visível não só nas crenças epistemológicas que discutimos no Capítulo 4, que os teóricos E–R, virtualmente sem exceção, sustentam e apresentam como justificativa da sua teoria; e também na própria teoria e na sua tentativa de explicar o comportamento por "associações" formadas no aprendizado. Mas a característica distintiva da teoria moderna é que as associações já não são entre "ideias" ou "impressões", e sim entre o que veio a substituí-las, a saber, "estímulos" e respostas. A tentativa é, assim, explicar o comportamento correlacionando certos tipos de eventos comportamentais e certos tipos de eventos no organismo e no ambiente.

Ao escolher que tipo de eventos devem ser tão correlacionados, os teóricos E–R, como todos os outros, partem do fato intuitivamente reconhecido de que o nosso comportamento é uma função do que, em linguagem ordinária, seria chamado de nossos "desejos" e da situação em que estamos colocados, ou melhor, da situação como a conhecemos. O comportamento é, portanto, uma função de duas gamas de variáveis independentes. Isso é comum a muitas teorias. O que marca a E–R são os termos em que eles classificam esses eventos:

> A tarefa primordial de uma ciência molar do comportamento é isolar as leis ou regras básicas segundo as quais várias combinações de estímulos, decorrentes do estado de necessidade, por um lado, e do estado do ambiente, por outro, provocam o tipo de comportamento característico de diversos organismos.[1]

Os teóricos E–R desejam acabar com todas as noções que envolvam intencionalidade. De fato, sob a influência da epistemologia empirista, eles tendem a acreditar que essas noções não são conceitos empíricos genuínos e não podem receber um sentido empírico definido a não ser que sejam operacionalmente definidas.[2] Caso contrário, esses conceitos serão aplicados de modo arbitrário e incomunicável, com base na "introspecção", e o seu uso tornaria impossível uma ciência do comportamento verificável intersubjetivamente.

Assim, para Hull, "em vez de fornecer um meio para a solução de problemas, a consciência parece ser um problema que precisa de solução".[3] A linguagem dos dados deve conter somente termos pertencentes à linguagem da coisa física.

Assim, ao caracterizar a situação em que o comportamento ocorre, que é um dos fatores dos quais o comportamento é uma função, os teóricos E–R não falam na situação como ela é conhecida pelo organismo da maneira que poderíamos descrevê-la espontaneamente em linguagem ordinária, e sim em como ela incide sobre o organismo através dos órgãos dos sentidos. Falam, portanto, em

---

[1] Hull, *Principles of Behavior*, p.19.
[2] Cf. Cap.4.
[3] Hull, "Mind, Mechanism and Adaptive Behaviour", *Psychological Review*, v.44, p.1-32, 1937.

"estímulo", identificado seja como o objeto que dá origem ao estímulo, seja como, por exemplo, o padrão na retina na visão, ou talvez nos termos da corrente descarregada nos canais "aferentes". Do mesmo modo, eles não falam no "significado" da situação para o organismo, *i.e.*, o que a situação "exigiria" em função dos propósitos do organismo. Esse tipo de descrição não só é descartado por ser "intencional" como também porque a situação caracterizada desse modo é uma condição antecedente de tipo teleológico. Assim, segundo Skinner:

> As variáveis independentes também devem ser descritas em termos físicos. Muitas vezes se faz um esforço para evitar o trabalho de analisar uma situação física, conjeturando o que ela "significa" para um organismo ou distinguindo entre o mundo físico e um mundo psicológico de "experiência". Essa prática também reflete uma confusão entre variáveis dependentes e independentes. Os eventos que afetam um organismo devem ser passíveis de descrição na linguagem da ciência física.[4]

Aqui Skinner não só se opõe à vagueza e à "subjetividade" da descrição como também ao fato de as variáveis dependentes e independentes serem "confusas", pois, como em todas as leis teleológicas, a variável independente (a situação) é caracterizada nos termos da sua relação com a variável dependente (a ação) como aquela que "exige" essa ação (reconhecidos, é claro, os propósitos do organismo). E isso, nas presunções empiristas, é inadmissível.[5]

Em segundo lugar, as condições internas do comportamento não podem ser caracterizadas por termos que envolvam a noção de uma disposição para se comportar de certo modo. Isso trabalha não só contra termos da linguagem ordinária como desejo. Spence, no artigo "A natureza da construção da teoria na psicologia

---

[4] Skinner, *Science and Human Behavior*, cap.III, p.36.
[5] *Psychological Review*, 1944.

contemporânea",[6] faz uma lista de termos rejeitados em que conceitos científicos como "libido" são agrupados com termos da linguagem ordinária como "mente" e termos metafísicos como "elã vital". Todos eles, segundo Spence, sofrem da mesma deficiência: carecem de um sentido empírico definido.

Por conseguinte, devem-se caracterizar as condições internas do comportamento de modo que não envolvam a noção de uma disposição para se comportar de certa maneira e, portanto, para elas, a noção de "necessidade" ou "estado de impulso" evoluiu, coisa que se refere a algum estado fisiológico que pode ser medido diretamente ou pode ser concebido como uma variável interveniente, como no sistema de Hull, ligada a tais condições antecedentes como horas de privação alimentar e assim por diante.

Com base no que se disse acima, é óbvio que, uma vez que nos voltemos para o lado da resposta das correlações, o uso de conceitos de ação também é rejeitado pelos teóricos E–R. Claro está, eles estão cientes de que geralmente classificamos o comportamento por esses conceitos. Não se opõem a classificar sequências de comportamento pelos seus resultados. Mas os conceitos de ação não classificam as sequências de comportamento somente pelos resultados em que terminam, mas pelos objetivos neles visados e, portanto, pela descrição que têm para o agente. Esses conceitos são, pois, rejeitados como "antropomórficos" e "introspectivos".

> Ora, para certos grosseiros propósitos práticos, o costume de designar as sequências de ação pelos seus objetivos é completamente justificado pela sua conveniência. Pode até ser que, para um comportamento molar muito grosseiro, seja utilmente empregado na construção da teoria, contanto que o teórico fique atento aos perigos naturalmente presentes. Estes aparecem no momento em que o teórico se aventura a recorrer à sua intuição para afirmações relativas ao

---

[6] Cf. Cap.1. [Spence, "The Nature of Theory Construction in Contemporary Psychology", *Psychological Review*, v.51, n.1, p.47-68, 1944.]

comportamento (movimentos) executado pelo organismo entre o início de uma necessidade e o seu término pela ação organísmica.[7]

Assim, o nosso uso de termos que classificam o comportamento pelos resultados finais que "rematam a necessidade" não deve nos levar a explicar esse comportamento como resultado do desejo ou de qualquer disposição de tentar provocar o evento-resultado em questão. Pelo contrário,

> Uma teoria idealmente adequada até mesmo do chamado comportamento intencional deve, portanto, começar com movimentos incolores e meros impulsos receptores como tais, e a partir deles construir passo a passo tanto o comportamento adaptativo quanto o mal-adaptativo.[8]

Este é o objetivo básico de todos os teóricos E – R. Eles não querem negar que os nossos conceitos comuns de ação têm uma utilidade na linguagem ordinária. Mas não aceitarão o que está implícito na nossa noção ordinária de ação, que deve ser explicada em termos de propósito e não pode ser explicada por conexões entre "impulsos receptores" e "movimentos". Pelo contrário, eles querem explicar toda a gama de comportamentos que geralmente descrevemos nesses termos precisamente por essas conexões.

> A presente abordagem não nega a realidade molar de atos intencionais (em oposição a movimentos), de inteligência, de *insight*, de objetivos, de intenções, de esforços ou de valor; pelo contrário, insistimos na autenticidade dessas formas de comportamento. Esperamos finalmente mostrar o direito lógico ao uso de tais conceitos, deduzindo-os como princípios secundários de princípios primários objetivos mais elementares.[9]

---

[7] Hull, *Principles of Behavior*, op. cit., p.25.

[8] Ibid., p. 25.

[9] Ibid., p.25-6.

A insistência de Hull na "genuinidade" dessas formas de comportamento não deve nos enganar.[10] Pois ele é categoricamente contrário à visão de que "o que é chamado de comportamento proposital ou direcionado a objetivos [...] não pode derivar de nenhum conjunto concebível de postulados que envolvam meros estímulos e mero movimento",[11] e, no entanto, isso é essencial para a nossa noção ordinária de ação.[12]

Essa insistência no tipo de conexão entre "impulsos receptores" e "movimento incolor" é o princípio essencial da teoria E–R e é o que lhe valeu esse nome. A questão, então, é se leis que ligam eventos desse tipo podem ser descobertas, o que explicará o comportamento. É a essa pergunta que tentaremos responder neste capítulo e nos seguintes.

2. O aprendizado como condicionamento

Uma das características cardeais do comportamento dos organismos animados que tem de ser explicada em qualquer teoria explicativa é o aprendizado, a capacidade do organismo de adaptar o seu comportamento a um novo ambiente como resultado da sua experiência desse ambiente. Como o aprendizado desempenha um papel tão essencial no que chamamos de adaptação, a teoria do aprendizado deve ser um bom contexto para examinar a questão de saber se podemos explicar o comportamento adaptativo sem o uso de uma noção teleológica de adaptação ou algum análogo dela.

A noção de adaptação está obviamente implícita na forma teleológica de explicação da linguagem ordinária, na qual a ação é frequentemente explicada em termos da sua disposição favorável para

---

[10] Cf. supra, Cap.4.

[11] Loc. cit.

[12] Cf. supra, Cap.3.

certos propósitos, *i.e.*, pela sua "adaptabilidade" em relação a esses fins. O objetivo das teorias E – R, por outro lado, é explicar o comportamento sem usar uma noção desse tipo. Assim, para Hull, uma das tarefas de uma ciência molar do comportamento é explicar por que o comportamento é adaptativo, por que "é bem-sucedido no sentido de reduzir as necessidades e facilitar a sobrevivência",[13] uma tarefa separada do pensamento intimamente relacionado com o de explicar por que o comportamento de diferentes organismos é como é. A adaptabilidade é, portanto, um *explicandum* para a teoria E – R. Não é um princípio a ser usado nos *explicans*.

Mas a teoria da aprendizagem é de especial importância para o neobehaviorismo, pois, fiel à sua herança empirista, dá um peso excessivo ao aprendizado em qualquer explicação do comportamento. Assim como o antigo empirismo sustentava que a mente, ao nascer, era uma *tabula rasa* desprovida de ideias inatas, os teóricos E–R prestam pouca atenção aos "instintos" ou às sequências de comportamentos, geralmente muito complexas, que são inatas e emergem na atividade do animal em crescimento, independentemente de treinamento. A tentativa é antes de explicar o comportamento por conexões nascidas de experiências anteriores. A teoria da aprendizagem[14] é, portanto, o melhor lugar para começar se quisermos testar a adequação do behaviorismo moderno.

A teoria moderna surgiu do empirismo mais antigo como uma solução radical para o dualismo endêmico neste e para o problema que este postulou, a saber, que os eventos corpóreos observáveis sempre eram explicados por eventos mentais inobserváveis. Foi

---

[13] Hull, *Principles of Behavior*, p.19.

[14] Lidaremos aqui com somente um tipo de aprendizado, o aprendizado do ambiente, e não, *e.g.*, com a aquisição de habilidades motoras ou de novos objetivos. Essa restrição é necessária pelo fato de que, embora a distinção entre os diferentes tipos não seja aceita na teoria E – R, esta foi deveras concebida principalmente para explicar o aprendizado do ambiente. Na verdade, ela não pode lidar de modo algum com o aprendizado motor. Cf. adiante, Cap.9.

Thorndike que cortou o nó górdio com a introdução da sua famosa "Lei do Efeito". Assim, a antiga visão dizia que a ação era regida pelo prazer e pela dor, isto é, que o ser humano e os outros organismos animados buscam aquele e evitam esta. O valor de sobrevivência desse procedimento estava na feliz congruência de atividade prazerosa e atividade necessária ao organismo, por um lado, e de experiência dolorosa e experiência prejudicial ao organismo por outro. Naturalmente, essa congruência, embora não fosse completa, era suficientemente ampla para garantir a sobrevivência. A explicação dessa congruência variava. Locke, *e.g.*, atribuía-a à sabedoria e à generosidade da Deidade. Quando o problema da adaptação realmente veio à tona com as descobertas de Darwin, a tendência passou a ser explicar a congruência pela seleção natural. Nenhuma espécie tinha a garantia de que o seu prazer correspondia à sua necessidade, mas, com o tempo, tenderia a ser o caso que todas ou a maioria das espécies exibiriam essa congruência, já que aquelas que não a exibissem se extinguiriam.

Mas as explicações em termos de prazer ainda tinham duas desvantagens do ponto de vista empirista. Como o prazer era um estado interno só contingentemente ligado às atividades que lhe deram origem, os animais e os homens podiam descobrir unicamente pela experiência o que produzia prazer e o que gerava dor. A experiência de uma conjunção constante entre certa ação e o prazer levaria à ocorrência frequente dessa ação. Mas isso levantava dois problemas. Primeiramente, como uma explicação de mudança de comportamento, ela envolvia a invocação de uma condição totalmente inobservável no organismo em questão, a saber, o estado de prazer. Como o prazer estava apenas contingentemente ligado às atividades que o originavam e como, segundo a teoria empirista, qualquer sentimento só era contingentemente ligado ao comportamento que normalmente tomamos como expressivo dele, não havia como estabelecer pela observação do comportamento de fora se o organismo em questão estava em estado de prazer ou de dor. Assim, explicar o aumento da frequência na emissão de certo tipo de comportamento, digamos, invocando um estado de prazer no organismo, era oferecer uma explicação puramente verbal, já que a nossa única evidência do estado de prazer é que o comportamento com o qual está supostamente associado ocorre com mais frequência.

O segundo problema se resume na questão colocada por Thorndike: como "chegar" à resposta? O primeiro problema apresentado pela suposta natureza inobservável dos estados de prazer talvez pudesse ser resolvido pela introdução de uma teoria fisiológica e pelo ato de dar ao "prazer" uma definição fisiológica. Spencer parecia estar avançando nesse caminho ao esboçar uma teoria fisiológica, embora a conversão do empirismo clássico não fosse completa e ainda se tivesse atribuído um papel à noção de cognição. Mas o segundo problema é mais insolúvel. Pois a postulação de estados de prazer para explicar a adaptação não basta, é preciso também postular o funcionamento de uma "ideia de prazer" a fim de explicar certos casos. Assim, Bain sustentou que o prazer envolvia um aumento da energia vital que induzia o organismo a continuar fazendo aquilo que lhe deu origem. Mas restava o problema de explicar por que, em outra ocasião, essa ação tenderia a ser iniciada. Nesse caso, pareceríamos forçados a dizer que a ação está associada não só ao prazer como também à ideia ou memória do prazer, cuja associação levará, em outra ocasião, ao início da ação. Assim, devemos postular um segundo estado não observável. Mas há coisa pior. Parecemos adotar um tipo teleológico de explicação ao dizer que tudo quanto leva ao prazer tenderá a ocorrer; isto é, estamos explicando o comportamento pelo que ele tende a ocasionar. Assim, ao tentarmos evitar uma forma teleológica de explicação da adaptação em termos do objetivo de sobrevivência, teremos simplesmente introduzido outra explicação teleológica em termos do objetivo do prazer. Em outras palavras, uma vez que se tenha postulado uma conexão entre determinada ação e o prazer, resta ainda o problema de explicar como essa associação afetará o comportamento. Este é o problema de "chegar à" resposta. E o único modo de resolvê-lo parece ser invocar um princípio teleológico.

Foram considerações desse tipo que levaram Thorndike a recomeçar um sistema de explicação livre de todos os elementos cognitivos. A resposta foi considerada invocada diretamente pela situação e independente de qualquer ligação conhecida entre essa resposta e um estado resultante do prazer. O "prazer" entrou na explicação de um modo diferente. A tese era que aquelas respostas que levavam a estados prazerosos tendiam a se associar aos estímulos que estavam incidindo sobre o organismo no momento em que foram emitidos e, em ocasiões futuras, tais estímulos tenderiam a evocar essas respostas. Esta é a substância da "Lei do Efeito" que se tornou um princípio central em muitas teorias E–R do aprendizado. A noção é que uma conexão entre E e R é "carimbada" ao ser "reforçada", isto é, seguida por um estado de coisas "satisfatório", e é enfraquecida se tal estado de coisas não ocorrer. Assim, a Lei do Efeito pode fornecer um modo de explicar a adaptação que não envolve a invocação de um estado cognitivo não observável ou um princípio teleológico da explicação.

A Lei do Efeito, porém, é desafiada por outro grupo de teóricos E–R que sustentam que ela ainda sofre dos defeitos da explicação que ela substituiu. Pois embora o segundo problema, relacionado com a ideia de prazer, possa ter sido removido, o primeiro permanece. Como sabemos, de fato, o que é um estado de coisas reforçador, a não ser vendo quais conexões E–R são realmente fortalecidas? Não é a definição um estado de coisas reforçador circular quando o definimos como aquele que fortalece as conexões entre estímulos e respostas, e, ao mesmo tempo, tentamos explicar o fortalecimento dessas conexões pela sua conexão com um estado de coisas reforçador?[15] Os proponentes da Lei do Efeito têm sustentado que

---

[15] Cf. Postman, "The History and Present Status of the Law of Effect", *Psychological Bulletin*, v.44, n.6, p.489-563, 1947.

o círculo não é vicioso, já que poderíamos descobrir facilmente em primeira instância quais estados de coisas foram reforçadores ao ver onde as conexões foram fortalecidas e então prosseguir para prever, no futuro, quais conexões seriam fortalecidas.[16] Esse procedimento é perfeitamente legítimo contanto que sejamos específicos e suficientemente exatos na especificação dos estados de coisas em questão. Mas envolve abandonar o conteúdo específico de termos como "desejo", "satisfação", "recompensa" e assim por diante, pois só estamos dizendo que há uma conexão empírica entre um par E–R que ocorre juntamente com um estado de coisas desse tipo e ocorrerá com mais frequência no futuro. Ou – e esta tem sido a tendência da maior parte dos teóricos do reforço – podemos postular mecanismos de um tipo quase fisiológico que constituem "satisfação", *e.g.*, "redução da fome" ou da "necessidade", e chamamos esses estados de coisas de reforçadores. Pode-se contestar que a base desses, na teoria fisiológica, ainda seja bastante insegura, mas os teóricos E–R geralmente superam isso planejando experimentos em que a "recompensa" responde ao que todos reconhecerão como uma necessidade, como fome ou sede, evitar a dor ou o dano etc.

Mas essa resposta deixou insatisfeitos muitos teóricos E – R, que desenvolveram teorias muito mais próximas do associacionismo à moda antiga; salvo que o que está associado não são ideias, e sim estímulos e respostas. Watson foi um dos pioneiros desse tipo de teoria, que também deve muito às pesquisas de Pavlov. Watson e os seus seguidores sustentam que os estímulos estão associados a respostas, isto é, adquirem a tendência a evocá-las, simplesmente pelo fato de ocorrerem simultaneamente com eles. A força da associação pode depender da frequência da associação ou da atualidade da última ocorrência ou do intervalo de tempo entre E e R, ou a associação pode atingir a sua força total em uma ocorrência. Os teóricos

---

[16] Cf. Meehl, "On the Circularity of the Law of Effect", *Psychological Bulletin*, v.47, n.1, p.52-75, 1950.

da "contiguidade" E–R (como são chamados para que se distingam dos teóricos do reforço) diferem na sua visão das leis que regem a associação, mas têm em comum a rejeição à Lei do Efeito e a teoria da associação por contiguidade. Guthrie, um dos membros proeminentes da escola, explica a natureza adaptativa do comportamento aprendido pela hipótese de que o alcance de uma meta de redução de necessidades altera a situação do estímulo, pelo menos ao remover o estímulo do impulso interno, de modo a marcar uma acentuada ruptura no ambiente do animal. Assim, pelo princípio da recentidade, a última ação praticada antes dessa mudança de situação será condicionada pelos estímulos obtidos antes da redução da pulsão e isso tenderá a se repetir quando a situação se repetir. O desempenho se tornará mais "adaptado" no sentido de mais bem-sucedido na satisfação das necessidades.

Seja do tipo reforço, seja do tipo contiguidade, o objetivo da teoria E–R é explicar o desempenho adaptado de seres humanos e animais decorrente do aprendizado em termos de conexões entre estímulos e respostas formadas em experiência anterior. A noção do que fortalece uma conexão está em disputa, assim como a do que constitui uma conexão. A maioria dos teóricos parece ver isso no modelo de um reflexo, mas alguns, por exemplo Skinner, fazem uma distinção entre ação reflexa, que é "obtida", e comportamento "operante", que é "emitido". A peculiaridade do comportamento operante é não precisar ser chamado por um estímulo, embora possa ser ligado a uma sugestão distintiva, e estar sujeito a reforço. Mas o que todos têm em comum é o desejo de eliminar o elemento cognitivo no aprendizado e explicar a melhora no desempenho em termos de aumento da probabilidade de certos movimentos ocorrerem devido a certos estímulos ou a sugestões distintivas.

3. O problema do "conjunto"

Essa explicação do aprendizado está em nítido contraste com qualquer explicação em termos de propósito. Pois uma explicação desse tipo tenta apresentar o comportamento como ação, isto é, como direcionado a um objetivo.[17] O fato de o comportamento tomar a forma que toma é explicado, pois, de modo teleológico, pelo qual o ambiente torna propício o objetivo admitido. Por exemplo, podemos dizer: o animal correu por aquele rumo porque era o caminho mais curto para chegar à comida. Ora, o tipo de aprendizado com que estamos lidando aqui é aprendizado do ambiente, no qual o comportamento, em determinado ambiente, muda com o passar do tempo sem qualquer mudança no ambiente ou nos objetivos perseguidos pelo animal. Mas, se tanto o comportamento antigo quanto o novo devem ser explicados pelo que "o ambiente" torna propício dado o objetivo, deve haver algum sentido de "ambiente" em que podemos dizer que ele muda durante o aprendizado. Assim, qualquer explicação intencional sempre postula uma distinção entre ambiente *tout court* e ambiente tal como ele afeta ou é conhecido pelo animal.[18] Este é o "ambiente intencional", como podemos chamá-lo, que está correlacionado com o comportamento. A mudança no desempenho no mesmo ambiente como resultado do aprendizado explica-se então pelas mudanças no "ambiente intencional" e é essa mudança que constitui o aprendizado. Na linguagem ordinária, muitas vezes falamos em aprender como uma mudança no nosso conhecimento do ambiente.

---

[17] Cf. supra, Cap.1-3.

[18] Na verdade, todas as explicações de comportamento de tipo teleológico ou semiteleológico que se destinam a explanar o aprendizado devem postular uma distinção análoga que encontramos, *e.g.*, na teoria da *Gestalt* na distinção entre os ambientes "geográfico" e "comportamental"; cf. Kurt Koffka, *Principles of Gestalt Psychology*. *A fortiori*, uma teoria que usa o conceito de ação deve fazer a distinção. Cf. Cap.3.

A questão é, portanto, nitidamente traçada entre E–R e as explicações intencionais na teoria do aprendizado em torno a essa questão do uso de termos cognitivos. Deveria ser possível, pois, estabelecer as diferenças entre os tipos de correlações que esses dois tipos de explicações postulariam para explicar os fenômenos do aprendizado. Vamos levar os nossos exemplos do campo do aprendizado discriminatório, isto é, aprender a responder diferencialmente a estímulos discriminadamente diferentes, tal como ocorre, *e.g.*, quando os ratos são treinados para saltar em direção ao cartão branco de um par, um preto, um branco, que é apresentado. Ora, a teoria E–R sustenta que isso acontece assim:

> enquanto o indivíduo estiver recebendo estimulação discriminadamente diferente dos *discriminanda* positivos e negativos durante o período pressolução, desenvolver-se-ão tendências associativas diferenciais no que lhes diz respeito. De acordo com essa teoria, o aprendizado é concebido como um processo cumulativo de construção da força excitatória (hábito, força associativa) da sugestão positiva em comparação com a força excitatória concorrente da sugestão negativa.[19]

Assim, cada um dos estímulos cruciais torna-se mais ou menos associado à resposta, isto é, capaz de evocá-la, dependendo do grau em que a resposta a esse estímulo é reforçada ou leva a alguma mudança no estado de condução do animal. No fim, o estímulo "correto", que é o corrigido pelo experimentador, se torna mais forte do que o outro, de modo que o animal responda a ele virtualmente 100% do tempo. O problema é então aprendido.

Para uma teoria que usa a noção de cognição, o que ocorre no curso do aprendizado é a descoberta pelo animal de que saltando, por exemplo, em direção ao estímulo positivo (em direção ao cartão do tipo que o experimentador tornou positivo) leva à recompensa. O processo de aprendizado é o de adquirir um ambiente intencional

---

[19] Spence, "Theoretical Interpretations of Learning", em Stevens, *Handbook of Experimental Psychology*, p.719.

no qual a ação de saltar num cartão com o tipo certo de marcações é uma maneira de obter comida. O que o rato aprende é o que Tolman chama de "instruções", *e.g.*, "pule no cartão branco"; ele adquire uma "expectativa" de que saltar no cartão branco traga uma recompensa. Na visão cognitiva, o rato, uma vez que tenha aprendido o problema, já não está simplesmente respondendo a certo estímulo, e sim agindo com base em uma expectativa. Ora, no período pressolução, antes que o rato tenha "entendido" as "instruções" certas, a visão cognitiva é que ele também está agindo com base em uma expectativa, mas ainda não a correta. O processo de aprendizado não é o fortalecimento de certas conexões associativas entre estímulos e respostas, e sim a confirmação e a desconfirmação de certas expectativas. As falhas nessa visão fazem não "rejeitar" certas conexões E – R, mas mostrar que certas expectativas estão erradas e levar ao seu abandono. Pois, se mantivermos que o comportamento do animal deve ser explicado nos termos do seu ambiente intencional, então o seu comportamento "mal-adaptativo" tem de ser explicado postulando um ambiente intencional incorreto, assim como o seu comportamento adaptativo é explicado por um correto.[20]

Ora, no momento, essas duas explicações representam simplesmente duas maneiras diferentes de descrever o comportamento dos animais em questão. Pareceria difícil descobrir um modo de decidir qual delas é mais útil ou informativa. Essa questão está em continuidade com aquela que surge com animais de nível filogenético superior, no que diz respeito ao uso do termo *"insight"* para descrever os fenômenos de aprendizado, como, *e.g.*, quando um macaco aprende a usar uma vara para pegar uma fruta que está fora do seu alcance.[21]

---

[20] Claro que o período pressolução pode ser marcado em alguns animais por um grau menor de certeza acerca do ambiente intencional. Os critérios para isso são as marcas comportamentais de hesitação que alguns animais, inclusive rato, exibem e a maior labilidade do ambiente intencional.

[21] Cf. Köhler, *The Mentality of Apes*.

Com muita frequência, essa questão é equivocadamente identificada com outra relativa à continuidade do comportamento por meio do aprendizado. Os teóricos E–R são considerados favoráveis à continuidade, uma vez que o aprendizado envolve a lenta construção de conexões E–R ao longo de muitas tentativas, ao passo que se alega que os teóricos cognitivos fundamentam o seu caso nas agudas descontinuidades que ocorrem no momento do *insight*, quando os animais começam subitamente a se comportar de modo novo. Assim, Spence (um teórico da continuidade) sustenta que o fundamento empírico sobre o qual são construídas as teorias de *insight* é a incidência de uma acentuada queda no número de erros ou de ações mal-adaptativas, a presteza com que o animal repete a resposta correta e a resistência que mostra a esquecê-la.[22] Ora, é verdade que uma teoria cognitiva nos levaria a esperar repentinas mudanças de comportamento à medida que o animal alterasse a sua expectativa, mas, como já se indicou muitas vezes, os teóricos da "continuidade" também podem explicar tal coisa e isso dificilmente é evidência crucial. Assim, Krechevsky[23] alegou ter encontrado evidência empírica da afirmação de que os ratos, no período pressolução de um problema de descriminação, agem com base em "hipóteses". O seu comportamento, asseverou ele, é sistemático. Eles fazem piques sistemáticos a uma dimensão, *e.g.*, uma série de respostas para a direita ou uma série de respostas para o branco e, a seguir, se isso não der frutos, mudam para outro, até encontrar o correto. Ora, isso por certo é o que se deve esperar com base em uma teoria cognitiva, mas também pode ser explicado a partir das premissas da teoria E – R, como Spence[24] tentou mostrar. Basta

---

[22] Spence, "Theoretical Interpretations of Learning", em Stevens, *Handbook of Experimental Psychology*.

[23] Krechevsky, "'Hypotheses' in Rats", *Psychological Review*, v.39, n.6, p.516-32, 1932.

[24] Spence, "The Nature of Discrimination Learning in Animals", *Psychological Review*, v.43, n.5, p.427-49, 1936.

fazer certas suposições quantitativas acerca da força acrescentada ou subtraída de uma associação em cada tentativa e é possível prever que aquela específica, por exemplo, a que levou a uma resposta para a direita, pode se tornar repentinamente preponderante sobre as demais e manter isso durante algum tempo, apresentando assim a aparência de comportamento sistemático de tentativa e erro. Claro está, se essas suposições quantitativas podem ser verificadas ou não é outra questão. No momento, a teoria E–R é, não obstante as pretensões grandiosas de alguns dos seus protagonistas, demasiado vaga e qualitativa para permitir a verificação de hipóteses desse tipo. Mas, em todo caso, não podemos ter a expectativa de aqui encontrar evidência crucial neste momento.

Outro mal-entendido que pode surgir dos termos "continuidade *versus* descontinuidade" é a visão de que os teóricos cognitivos afirmam uma forma de aprendizado que constitui uma ruptura radical com a experiência passada. Mas não é isso que está em jogo. É fácil mostrar que os macacos que brincaram com varas e se acostumaram a usá-las como extensões funcionais dos seus braços resolverão o problema de obter a fruta fora do alcance do braço muito mais rapidamente do que os que não têm tal experiência.[25] Mas essa evidência não prova nada de uma maneira ou de outra nessa questão específica. O que está em jogo não é o papel da experiência, e sim se esse papel pode ser explicado em termos de estabelecimento de conexões E – R.

O que, então, divide realmente a visão cognitiva das teorias E – R? Devemos olhar, como se disse no Capítulo 5, para o tipo de correlação que essa procura estabelecer. Ora, a ideia da teoria E–R é, como vimos, que as respostas ficam condicionadas a estímulos, seja ocorrendo concomitantemente com os estímulos, seja ocorrendo concomitantemente com eles em um contexto de recompensa. Assim, em

---

[25] Cf. Birch, "The Relation of Previous Experience to Insightful Problem-Solving", *Journal of Comparative and Physiological Psychology*, v.38, n.6, p.367-83, 1945.

qualquer caso, o tipo de correlação que devemos procurar vale entre as respostas dadas a determinado conjunto de estímulos no período de treinamento e as respostas dadas posteriormente a esse mesmo conjunto de estímulos, sendo o último uma função do primeiro.[26]

Ora, na visão cognitiva, o aprendizado não é simplesmente uma função das respostas que ocorrem simultaneamente com os estímulos, ou com os estímulos juntamente com recompensa, mas também do modo como a situação de estímulo é vista pelo animal. Desse modo, o aprendizado depende não só da sequência de estímulos e respostas como também das "hipóteses" ou "expectativas" que o animal testa nesses ensaios, em outras palavras, no seu ambiente intencional na ocasião. Mas então é possível e, em algumas situações, provável que a relação nomológica postulada pela teoria E–R entre o histórico das respostas e as respostas atuais não se mantenha. Assim, para dar um exemplo da gama que discutiremos, o do aprendizado discriminativo: o fato de um rato pular no que é de fato um cartão branco ser seguido por recompensa pode não servir para fortalecer a tendência a saltar no cartão branco no futuro. Pois o rato pode não ter "prestado atenção" à cor do cartão, mas pode ter "testado a hipótese" de que pular no cartão da direita traz recompensa. Em outras palavras, a "descrição intencional"[27] sob a qual o rato pulou naquele cartão para ele era "cartão do lado direito" e não "cartão branco". Mas, então, se a "solução" é pular no cartão branco,

---

[26] Aqui, a noção de "estímulo" precisa de algum exame, que devemos adiar até o próximo capítulo. Por ora, no contexto do aprendizado discriminatório, pode-se entender "estímulo" como "uma propriedade de uma resposta de objeto à qual se pode associar a recompensa", *e.g.*, a cor de um cartão ali onde o animal deve ser treinado para pular em um cartão de determinada cor. Disso frequentemente se fala também como uma "sugestão".

[27] Ao longo destes capítulos, essa expressão é usada, claro está, no seu sentido amplo; cf. Capítulo 3. Denotamos aqui, *e.g.*, "o cartão como é relevante para o comportamento do animal no salto". A expressão "descrição intencional" servirá para uma locução mais complicada desse tipo.

i.e., se a recompensa varia apenas aleatoriamente com a posição, mas está constantemente ligada à cor, essa tentativa não terá ajudado de modo algum a fortalecer a resposta correta, mesmo que o cartão no qual ele pulou tenha sido o branco e tenha se seguido a recompensa.

Portanto, na visão cognitiva, o que importa é o que o rato está *fazendo*, isto é, que ação ele está levando a cabo e, por conseguinte, que descrição intencional a ação tem para ele, seja "saltar no lado direito", seja "saltar no branco", ao passo que, na visão E – R, a resposta não é uma ação, a descrição intencional é irrelevante e só importa que descrições realmente apresenta o cartão no qual o rato pulou.

Deveria, então, ser possível ver se as correlações do tipo exigido por E–R realmente valem ou se o aprendizado é afetado pela atenção seletiva do animal. Ora, não falta evidência para essa alternativa. O termo "conjunto" foi cunhado para cobrir esses casos de atenção seletiva.

O conjunto em um animal pode, na verdade, geralmente ser controlado pelo treinamento preliminar que precede o problema no qual o conjunto estará em operação e, portanto, é possível testar a influência dos conjuntos no aprendizado. Assim, por exemplo, Lashley[28] treinou ratos para que saltassem em um círculo grande no qual a alternativa era um círculo menor. Depois de certa quantidade de treinamento, ele substituiu o círculo grande por um triângulo equilátero aproximadamente do mesmo tamanho. A transferência foi perfeita e os ratos continuaram a pular no triângulo grande quando este era apresentado juntamente com o círculo pequeno. Depois de um treinamento adicional, de duzentas tentativas em que o salto no triângulo era recompensado, Lashley apresentou aos ratos uma escolha entre um triângulo e um círculo de tamanho intermediário. Os ratos não mostraram preferência pelo triângulo.

---

[28] Lashley, "An Examination of the 'Continuity Theory' as Applied to Discriminative Learning", *Journal of General Psychology*, v.26, n.2, p.241-65, 1942.

Então foram retreinados na escolha entre o triângulo grande e o círculo pequeno e na escolha entre um círculo grande e um triângulo pequeno. Todos escolheram o círculo maior.

Ora, acerca disso, somos tentados a dizer que o treinamento preliminar com círculos de tamanhos diferentes induziu um conjunto de tamanhos que levou os animais a desconsiderarem a diferença de forma, embora os números positivos e negativos tenham diferido na forma durante grande parte do seu treinamento. A "hipótese" de que saltar na figura maior trazia recompensa foi consistentemente confirmada, de modo que não se deu atenção à diferença de forma e, portanto, não se criou uma tendência a pular em triângulos contra círculos. E, de fato, uma interpretação em termos de atenção seletiva parece inescapável.

4. E–R e seleção

Talvez, no entanto, a teoria E–R possa explicar essa seleção de um modo que não envolva apelo a teorias cognitivas, ao uso de noções tais como "hipótese" ou "ambiente intencional". Ela poderia fazê-lo, por exemplo, invocando um mecanismo que seleciona entre os vários elementos de estímulo no campo, de modo que alguns sejam mais proeminentes que outros e de modo que alguns possam até ficar "inativos", a sua ocorrência juntamente com uma resposta não levando a nenhuma associação com essa resposta. Isso envolve uma modificação da tese E–R original no sentido de que "todos os estímulos estão associados", mas essa modificação é claramente necessária.

Há, naturalmente, um princípio de seleção que está claramente de acordo com o senso comum. É óbvio que nem todos os objetos no campo afetam os receptores, não "influenciam" o organismo ou, pelo menos, não no mesmo grau. Um objeto, por exemplo, nas bordas do campo perceptivo não estimularia os receptores no mesmo grau que um mais próximo do centro. Esse princípio de seleção tem sido usado para explicar aqueles casos em que os animais aprenderam um problema de discriminação que envolveu uma reversão do treinamento anterior – isto é, em que uma sugestão anteriormente positiva agora passava a ser negativa e vice-versa – tão rapidamente quanto outros animais que não tiveram esse treinamento preliminar contraditório. Assim, Spence criticou[29] os resultados desse tipo de Krechevsky alegando que os estímulos relevantes realmente não afetaram os receptores dos ratos. E, da mesma forma, Ehrenfreund[30] mostrou que onde os estímulos relevantes estavam na parte superior dos cartões nos quais os animais deviam pular e, assim, não eram suscetíveis de ser "notados", os animais podiam reverter facilmente a resposta. Mas onde o suporte foi erguido de modo que fosse impossível não ver as partes relevantes dos cartões, eles não aprenderam a reverter essa discriminação tão depressa quanto outros animais sem esse treinamento prévio. Assim, parece que, nesse caso, o efeito de "conjunto" – de "não perceber" certos estímulos – pode ser explicado simplesmente nos termos da sua posição em relação aos órgãos dos sentidos. Os objetos não diretamente na linha de visão não tenderão a produzir estímulos que se tornem associados às respostas que ocorrem. Assim, não temos de explicar esses fenômenos por alguma teoria cognitiva nos termos das "hipóteses" que levam os ratos a agirem.

Mas é óbvio que não podemos explicar todos os casos em que o aprendizado envolve a operação de um conjunto em termos da posição relativa dos objetos de estímulo em face dos receptores. Não

---

[29] Spence, "An Experimental Test of the Continuity and Non-Continuity Theories of Discrimination Learning", *Journal of Experimental Psychology*, v.35, n.4, p.253-66, 1945.

[30] Ehrenfreund, "An Experimental Test of the Continuity Theory of Discrimination Learning with Pattern Vision", *Journal of Comparative and Physiological Psychology*, v.41, n.6, p.408-22, 1948.

será possível, por exemplo, no caso apresentado, no qual os animais estavam "prestando atenção" ao tamanho e não à forma. É preciso evocar algum outro mecanismo de seleção. Assim, Lawrence apresentou uma teoria da "distinção adquirida" de sugestões ou elementos de estímulo. Tendo estabelecido que os animais podem aprender um problema de discriminação mais rapidamente com sugestões com as quais estavam familiarizados, isto é, com as quais haviam sido treinados no passado, ainda que isso envolvesse uma resposta diferente,[31] e também que associações com essas sugestões são mais fortes e mostram mais retenção,[32] e tendo estabelecido que as variações de uma sugestão não relevantes para a solução poderiam ocorrer sem nenhuma perda para as associações configuradas para essa sugestão, desde que o animal respondesse sistematicamente a outras sugestões;[33] em outras palavras, tendo mostrado o funcionamento do conjunto no aprendizado da discriminação, Lawrence tenta apresentar uma teoria para explicá-lo:

> Se o S [o sujeito do experimento] for treinado para responder a algum aspecto da situação diferente do inicialmente dominante, então esse novo aspecto tenderá a se tornar mais distinto e os outros aspectos relativamente menos distintos. Consequentemente, quando essa mesma sugestão aparecer em outro problema de discriminação, será mais prontamente associada ao comportamento instrumental exigido pelo novo problema do que seria sem o treinamento anterior. Assim, a experiência anterior do S com várias sugestões, independentemente do comportamento instrumental a elas associado, torna-se um

---

[31] Lawrence, "Acquired Distinctiveness of Cues. I: Transfer between Discriminations on the Basis of Familiarity with the Stimulus", *Journal of Experimental Psychology*, v.39, n.6, p.770-84, 1949.

[32] Id., "Acquired Distinctiveness of Cues. II: Selective Association in a Constant Stimulus Situation", *Journal of Experimental Psychology*, v.40, n.2, p.175-88, 1950.

[33] Lawrence; Mason, "Systematic Behaviour During Discrimination Reversal and Change of Dimensions", *Journal of Comparative and Physiological Psychology*, v.48, p.1-7, 1955.

importante determinante da rapidez do aprendizado em uma situação nova que envolva as mesmas sugestões.[34]

Assim, Lawrence espera explicar os fenômenos descritos pelo termo "conjunto" invocando o aprendizado anterior do animal, ele próprio explicado em termos de E – R. Embora aceite o fato da atenção seletiva, ele afirma que evita as conclusões usuais dela tiradas em teoria cognitiva no sentido de que o rato tende a selecionar certas hipóteses ou a ter certas expectativas na situação nova. O efeito do conjunto do aprendizado pode ser perfeitamente explicado, afirma ele, se presumirmos que certos elementos de estímulo se tornam mais distintos, mais fácil e fortemente associados a quaisquer respostas que ocorram junto com eles na situação de recompensa, e outros se tornam menos. Não precisamos presumir que o que se fortalece é uma expectativa de certo tipo.

Assim, há dois elementos no aprendizado: "(a) o aprendizado envolvido na aquisição das respostas instrumentais corretas em uma situação de discriminação; e (b) o aprendizado envolvido na modificação da ordem inicial de distinção entre as pistas".[35]

Restle[36] apresenta uma hipótese parecida no sentido de que as sugestões que não estão correlacionadas com o sucesso na solução do problema se tornam "adaptadas", isto é, não funcionais, e deixam de estar associadas a qualquer resposta. Elas serão, portanto, relativamente menos proeminentes em uma situação nova. Do mesmo modo, uma sugestão relevante torna-se "condicionada" e é, portanto, mais proeminente em uma situação nova. Broadbent[37]

---

[34] Lawrence, "Acquired Distinctiveness of Cues. I: Transfer between Discriminations on the Basis of Familiarity with the Stimulus", *Journal of Experimental Psychology*, v.39, n.6, p.770, 1949.

[35] Ibid.

[36] Restle, "A Theory of Discrimination Learning", *Psychological Review*, v.62, n.1, p.11-9, 1955.

[37] Broadbent, *Perception and Communication*, cap.X.

apresenta uma teoria da seleção um tanto parecida, uma teoria do "filtro", mas tenta explicar uma gama muito mais ampla de fenômenos e elabora uma teoria de maior generalidade. No seu sistema, somente certa variedade de estímulos passa pelo "filtro", isto é, eles são realmente funcionais para o comportamento. Os determinantes do que passa pelo filtro incluem não só a experiência prévia como também certas propriedades dos próprios estímulos, por exemplo, a sua "intensidade".

Uma teoria da seleção pode, assim, ser capaz de explicar a operação dos conjuntos no aprendizado. Isso ainda permaneceria dentro dos limites da teoria E–R porque o aprendizado continuaria sendo explicado nos termos das conexões estabelecidas em condições especificáveis (contiguidade ou recompensa) entre estímulos e respostas, mesmo que os estímulos em pauta forem apenas uma proporção dos que incidem no organismo; e, em segundo lugar, a proeminência de alguns estímulos sobre outros poderia ser explicada por certas propriedades desses estímulos ou pela sua associação passada com respostas do organismo.

Ora, uma teoria desse tipo poderia explicar os fenômenos observados por Lashley e Lawrence que foram mencionados anteriormente. Pois, nesses casos, trata-se simplesmente de uma questão de selecionar em meio a uma série de sugestões presentes na situação. Mas essa não é a única maneira pela qual um conjunto pode operar. É o que podemos ver com os resultados de Harlow.[38] Harlow estabeleceu o que chamou de "conjuntos de aprendizado" em macacos. Os animais "aprendiam a aprender", e transferiam o seu

---

[38] Harlow, "The Formation of Learning Sets", *Psychological Review*, v.56, n.1, p.51-65, 1949. Experimentos parecidos foram relatados por, *e.g.*, Hayes; Thompson; Hayes, "Discrimination Learning Sets in Chimpazees", *Journal of Comparative and Physiological Psychology*, v.46, n.2, p.99-104, 1953; Riopelle, "Transfer Suppression and Learning Sets", *Journal of Comparative and Physiological Psychology*, v.46, n.2, p.108-14, 1953; e id., "Learning Sets from Minimum Stimuli", *Journal of Experimental Psychology*, v.49, n.1, p.28-32, 1955.

know-how de um problema para o seguinte. Harlow treinou os seus macacos em uma série de problemas de discriminação; os macacos eram recompensados por escolher um objeto entre dois a eles apresentados em uma bandeja. Em uma variedade de experimentos, os animais tinham de aprender uma série de discriminações de qualidade do objeto, isto é, o objeto "correto" era correto por ser um objeto de certo tipo. Dentro de outra variedade, os animais aprendiam a discriminação de posição, o objeto "correto" sempre estava em determinada posição, à direita ou à esquerda. Em ambos os casos, o desempenho do animal melhorava de problema para problema, ainda que objetos diferentes ou posições diferentes fossem "corretas" de um problema para o seguinte, a ponto de precisarem de apenas uma tentativa, um julgamento de "informação", para resolver o problema; isto é, se o objeto apanhado ou a posição escolhida na primeira tentativa estivessem errados (não recompensados), eles se voltavam imediatamente para o outro ou a outra, caso contrário, ficavam com a sua primeira escolha. Os animais também eram treinados em reversões de discriminação, isto é, depois de certo número de tentativas, o objeto anteriormente "incorreto" passava a ser o "correto". Aqui, uma vez mais, os animais mostravam uma melhora constante, até precisarem de somente um teste de "informação", e mudavam a sua escolha seguindo apenas uma tentativa na qual o objeto anteriormente não era recompensado. Os animais também podiam aprender mais de um de tais conjuntos (Harlow lhes ensinava a qualidade do objeto e conjuntos de posição) e podiam alterná-los, para que tentassem uma "hipótese", vendo se a resposta dependia do tipo de objeto, e mudavam imediatamente para a posição se ela fosse estéril. Como dizia Harlow, os macacos desenvolviam "uma capacidade generalizada de aprender com a maior facilidade *qualquer* problema de discriminação ou *qualquer* problema de reversão de discriminação".[39]

---

[39] Harlow, "The Formation of Learning Sets", op. cit., p.59.

Ora, esse resultado não pode ser explicado pela proeminência adquirida de certas sugestões. Pois as sugestões que eram relevantes mudavam a cada problema. Assim, cada problema apresentava um par diferente de objetos, e as sugestões que distinguiam os corretos dos incorretos, portanto, variavam de problema para problema. Mas, ao mesmo tempo, o desempenho melhorava. Devemos dizer, com Harlow, que os animais "aprendiam a aprender", isto é, aprendiam o que determinada tentativa negativa ou positiva "*mostrava*". Assim, depois de algum tempo, um resultado negativo levaria o animal a escolher imediatamente o outro objeto; esse resultado negativo mostrava que o outro objeto era o recompensado. Mas o animal só podia ver mais rapidamente o que determinada tentativa "mostrava" por estar mais consciente do tipo de problema com que estava lidando, havia "compreendido", *e.g.*, a discriminação da qualidade do objeto. E isso significa que a sua atenção não estava focada em certas *sugestões*, pois estas variavam de um problema para outro, e sim em certas *dimensões de sugestão*, isto é, os animais aprendiam a se concentrar na qualidade do objeto, e não na cor, no tamanho, na posição, no cheiro ou no que quer que fosse, como a dimensão relevante. Mas *isso* não pode ser explicado por uma hipótese de "filtro", pelo qual certos estímulos são "autorizados a entrar" e outros são filtrados; pois o que o animal aprende é a não se concentrar em certas características específicas dos objetos, como "vermelho" ou "branco", ou "posição à esquerda" ou "posição à direita", mas, em qualquer situação, concentrar-se naquela característica dos objetos, seja ela qual for, que cai em determinada categoria. Esse resultado não é alterado de modo algum se tentarmos explicar a melhora, como faz Harlow, com a hipótese de que "fatores perturbadores" são eliminados. Quaisquer que sejam esses fatores, o que permanece é a concentração em características de certa categoria.

Mas, se tivermos de permitir a atenção seletiva a diferentes dimensões de sugestão nesse caso, por que não nos casos citados por Lashley e Lawrence? Isto é, por que não dizer simplesmente que os animais respondem ao problema como se este fosse de certo tipo, como aquele em que, por exemplo, o tamanho, e não a forma ou a cor, é a dimensão relevante de sugestão?

Ora, é claro que a proeminência de uma dimensão de sugestão, ao contrário da proeminência de uma sugestão, não pode ser explicada em termos de E – R. Parece, portanto, haver poucos modos de evitar o uso de conceitos que envolvem intencionalidade para esse tipo de aprendizado, isto é, parecemos obrigados a dizer que o progresso do animal se deve ao fato de que o problema passa a ter certa "descrição" para ele, como aquela em que correlações de certo tipo se mantêm. Para explicar esse aprendizado em termos de E – R, um conjunto de sugestões "determináveis" ou "categoriais", isto é, "ser determinável em relação ao seu tipo", teria de ser uma "propriedade de sugestões" de um objeto, como poderia "ser um tinteiro". Pois é nisso que os animais aprenderam a se concentrar de problema em problema; e isso, como uma sugestão, naturalmente não seria suficiente, pois ser determinável desse modo seria uma propriedade que tanto os objetos positivos quanto os negativos compartilhavam. Mas, fora isso, claro está que é absurda a sugestão de que "ser determinável em relação a *X*" deve ser considerada uma propriedade de *estímulo* de um objeto, se com isso queremos dizer uma propriedade que gera certo tipo de efeito nos receptores, como se pode presumir que "branco" ou "quadrado" gerem.

Uma sugestão desse tipo, porém, está implícita na teoria de Restle, que ilustra adequadamente os limites da teoria E – R. Restle[40] luta com os dados de Harlow na tentativa de explicá-los dentro dos limites da teoria E–R e da sua própria teoria seletiva do aprendizado, supramencionada. Ele admite que parece impossível reduzir os dados sobre conjuntos de aprendizado a "processos simples característicos de ratos ingênuos", mas uma tentativa de formular

---

[40] Restle, "Towards a Quantitative Description of Learning Set Data", *Psychological Review*, v.65, n.2, p.77-91, 1958.

a hipótese intuitivamente sensível de que os macacos obtêm uma compreensão abstrata da situação faz uma grande pressão sobre os recursos teóricos atuais.[41] Restle está, obviamente, se referindo aos recursos teóricos da teoria E – R. Mas a sua teoria não faz menos pressão sobre essa doutrina:

> Os macacos com ampla experiência podem transcender as características do estímulo concreto que normalmente formam a base das respostas de discriminação, e respondem a sugestões condicionais, como "o objeto que estava correto na tentativa anterior" etc. Essas sugestões são análogas às sugestões, sejam quais forem, em discriminações condicionais.[42]

O problema que deve ser resolvido pela invocação de sugestões "condicionais" é esse. No âmbito de um único problema de discriminação, o animal aprende a responder a um objeto de certo tipo. Mas, no âmbito de muitos problemas, ele adquire um conjunto de aprendizado que não pode ser explicado nos termos de uma tendência a um tipo específico de objeto, porque o tipo varia de um problema para outro. Podemos manifestá-lo dizendo que o animal, em vez de aprender a responder a um tipo específico de objeto como no problema único, aprende a responder a qualquer tipo de objeto, desde que seja recompensado imediatamente. Assim, poderíamos dizer que o animal aprende a responder não a algumas propriedades específicas, e sim ao fato de ser recompensado na última tentativa.

Ora, a hipótese de Restle, partindo desse ponto, introduz uma "sugestão condicional" "recompensada na última tentativa", uma propriedade de estímulo que se liga a qualquer objeto que tenha sido assim recompensado. A sua explicação é que, como o animal passa por uma série de problemas, as respostas às propriedades particulares dos objetos são recompensadas de modo incoerente, porque

---

[41] Ibid., p.77.
[42] Ibid., p.89.

determinada propriedade, por exemplo, a cor vermelha, que um objeto positivo pode conter em um problema pode pertencer ao objeto negativo nos seguintes. Essas propriedades são assim "adaptadas" ou tornadas não funcionais, passam a ser menos proeminentes. Mas a única resposta de propriedade que é sempre recompensada é "ter sido reforçado na última tentativa". Esta, portanto, se torna mais proeminente e, à medida que o animal passa a responder somente a ela, o seu desempenho melhora da maneira observada por Harlow e outros pesquisadores nesse campo. O macaco "está respondendo à propriedade de ter sido reforçado, diferentemente de outras propriedades como tamanho, cor, forma espacial, disposição das partes etc.".[43]

Contudo, embora a propriedade de ter sido reforçado seja certamente uma propriedade do próprio objeto, separada das outras propriedades de tamanho, forma etc., não pode, como propriedade de *estímulo*, ser assim separada. Pois, para tê-la como propriedade de estímulo, o animal precisa reconhecer o objeto como aquele que foi de fato reforçado na última tentativa. E para reconhecer algo como o objeto que foi reforçado, é preciso conhecer outra descrição verdadeira além de simplesmente a de "ter sido reforçado", mas "objeto identificado em tal e tal modo e que tenha sido reforçado". Como o próprio Restle diz, tais sugestões são "compostas", "sendo uma parte [...] as características do objeto, e a outra, os reforços anteriores dados e percebidos pelo animal".[44]

Mas então, a partir de determinada tentativa reforçada, várias sugestões condicionais diferentes podem surgir na tentativa seguinte, dependendo do modo como o animal identificou esse objeto como o mesmo. É claro que a aquisição de um conjunto de aprendizado envolveria selecionar o correto. Por exemplo, na aquisição do conjunto de aprendizado para posicionamento em oposição

---

[43] Ibid., p.79.
[44] Ibid., p.89.

a problemas de discriminação da qualidade do objeto, os animais teriam de aprender a responder ao objeto que se parecia com o que estava correto na tentativa anterior em posição, e não em tipo. Assim, ao aprender o jogo de discriminação da qualidade do objeto, os animais têm de aprender a responder a uma sugestão condicional de certo tipo dentre as presentes. Mas qual tipo? Qualquer sugestão específica, *e.g.*, "objeto do tipo X que foi reforçado", "objeto do tipo Y que foi reforçado" etc., não seria reforçado coerentemente em toda a gama de problemas além daquele em que X ou Y era o objeto positivo. É bem possível que eles sejam, em toda a gama, menos reforçados do que o da última posição recompensada, contanto que a alternância de posições não tenha ocorrido em cada tentativa. Por que o reforço do "objeto de sugestão identificado como A, que foi reforçado na última tentativa" no problema a, e o do "objeto identificado como B, que foi reforçado na última tentativa" no problema b, e assim por diante, aumentam a probabilidade de o animal responder ao "objeto identificado como N, que foi reforçado na última tentativa", quando se trata do problema n?

A resposta é, naturalmente, clara, já que todas essas sugestões têm em comum o fato de elas distinguirem o objeto da sua rival pelo tipo a que pertence e não, por exemplo, pela posição, pela ordem, pelas reações do pesquisador, pelo grau de atratividade e assim por diante. Essas propriedades se incluem em determinada *categoria* e é claro que, ao perceber isso, os macacos conseguem resolver os problemas em velocidade crescente. Assim, tendo aprendido a se concentrar no tipo em várias ocasiões, eles começam a procurar diferenças de tipo. Quando são recompensados, sabem, portanto, escolher o objeto parecido com o recompensado em tipo, e não em posição etc. Restle presume secretamente essa seleção categorial quando fala no "objeto recompensado por último" como uma sugestão. Não se trata de uma "sugestão" (se é que se pode usar esse termo), como vimos, e sim de várias. Não há motivo para que as respostas condicionadas a uma dessas sugestões também devam ser condicionadas a outras, a não ser que aceitemos o princípio de que as respostas a propriedades de forma também "generalizam" para propriedades de cor e assim por diante, o que é absurdo. Tampouco podemos dizer que essas sugestões se assemelhem umas às outras por serem sugestões condicionais relacionadas ao reforço na tentativa anterior, pois a sugestão "objeto com a mesma posição que o recompensado por último" também está nessa classe. O único recurso da teoria E–R seria introduzir um "estímulo" categorial tal que todos os objetos tivessem a propriedade de ser objetos caracterizáveis por tipo, bem como objetos deste ou daquele tipo. Mas aqui já deixamos o reino do neobehaviorismo.

Pareceria, assim, que alguns fenômenos de "conjunto" ou atenção seletiva a aspectos da situação não podem ser explicados em termos de E–R, como a distinção adquirida ou a maior proeminência de certas sugestões. A experiência pode não só trazer certas sugestões à tona como também trazer à tona o que normalmente chamaríamos certa maneira de ver a situação. Pode mostrar que um problema é de determinado tipo ou estreitar o leque de "hipóteses" a serem testadas. No caso acima, ela mostra aos animais que o problema é de discriminação que paira em propriedades de determinada categoria. É por isso que os teóricos cognitivos tendem a falar em *"insight"*; não porque o aprendizado mostre saltos descontínuos no número de erros – embora às vezes o faça –, e sim porque o efeito da experiência, mesmo o efeito lento de uma "história de aprendizado gradual", pode muitas vezes ser mais apropriadamente entendido como um crescimento do *insight*.[45] Desse modo,

---

[45] Harlow identifica equivocadamente o significado dos seus próprios resultados para essa questão. Ele diz,

Os teóricos de campo, ao contrário dos neobehavioristas, enfatizaram o *insight* e a hipótese na sua descrição do aprendizado. A impressão que esses teóricos nos dão é de que esses fenômenos são propriedades da organização inata do indivíduo. Se tais fenômenos aparecem independentemente de uma história de

a resolução de problemas de discriminação se conecta com outro comportamento de resolução de problemas dos macacos do tipo mencionado. O que nos induz a falar em *"insight"* quando o macaco pega a vara para alcançar a fruta não é a brusquidão da mudança de comportamento, e sim a natureza da solução. Spence[46] tenta explicar essa solução nos termos dos "ajustes de exposição ao receptor" específicos que o animal aprende a fazer.

> Isto é, uma vez que essa orientação específica dos órgãos dos sentidos (particularmente os olhos) ocorrer, o sujeito, por causa do aprendizado passado, faz a resposta perceptiva adequada que leva diretamente ao ato manifesto correto.[47]

Mas esta não é uma explicação de solução perspicaz. A importância do aprendizado passado não está em questão. Mas a "resposta perceptiva adequada" aqui nada mais é do que ver a solução para o problema, vendo que a vara pode ser usada para obter a fruta. É isso que "leva diretamente ao ato manifesto". Essa descrição acaba sendo uma redescrição. É difícil enxergar como essa mudança entre ver e não ver a solução poderia ser explicada em termos de elementos de estímulos diferenciais.

---

aprendizado gradual, ainda não os encontramos na ordem primata. (Harlow, "The Formation of Learning Sets", op. cit., p.65.)

Mas a questão não é se esse comportamento é "inato" ou "aprendido". De fato, se o comportamento ocorreu independentemente da história do aprendizado, dificilmente poderíamos falar nele como um comportamento aprendido. Ninguém contesta que o desempenho melhorado é o resultado da experiência; o que está em questão não é a importância da experiência, e sim o seu papel.

[46] Spence, "Theoretical Interpretations of Learning", em Stevens, *Handbook of Experimental Psychology*.

[47] Ibid., p.718.

7
O que se aprende?

1. Os limites do aprendizado

A tentativa de introduzir sugestões "categoriais" mostra a confusão que envolve a noção de estímulo. Na verdade, os teóricos E – R costumam ser imprecisos no uso dessa noção. "Estímulo" geralmente pode significar qualquer um dos quatro tipos diferentes de elemento. Às vezes, é usado para os vários objetos no campo e suas propriedades de sugestão, *e.g.*, o cartão branco ou as marcações no cartão. Isso às vezes é chamado de "estímulo distante". Ou "estímulo" pode ser usado, por exemplo, para as ondas de luz emitidas pelo estímulo distante que afetam a retina. Em terceiro lugar, isso às vezes significa o estímulo "proximal", o padrão de excitação nos receptores, *e.g.*, o padrão da retina. E, em quarto lugar, também pode ser usado para se referir ao impulso aferente (postulado) enviado pelos receptores ao cérebro.

Essa incerteza não é necessariamente uma desvantagem em uma fase inicial de qualquer ciência. Pode ainda não estar claro para qual tipo de elemento de estímulo as regularidades são válidas. Mas o essencial é que fique claro, para qualquer tipo de estímulo, o que contará como elemento de estímulo. Pois, se as respostas emitidas em uma situação são uma função do histórico de respostas nessa situação ou em outras parecidas, então é essencial, se quisermos ser capazes de prever o comportamento, que sejamos capazes de identificar uma situação semelhante ou do mesmo tipo que outra em que certas respostas foram emitidas, ou emitidas no contexto de recompensa, e para qual tipo, portanto, essas respostas foram condicionadas. Mas dizer "mesmo tipo" é dizer "semelhante em elementos de estímulo" ou "produzir estímulos semelhantes". Assim, se quisermos prever, temos de ser capazes de dar um sentido definido aos "estímulos que a situação contém ou produz".

Mas, para alcançar esse tipo de precisão, não basta apenas certo tipo de estímulo, por exemplo, o estímulo "distante" ou objeto de estímulo, e caracterizar uma situação como consistente em tais e tais objetos de estímulo, por exemplo, cartões brancos e pretos ou três becos pintados de cores diferentes e assim por diante. Ainda pode surgir a questão de quais são os elementos de estímulo nessa situação. Pois qualquer objeto ou conjunto de objetos pode conter um número indefinido de descrições. Para especificar quais são os estímulos, temos não só de designar os objetos pelo nome na situação como também as descrições sob as quais eles operam como estímulos. Desse modo, qualquer conjunto de objetos pode ser classificado de um número indefinido de maneiras, pela forma ou pelo tamanho, pela posição relativa, pelas propriedades configuracionais, pelas propriedades fisionômicas ("parecidíssimo com uma baleia"), eles podem ser escolhidos individualmente para descrição ou em grupos de vários tamanhos e composições e assim por diante.

Ora, se qualquer objeto ou qualquer grupo desses objetos, sob qualquer uma dessas descrições, pode contar como "os estímulos produzidos pela situação", então essa expressão não tem um sentido definido, isto é, não há uma classe de coisas finitamente enumeráveis que caia nela em qualquer situação. E, assim sendo, então uma teoria E – R será totalmente vazia. Pois, se "os estímulos produzidos por essa situação" forem indefinidos, então também o será "o mesmo (tipo de) situação" (*i.e.*, situação semelhante em elementos de estímulo). Se permitirmos que os objetos sob *qualquer* classificação contem, pode-se dizer que *qualquer* outra situação se assemelha a esta em *alguma coisa*, se for somente o número de objetos envolvidos e, portanto, é, em certo sentido, a "mesma situação", e, do mesmo modo, pode-se dizer que qualquer situação difere desta em alguma coisa e, assim, é uma "situação diferente". Mas então será impossível dizer se qualquer situação anterior é relevante para o comportamento presente. Será impossível, em outras palavras, dizer qual parte da história do comportamento do animal determinará o seu comportamento presente em determinada situação contemporânea. Do mesmo modo, nunca seremos capazes de prever, a partir do histórico do comportamento de um animal em uma situação, o que ele fará no futuro, pois a resposta "aprendida" aqui pode muito bem se generalizar para *todas* as outras situações ou para nenhuma.[1]

Efetivamente, permitir que a noção de "estímulo" varie tão amplamente seria abandonar a teoria E – R do aprendizado. Pois, para que o aprendizado ocorra, teria de haver alguma seleção dos "estímulos" a serem "associados", isto é, teria de ocorrer alguma seleção entre as muitas descrições que os objetos podiam conter, desde as que eram relevantes, que definiram a situação como uma situação de certo tipo, aquele tipo para o qual se descobriu que esse comportamento é adequado. Pois o fenômeno que estamos tentando explicar envolve a aquisição de uma resposta específica a esse ambiente, seja porque ele é visto como adequado, seja, seguindo a teoria E – R, porque a conexão entre ele e a situação está

---

[1] Claro está, ainda podemos identificar a "mesma situação" no sentido de "situação numericamente igual" se os critérios fossem simplesmente a localização geográfica em um ambiente mais amplo. Mas essa raramente é a característica da situação à qual o comportamento aprendido está ligado. O comportamento aprendido geralmente é comportamento adaptado à natureza de um ambiente e não sobreviveria se essa natureza fosse totalmente alterada, mesmo que ainda pudéssemos falar nele como "o mesmo lugar".

"carimbada". Mas, se for esse o caso, o ambiente deve ser de algum modo separado de outros nos quais essa resposta não é exigida, e, para isso, deve-se destacar alguma descrição específica dele, pela qual ele será reconhecido como este (ou este tipo de) ambiente, ou pela qual a resposta é condicionada a ele. Pois, do contrário, qualquer resposta recompensada ou de outro modo "carimbada" nessa situação tenderia a se generalizar para todas as outras situações, e as respostas adquiridas em todas as outras situações tenderiam a se generalizar para esta, e não ocorreria nenhuma seleção entre as respostas, *i.e.*, nenhuma resposta específica seria adquirida. Ou, então, se *todo* o (número indefinido de) descrições fosse relevante, então a mudança mais trivial cancelaria todo o aprendizado anterior e não poderia haver nenhuma resposta a uma situação nova, nem mesmo a uma de exploração.

Isso se pode ver facilmente no caso que estamos discutindo, o da aprendizagem discriminatória. Pois esta envolve a seleção de um caminho, ou cartão, ou caixa, ou seja o que for entre duas ou várias alternativas. Mas se a resposta condicionada ao objeto "correto" for a ele condicionada sob *qualquer* descrição verdadeira, então, já que sempre haverá algum aspecto no qual o objeto atual se assemelha aos incorretos, a resposta se generalizará para estes e não ocorrerá nenhum aprendizado; em outras palavras, a resposta não pode ser condicionada a *esse objeto* a não ser que seja a ele condicionada sob uma descrição que o distinga dos demais, *como* tipo de objeto que os outros não exemplificam. E, se a resposta for condicionada a ele sob *todas* as descrições verdadeiras, então a mudança mais trivial desorientará totalmente o comportamento.

Assim, o problema de explicar o aprendizado inclui o de explicar, de algum modo, a seleção. Mas a seleção desse tipo é algo que a teoria E – R não pode explicar. Pois a resposta é considerada condicionada a todos os estímulos a incidirem no momento e, portanto, não pode selecionar entre eles, mesmo quando são indefinidos em número. Tampouco poderia explicar a seleção por alguma hipótese especial, tal como as hipóteses do "filtro" que discutimos no capítulo anterior. Pois, se essas hipóteses devem permanecer dentro dos limites da teoria E – R, elas terão de explicar a seleção nos termos das propriedades dos próprios estímulos, isto é, a própria seleção seria um tipo de "resposta" dada a determinados estímulos e não a outros. Mas, se não permitirmos nenhum limite para as maneiras pelas quais podemos classificar os objetos de estímulo, então o número de tipos ou classificações de objetos de estímulo será indefinido. Mas, então, para cada tipo ou classificação, temos de escolher alguma propriedade ou conjunto de propriedades que determinaram quais objetos desse tipo foram selecionados. Assim, as cores podem ser selecionadas com base na intensidade das ondas de luz emitidas, figuras com base na regularidade da forma e assim por diante. Mas nenhuma dessas propriedades serviria para selecionar entre objetos de tamanhos diferentes, ou entre objetos classificados pela posição relativa ou pelas propriedades fisionômicas e assim por diante. Mas, como o número de tipos é indefinido, o número de propriedades de critérios também seria indefinido. E isso significa que nunca seríamos capazes de finalmente determinar quais propriedades são selecionadas em uma situação qualquer.[2]

Portanto, uma teoria E – R deve restringir um pouco a noção de "estímulo". E a restrição deve ser tal que a expressão "os estímulos produzidos por esta situação" sempre designe um conjunto

---

[2] Há, naturalmente, uma propriedade que se aplicaria a "estímulos" de todas as categorias, a de estar associada a uma resposta em (alguns) aprendizados anteriores. Mas esse critério jamais poderia ser suficiente para a seleção, porque, a menos que houvesse alguma seleção prévia, nunca seríamos capazes de dizer quais situações do aprendizado anterior eram relevantes, e, mesmo que fôssemos, os estímulos associados à resposta nessas situações ainda seriam indefinidos em número. Se a noção "os estímulos nesta situação" designa um número indefinido de coisas, o mesmo acontece com a noção "os aspectos em que esta situação se assemelha a situações passadas". Invocar a experiência passada somente adia o problema da seleção, não o resolve.

enumerável finito de elementos. Caso contrário, não poderíamos fazer previsões definitivas, a partir do histórico do comportamento de um animal em uma situação, sobre como ele se comportará em outras.

Esse requisito é pouco discutido entre os teóricos E – R porque geralmente se presume que basta dizer que só serão usadas as expressões pertencentes à "linguagem da coisa física". Mas o sentido dessa expressão não é de modo algum claro nesse contexto. Ela exclui, naturalmente, o uso de conceitos psicológicos, mas ninguém seria tentado a usá-los para caracterizar um ambiente que consiste totalmente em coisas inanimadas, como o aparato de teste médio usado em experimentos de aprendizado. Dizer que devemos descrever o conteúdo de tal ambiente, *e.g.*, a plataforma de salto, os cartões etc. como coisas físicas parece redundante. E tampouco é suficientemente definido. Porque parecer-se com outra coisa na cor ou ter sido pintada por Jones é tanto a propriedade de uma coisa física quanto ser vermelha, e ser o terceiro quadrado da esquerda é tanto propriedade de uma coisa física quanto ser quadrada. Os tipos de classificação que se pode dizer que pertencem à linguagem da coisa física são numericamente indefinidos.

Mas, claro está, o entendimento aqui é que estamos falando não só nas propriedades físicas das coisas em geral como também nas suas propriedades de estímulo; e, para isso, poderíamos acrescentar um requisito adicional: algo é uma propriedade de estímulo se puder ocasionar um tipo específico de efeito nos receptores. Parece que os teóricos E – R presumem algum requisito adicional desse tipo, o qual excluiria propriedades tais como a de ter sido pintado de vermelho por fulano de tal, que não poderia ser discriminada simplesmente daquela de ser vermelho nesse critério. Mas isso ainda não seria suficiente para dar um sentido definido à expressão "os estímulos na situação". Pois o número de elementos na situação de estímulo ainda seria indefinido. Para ter uma lista enumerável de elementos, devemos introduzir um terceiro requisito: que haja um princípio de contagem das partes do campo

O que se aprende?

do estímulo, objetos ou objetos parciais, de modo que em qualquer situação haja um número definido de tais partes. Em outras palavras, deve haver alguma restrição no modo como as partes do campo do estímulo sejam distinguidas para descrição, de modo que somente as propriedades dessas partes sejam chamadas de propriedades de estímulo ou "sugestões"; pois, se o número de partes for indefinido, o número de sugestões também o será.

Isso exclui propriedades como as configurações de todo o campo ou de subseções dele. Pois, se as únicas sugestões forem as propriedades das partes do campo, a propriedade configuracional do todo não seria uma sugestão, mas só as propriedades de todas as partes constituíram esse todo. E, embora o todo só tivesse tal configuração porque as partes tinham as propriedades que tinham, dizer que elas tinham essas propriedades não seria o mesmo que dizer que o todo tinha essa configuração, isto é, as duas descrições não seriam equivalentes. A propriedade configuracional, então, não seria uma propriedade de estímulo. E é claro, como dissemos antes, que precisa ser descartada se quisermos ter uma teoria E – R. Pois a propriedade configuracional só pode ser descartada por oposição às propriedades das partes se admitirmos como sugestões as propriedades do todo ou também de outras subseções do todo. Porém, se fizermos isso, não haverá limite para o número de possíveis subseções que poderiam ser salientadas, dependendo do modo como decidirmos dividir a situação. Mas cada uma dessas subseções teria configuração própria, ou arranjos de partes ou, em alguns casos, forma. O número de tal configuração ou propriedades de forma seria, pois, indefinido, e haveria algum aspecto em que a situação teria uma semelhança com quase qualquer outra situação. Para que o aprendizado ocorra, seria necessário selecionar um modo de dividi-lo, um modo de individuar as partes. Mas essa seleção jamais poderia ser explicada pela teoria E – R. Pois, como estímulos, a propriedade configuracional do todo seria indistinguível das propriedades das partes em virtude das quais ela tinha essa configuração. Pois não se poderia presumir que ambas ocasionariam um tipo distinguível de efeito nos receptores, como, *e.g.*, a cor e a forma de uma coisa poderiam ser. Aqui, portanto, uma teoria do "filtro" seria inútil.[3]

De modo semelhante, as propriedades "relativas" ou "extrínsecas" são descartadas. Relativa é uma propriedade como "maior que Y" ou "semelhante a X na forma", cuja retenção de um objeto, O, depende em parte das propriedades possuídas por outro objeto, N. Ora, sendo O, por exemplo, de um tom cinzento mais claro que o de N, isso não seria uma propriedade de sugestão do campo distinguível do de O sendo, por exemplo, de intensidade a, ao passo que N é de intensidade b, que é mais escura; isto é, não afetaria os receptores distinguíveis de Oa e Nb. Assim, não há como explicar a seleção entre propriedades relativas e "absolutas" ou "intrínsecas" por uma hipótese de "filtro" E – R. Mas aprender claramente requer uma seleção entre as duas se ambas forem possíveis elementos de estímulo. Pois, se permitirmos as propriedades relativas, cada parte do campo de estímulo será o *locus* de um vasto número de sugestões. Porque cada objeto de estímulo não terá somente uma cor, mas também n outras propriedades, a saber, as propriedades de objetos parecidos ou diferentes de cada um dos n outros objetos do ambiente em relação à cor, e também outros n conjuntos de propriedades de cor mais clara ou mais escura do que a de cada um dos n outros objetos, sendo que cada objeto de estímulo tem não só uma forma como também n outras formas relativas e assim por diante. Em algumas dessas propriedades, *e.g.*, as diferentes de X na

---

[3] Esse problema é o mesmo que o levantado pela teoria da *Gestalt* com a pergunta "por que as coisas têm a aparência que têm?". Uma vez que admitamos, como afirma a teoria da *Gestalt*, que os mesmos estímulos podem resultar em diferentes estruturas a serem vistas, não podemos explicar a estrutura simplesmente nos termos das propriedades dos elementos. Algum outro fator deve ser introduzido para explicar as variações. E é escusado dizer que a operação *desse* fator não pode ser explicada pelas propriedades dos elementos, *i.e.*, em termos E – R. Cf. Koffka, *Princípios de psicologia da Gestalt*.

forma, ele se assemelhará a um grande número de outros objetos, na verdade, à maior parte dos outros, e, portanto, qualquer resposta condicionada a esse objeto se generalizará para estes, aliás, todos os objetos com exceção dos de forma X. Mas, se ele também diferir na forma de Y, que por sua vez difere de X, a resposta tenderá a se generalizar para coisas na forma de X. Se há de ocorrer algum aprendizado, *i.e.*, se houver alguma resposta seletiva, tem de haver uma seleção de certas propriedades como relevantes. Mas uma seleção entre propriedades absolutas e relativas é o tipo de seleção que a teoria E – R não pode explicar.

Portanto, a exigência de que as propriedades de estímulo sejam do tipo que se possa dizer que "impactam os receptores" não basta para restringir o significado do "estímulo" do modo preceituado pela teoria E – R. Pois o próprio "efeito sobre os receptores" pode ser classificado de diversas maneiras, podem-se escolher diferentes unidades, podem-se fazer comparações e assim por diante. Para dar um sentido suficientemente definido aos "estímulos na situação", temos de postular uma unidade de estimulação e chamar de "sugestões" unicamente propriedades intrínsecas de tais unidades.

Esse terceiro requisito parece ser tacitamente exigido pelos teóricos E – R. O motivo pelo qual ele é tão pouco discutido talvez possa se encontrar nas suposições empiristas que muitos deles parecem compartilhar e que foram discutidas no Capítulo 4. Pois os pensadores que adotaram tal epistemologia presumiram com frequência que havia coisas como uma unidade de dado dos sentidos, uma unidade espaçotemporal de impressão. Este é outro ponto, pois, em que as doutrinas psicológicas e epistemológicas se influenciam reciprocamente. Não deixaria de ser elucidativo pensar na teoria E – R como uma transposição mecanicista das visões empiristas tradicionais a respeito da epistemologia. Em ambos os casos, há uma "linguagem de dados" restrita, que é, em um caso, a linguagem que descreve a experiência e, no outro, as propriedades de uma situação que pode ser chamada de suas propriedades de sugestão.

E, em ambos os casos, essa abordagem entra em conflito com uma visão que dá lugar à noção de intencionalidade. Em um caso, a "tese da intencionalidade" é invocada para rejeitar a noção de uma única linguagem de dados: ver é sempre ver sob certa descrição, com alguma "interpretação", e nada é, portanto, "visto imediatamente" no sentido empirista, isto é, nenhum nível de descrição é mais básico do que todos os outros, o fundamento, por assim dizer, de todos os outros. No caso que estamos discutindo aqui, pode-se invocar a noção de intencionalidade para rejeitar a definição estreita de uma propriedade de sugestão. Pois, se determinado conjunto de objetos pode ter uma série de descrições diferentes, não há razão, em princípio, pela qual eles não devam ter uma série de "descrições intencionais" para um animal. E, se alguma seleção deve ocorrer entre estas para que ocorra o aprendizado, isso não precisa ser explicado por uma hipótese de "filtro", nos termos das propriedades de sugestão dos próprios objetos, cuja exigência, como vimos, impõe um estreitamento da definição de "propriedade de sugestão". Pois a mudança de um tipo de descrição para outro poderia ocorrer simplesmente porque no primeiro tipo não se pode encontrar nenhuma solução para o problema. Isto é, o fato de a recompensa variar aleatoriamente com a posição será suficiente para induzir o animal a abandonar o "conjunto" pela posição e adotar outro, por exemplo, pelo tamanho.

Há, portanto, outra maneira pela qual as correlações procuradas pela teoria E – R diferem em natureza daquilo que se esperaria em qualquer visão que tenha aceitado a noção de intencionalidade. Pois se as propriedades de sugestão estão confinadas nas propriedades intrínsecas das partes do campo de estímulo, todo o aprendizado há de ser o condicionamento das respostas a tais propriedades. Mas, então, as "correlações" aprendidas pelo animal, por assim dizer, aquelas em que ele age, devem se restringir às que vinculam respostas a tais propriedades com recompensa. Isto é, as propriedades relevantes para qualquer problema de discriminação devem ser as

O que se aprende?

propriedades intrínsecas de partes de estímulo se o animal precisar resolver o problema. Pois o resultado do aprendizado só pode ser que alguma dessas propriedades venha regularmente evocar uma resposta. Se a recompensa, então, estiver ligada a alguma outra propriedade, a configuração do todo, por exemplo, ou alguma propriedade relativa, não se poderia estabelecer nenhum vínculo regular entre a propriedade relevante e uma resposta, e a descrição jamais poderia ser controlada (a menos que, é claro, haja alguma outra propriedade intrínseca também ligada à recompensa). Para uma visão cognitiva, por outro lado, tal limite não se pode estabelecer *a priori* para os tipos de correlação em que um animal pode atuar, e, portanto, ao tipo de problema que ele consegue resolver. Se houver limites para as descrições intencionais sob as quais os objetos podem cair, são limites estabelecidos pela inteligência de determinado animal ou de determinada espécie. Mas esses limites precisam ser descobertos empiricamente em cada caso. Não podemos dizer *a priori* que aprender *tem* de ser adquirir uma resposta a um objeto de determinado tipo restrito.

Assim, temos, de forma diferente, a mesma questão que discutimos no capítulo anterior: se o aprendizado deve ser considerado de algum modo relacionado com a descrição intencional sob a qual a situação é subsumida pelo agente. Ali, levantamos a questão de se aquilo que se aprende em qualquer tentativa depende do modo como a situação é vista. Aqui, a questão é se os limites daquilo que se pode aprender são estabelecidos pelo tipo de elemento de estímulo na situação ou se eles podem ser mais amplos e depender antes dos limites da inteligência, dos limites das maneiras como o animal pode ver a situação.

2. O vazio do "estímulo"

Agora deve ser possível determinar qual dessas visões está correta mediante o exame do que os animais realmente conseguem aprender e, para tanto, voltaremos uma vez mais aos casos de aprendizado discriminatório. É claro que, em qualquer situação experimental, pode haver um grande número de sugestões nas quais a resposta *pode ser* condicional. Como testar o que é verdadeiramente aprendido? Um modo de fazê-lo consiste, depois de determinada série de aprendizado, em testar as respostas do animal em outras situações que diferem das do treinamento em certos aspectos. Se o treinamento for "transferido" para a situação nova, então isso é evidência de que os aspectos em que a situação foi alterada não são os aspectos cruciais, isto é, os aspectos em que a situação ou objeto de estímulo conectou-se à resposta mediante o treinamento. Ou, para afirmá-lo de outro modo, se a situação de teste for diferente da situação de treinamento, na qual a descrição "*P*" já não se aplica, e se o treinamento for transferido, não se pode dizer que a resposta está condicionada a *P*; a conexão aprendida não é aquela entre responder a *P* e a recompensa. A descrição que contém todas as situações de teste para as quais a transferência ocorre e a situação de treinamento é a invariante, e temos alguma evidência para dizer que a conexão foi estabelecida entre a situação sob essa descrição e a resposta.

Ora, para a teoria E – R, o invariante é a situação, ou o estímulo, caracterizado como um conjunto de elementos de estímulo, isto é, como as propriedades intrínsecas de certas unidades espaçotemporais de estimulação. As variações em quaisquer outros aspectos não devem afetar o treinamento, isto é, a transferência deve ocorrer. Mas as variações nesse aspecto devem dificultar a transferência.

É claro que, com uma pequena variação, a transferência ainda deve ocorrer, ainda que a resposta possa não ser tão forte. Assim, aceita-se geralmente que "uma resposta condicionada a um estímulo (ou conjunto de estímulos) será induzida por outro estímulo ou ocorrerá na presença dele (ou conjunto de estímulos), que é semelhante ao estímulo condicionado ou discriminativo, embora não tenha havido treinamento específico para isso".[4] "Semelhante", claro está, significa "semelhante como elemento de estímulo". Mas, além de tais pequenas mudanças que permitem a transferência, esta não deve ocorrer se as propriedades do estímulo, ou aquelas que se tornaram condicionadas, forem alteradas, embora qualquer outra mudança não deva impedi-la.

Infelizmente, a imprecisão que envolve o princípio de "generalização do estímulo primário" torna essa afirmação difícil de testar. Pois não está claro quão grande uma pequena mudança pode ser, tampouco estão exatamente claros os contínuos ao longo dos quais ela deve ser medida. Hull[5] distingue entre uma "dimensão de estímulo", isto é, uma dimensão ao longo da qual os estímulos podem variar, como a taxa ou intensidade da vibração auditiva e um "contínuo de generalização aferente", que é uma dimensão ao longo da qual o grau de mudança pode ser medido com a finalidade de estabelecer o escopo da generalização do estímulo. Em outras palavras, uma "pequena diferença" para o animal pode não ser o mesmo que uma pequena diferença ao longo de uma dimensão de estímulo. Isso não torna absurda a noção de generalização do estímulo como Lashley e Wade parecem pensar,[6] pois presumivelmente poderiam ser concebidos testes que pudessem mostrar como esses contínuos aferentes se relacionaram com as dimensões do estímulo; mas até que a natureza desses contínuos seja realmente estabelecida, será difícil dizer em alguns casos se

---

[4] Verplanck, "A Glossary of Some Terms Used in the Objective Science of Behavior", *Psychological Review*, v.64, parte 2(6), p.35, 1957.

[5] Hull, *Principles of Behavior*, cap.XII, p.188.

[6] Lashley; Wade, "The Pavlovian Theory of Generalization", *Psychological Review*, v.53, n.2, p.72-87, 1946.

determinado caso de transferência pode ser explicado pela generalização do estímulo ou não.

Assim, um animal treinado para responder a um círculo quando lhe apresentam um círculo e um triângulo pode transferir esse treinamento a uma nova escolha entre outra figura com contornos arredondados e outra com bordas irregulares, e responder à primeira. Ora, ordinariamente, diríamos que o animal aprendeu a responder ao círculo sob a descrição "figura de contorno arredondado". Mas isso seria usar o princípio cognitivo de que o aprendido não é determinado pelos elementos de estímulo e também depende de como eles são vistos. Pois não poderíamos dizer que o círculo tinha duas propriedades de estímulo, a de ser um círculo e a de ter contorno arredondado. Claro está que a descrição sob a qual ela caiu para o animal dependeria do contexto da escolha. Se treinássemos um animal para distinguir entre um círculo e uma elipse, ele não transferiria o aprendido para todas as figuras de contornos arredondados em outras situações.

Esse fato, claro está, é o ponto de partida da explicação E – R em termos de generalização de estímulos. A explicação é que a extensão da generalização, que é a distância ao longo de um contínuo aferente do estímulo condicionado original, no qual um estímulo evocará a resposta condicionada, pode ser estreitada se se "rejeitar" simultaneamente a resposta a um estímulo dentro do intervalo original. Pois então teremos dois gradientes de generalização, um centrado em torno de $E1$, ao qual a resposta foi condicionada, e o outro em torno de $E2$, ao qual a não resposta foi condicionada. Neste caso, mesmo que $E2$ esteja dentro do intervalo usual de generalização de $E1$, ou seja, mesmo que uma resposta condicionada a $E1$ normalmente seja evocada por $E2$, isso será neutralizado pelo condicionamento negativo sofrido por $E2$. Assim, no caso referido, embora todas as figuras arredondadas possam estar dentro da faixa usual de generalização a partir do círculo, isso é neutralizado no segundo caso, no qual é "rejeitada" a resposta à elipse.

Mas essa explicação não poderá ser checada enquanto não tivermos estabelecido o que é o "contínuo aferente", no qual se coloca uma forma circular, e o que é a "inclinação" do gradiente de generalização, que é com que intensidade uma resposta condicionada a certa força $E1$ tenderia a ser evocada por $E2$. E ainda parece que estamos muito longe de obter dados quantitativos tão exatos, se é que os obteremos um dia.

Um segundo elemento de indeterminação entra com a noção de "generalização de estímulos secundários". A explicação disso por Hull[7] é em termos de "convergência receptor-efetor". Vários estímulos diferentes podem adquirir, separadamente, o poder de evocar uma resposta. Nesse caso, por vezes acontece que, quando uma nova resposta é condicionada a um desses estímulos, os outros também tendem a evocá-la. A resposta é "generalizada" para outros estímulos que não estão no mesmo contínuo aferente. Hull indica experimentos de resposta condicionada nos quais isso foi demonstrado. Tal mecanismo, presumivelmente, poderia ser evocado para explicar os casos em que se aprendeu uma resposta a um objeto sob uma descrição que não estava conectada com as propriedades do estímulo do objeto. Assim, pode-se ensinar uma criança a temer animais a partir de uma experiência infeliz com um cão. Mas é difícil encontrar elementos de estímulo comuns de modo que os estímulos produzidos por todos os animais possam ser colocados em um contínuo aferente. Podemos supor, então, que todas as diversas espécies de estímulos animais tenham sido condicionadas em ocasiões separadas para alguma resposta comum. Assim, tal como no caso da generalização primária apresentado, essa explicação altamente improvável não poderia ser de fato testada enquanto as condições de generalização secundária não forem mais bem formuladas.

Mas, posto que essas hipóteses de generalização introduzam muitos elementos de indeterminação na teoria E – R, elas não

---

[7] Hull, *Principles of Behavior*, cap.XII.

tornam impossível ou infrutífero tentar responder à pergunta, a saber: há um limite para as conexões que podem ser adquiridas de modo que a resposta seja condicionada a estímulos de certa gama de descrições?

Em um conhecido experimento, Köhler[8] treinou galinhas para que respondessem a um de dois objetos cinzentos, sendo o positivo o mais claro. Quando apresentaram aos animais uma nova escolha entre o tom positivo e um ainda mais claro, eles escolheram o tom mais claro. Isso foi considerado como a evidência de que os animais não haviam aprendido a responder ao objeto originalmente positivo sob a descrição "cinzento de tal tom", e sim sob a de "mais claro de dois cinzentos". Em outras palavras, aqui, as propriedades cruciais dos estímulos não eram as propriedades absolutas, intrínsecas, e sim as relativas.

Spence[9] tentou explicar esse resultado invocando o princípio da generalização do estímulo primário. O condicionamento da resposta ao tom mais claro ($G2$) no treinamento original induziria naturalmente uma tendência a responder a outros tons de cinzento, embora a tendência naturalmente não fosse tão forte. Do mesmo modo, o não reforço da resposta ao tom mais escuro ($G1$) tenderia a condicionar a não resposta (resposta de inibição) não só a $G1$ como também, em menor grau, a outros pontos no contínuo aferente. O resultado pode facilmente ser, se fizermos certas suposições quantitativas, que a tendência a responder ao novo tom ($G3$) pode ser não só mais forte do que a inibição como também $G3$ pode até ter um poder excitatório maior que o de $G2$. Pois a inibição ter-se-ia generalizado de $G1$ para $G2$, como também para $G3$, e o poder excitatório de cada um dependerá, pois, não só da força da tendência a

---

[8] Köhler, "Simple Structural Functions in the Chimpanzee and in the Chicken", em Ellis (org.), *A Source Book of Gestalt Psychology*.

[9] Spence, "The Differential Response in Animals to Stimuli Varying within a Single Dimension", *Psychological Review*, v.44, n.5, p.430-44, 1937.

responder, como também da *diferença* entre esta e a força da inibição. Se os gradientes tiverem a inclinação correta, G3 será prevalecente em relação a G2. Assim, fundando-se nas suposições adequadas, Spence acreditava que poderia explicar o caso de transposição, e não só isso, mas também dar uma explicação dos casos em que a transferência falha, como muitas vezes acontece com os valores absolutos dos estímulos que estão muito distantes dos originais. Claro está, não há como testar essa hipótese enquanto não se esclarecerem as condições tanto da altura quanto da inclinação dos gradientes à medida que surgem no aprendizado, mas, em todo caso, isso ofereceu um modo de explicar os fatos de transposição sem invocar propriedades relativas.

Mas é difícil ver como essa hipótese pode explicar o resultado de Lawrence e De Rivera.[10] Esses autores treinaram ratos para que pulassem para a direita quando, nos dois cartões diante deles, a metade superior era mais clara do que a inferior, e para a esquerda quando a metade superior era mais escura. Durante o período de treinamento, a metade inferior dos cartões era sempre do mesmo tom intermediário, de modo que, concebivelmente, os animais podiam tê-la desconsiderado e condicionado a sua resposta diferencial à metade superior que diferia absolutamente nos dois casos. Então, no ensaio de teste, utilizou-se uma grande variedade de cores/tons diferentes, de modo que, se os animais tivessem sido treinados para responder a cores/tons específicos anteriormente associados a pular para a direita e a pular para a esquerda, ou não teria ocorrido transferência ou teria ocorrido transferência negativa. Mas os animais mostraram um grau muito elevado de transferência nesses casos. Há pouca dúvida, pois, que as relações entre estímulos têm um papel importante no aprendizado.

---

[10] Lawrence; De Rivera, "Evidence for Relational Discrimination", *Journal of Comparative and Physiological Psychology*, v.47, p.465-77, 1954.

Os animais, porém, não podem somente aprender a responder a um objeto que tenha mais ou menos de certa propriedade do que outro objeto. Também podem ser treinados para escolher um objeto que se assemelhe a um padrão em determinado aspecto. Assim, Nissen[11] relata em experimento correspondente, no qual macacos tinham de escolher, entre dois objetos colocados em cada lado de um terceiro, aquele que tinha a mesma cor que o do meio. Nissen tenta explicar isso supondo uma "percepção de identidade e diferença".

> Os órgãos dos sentidos de todos os organismos são expostos constantemente a identidades e diferenças de energias ambientais. A própria essência de um "estímulo" reside na heterogeneidade espacial ou mudança temporal naquelas energias. Portanto, seria muito surpreendente se os organismos não fossem equipados, inatamente ou mediante uma experiência muito precoce, com um mecanismo para perceber e responder a essa característica muitíssimo elementar e onipresente do seu mundo sensorial.[12]

Do mesmo modo,

> Um mecanismo central para a percepção de "mais" e "menos" semelhante àquele para identidade e diferença proveria uma explicação para a vasta gama de comportamentos relacionais (transposicionais) exibidos em todas as modalidades de sentido pela mente desde a ameba até o homem.[13]

Mas esse acréscimo equivale virtualmente a um abandono da teoria molar estímulo-resposta. É claro que pode haver um "mecanismo" desse tipo, embora a questão de se podemos explicar a percepção de identidade e os gradientes de mais ou menos em termos de um mecanismo seja algo que a teoria "molecular", fisiológica, ainda tem de resolver. Mas, quer semelhante mecanismo exista, quer

---

[11] Nissen, "Sensory Patterning versus Central Organization", *Journal of Psychology: Interdisciplinary and Applied*, v.36, p.271-87, 1953.

[12] Ibid., p.281.

[13] Ibid., p.285.

não, invocá-lo nessa fase é abandonar a esperança de estabelecer uma teoria molar E – R. Pois isso significa que introduzimos, além de propriedades "absolutas", toda uma gama de propriedades relativas como sugestões. Mas então, como vimos, fica difícil entender como o aprendizado pode ocorrer. Pois, se condicionarmos determinada resposta a um objeto vermelho, que também tem a propriedade de ser diferente em cor da gravata do experimentador (que é verde), por que a resposta não será condicionada à "propriedade de estímulo" "diferente da cor da gravata do experimentador" e, assim, ser generalizada para um objeto amarelo que compartilha essa propriedade? Está claro que, se chamarmos tanto as propriedades absolutas quanto as relativas igualmente de "estímulos" ou "propriedades percebidas", teremos de explicar o fato de o aprendizado envolver não só o condicionamento de uma resposta a um estímulo ou propriedade percebida como também a seleção da propriedade percebida que deve ser condicionada; pois uma resposta condicionada à propriedade absoluta e a todas as propriedades relativas de determinado objeto seria "generalizada" para praticamente todas as outras situações; tem de haver alguma seleção para que o aprendizado ocorra. Mas este é um tipo de seleção que não pode ser explicado pela teoria E – R.

A percepção de Nissen de "semelhança" e "diferença", assim como de "mais" e "menos", é um paradigma da hipótese especial introduzida para salvar uma teoria que não resolve nenhum dos problemas a que deveria responder;[14] em vez disso, serve para revelar mais claramente onde a teoria é inadequada. Nissen, efetivamente, está abandonando a visão de que os efeitos dos objetos de estímulo nos receptores devem ser classificados em certa gama restrita de modos. E, claro está, não há motivo para acreditar que os efeitos da "estimulação" no córtex, ou no comportamento, possam ser entendidos se os classificarmos desse modo restrito – a teoria

---

[14] Cf. supra, Cap.5.

"cognitiva" sempre afirmou o contrário –, mas, uma vez que abandonamos isso, a noção "os estímulos nesta situação" não tem sentido definido, e, portanto, a previsão pelas leis E – R se torna impossível; ou, então, com base no mesmo tipo de intuição que todos os não teóricos usam.

Mas é difícil ver como a restrição pode ser mantida. Há outras propriedades relativas além da semelhança e da diferença, mais ou menos, que podem ser vistas como exercedoras de um papel no aprendizado. Por exemplo, Hamilton[15] colocou alguns macacos em uma caixa com quatro saídas. A cada tentativa, uma porta era aberta, mas sempre uma porta diferente da que foi aberta na tentativa anterior. Os macacos aprenderam a desconsiderar essa porta e a tentar as outras três. Como um problema de discriminação, este envolve treinar os animais para se aproximarem somente das portas com descrição "diferente da porta aberta na tentativa anterior". Em um experimento com porcos, Yerkes e Coburn[16] colocaram os animais diante de nove compartimentos. A cada tentativa, três eram abertos, mas os três variavam em cada tentativa. Os animais aprenderam a obter comida no primeiro compartimento à esquerda de qualquer combinação de compartimentos abertos. Também aprenderam a tirar comida do primeiro compartimento da direita e, em seguida, a alternar.

Mas não são unicamente as propriedades relativas que temos de admitir. Há muitas evidências de que as propriedades de configuração também podem ser cruciais. Assim, Teas e Bitterman[17] estabeleceram que os ratos podem ser treinados para ir para a direita quando os estímulos no campo são de um tipo e para a esquerda quando são de outro. Em cada caso, os animais eram defrontados com

---

[15] Apud Maier; Schneirla, *Principles of Animals Psychology*, p.458-9.

[16] Apud ibid., p.459-60.

[17] Teas; Bitterman, "Perceptual Organization in the Rat", *Psychological Review*, v.59, n.2, p.130-40, 1952.

O que se aprende?

um conjunto de cartões com marcações diferentes. Mas saltavam para a esquerda ou para a direita sempre que o par adequado era apresentado independentemente da ordem dos cartões. A resposta não estava, portanto, condicionada a um dos cartões em cada caso, e sim ao efeito global de ambos. Assim, nesse caso, os animais foram treinados para responder às propriedades globais do todo, não às propriedades pontuais das partes.

Uma vez mais, O. Koehler[18] treinou pássaros para responder ao número de elementos de estímulo em relação ao seu tamanho, à sua forma, cor etc. Um corvo e um papagaio-cinzento foram treinados para abrir uma caixa com o mesmo número de manchas na tampa com um cartão-"chave" que se achava no chão, em frente às caixas.

Fica claro, a partir desta e de outras evidências, que não podemos colocar um limite *a priori* no tipo de propriedade que pode ser crucial no aprendizado e, por conseguinte, no tipo de correlação que um animal pode aprender. Mas, assim sendo, a tentativa de estabelecer uma teoria molar E – R está fadada ao fracasso. Teremos de admitir, pelo contrário, que determinada situação pode comportar muitas descrições para o animal e que, em um nível "molar", algo como a noção de intencionalidade deve receber um lugar. É possível, naturalmente, que um dia possamos explicar a atividade mental nos termos de alguns problemas de uma teoria neurológica não teleológica. Esse dia ainda está longe, e, por esse motivo, entre outros, tal possibilidade escapa ao âmbito deste livro. Mas, seja qual for o resultado dessa questão, uma tentativa de explicar o aprendizado pelo condicionamento de respostas a estímulos parece ser equivocada, pois o fato crucial que precisa ser explicado é a seleção essencial para o aprendizado, e isso uma teoria E – R não pode fazer.

---

[18] Apud Thorpe, *Learning and Instinct in Animals*.

3. Resposta ou ação?

Assim, a restrição à noção de "estímulo" ou "sugestão" exigida pela teoria E – R se mostra inadequada aos fatos. Porém o mesmo acontece com a teoria E – R de uma "resposta". Pois deve-se entender uma resposta como um movimento, ao passo que, se admitirmos que o aprendizado depende de como o animal vê a situação, então estamos classificando-o como *ação*, pois então a natureza da resposta também depende da descrição que ela tem para o animal, esteja ele "pegando o cartão branco" ou "pegando o cartão à esquerda". Para a teoria E – R, por outro lado, a natureza da resposta deve depender puramente da descrição que se tem dela como um movimento.

Para a teoria E – R, então, a diferença nesse caso entre pegar o cartão branco e pegar o da esquerda está simplesmente nos estímulos que provocam o que é um movimento idêntico em ambos os casos. Uma vez que tenhamos abandonado a noção de estímulo, essa explicação deixa de ter sentido. Porém, mesmo deixando isso de lado, ainda ficaria claro que não podemos explicar respostas desse modo.

Pois a relação entre sugestão e movimento é mais complicada que isso. Por exemplo, pode ser que uma sugestão esteja ligada a um movimento de aproximação a essa sugestão, ou que o movimento que ela provoca seja de aproximação a outra sugestão, ou mesmo um movimento de algum outro tipo. Em outras palavras, a questão de saber se determinado movimento idêntico é uma de duas respostas pode não depender simplesmente das sugestões que o provocam; pois, mesmo quando conhecemos a sugestão, ainda pode surgir a questão de que tipo de resposta é, *e.g.*, trata-se de uma resposta de aproximação à sugestão ou se trata simplesmente do movimento de certos músculos que, nesse caso, casualmente aproxima mais o animal da sugestão? Uma vez que tenhamos observado o movimento e a sugestão, a sua relação mútua ainda pode estar em questão.

O que se aprende?

A descrição de um movimento como resposta pode, assim, variar mais amplamente do que a teoria E – R permite. Pois, se houver mais de um modo pelo qual uma sugestão pode ser relevante para a resposta no aprendizado, então esse aprendizado deve exigir alguma seleção; alguma coisa tem de determinar se o animal está aprendendo a emitir o movimento que agora está sendo recompensado como aproximação a essa sugestão ou como algum outro tipo de movimento a ser feito se essa sugestão aparecer, e que, nas circunstâncias presentes, aproximam-no da sugestão; por exemplo, algo tem de determinar se um rato está aprendendo a se aproximar do cartão X ou simplesmente a ir para a direita sempre que lhe apresentarem o cartão X (sendo este o caso se o cartão X sempre for apresentado no lado direito). Mas essa seleção não pode ser explicada em termos E – R, pois, em ambos os casos na situação de treinamento, a sugestão e o movimento são idênticos; se duas respostas diferentes podem, no entanto, ser aprendidas, há de ser unicamente porque a relação sugestão-resposta é *vista* de modo diferente pelo animal. Em outras palavras, a diferença entre a descrição da aproximação e a outra descrição não estará na natureza do movimento que o animal está executando agora – *ex hypothesi* – nem na natureza da sugestão, que é a mesma em ambos os casos; deve estar, então, na descrição que, em certo sentido, a resposta tem para o animal.

Se essa variação for permitida, não poderemos determinar a natureza da resposta simplesmente observando o movimento emitido ou mesmo identificando também a sugestão que o provoca, pois ainda pode surgir a pergunta: sob que descrição esse movimento é uma resposta do organismo? E, se assim for, não poderemos explicar o aprendizado em termos E – R, isto é, como o condicionamento de movimentos a sugestões; pois qualquer teoria do aprendizado também terá de explicar a seleção da descrição sob a qual esse movimento é "condicionado" à sugestão. Assim, é essencial para a teoria E – R que não haja tal variação, isto é, que todas as respostas condicionadas aos estímulos sejam do mesmo tipo de descrição, de modo que não haja dúvida, uma vez que tenhamos observado o movimento que é a resposta. Assim, em conexão com a resposta, também, a teoria E – R exige que haja um limite ao que se pode aprender, às correlações pelas quais podemos explicar o comportamento que é adaptado ao ambiente através do aprendizado.

Esses limites ao tipo de resposta parecem ser geralmente presumidos entre os teóricos E – R, e, nos debates sobre o assunto, eles tendem a se referir sem questionar *à* natureza da resposta. Mas surge a pergunta sobre se os fatos do aprendizado podem justificar essa limitação. E esta pode ser decidida pela evidência empírica. A questão diz respeito ao que se aprende, no sentido de, dentre as muitas descrições que um movimento emitido em determinada situação pode ter, qual ele tem como uma resposta? E, tal como com as questões acerca da natureza do estímulo, podemos descobrir isso vendo de que modos o treinamento é transferido a uma situação nova, se e de que modos a resposta se alterará e, portanto, quais são as invariantes, a descrição sob a qual a resposta é a mesma aprendida no treinamento original. Pois isso determinará a resposta aprendida, isto é, o modo como o comportamento do animal foi alterado pelo aprendizado.[19]

Ora, se a resposta é unitária no tipo, que tipo é esse? Parece claro que a noção hulliana original de "movimento incolor", isto é, movimento identificado pelos efetores usados, não é aplicável a todas situações do aprendizado. Isso surge claramente de um experimento de Nissen.[20] Nissen treinou chimpanzés com uma caixa com dois painéis que podiam ser empurrados para permitir

---

[19] Esse método é aplicado por Campbell, "Operational Delineation of 'What is Learned' via the Transposition Experiment", *Psychological Review*, v.61, n.3, p.167-74, 1954; mas Campbell ainda está interessado em descobrir qual é a natureza da resposta em geral, ao passo que a questão que queremos apresentar é se existe tal natureza unitária.

[20] Nissen, "Description of the Learned Response in Discrimination Behavior", *Psychological Review*, v.57, n.2, p.121-31, 1950.

o acesso às câmaras de alimento internas. Um dos painéis era branco; e o outro, preto. Os animais eram treinados para empurrar o painel branco quando a caixa estava posicionada de modo que os painéis ficassem lado a lado, estivesse o branco à direita ou à esquerda. Pareceria natural dizer que a resposta aprendida pelo animal era "acionar o painel branco". Mas talvez ainda fosse possível sustentar que ele havia aprendido a escolher o lado direito (*i.e.*, fazer certos movimentos musculares) quando o painel positivo estava à direita e a escolher o esquerdo quando o painel estava à esquerda. Entretanto, essa interpretação é descartada até o estágio seguinte do experimento. Nissen posicionou a caixa de lado, de modo que o branco ficasse acima ou abaixo do preto, e os animais transferiram o seu treinamento quase perfeitamente. Parece haver pouca dúvida de que os animais tinham aprendido a acionar o painel branco.

Esta e muitas outras características do aprendizado discriminatório levaram vários teóricos E – R, *e.g.*, o próprio Nissen e Spence,[21] a abandonarem a noção hulliana de movimento "incolor" (ao qual o próprio Hull parece não ter aderido muito fielmente) a favor de uma classificação do movimento em termos de "aproximação" e "afastamento" (Nissen) ou "não aproximação" (Spence).

Não está inteiramente claro o que deve se enquadrar nessa classificação. Nissen[22] aceita "a necessidade lógica, em alguns casos, de descrever a resposta discriminativa como um ato, isto é, nos termos da sua consequência ou efeito (geralmente com referência a um objetivo ou a uma relação organismo-ambiente alterada)".

Ora, isso vai muito além do que classificamos normalmente como comportamento de "aproximação" ou de "afastamento". Também

---

[21] Spence, "The Nature of Discrimination Learning in Animals", *Psychological Review*, v.43, n.5, p.427-49, 1936.

[22] Nissen, "Description of the Learned Response in Discrimination Behavior", op. cit., p.130.

se aplicaria a coisas como "empurrando a alavanca para baixo" e "indo em direção ao quadrado vermelho". Se déssemos a isso uma interpretação ampla, cairíamos exatamente nos mesmos problemas supramencionados no caso de "resposta". Pois "alteração na relação organismo-ambiente" é tão obscura e multivalente quanto "resposta". Qualquer alteração pode ser classificada de um grande número de modos. O único tipo de classificação de resposta que seria descartado por isso é aquele que especificaria respostas puramente pelas mudanças no próprio organismo (movimento dos músculos etc.) que às vezes usamos ao falar em respostas reflexas.

Além disso, se adotarmos uma classificação de resposta pelo resultado alcançado, estaremos fazendo uma grande concessão que mina toda a base da teoria E – R. Pois, a menos que possamos explicar a ocorrência de tais respostas em termos de outras não definidas pelos seus resultados, ficaremos com correlações E – R de forma teleológica (*e.g.*, "na ocorrência de *E*, o animal emitirá esse comportamento que na situação atingirá *G*, o objetivo pelo qual *R* é definido"). E, claro está, os teóricos E – R acreditam confiante e erroneamente que esse tipo de explicação pode ser dado.

Mas, se deixarmos essa dificuldade de lado por ora (a fim de voltar a ela no Capítulo 9) e nos concentrarmos em casos de aprendizado discriminatório, a tese de Spence e Nissen é simplesmente que o tipo de resposta é invariavelmente de aproximação ou afastamento (ou "não aproximação"), *i.e.*, que o movimento provocado sempre deve ser classificado como aproximação ou afastamento de um objeto-sugestão. A introdução de "afastamento" e "não aproximação" levanta outras ambiguidades que vamos abordar daqui a pouco, mas, no momento, podemos interpretar Spence e Nissen como dizendo que, em casos de aprendizado discriminatório envolvendo recompensa e não punição, a resposta pode invariavelmente ser classificada como uma aproximação de algo, e o tipo de resposta é, portanto, constante.

Mas essa afirmação não pode ser sustentada.

A interpretação de Nissen da "aproximação" já está abalada pelos resultados de Weise e Bitterman,[23] nos quais ratos foram treinados não só para entrar em um beco iluminado e evitar um escuro como também a ir para a direita quando ambos os becos estavam iluminados e a saírem quando ambos estavam escuros. Ora, se o primeiro resultado se enquadra na interpretação da "aproximação", o segundo parece não se enquadrar. Pois, quando o animal vai para a direita se ambos os becos estiverem iluminados, não se pode dizer que ele está "se aproximando do beco iluminado". Nissen tentou explicar isso invocando "estímulos cinestésicos" relacionados com virar à direita, que, juntamente com o beco iluminado, estavam associados à aproximação. Portanto, o animal aprendeu a "se aproximar" dos seus próprios estímulos cinestésicos! Porém, mesmo que se pudesse dar um sentido claro a essa última hipótese, ela é descartada por outro experimento de Teas e Bitterman.[24] Esses autores mostraram como os ratos podiam responder saltando de um modo rumo a um par de cartões de discriminação e de outro modo rumo a outro par, mesmo que estes tenham sido invertidos. Assim, temos de admitir que alguns movimentos espaciais não podem ser descritos em termos de "aproximação".

Então, é claro, a classificação de Spence e Nissen em termos de "aproximação" e "afastamento" ou "não aproximação" é em si ambígua. Pois quais movimentos são de "aproximação" de alguma coisa e quais são de "afastamento"? Geralmente, nós o sabemos muito bem devido à nossa especificação "antropomórfica" da situação experimental com refinados métodos de tortura, tais como as redes elétricas. Estamos, pois, bastante seguros de que o rato está "fugindo" do choque. Ou pondo sementes de girassol na caixa alvo, sabemos que o rato está "indo para" ela. Mas então é difícil ver onde está a

---

[23] Weise; Bitterman, "Response-Selection in Discriminative Learning", *Psychological Review*, v.58, n.3, p.185-95, 1951.

[24] Teas; Bitterman, "Perceptual Organization in the Rat", op. cit.

maior exatidão na linguagem: na usada em contextos cotidianos ou na usada por teóricos cognitivos. Além disso, há, naturalmente, toda uma gama de ações que não se podem caracterizar em termos de mudança espacial de posição em relação a um ponto de referência, como "agarrar", "morder", "vestir" e assim por diante. Aqui, claro está, o contexto geralmente nos diz de modo bem inequívoco o que "o animal está fazendo", isto é, de que modo caracterizar essa "alteração na relação organismo-ambiente". Quando o macaco vai pegar uma caixa na sala ao lado, coloca-a de pé, sobe nela e alcança a fruta, sabemos que o objetivo de pegar a caixa não é que ela já não deva estar na sala ao lado, e sim que deve ser usada como um "banco". O macaco está "trazendo a caixa aqui", não a tirando de lá ou simplesmente "carregando-a durante algum tempo". Estamos simplesmente adotando a noção de ação da linguagem ordinária. Ao fazer isso, não introduzimos apenas um elemento teleológico, mas abandonamos a afirmação para explicar o aprendizado em termos do condicionamento dos movimentos aos estímulos, porque, em qualquer conjunto de critérios para um movimento, também temos de explicar a seleção da descrição sob a qual a resposta está sendo condicionada. Pois, para qualquer movimento ou mudança no ambiente, pode haver uma série de ações, e a questão do que o animal está fazendo na situação de treinamento não é estabelecida pelo relato dos seus movimentos.

Em conexão com os exemplos de aprendizado de discriminação apresentados, também poderíamos afirmar que a relação do estímulo com a resposta pode variar. Isto é, a relevância de um estímulo para uma resposta que o animal aprende a emitir na sua presença nem sempre será a mesma. Essa variação é geralmente coberta pela fórmula "a resposta é condicionada ao estímulo". A relação pode ser que o animal aprenda a se aproximar ou a morder ou a pegar determinado tipo de objeto, ou pode ser do tipo "se-então", o animal aprende a fazer X quando Y. Portanto, o animal tem de aprender não só quais são as sugestões relevantes como também deve aprender qual é a sua relevância para o comportamento.

O que se aprende?

Hull tenta explicar essa relação condicional por um dos seus mecanismos implausíveis, o da "interação neural aferente".[25] Trata-se da tese segundo a qual cada estímulo distante altera o efeito de cada outro estímulo distante no próprio organismo, de modo que os impulsos aferentes oriundos do estímulo distante E sejam alterados pela presença de Ex, para e'. Ora, e' é considerado a certa distância de e ao longo de um contínuo de generalização, de modo que a resposta condicionada a e' pode não ocorrer se Ex estiver ausente, dados certos pressupostos quantitativos, portanto, E resulta em e. A resposta R para E pode, portanto, estar condicionada à presença de Ex. A tese, naturalmente, é inteiramente inverificável. Hull[26] tenta responder às críticas segundo as quais a sua tese é demasiado vaga ao citar o exemplo dos experimentos de reflexo condicionado. Ele cita os experimentos de Pavlov que mostram que, se uma resposta tenha sido condicionada a um estímulo, pode facilmente não ser evocada caso um novo estímulo seja introduzido junto com o EC. Pavlov chamou isso de "inibição externa". Assim, podemos medir o grau de interação pela perda de prontidão da resposta quando o novo estímulo extrínseco é introduzido. Mas, se nos voltarmos para a discussão de Hull no seu *Principles of Behavior* [Princípios de comportamento], descobrimos que essa não é a história toda. Por vezes, a introdução de um estímulo estranho pode, como constatou Pavlov, servir para reviver um reflexo condicionado que foi parcialmente extinto. Desse modo, o efeito da "interação neural aferente" pode ser tanto para aumentar quanto para diminuir o "potencial de reação". A explicação disso oferecida por Hull, seguindo Pavlov, é

---

[25] Cf. Hull, *Principles of Behavior*, op. cit., p.287-9; e id., "The Discrimination of Stimulus Configurations and the Hypothesis of Afferent Neural Interaction", *Psychological Review*, v.52, n.3, p.133-42, 1945. Cf. também "Sensory patterning", em Spence, "The Nature of the Response in Discriminatory Learning", *Psychological Review*, v.59, n.1, p.89-93, 1952.

[26] Hull, "The Discrimination of Stimulus Configurations and the Hypothesis of Afferent Neural Interaction", op. cit.

que a resposta constrói certa inibição condicionada e esta também é enfraquecida pela mudança no estímulo produzido pela interação. Assim, tanto a tendência a emitir quanto a tendência a não emitir a resposta são enfraquecidas. É claro que isso é compatível com praticamente qualquer resultado. O único comentário de Hull é que um estímulo extra "moderado" tenderá a desinibir mais do que a enfraquecer a resposta, ao passo que um mais forte não fará isso.

Mas, claro está, essa hipótese não pode nos ajudar a reinterpretar o comportamento observado por Teas e Bitterman[27] como "comportamento de aproximação". Tampouco pode explicar o aprendizado que se pode ver no emparelhamento condicional. Nissen[28] relata um experimento em que macacos foram treinados em correspondência, isto é, para escolher um objeto que se assemelha a um objeto-padrão, e treinados para escolher o objeto que lembra o padrão na cor quando o fundo era de um tipo e para escolher aquele que a ele se assemelha na forma quando o fundo era de outro tipo. Aqui, a condição diferencial governava a atenção a certa dimensão de estímulo, e não uma reação a determinado estímulo. E isso dificilmente se pode explicar por interação neural aferente.

A resposta aprendida, então, não é invariável em tipo. E, assim como se mostrou na discussão de "estímulo", pode-se mostrar que as correlações entre ambiente e comportamento pelas quais explicamos o aprendizado variam além dos limites exigidos por uma teoria E – R do aprendizado. Isto é, o tipo de correlação que a teoria E – R procura estabelecer não se sustenta. O mero fato da contiguidade de estímulo e resposta, ou a sua contiguidade em um contexto de recompensa, não determina o que é aprendido. Pois, além de quais movimentos estão sendo emitidos, também temos de saber o que o animal *faz* na situação de treinamento. Pois disso depende se ele aprende a "fazer *X* quando *Y*" ou "obtém *Y*". Qualquer teoria E – R

---

[27] Teas; Bitterman, "Perceptual Organization in the Rat", op. cit.

[28] Nissen, "Sensory Patterning versus Central Organization", op. cit.

tem, portanto, um problema de explicar a seleção de determinada descrição sob a qual a resposta deve ser condicionada. E é difícil ver como se poderia explicar isso em termos E – R, já que a diferença não diz respeito a uma seleção entre estímulos ou sugestões, nem, *ex hypothesi*, uma diferença de movimento, e sim uma determinação da relevância das sugestões para a ação. Que uma coisa é aprendida, pois, e não outra, é algo que depende não só dos movimentos emitidos ou da recompensa recebida, mas também da estrutura que a situação tem para o animal. A tentativa de E – R, portanto, de acabar com a noção de intencionalidade falha no nível de uma ciência molar do comportamento.

Os resultados da discussão neste capítulo, portanto, confirmam os do anterior. Pois a seleção entre diferentes descrições intencionais da situação, que, vimos, tinha que ser suposta para explicar a direção e a velocidade do aprendizado, foi considerada aqui necessária para explicar a variedade do que se pode aprender. E isso, embora conflite com os princípios do neobehaviorismo, é o que se pode esperar na suposição de que a explicação por propósito seja válida.

8
Orientação espacial

1. Improvisação e aprendizado latente

O problema levantado no capítulo anterior foi o de descobrir o que o animal aprendeu a fazer. Não se pode responder a essa pergunta simplesmente descobrindo quais movimentos ele está fazendo. Com muita frequência, temos de fazer testes em situações variadas a fim de descobrir o que o animal estava "experimentando" na situação de treinamento e, portanto, o que aprendeu a fazer.

Até agora, discutimos principalmente casos de discriminação condicional, nos quais o animal é treinado para responder de certo modo a um objeto de certo tipo, *e.g.*, pular no cartão vermelho ou pegar o objeto quadrado etc. Mas o problema do que o animal aprendeu a fazer também surge com o aprendizado do labirinto, no qual o animal é treinado para seguir certos caminhos e descobrir qual leva à recompensa, por exemplo, em uma caixa de comida. Ora, a teoria E–R padrão diz que o que aqui se aprende é uma série de respostas a estímulos. Cada "ponto de escolha" no labirinto, no qual o animal tem de escolher, em outras palavras, se avançar às cegas, por exemplo, ou tomar o caminho "verdadeiro", fica condicionado à resposta correta, *e.g.*, "ir para a direita", como resultado da recompensa que resulta dessa escolha correta. A recompensa é mantida ou para "carimbar" a resposta correta, ou para mudar a situação de estímulo para que a última resposta dada a essa situação, que é a que leva à recompensa, tenda a ser repetida. É claro que surgem certos problemas referentes ao fator tempo, já que as respostas corretas no início do labirinto não são recompensadas durante um bom tempo depois de dadas, até que o animal tenha realmente percorrido o resto do labirinto. Aduzem-se hipóteses especiais para explicar isso, notadamente a do "reforço secundário": a visão de um ponto de escolha mais adiante no caminho "verdadeiro", ao qual o animal chega como resultado de uma escolha correta anterior, é considerada como tendo um valor de recompensa, carimbando assim a resposta correta anterior. Há sérias dificuldades relacionadas com essa noção de reforço secundário, mas não as vamos discutir aqui, pois não têm importância para a questão da orientação espacial.

Ora, a tese do aprendizado do labirinto explicada pela aquisição de uma série de conexões E–R é questionada pela evidência de improvisação. Por exemplo, Tolman, Ritchie e Kalish[1] testaram ratos no dispositivo em que eles foram treinados, depois de percorrer o caminho até uma mesa, a virar à esquerda, depois à direita e novamente à direita, terminando em um ponto em um ângulo de 45° a partir do ponto de partida na mesa. Uma luz foi colocada nesse ponto. No teste, os caminhos originais foram removidos e substituídos por um conjunto de dezoito caminhos que partiam da mesa em direções diferentes. Dezenove dos 56 ratos tomaram o caminho que apontava mais diretamente para a meta final.

Esse resultado parece sugerir que os ratos aprenderam não só uma série de respostas corretas no dispositivo original como também a localização da meta final (isto é, onde normalmente se dava a comida) em relação ao ponto de partida original; em outras

---

[1] Tolman; Ritchie; Kalish, "Studies in Spatial Learning. I: Orientation and the Short-Cut", *Journal of Experimental Psychology*, v.36, n.1, p.13-24, 1946.

palavras, que a meta final era parte do seu ambiente intencional que foi estendido pelo treinamento para além dos limites do que podia "impactar os receptores" para aquilo que McDougall chama de objetos "remotos".[2] Quando nos perguntamos o que o animal aprendeu a fazer nesse caso, parece plausível dizer que ele aprendeu a se aproximar da meta, assim como poderíamos dizer, em um experimento de aprendizado de discriminação, que ele aprendeu a se aproximar do cartão branco. Pois, em ambos os casos, o comportamento parece, em circunstâncias variadas e por meios variados, ser direcionado a esses objetos. A diferença é que, em um caso, a resposta de aproximação é condicionada a um estímulo presente e, no outro, a um estímulo "remoto". E a noção de responder a um objeto que não está presente, naturalmente, não pode ter lugar na teoria E – R. É preciso, portanto, encontrar outra explicação para os fatos de improvisação.[3]

Mas os fatos de improvisação também levantam uma questão mais profunda entre a teoria E–R e a visão teleológica ordinária que não foi tocada na seção anterior. Nós perguntamos antes o que o animal tinha "aprendido a fazer", como se o resultado do treinamento sobre o comportamento do animal pudesse ser mais bem descrito em termos de aquisição de uma tendência a emitir determinada resposta ou determinadas respostas na situação. Mas é uma questão se esse é sempre o caso.

---

[2] McDougall, *An Outline of Psychology*, p.207.

[3] Uma série de outros experimentos dos associados de Tolman também estavam preocupados com a descoberta de evidências para aprender a ir a um lugar em vez de aprender a dar certas respostas em certos pontos, os chamados "estudos em aprendizado espacial", *e.g.*, Tolman; Ritchie; Kalish, "Studies in Spatial Learning. II: Place Learning versus Response Learning", *Journal of Experimental Psychologie*, v.36, n.3, p.221-9, 1946; ibid., "IV: The Transfer of Place Learning to other Starting Paths", *Journal of Experimental Psychologie*, v.37, n.1, p.39, 1947; e ibid., "V: Response Learning versus Place Learning by the Non-Correction Method", *Journal of Experimental Psychologie*, v.37, n.4, p.285, 1947.

Ora, a teoria E–R afirma que esse é o caso. Pois o comportamento deve ser explicado por certas leis que ligam os estímulos ambientais às respostas.[4] Essas conexões podem ser inatas. Mas, quando chegamos à aprendizagem, ou seja, ao caso em que o comportamento em determinado ambiente muda com o tempo como resultado da experiência, a mudança é, obviamente, explicada postulando conexões adquiridas.[5] Assim, na medida em que qualquer curso de treinamento resulta em uma mudança de comportamento, a mudança pode ser descrita como a aquisição de uma tendência a emitir determinada resposta ou conjunto de respostas em certas condições.

Conforme o tipo ordinário de explanação, por outro lado, o comportamento é explicado pela situação total[6] de acordo com as leis teleológicas, e pelo que a situação exige ou torna propício, admitidos os objetivos do organismo. Em alguns casos, podemos falar em aprendizado como a aquisição de novos objetivos, como

---

[4] Como veremos a seguir, algumas dessas leis são condicionais para a sua operação em certos estados internos ao organismo, os chamados estados pulsionais, mas isso não altera a forma básica da teoria.

[5] Deve-se distinguir o aprendizado da maturação. Por exemplo, o comportamento do indivíduo na ontogenia precoce muda à medida que certas habilidades motoras se desenvolvem. Mas essa mudança pode não ser atribuída ao aprendizado no sentido de que pode ser independente da experiência ou prática do animal antes do seu desenvolvimento. Certas experiências com pássaros parecem indicar, por exemplo, que isso é verdadeiro para "aprender" a voar.

[6] Digo "situação total" e não simplesmente "ambiente" porque, em alguns casos, certas condições internas ao organismo, *e.g.*, fome ou sede, também são relevantes para o comportamento. Isso também é reconhecido pela teoria E – R, que introduz a noção de "motivação" para explicá-lo. A diferença essencial é que, na visão ordinária, a fome e a sede condicionam o comportamento como elementos de uma situação e, assim, contribuem com os outros elementos para a "motivação" do comportamento, ao passo que, para a teoria E – R, o papel do impulso é o de "sensibilizar" as conexões E – R que por si sós dirigem o comportamento. Cf. a discussão adiante, Cap.10. Há um sentido amplo de "ambiente" que inclui o ambiente "interno", mas será mais claro usar o significado restrito.

quando um animal aprende por experiência que uma substância nova é comestível e, portanto, adquire um novo objeto-meta. Mas, em outros casos – e isto inclui o aprendizado do labirinto –, não podemos explicá-lo desse modo, podendo-o, no máximo, só em parte. Nesses casos, o papel do aprendizado é efetuar uma mudança no ambiente intencional, geralmente para alinhá-lo mais com o ambiente geográfico e, assim, provocar a adaptação "orientando" o animal. Desse modo, o efeito do aprendizado sobre o comportamento é explicado, na visão teleológica, não pelo condicionamento de certas respostas a certos estímulos, e sim por certas características do ambiente que vai se tornando conhecido pelo animal e, portanto, relevante para o comportamento.

Em certo sentido, também se pode dizer que a teoria E–R explicava o aprendizado em termos de certas características do ambiente tornando-se relevantes para o comportamento. Mas isso significaria simplesmente que certas respostas são condicionadas a essas características. Portanto, a sua relevância para o comportamento só pode ser unívoca, isto é, só pode servir para evocar certa resposta ou conjunto de respostas de acordo com as leis E – R. Mas, na visão de que o comportamento do animal é determinado pelo que a situação total torna propício, admitidos os objetivos do organismo, a relevância de uma característica pode não ser unívoca. Pelo contrário, pode desempenhar um papel em muitas situações totais e, por conseguinte, pode ser relevante para o comportamento de diversas maneiras, dependendo das outras características da situação. Assim, determinado caminho que conhecemos e leva a determinado ponto pode servir como rota de fuga se houver perigo, como rota para a comida se houver comida e assim por diante. Ou um martelo pode ser usado para pregar um prego, como arma ou como peso de papel etc. Em cada caso, a sua presença no campo, por ser um elemento na situação total, é relevante para o comportamento; ela o "dirige", no sentido de que o martelo é escolhido como instrumento. Mas o fato de ser relevante e qual é a sua relevância – isto é, que papel desempenha na situação – depende dos outros elementos na situação.

Mas, se a relevância de uma característica do ambiente para o comportamento pode não ser unívoca, então dizer que determinado curso de treinamento teve como resultado que certas características do ambiente são conhecidas, *i.e.*, relevantes para o comportamento, pode não ser dizer que teve o resultado de aumentar a tendência a emitir certo número de respostas em condições definidas. Pode ser dizer muito mais do que isso. Pois determinada característica pode ser relevante em um número indeterminado de maneiras. Se conheço o meu bairro, a forma particular de o ambiente desempenhar um papel em "determinar a minha resposta", *i.e.*, definir o caminho particular que tomo quando vou ao barbeiro, terá um papel diferente quando vou a um restaurante, outro quando vou à tabacaria comprar cigarros e assim por diante *ad infinitum*. Assim, não podemos traçar o resultado do período de "treinamento" original quando aprendi esse ambiente no meu comportamento enumerando uma série de ações que devo tomar (direções que devo seguir) em determinados pontos e com determinados objetivos. Por mais longa que seja, a lista está fadada a ficar incompleta. Em qualquer ponto do bairro e dado o objetivo de chegar a qualquer outro ponto, o meu comportamento será diferente do comportamento do estranho que hesita, tenta o caminho errado ou espera alguém a quem perguntar.

Esse conhecimento é o que normalmente chamamos de "orientação". Não é uma forma de "saber que", mas uma espécie de "saber como"; isto é, o seu conteúdo não pode se expressar em uma lista de fatos conhecidos sobre o ambiente, mas é uma capacidade mais geral de se locomover, de ir de qualquer ponto a qualquer ponto do ambiente. A questão é: esse tipo de conhecimento pode ser o resultado do aprendizado? A teoria E–R é obrigada a dar uma resposta negativa porque isso significaria que o efeito do aprendizado sobre o comportamento não pode ser explicado em termos de uma lista (por mais longa que seja) de conexões E–R adquiridas, isso colocaria em questão todo o empreendimento de uma ciência do comportamento que consiste em leis que ligam estímulos e respostas. A visão ordinária do aprendizado, por outro lado, dá uma resposta afirmativa.

Uma questão é, portanto, colocada pelo aprendizado de orientação espacial que não surge em conexão com o aprendizado discriminatório, mas que, no entanto, é de importância fundamental. Trata-se, em última análise, como veremos, da questão da direção do comportamento, se podemos explicar o novo comportamento decorrente do aprendizado puramente pela história do período de treinamento, isto é, pelas respostas então condicionadas, ou se o papel do treinamento é possibilitar certas respostas adaptativas, cuja ocorrência deve ser explicada por outros motivos. A teoria E–R tenta explicar o comportamento orientado em termos de um conjunto de conexões estímulo-resposta configuradas no treinamento; o comportamento é explicado pelo fato de essas leis agora serem válidas. Para a visão ordinária, o treinamento serve para familiarizar o animal com o ambiente do labirinto, para possibilitar, portanto, o comportamento adaptativo "orientado". Isso, quando ocorre, é explicado pelo objetivo para o qual ele é direcionado. Para dizê-lo em termos antropomórficos, a explicação E–R do aprendizado por orientação é bastante análoga a dizer que o animal aprende uma série de "direções"; como se houvesse aprendido que, no ponto de escolha *A*, ele tinha de virar à direita, no ponto de escolha *B*, devia virar à esquerda e assim por diante. Por outro lado, estar orientado é ser capaz de dispensar direções, ou melhor, saber mais do que pode ser registrado em qualquer lista de direções.

Ora, no aprendizado discriminativo, ou mesmo no caso ordinário de aprendizado do labirinto, no qual o animal no teste preliminar percorre o mesmo caminho que nos testes de aprendizagem, não há nada para escolher entre as duas explicações. Podemos dizer que o animal escolhe o caminho "verdadeiro" no terreno teleológico que, por causa do aprendizado, ele sabe que leva à comida, ou, no terreno não teleológico, que certas respostas são condicionadas a certos estímulos. Não há como decidir entre as duas explicações. Mas, no caso da improvisação, parece que temos um fenômeno compreensível na primeira explicação, mas não na segunda. Pois, se admitirmos que o animal sabe o paradeiro da meta final ou a sua direção geral desde o ponto de partida, isto é, se essa característica do ambiente puder vir a ser relevante para o comportamento, ela pode continuar sendo relevante na nova situação criada por um rearranjo dos caminhos, e a nova resposta adaptativa pode ocorrer como resultado. Mas, se o aprendizado consistia no condicionamento das respostas do caminho correto aos estímulos nos pontos de escolha no antigo caminho "verdadeiro", então é totalmente irrelevante para a nova situação em que os caminhos antigos deixam de existir, e não haveria nenhuma "transferência de treinamento".

Parece, por conseguinte, que o animal pode vir a ser "orientado" no treinamento, de modo que, em uma situação alterada, ele possa improvisar uma resposta "correta", isto é, uma que chega à meta sem usar as "direções" ou os "hábitos" de resposta ao estímulo (eHr's) conectados com o caminho verdadeiro original. Do mesmo modo, um animal pode improvisar uma resposta correta que envolve mudar a ordem de importância dos hábitos originais. Foi feita uma série de experimentos relacionados com isso. Por exemplo, Tolman e Honzik[7] testaram ratos em um labirinto elevado com três caminhos possíveis para a meta. Os caminhos tinham comprimento diferente, e os animais adquiriram preferência pelos caminhos em proporção inversa ao seu comprimento. Isto é, quando o caminho 1 (o mais curto) era bloqueado perto do início, eles tomavam o caminho 2; quando este era bloqueado, seguiam pelo caminho 3. Mas os caminhos 1 e 2 tinham um segmento final comum quando entravam na área da meta. Esse segmento foi bloqueado. A pergunta era: os animais tentariam o caminho 2 quando encontrassem o caminho 1

---

[7] Tolman; Honzik, "'Insight' in Rats", *University of California Publications in Psychology*, v.4, p.215-32, 1930.

bloqueado como tinham feito antes quando o caminho 1 estava bloqueado perto do início, ou perceberiam que o caminho 2 também estava bloqueado e se voltariam imediatamente para o caminho 3? Os resultados de Tolman e Honzik foram positivos, bem como os de Caldwell e Jones[8] com um labirinto parecido.

Nesses casos de improvisação, a meta e, portanto, a direção geral do caminho correto já estavam estabelecidas nos testes de aprendizado desde que foram executados para recompensar. Mas os experimentos mais conhecidos que incidem na questão da orientação espacial são aqueles projetados para testar o "aprendizado latente" ou a capacidade de aprender por exploração aleatória em um labirinto sem recompensa. Pois, nesses experimentos, os animais se familiarizaram com um ambiente antes que dessem a esse ambiente uma relevância específica mediante a introdução de uma meta final em um ponto específico. Um dos primeiros desses experimentos foi o de Blodgett,[9] no qual animais famintos percorriam um labirinto sem recompensa e, consequentemente, mostraram pouca melhora. Assim que a recompensa foi introduzida, porém, o seu desempenho melhorou acentuadamente, até o nível dos animais de controle que, desde o início, foram treinados com recompensa. Parecia, por conseguinte, que a exploração sem recompensa também produzia aprendizado. Seguiu-se uma série de experimentos, alguns do tipo do "Blodgett" original, outros com diversas variações. Em alguns casos, deixava-se que os animais explorassem livremente e, a seguir, eles eram colocados diretamente na meta final e alimentados; então testou-se o seu desempenho no labirinto. Em outros, duas metas finais eram usadas no período de treinamento sem recompensa. Então os animais eram colocados diretamente em uma delas e alimentados,

---

[8] Caldwell; Jones, "Some Positive Results on a Modified Tolman and Honzik insight Maze", *Journal of Comparative and Physiological Psychology*, v.47, n.5, p.416-8, 1954.

[9] Blodgett, "The Effect of the Introduction of Reward upon the Maze Performance of Rats", *University of California Publications in Psychology*, v.4, p.113-34, 1929.

e a sua atuação posterior no labirinto foi testada. Em outro tipo de experimento, os animais eram conduzidos em um labirinto em T ou Y quando saciados, que tinha comida em um braço e água no outro. A seguir, deixavam-nos com fome ou com sede para ver se eles conseguiam encontrar o caminho do braço adequado. Esses testes foram majoritariamente positivos.[10]

Ora, é difícil acomodar esses resultados na estrutura de uma teoria E – R. O sentido desses experimentos é que o ambiente nos ensaios de treinamento não tem a relevância específica que terá nos ensaios de testes e, portanto, é difícil ver como podemos explicar o desempenho aprimorado após o aprendizado pela aquisição somente dos hábitos necessários para executar o que finalmente será revelado como o caminho correto. Isso nem sempre se compreende. Alguns teóricos parecem pensar que o aprendizado latente é principalmente um problema para a teoria do reforço, e que pode ser respondido postulando novos tipos de "recompensa" no período de treinamento. Assim, MacCorquodale e Meehl[11] discutem a possibilidade de explicar os resultados de Blodgett presumindo que os animais estavam desenvolvendo uma tendência a seguir o caminho "verdadeiro" durante o período de exploração (recompensados provavelmente por sair do labirinto), mas que o efeito total do aprendizado sobre o desempenho só apareceu quando eles tiveram um incentivo adequado.[12] E nesse caso, é claro, o aprendizado consistiria simplesmente em aprender a dar as respostas certas aos estímulos de ponto de escolha apropriados que, juntos, constituem a tomada do caminho correto. Mas, embora se possa supor isso no

---

[10] Para um resumo e discussão de muitos experimentos de aprendizado latente, ver: Thistlethwaite, "A Critical Review of Latent Learning and Related Experiments", *Psychological Bulletin*, v.48, n.2, p.97-129, 1951.

[11] MacCorquodale; Meehl, "Edward C. Tolman", em Estes et al. (eds.), *Modern Learning Theory*.

[12] Ibid., p.199-206.

caso do experimento de Blodgett, no qual os ratos nos testes sem recompensa sempre percorriam do ponto de partida até o fim, não podemos presumir que este é o caso de um experimento como o de Buxton,[13] no qual os ratos, nos diferentes testes de exploração, sempre eram colocados no labirinto e dele retirados em pontos diferentes. Entretanto, aqui havia evidências de aprendizado latente. Tampouco a tese segundo a qual a exploração resulta em uma tendência crescente a tomar o caminho correto pode explicar os resultados de Herb,[14] em que, depois da exploração, os animais descobriram comida em um dos becos, sendo que, depois disso, a sua tendência a entrar nos becos aumentou acentuadamente. Nem pode explicar os casos em que um experimento é realizado com duas metas finais, e, após a exploração, o animal é alimentado em uma delas; ou em que, depois de ser alimentados nas duas, os animais tomam choque em uma delas,[15] o que resulta em que eles tomam ou, no último caso, evitam o caminho a essa meta. Portanto, a pergunta não é se um animal pode aprender o caminho verdadeiro sem recompensa; a questão é que, no período exploratório, não há caminho "verdadeiro". O caminho verdadeiro surge unicamente com a recompensa ou a punição dada mais tarde. Assim, não podemos explicar o aprendizado latente em termos de uma tendência a seguir um caminho em vez de outro ou em termos de um conjunto de hábitos de estímulo-resposta. Parece mais correto dizer que o aprendizado exploratório resulta em uma capacidade aumentada

---

[13] Buxton, "Latent Learning and the Goal Gradient Hypothesis", *Contributions to Psychological Theory*, v.2, n.2, 1940; também relatado em Thistlethwaite, "A Critical Review of Latent Learning and Related Experiments", op. cit.

[14] Herb, "Latent Learning: Non-Reward Followed by Food in Blinds", *Journal of Comparative Psychology*, v.29, n.2, p.247-56, 1940; também relatado em Thistlethwaite, "A Critical Review of Latent Learning and Related Experiments", op. cit.

[15] Tolman; Gleitman, "Studies in Learning and Motivation. I: Equal Reinforcements in both End-Boxes, Followed by Shock in One End-Box", *Journal of Experimental Psychology*, v.39, n.6, p.810, 1949.

de chegar a qualquer ponto que, posteriormente, será uma meta, quando se mostrar que contém uma recompensa, isto é, que ela resulta em "orientação".

2. O apelo a "atos de estímulo"

Ora, parece bastante claro que a teoria E–R não pode explicar a evidência de improvisação e aprendizado latente sem o acréscimo de mecanismos e hipóteses especiais. E, depois de um período inicial em que tentaram rejeitar a evidência, muitos teóricos E–R tentaram desenvolver explicações especiais *ad hoc*. A questão é se elas são realmente adequadas à evidência. Algumas delas claramente não são. Assim, uma tentativa de Birch e Bitterman[16] de usar a noção de "integração sensorial" para explicar esses dados dificilmente pode ser sustentada. A regra que eles invocam é: "Quando dois centros aferentes são ativados contiguamente, estabelece-se uma relação funcional entre eles, de modo que a inervação subsequente de um desperte o outro".[17]

Eles aplicam isso ao caso de evitação de becos, a tendência do animal a evitar becos sem saída uma vez que tenha aprendido a contornar o labirinto. Desse modo, "quando as condições motivacionais são tais que o comportamento de evitação seria evocado pelo fundo do beco, esse comportamento agora será evocado pela entrada do beco".[18]

Porém, naturalmente, esse mecanismo não pode explicar a improvisação. Nem pode explicar por que um caminho é escolhido

---

[16] Birch; Bitterman, "Sensory Integration and Cognitive Theory", *Psychological Review*, v.58, n.5, p.355-61, 1951; também id., "Reinforcement and Learning", *Psychological Review*, v.56, n.5, p.292-308, 1949.

[17] Id., "Sensory Integration and Cognitive Theory", op. cit., p.358.

[18] Ibid., p.359.

em vez de outro quando há duas metas finais, dentre as quais uma se mostrou positiva. Tampouco podemos ver por que, nessa hipótese, o animal não começa a roer o labirinto em algum ponto de escolha inicial, já que as sugestões nesse ponto foram "ativadas contiguamente" com os estímulos alimentares aos quais essa é a resposta adequada.

Mas isso nos leva a um dos mecanismos mais importantes aduzidos pelos teóricos E–R para explicar os dados de improvisação e aprendizado latente, isto é, as "respostas antecipatórias fracionárias" (*rg*'s). A afirmação de Hull[19] era que precisamente tal antecipação da resposta à meta tende a ocorrer. Isto é, que a resposta condicionada ao alimento no fim do labirinto tende a ficar condicionada aos estímulos que ocorrem em pontos anteriores do labirinto. Se essa resposta ocorreu integralmente, é claro, se o animal começou a roer o labirinto, ela perturbaria totalmente o comportamento. Felizmente, porém, o condicionamento de outras respostas incompatíveis, "adaptadas", como correr pelo caminho àqueles estímulos anteriores, é excessivamente forte, de modo que o animal tende a inibir essa ação. Alguma parte dele, entretanto, a que é compatível com a resposta adaptada, ocorrerá e esta é a "resposta à meta fracionária antecipatória" (*mr*). Como exemplos, Hull cita[20] salivar e lamber os beiços. Agora a *mr* é um "puro ato de estímulo"; o seu papel é produzir estímulos proprioceptivos (*sg*). E estes, segundo Hull e muitos outros teóricos E–R, desempenham um papel crucial na direção do comportamento. Eles são escalados para o papel que

---

[19] Cf. Hull, "Goal Attraction and Directing Ideas Conceived as Habit Phenomena", *Psychological Review*, v.38, n.6, p.487-506, 1931; id., "The Concept of the Habit-Family Hierarchy, and Maze Learning", *Psychological Review*, v.41, n.1, p.33-54, 1934; e id., "The Mechanism of the Assembly of Behavior Segments in Novel Combinations Suitable for Problem Solution", *Psychological Review*, v.42, n.3, p.219-45, 1935.

[20] Cf. id., "Goal Attraction and Directing Ideas Conceived as Habit Phenomena", op. cit.

no discurso "antropomórfico" ordinário atribuiríamos às ideias. E, na verdade, "os atos de estímulo puros são a substância física das ideias".[21]

Ora, como isso pode nos ajudar a explicar dados como os da improvisação? Para isso, Hull invoca um novo mecanismo, "a hierarquia familiar de hábitos". A hipótese é que, muitas vezes na sua experiência, um animal terá estado em uma situação em que, partindo de um ponto, ele poderia percorrer vários caminhos e chegar ao objetivo. Esse seria particularmente o caso de "locomoção em espaço livre" – *e.g.*, em um campo em que várias rotas eram possíveis. Em tal situação, todas as diversas respostas que foram as primeiras em uma cadeia de respostas que terminavam no objetivo, *i.e.*, as respostas que consistiam em "começar" nos diversos caminhos que estariam condicionadas aos estímulos nesse ponto de partida. Esse conjunto de caminhos na sequência que está condicionado ao mesmo ponto de partida e que termina no mesmo objetivo é chamado de "família de hábitos". "Uma família de hábitos pode ser definida em geral como um grupo de duas ou mais sequências de hábitos, todas as quais podem ser iniciadas por um estímulo particular e terminada por uma reação particular."[22] Hull não deseja confinar esse termo ao "campo da orientação espacial". "Ele é operativo em todas as situações em que houver mais de uma sequência de ação distinta que levará à obtenção de um objetivo ou subobjetivo específico."[23] Os seus principais exemplos, no entanto, são tomados no campo da locomoção no espaço.

Mas algumas sequências de hábitos em qualquer família atingirão o objetivo mais rapidamente que outras. As respostas que as iniciam, pela "hipótese do gradiente de meta", estarão mais fortemente

---

[21] Ibid., p.505.

[22] Id., "The Concept of the Habit-Family Hierarchy, and Maze Learning", op. cit., p.39.

[23] Ibid., p.40.

condicionadas aos estímulos de ponto de partida do que aos outros. Assim, podemos falar em uma "hierarquia" na família do hábito. O membro favorecido será naturalmente evocado em qualquer ocasião. Mas, se isso for impossível por algum motivo (*e.g.*, o caminho estando bloqueado), o membro mais forte seguinte poderá ocorrer. É assim que Hull espera explicar o comportamento de desvio.

Mas como isso se aplica ao comportamento de improvisação? Aqui Hull recorre à noção de transferência. Em várias situações no passado, terão ocorrido respostas que iniciavam várias sequências em uma família de hábitos, juntamente com uma resposta à meta fracionária (*mr*), para o objetivo que encerrou essas sequências. Assim, o *sg* correspondente terá tido todas essas respostas iniciadoras condicionadas a ele, bem como os estímulos do ponto de partida. E as respostas mais elevadas na hierarquia teriam sido mais fortemente condicionadas ao *sg*. Supondo agora que em alguma nova situação o animal aprenda a responder a um novo estímulo com uma resposta que inicia uma sequência muito semelhante a uma das sequências menos favorecidas em tal família de hábitos. O animal continuará a emitir essa resposta e a percorrer a sequência, recebendo recompensa a cada vez. Mas, gradualmente, ao longo de várias tentativas, a resposta à meta ficará condicionada aos estímulos que ocorrem no início da série, e como a resposta completa é impossível, um componente fracionário dela ocorrerá (*rg*). Isso, por sua vez, criará um estímulo proprioceptivo (*sg*). Finalmente, a *rg* será condicionada, aos estímulos do ponto de partida e, portanto, ocorrerá no início. Ora, esse *sg* condicionou a si não só a resposta que inicia a sequência já emitida até agora como também as respostas iniciadoras de toda a família. Ademais, condicionou mais fortemente a si o membro favorecido de toda a família. Por conseguinte, essa resposta tenderá a tomar o lugar da resposta ocorrida até agora, e o animal "improvisará" tomando um atalho. Em outras palavras, a improvisação ocorre porque, "quando um membro de uma família de hábitos atingiu um objetivo em uma situação objetivamente nova, o aprendizado assim adquirido é transferido sem prática específica aos membros remanescentes da hierarquia".[24]

Ora, este é o exemplo clássico de uma explicação que simplesmente volta a propor a questão que lhe cabia resolver. Pois a questão é: como o animal sabe que, quando ele segue um caminho para a frente e depois à direita em busca de comida, por exemplo, o caminho mais direto fica a 45° à direita do ponto de partida? Este é muito esquematicamente o problema, por exemplo, apresentado pelo experimento de Tolman, Ritchie e Kalish. A resposta de Hull é que a resposta indireta original pertence a uma família de hábitos da qual o membro mais favorecido é a resposta ao longo do atalho. Desse modo, quando a resposta menos favorecida é condicionada, a resposta mais favorecida também fica condicionada, e o animal toma o atalho. Mas o problema é justamente explicar por que *essa* família de hábitos entra em jogo aqui. O animal, sem dúvida, há de ter estado em posições no passado em que a resposta de correr adiante era a mais favorecida em determinada família, ou em que era uma das menos favorecidas, mas em que a resposta de ir 45° à esquerda era a mais eficiente. Por que essas famílias de respostas que também estão no repertório do animal não estão igualmente condicionadas? Por que o animal escolhe, dentre todas as famílias possíveis, somente aquela que levará à resposta adaptativa? Deve ser que ele reconhece a resposta de seguir adiante e depois virar à direita como "pertencente" à família de hábitos cujo membro mais favorecido está virando 45° à direita. Mas, então, a intervenção da família de hábitos não pode explicar o fato de que certa resposta é favorecida; pelo contrário, temos de explicar a intervenção da família de hábitos a partir do fato de que determinada resposta é favorecida. Então, podemos abandonar por completo a família de hábitos e simplesmente dizer que o animal sabe, a partir do tipo de rota indireta

---

[24] Ibid., p.41.

que ele está tomando, qual é o caminho mais direto. E isso não se pode explicar em termos de E – R.

A noção de *sg* de Hull e as explicações dela derivadas são acompanhadas de uma ambiguidade adicional de petição de princípio que tem sido apontada por Deutsch.[25] Podemos ver isso se tomarmos o exemplo da explicação projetada de Hull de fenômenos como o citado por Tolman e Honzik,[26] em que os animais aprendem um labirinto de três caminhos para que, quando a parte comum dos caminhos 1 e 2 esteja bloqueada, eles tomem o caminho 3. Hull[27] amplia a sua noção de resposta à meta fracionária para incluir respostas a subobjetivos, como "entrar no caminho final". Assim, os estímulos na entrada de ambos os caminhos 1 e 2 tendem a ter a "resposta" fracionária condicionada a eles, cuja versão integral é condicionada ao caminho comum final (talvez uma lambida preparatória especial dos beiços antes de entrar na região do objetivo). Quando essa resposta é inibida pelo bloqueio da via, o condicionamento da resposta aos estímulos anteriores também é enfraquecido e, portanto, ocorre o *rg* menos fortemente e, portanto, *sg*. Assim, a tendência a tomar qualquer um desses caminhos é enfraquecida em favor do terceiro caminho.

Ora, esse último passo é ilegítimo nas premissas de Hull. Pois *sg* é um estímulo como qualquer outro que tende a ter a ele condicionadas as respostas que ocorrem junto com ele em um contexto de recompensa. Assim, se o *sg* "que representa" o caminho comum final de 1 e 2 ocorrer na entrada do labirinto, terá condicionado a ele *todas* as respostas que lá ocorrem que são seguidas por recompensa. Mas isso significa que será condicionado a seguir os três caminhos, bem

---

[25] Deutsch, "The Inadequacy of Hullian Derivations of Reasoning and Latent Learning", *Psychological Review*, v.63, n.6, p.389-99, 1956; reimpr. em *The Structural Basis of Behavior*.

[26] Tolman; Honzik, "'Insight' in Rats", op. cit. Cf. supra, p.232-3.

[27] Hull, "The Concept of the Habit-Family Hierarchy, and Maze Learning", op. cit.

como os estímulos da entrada do labirinto, porém mais fortemente condicionados a 1 que a 2 e a 2 que a 3. Assim, o enfraquecimento de *sg* simplesmente enfraquecerá todas as respostas proporcionalmente e não terá tendência a enfraquecer 1 e 2 em relação a 3.

Como indica Deutsch, a derivação de Hull funcionaria se ele presumisse que *sg* não era como qualquer outro estímulo, sendo as respostas condicionadas a ele simplesmente quando a sua conjunção fosse seguida de recompensa, mas, se ele presumisse que uma *R* só estaria condicionada a *sg* quando fosse seguida pela resposta à meta específica "representada" por *sg*. Nesse caso, o *sg* do caminho comum final para 1 e 2 só seria condicionado à resposta de percorrer um e dois, e o seu enfraquecimento enfraqueceria essas respostas em relação a três. Mas isso, claro está, seria tornar a noção "*sg*" como a noção de "expectativa". A sua conexão com uma resposta não seria tão "reforçada" quanto "confirmada". E isso estaria muito longe das intenções de Hull. Está claro, entretanto, que a sua noção de *sg* tal como está não pode explicar os dados de Tolman e Honzik, toda uma gama de experimentos de aprendizado latente que envolvem diferentes caminhos para recompensas diferentes e assim por diante.[28] Pois – e este é o resultado da crítica de Deutsch – é claro

---

[28] Cf. a discussão em Deutsch, "The Inadequacy of Hullian Derivations of Reasoning and Latent Learning", op. cit.; e id., *The Structural Basis of Behavior*, cap.VII. Na discussão anterior, vimos que o "hábito" de *sg*-R deve funcionar como uma "expectativa" do que segue R. Mas a resposta fracionária *rg* também pode funcionar como uma expectativa, isto é, se *rg* só é condicionada a E quando é seguida pela resposta à meta da qual é um componente fracionário, e não simplesmente quando é seguida por qualquer recompensa. Este é o tipo de expectativa que Deutsch principalmente discute, pois, nos casos que trata, a derivação hulliana só funcionará se essa alteração for feita. Caso contrário, uma *rg*, originalmente condicionada por ser recompensada pela sua "própria" resposta de objetivo, pode ser carimbada em outros estímulos por alguma recompensa totalmente irrelevante, falhando assim em discriminar entre como deve ser para explicar o comportamento adaptado. Este é o caso, por exemplo, em que temos dois caminhos para duas recompensas diferentes. O experimento de Kendler, "The Influence of Simultaneous Hunger and Thirst Drives upon the Learning of Two Opposed

que a hipótese do "ato de estímulo" não pode resolver o que se pode chamar de o problema do "caminho verdadeiro", o problema de explicar o alto nível de desempenho do animal no caminho que é tornado "correto" nos ensaios de teste, embora nem esse nem talvez qualquer outro caminho tenha sido o "correto" durante o treinamento; ou – para colocar a questão de outra maneira – ela não pode mostrar como uma mudança em um ponto (por exemplo, a introdução de recompensa no final de um caminho) pode influenciar o comportamento em outro (por exemplo, a escolha do caminho certo no início). Pois, embora – através das noções de "resposta antecipatória fracionária" e o *sg* acompanhante – alguns "estímulos" conectados com o ponto final estejam presentes no início, não podem ter influência seletiva sobre o comportamento, já que tanto as respostas "corretas" quanto as "incorretas" serão condicionadas a eles.

3. Teoria E–R da "expectativa"

É difícil ver como a explicação por "atos de estímulo puros" poderia explicar os fenômenos em questão, a não ser que estes fossem mais como as "ideias" da quais eles são a "substância física", isto é, a não ser que a teoria se desloque em direção à teoria da expectativa. Por certo tem havido uma tendência nessa direção entre os psicólogos E–R nos últimos anos.[29] Uma tentativa de

---

Spatial Responses of the White Rat", *Journal of Experimental Psychology*, v.36, n.3, p.212-20, 1946; e a discussão sobre isso em Ritchie, "Explanatory Powers of the Fractional Antedating Response Mechanism", *British Journal of Psychology*, v.50, n.1, p.1-15, 1959.

[29] Cf. Ritchie, "Explanatory Powers of the Fractional Antedating Response Mechanism", op. cit.; Seward; Seward, *Current Psychological Issues: Essays in Honor of Robert S. Woodworth*; a teoria posterior de Hull também reduziu a importância do reforço para o aprendizado, e o efeito do objeto da meta final era principalmente operar como um incentivo. Essa mudança provavelmente não foi feita para explicar

Seward[30] de desenvolver uma explicação mais bem-sucedida do aprendizado latente em termos de "atos de estímulo" ilustra esse ponto. A tendência também é visível na tentativa de "formalização" da teoria da expectativa empreendida por MacCorquodale e Meehl no seu comentário acerca de Tolman.[31]

Dos dois, o último é provavelmente mais digno de estudo. Na verdade, no referente às correlações molares, as duas teorias são muito semelhantes. A diferença reside principalmente no fato de a tentativa de Seward ainda envolver a invocação da implausível maquinaria interna dos "atos de estímulo". Mas, além da improbabilidade intrínseca de os termos usados terem algum fundamento empírico (diferentes "respostas" substitutas representando todas as diversas seções do labirinto – poderíamos muito bem falar em "ideias", a não ser pelo fato de essa palavra ter sido banida do behaviourês), elas são usadas simplesmente como variáveis intervenientes; isto é, as proposições que as contêm não são verificáveis independentemente; a validade das leis que as mencionam permanece ou cai inteiramente com a das correlações molares, entre estímulo observável e elementos de resposta, que delas derivam. Não há, portanto, diferenças *empíricas* entre as teorias a respeito disso. E, na medida em que há diferenças nas correlações molares, a vantagem está claramente nas formulações de MacCorquodale e Meehl.

---

    os fenômenos do aprendizado latente, mas pôde ser usada para tanto – embora obviamente não chegasse mais perto de responder ao problema do "caminho verdadeiro".

[30] Seward, "A Theoretical Derivation of Latent Learning", *Psychological Review*, v.54, n.2, p.89-98, 1947; id., "Secondary Reinforcement as Tertiary Motivation: A Revision of Hull's Revision", *Psychological Review*, v.57, n.6, p.362-74, 1950; e id., "Introduction to a Theory of Motivationin Learning", *Psychological Review*, v.59, n.6, p.405-13, 1952. Mowrer, "Two-Factor Learning Theory Reconsidered, with Special Reference to Secondary Reinforcement and the Concept of Habit", *Psychological Review*, v.63, n.2, p.114-28, 1956, expõe uma teoria semelhante.

[31] Cf. o capítulo sobre Tolman, em MacCorquodale; Meehl, "Edward C. Tolman", em Estes et al., *Modern Learning Theory*.

A sua teoria parece, pois, superior à de Seward na linha das abordagens E–R da teoria da expectativa, e é para um exame disso que agora nos voltamos a fim de avaliar o quão adequadamente esse tipo de hipótese pode explicar os dados do aprendizado latente e da improvisação.

A partir do fato de que esta é uma teoria da "expectativa", não devemos concluir que este seja um passo em direção à teoria cognitiva. Ela continua sendo uma teoria E – R, já que a tentativa é de explicar os resultados do aprendizado em termos de condicionamento de respostas a estímulos. Isso apenas introduz uma relação mais complexa entre o estímulo e os elementos de resposta. A principal hipótese é a de que a ocorrência de $R1$ a $E1$, quando esta é seguida por $E2$, leva a uma "expectativa" $E1 - R1 - E2$. Isso é usado para prever que, se $E2$ se tornar um objetivo ou se conectar com um objetivo, $R1$ tenderá a ser emitida para $E2$. Assim, em vez de dizer que uma R fica condicionada a um E quando ocorre junto com ele e é seguida por recompensa, também permite o caso em que uma R está condicionada a um E porque a sua ocorrência junto com ele foi seguida por outro E, que, posteriormente, é conectado com recompensa. Isto é simplesmente uma extensão especial para ter em conta alguns dos fenômenos[32] que pareciam exigir uma explicação em termos cognitivos. Isso é o que mais se aproxima da teoria cognitiva. O objetivo ainda é prever o comportamento que resulta do aprendizado com base em conexões entre estímulos e respostas ou hábitos de resposta a estímulos. Somente as condições nas quais os estímulos podem evocar respostas tornam-se mais complexas.

A diferença entre a teoria da "expectativa" de MacCorquodale e Meehl e uma teleológica pode ser vista no fato de que o seu "aprendizado sobre o ambiente" desempenha um papel unívoco na

---

[32] Especialmente os dos experimentos de aprendizado latente em que o animal é alimentado separadamente na meta final antes de ser recolocado no labirinto.

evocação do comportamento. Pois, se o aprendizado é a aquisição de um conjunto de "expectativas" do tipo $E1 - R1 - E2$, então nós podemos explicá-lo em termos de um conjunto de tendências a emitir várias respostas, $R1$, e assim por diante, embora as condições em que essas tendências serão "ativas" sejam mais complexas do que as condições de condução normalmente citadas na teoria E – R. Para MacCorquodale e Meehl, então, o papel do ambiente no comportamento é unívoco: pode ser entendido como a evocação ou como a tendência a evocar certa lista finita de respostas. Portanto, aprender acerca do ambiente é adquirir várias dessas tendências, posto que muitas possam estar "latentes". Em termos antropomórficos, o aprendizado por orientação é reduzido a uma série de "direções" (se você estiver em $E1$ e quer $E2$, faça $R1$) e não é concebido como uma capacidade geral de se orientar. E, é claro, o elemento cognitivo, mesmo na noção de "direções", é removido pelo fato de as condições para "querer $E2$" serem muito estritamente estabelecidas em termos de impulso e de estímulo.

Desse modo, a teoria de MacCorquodale e Meehl parece ser a solução que os teóricos E–R têm procurado, um modo de explicar os fenômenos do aprendizado latente que permanecem dentro da estrutura da teoria E – R, pois, aparentemente, eles resolveram o problema do caminho "verdadeiro". A solução consiste em presumir que o animal desenvolve no treinamento uma tendência latente a tomar todos os caminhos possíveis, um deles sendo ativado somente quando os estímulos no seu ponto final são emparelhados com recompensa. Assim, podem explicar como a introdução de recompensa em determinado ponto leva o animal a selecionar um caminho e a mostrar proficiência em percorrê-lo (evitando erros, becos sem saída etc.). Eles encontraram, desse modo, uma hipótese que fará o trabalho que a "resposta de meta antecipada fracionária" de Hull deveria fazer, mas não puderam mostrar como as mudanças introduzidas no fim de um caminho (por exemplo, a introdução de recompensas) podem influenciar o comportamento no início (por exemplo, escolher o caminho certo). Pois os estímulos associados ao ponto final são conectados não com todas as respostas emitidas no ponto inicial que foram seguidas de recompensa, como foi o caso do "*sg*", mas apenas àquelas que levaram a esse ponto final. E esta é a força do termo "expectativa".

Mas o que a solução de MacCorquodale e Meehl ganha em abrangência, perde em definição. Pois a solução consiste em liberalizar as condições sob as quais um hábito estímulo-resposta pode ser adquirido, ao mesmo tempo que se somam àquelas que podem ser necessárias para que ele seja ativado. As condições usuais para a aquisição de um *sHr* são que o estímulo e a resposta ocorram concomitantemente em um contexto de recompensa; mas, aqui, a simples execução através de uma sequência $E1 - R1 - E2$ pode levar a $E1$ evocando $R1$ em uma ocasião futura. Do mesmo modo, as condições de ativação são mais rigorosas: a teoria usual é que apenas é necessário que o animal esteja em estado pulsional para que o hábito seja ativado; aqui também é preciso que o segundo estímulo ($E2$) tenha sido emparelhado com recompensa. Mas essa liberalização das condições de aquisição de *sHr's* torna a teoria – pelo menos na sua forma atual – muito mais difícil de verificar. No caso da teoria de Hull, pode-se, observando o comportamento de um animal em um labirinto, por exemplo, dizer com algum grau de precisão quais hábitos ele supostamente adquiriu; com a teoria de MacCorquodale e Meehl, isso é muito mais difícil. Quantas vezes um animal tem de percorrer determinada seção do labirinto para que ele construa uma "expectativa"? No caso em que um animal explora um labirinto ao acaso, entrando e saindo em pontos diferentes, em que condições ele forma uma "cadeia" de expectativas? Isto é, quando ele "reconhece" os pontos dos quais se aproximou em diferentes ocasiões das mais diversas direções? Há muitas perguntas desse tipo que permanecem sem resposta e essa incerteza torna a teoria muito difícil de verificar. Na medida em que seja este o caso, é claro, ele falha no seu objeto. Pois não podemos dizer se somos capazes de explicar o aprendizado por orientação pela aquisição de um conjunto finito de "hábitos", a não ser que tenhamos algum modo de determinar em cada caso exatamente quais hábitos são adquiridos. Sempre é possível que, tornando indefinidas as condições de aquisição de hábitos, um número suficiente de teóricos E–R possa "explicar" *ex post* qualquer comportamento orientado, mas isso seria de pouca utilidade.

Mas, embora seja menos definida do que a teoria E–R ortodoxa, a teoria da expectativa "formalizada" de MacCorquodale e Meehl é definida o suficiente para mostrar que não pode explicar o comportamento orientado. Desse modo, a condição para a aquisição de uma expectativa $E1 - R1 - E2$ é que o animal se desloque de $E1$ a $E2$ "via" $R1$. Essa sequência no período de treinamento, portanto, não poderia explicar uma expectativa de ordem inversa, $E2 - R(-1) - E1$. Logo, a teoria de MacCorquodale e Meehl poderia se mostrar inadequada se, por exemplo, os animais treinados para atravessar um labirinto em uma direção pudessem percorrê-lo com menos erros casuais na outra (por exemplo, se eles fossem alimentados no ponto de partida e depois introduzidos no fim). É possível, obviamente, que um experimento desse tipo seja negativo porque refazer os próprios passos é muitas vezes difícil se alguém estiver confinado em um caminho fechado (por exemplo, em uma estação de metrô). Mas há o resultado obtido por Köhler, em que ratos treinados em um labirinto poderiam dominar outro labirinto, que era uma imagem espelhada do primeiro, mais rapidamente do que animais sem tal treinamento. Como isso significaria que todas as expectativas acumuladas em um aprendizado anterior seriam inaplicáveis, o aprendizado se retardaria de acordo com a hipótese.

O último exemplo, que mostra como se faz "transferência" de treinamento, leva-nos à improvisação. E é aqui que a teoria de MacCorquodale e Meehl se mostra mais claramente inadequada. Pois o ponto crucial da teoria é que ela liberaliza as condições de aquisição de hábitos. Assim, pode servir para explicar os casos em que o animal, durante a exploração livre, percorre o caminho que posteriormente virá a ser o caminho verdadeiro apesar de não se dar nenhuma recompensa. Mas, nos casos como os estudados no experimento de atalho de Tolman, Ritchie e Kalish, o caminho "verdadeiro" na tentativa de teste não existe durante o período de treinamento e, logo, a resposta adaptada é inteiramente nova. A teoria, portanto, não pode explicar uma característica importante do comportamento orientado – a saber, o que se chama "senso de direção" no discurso ordinário –, que pode ser relativamente independente de caminhos específicos conhecidos.

MacCorquodale e Meehl tentam preencher essa lacuna mediante outra hipótese especial. O mecanismo lembra um pouco a família de hábitos de Hull, mas escapa a algumas de suas dificuldades. A explicação parte da noção de uma cadeia de expectativas, em que $E1 - R1 - E2$ é ligada a outra expectativa $E2 - R2 - E3$ e assim por diante. Então, a partir disso, é introduzida a noção de um "conjunto circular". Esta é uma cadeia de expectativas em que $k - 1$ formam uma cadeia e o k-ésimo tem como eliciador ($E1$) o eliciador da primeira expectativa da cadeia, e como o seu *expectandum* ($E2$) o *expectandum* da última expectativa da cadeia. Um exemplo de tal conjunto seria o caso de relações simples no espaço. Assim, a cadeia $E1 - Rx - E2$, $E2 - Ry - E3$, na qual Rx é "ir em frente" e Ry é "virar à direita", pode formar um conjunto com, como k-ésimo membro, $E1 - Rz - E3$, em que Rz é "virar 45° à direita". Agora, quando a cadeia e o k-ésimo membro de um conjunto são confirmados, temos um "conjunto circular confirmado". Ora, os conjuntos circulares podem ser "isomórficos" quando (*a*) o número de expectativas é o mesmo; e (*b*) "os termos de resposta em posições correspondentes nos dois conjuntos são tão semelhantes em topografia que a indução primária quase perfeita ocorre entre eles". Vários conjuntos circulares isomórficos chamam-se uma "família" de conjuntos.

Ora, o mecanismo opera simplesmente dessa maneira. Se vários conjuntos em determinada família são confirmados, e a cadeia de expectativas k-1 de uma nova família desse conjunto for confirmada, isso tenderá a fazer que o animal adquira a *k*-ésima expectativa e, assim, aja sobre ela. Desse modo, como o animal descobriu muitas vezes que seguir em frente e virar à direita levam-no ao mesmo lugar que virar 45° à direita, ele tenderá, em cada caso novo em que chegar a algum lugar seguindo em frente e virando à direita, a tomar o atalho e virar 45° à direita.

Ora, isso contorna o problema hulliano de explicar por que surge a resposta adaptativa. Aqui a resposta de virar 45° à direita é escolhida pela natureza da cadeia de respostas. Mas a "explicação" é quase inteiramente verbal ou então falsa. É falsa se levarmos a sério a noção de que somente respostas "próximas na topografia" do conjunto original conformado, *i.e.*, parecidas com ele no referente a membros ou movimentos, mediarão a transferência para uma nova situação. Pois isso significaria que as regras básicas de orientação espacial que aprendemos, por exemplo, em terra nos abandonariam totalmente quando estivéssemos nadando, ou que não teríamos noção do que era um atalho quando estivéssemos aprendendo a dirigir enquanto estivéssemos adquirindo laboriosamente a experiência. É verbal se permitirmos que haja "indução" entre toda as diversas formas de locomoção.[33] Pois então estamos dizendo que o animal aprende um grande número de regras da forma "seguir em frente e virar à direita levam ao mesmo lugar ao qual leva virar um pouco à direita". Em outras palavras, o animal aprende em geral a tomar atalhos e a se orientar no espaço.

Claro está, isso ainda pode ser considerado uma "explicação" E–R de orientação na medida em que explicaríamos essa aptidão em termos de aquisição de experiência de um número finito de

---

[33] O que certamente existe: ratos treinados para percorrer um labirinto podem nadar nele, e ratos treinados sendo puxados em uma cesta podem percorrê-lo. Cf. McNamara; Long; Wike, "Learning without Response under Two Conditions of External Cues", *Journal of Comparative and Physiological Psychology*, v.49, n.5, p.477-80, 1956.

"máximas" ou regras de comportamento, cada qual independente das outras. Tal como está, naturalmente, é praticamente impossível confirmar isso. Não temos como prever quais conjuntos circulares serão operativos no comportamento de um animal (*i.e.*, foram confirmados) e quais não serão. De fato, não temos nenhum princípio de contagem de tipos de "famílias" de conjuntos circulares. Quando um animal avança e depois vira aproximadamente dois metros à direita, há um conjunto diferente operando caso ele vire uns cinco metros à direita? E, se assim for, onde está o limite entre as duas alternativas?

Porém, uma vez colocada essa questão, nem mesmo a indefinição da tese dos conjuntos circulares pode esconder a sua inadequação. Pois, primeiramente, somos convidados a acreditar, por exemplo, que não há conexão entre o animal saber tomar a diagonal como um atalho rumo a um ponto ao qual se chega percorrendo dois lados de um quadrado e, por exemplo, o seu saber seguir à direita como um atalho para o ponto a que se chega percorrendo três lados de um quadrado. Ou o animal pode conhecer ambos, e ainda estar perdido depois de percorrer dois lados e meio. Ora, é claro, isso *pode* acontecer em um ambiente desconhecido. E isso nos leva ao segundo ponto. Segundo a tese, ter uma noção da direção de *A* a *B* depende dos conjuntos circulares confirmados, isto é, as "máximas" gerais, na experiência do animal. Mas então é impossível compreender por que a familiaridade do animal com – isto é, a "orientação" em – um ambiente específico há de fazer alguma diferença. Assim, este deve ser o caso em que o animal ou é capaz de tomar um atalho em qualquer ambiente de determinada forma, no qual havia desenvolvido uma cadeia de expectativa para poder percorrer um caminho indireto rumo à recompensa, ou ele não seria capaz de fazer isso em nenhum ambiente dessa forma. A sua capacidade dependeria puramente da estrutura espacial do caminho e do atalho. Por exemplo, não deve haver diferença entre o desempenho de improvisação do animal em um labirinto fechado e em um aberto da mesma forma. E isso não é confirmado pela evidência.[34] Em terceiro lugar, nessa hipótese, o senso de direção deveria ser bastante preciso ou totalmente ausente, dependendo de a cadeia de expectativas pertencer a uma família com muitos membros confirmados ou não. Mas, claro está, não é este o caso. Às vezes, sabemos somente a "direção geral", isto é, que a direção verdadeira pode estar dentro de determinado alcance. Assim, os animais no experimento da orientação espacial de Ritchie,[35] quando os instrumentos de laboratório foram invertidos, tenderam a ir à parede em que eles haviam sido alimentados em vez de tomar o caminho direto para o ponto exato na parede.

Portanto, é difícil ver como MacCorquodale e Meehl podem explicar a improvisação, ou a tomada de atalhos, a não ser invocando um senso de direção no animal. Mas, nesse caso, a sua hipótese deixaria de ser uma hipótese E – R. Pois isso seria dizer que o animal às vezes pode aprender não só um conjunto de "direções" como também a direção geral dos pontos um do outro, *i.e.*, a sua relação recíproca em um espaço de vários pontos. E, como vimos, não se pode explicar esse conhecimento por um conjunto de conexões de resposta a estímulos, mas unicamente por uma capacidade geral de circular de um ponto a outro em determinado ambiente.

4. A máquina com *"insight"*

Por ora, a improvisação segue sendo, para as teorias E – R, a característica do comportamento mais difícil de explicar. Mas há uma hipótese nova e imaginativa de Deutsch, e uma de suas

---

[34] Cf. Restle, "Discrimination of Cues in Mazes: A Resolution of the 'Place-vs.-Response' Question", *Psychological Review*, v.64, n.4, p.217-28, 1957.

[35] Ritchie, "Studies in Spatial Learning. VI: Place Orientation and Direction Orientation", *Journal of Experimental Psychology*, v.38, n.6, p.659, 1948.

principais alegações é que ela pode explicar esses dados. A principal novidade da teoria de Deutsch[36] não é considerar o estímulo para evocar o comportamento, e sim para eliminá-lo ou, talvez se possa dizer com mais precisão, para dirigi-lo.[37] A teoria tem sido aplicada principalmente a problemas de orientação espacial e aprendizado de labirinto, e se construiu uma máquina com algumas das características[38] que, segundo dizem, apresenta "comportamento perspicaz". Isso se fez "para mostrar que essa teoria era realmente a descrição de um mecanismo em termos gerais, e não uma redescrição do comportamento de um animal em linguagem pomposa".[39] Mas, naturalmente, isso nada faz para mostrar que a teoria *é* uma explicação do comportamento do animal.

Deutsch explica os efeitos do aprendizado no comportamento em termos de uma hierarquia de sugestões que o animal capta nos ensaios de aprendizado. À medida que percorre o labirinto no experimento de tipo ordinário, o animal capta várias sugestões que então são organizadas na ordem em que ele as encontra. Quando o animal se depara com uma sugestão já conhecida, como o reforço no fim do labirinto, então as sugestões se fixam nessa ordem. Em ocasiões futuras, quando o animal estiver com fome, por exemplo, as sugestões conectadas em uma cadeia de casos passados de reforço se tornarão ativas, isto é, elas tendem a atrair o animal para si. Mas

---

[36] Cf. Deutsch, *The Structural Basis of Behavior*, op. cit.; id., "A New Type of Behaviour Theory", *British Journal of Psychology*, v.44, n.4, p.304-17, 1953; e id., "A Theory of Insight, Reasoning and Latent Learning", *British Journal of Psychology*, v.47, n.2, p.115-25, 1956.

[37] Na verdade, toda a sequência de comportamento é concluída não pela constituição de um déficit de necessidade, e sim por certos estímulos-chave; mas o papel das sugestões ambientais é dirigir o comportamento. Cf. Deutsch, *The Structural Basis of Behavior*, op. cit., cap.III e IV.

[38] Id., "A Machine with Insight", *Quarterly Journal of Experimental Psychology*, v.6, n.1, p.6-11, 1954; reimp. em *The Structural Basis of Behavior*.

[39] Id., "A Theory of Shape Recognition", *British Journal of Psychology*, v.46, p.30, 1955.

o seu arranjo em uma ordem hierárquica significa que essas sugestões mais acima atrairão o animal mais fortemente do que as de mais abaixo.[40] Essa ordem hierárquica explicará o desvio de becos sem saída em testes subsequentes que foram inseridos nos testes anteriores. Pois as sugestões do caminho além do beco sem saída que forem encontradas depois das sugestões do beco, e, estando mais próximas do objetivo final, ocuparão posição mais elevada na hierarquia. O animal será, portanto, atraído mais fortemente ao longo do caminho verdadeiro. Do mesmo modo, pode-se usar a hierarquia para explicar a improvisação. Pois, se um atalho for aberto no labirinto, então uma sugestão muito mais elevada na hierarquia entrará no campo do animal em um estágio inicial (a sugestão, por exemplo, para a via final que agora é visível perto do início do labirinto), e essa terá precedência sobre todas as sugestões mais abaixo e atrairá o animal diretamente para si. Com a ajuda de uma hipótese adicional,[41] Deutsch também afirma explicar os resultados do experimento do tipo Tolman e Honzik, no qual os animais "deduziram", a partir do fechamento do caminho 1, que o caminho 2, com o mesmo segmento final, também estava fechado.

É claro que a capacidade da teoria de Deutsch de superar ou parecer superar os obstáculos nos quais outras teorias E–R naufragaram procede não só da ideia de uma ordem hierárquica de sugestões como também das hipóteses de que as sugestões servem para orientar o comportamento, não para evocá-lo. Pois, no caso da improvisação, não faz diferença que uma sugestão mais elevada na hierarquia tenha aparecido, se ela serviu para evocar a mesma resposta em cada ocasião. Pois a sugestão, na sua nova posição em relação ao animal, requer uma resposta diferente. Essa classificação da resposta básica como uma "aproximação a" determinado estímulo

---

[40] Na teoria de Deutsch, a presença de uma sugestão mais elevada na hierarquia no campo do estímulo "desligará" as sugestões mais abaixo.

[41] Deutsch, "A Theory of Insight, Reasoning and Latent Learning", op. cit.

constitui a importante ruptura que Deutsch fez com a maior parte das anteriores teorias E–R do aprendizado de labirinto. Porque, nestas, a tese, geralmente, é que os estímulos no ponto de escolha evocam a resposta previamente carimbada. Mas, nesse tipo de teoria, a improvisação não pode ser explicada, pois requer uma resposta nova que não foi condicionada a nenhum estímulo no treinamento anterior. Assim, nem a teoria de Hull, nem as várias teorias da "expectativa" poderiam explicar esses fenômenos, pois todas se baseavam em uma noção de conexão estímulo-resposta desse tipo. A teoria de Deutsch, por outro lado, promete superar essa dificuldade. Contudo, continua sendo reconhecidamente uma teoria E – R, na qual o aprendizado é explicado por uma série de conexões E–R e está, portanto, univocamente relacionado com o comportamento. O aprendizado de orientação não é a aquisição de uma capacidade geral de ir de um lugar a outro, e sim a aquisição de um conjunto de tendências a se aproximar de certo número de sugestões em ordem hierárquica.

Desse modo, a teoria de Deutsch se aproxima das teorias E–R de aprendizado discriminativo, nas quais a conexão básica é considerada desse tipo, *i.e*, uma conexão entre um estímulo e um comportamento de aproximação. Mas, nisso, depara-se com a dificuldade que analisamos na seção anterior, a saber, que envolve um elemento teleológico na explicação do comportamento, pois o comportamento caracterizado como "aproximação" de certo objeto pode variar muito na sua topografia. McNamara, Long e Wike[42] mostraram que um animal pode até aprender um labirinto em T se for puxado através dele em uma cesta. Assim, dizer que um animal aprende o comportamento de aproximação é dizer que ele aprende a fazer o que quer que o aproxime desse objeto, que é dizer que estamos explicando

---

[42] "Learning without Response under Two Conditions of External Cues", *Journal of Comparative and Physiological Psychology*, v.49, n.5, p.477-80, 1956.

as respostas emitidas pelos seus resultados.[43] Em segundo lugar, a teoria de Deutsch não valeria para esse tipo de aprendizado discriminativo que não envolve aprender a se aproximar de um objeto de certo tipo, mas no qual a conexão é do tipo "se... então", como, *e.g.*, os experimentos de correspondência condicional discutidos no capítulo anterior.[44] Deutsch está ciente desse fato:

> É duvidoso, porém, se essa explicação pode abranger todas as formas de aprendizado condicional. Tampouco explicará muitos outros fenômenos habitualmente incluídos sob o título de processos mentais superiores, como a reação tardia, a dupla alternância, a abstração e a percepção das relações.[45]

Mas, como a teoria se destina principalmente a explicar o aprendizado por orientação, seria melhor deixar essas dificuldades de lado e ver quão bem ela pode lidar com os fenômenos nesse campo.

Ora, a teoria de Deutsch, como a de MacCorquodale e Meehl, é difícil de avaliar devido à sua indefinição. Não temos como dizer *a priori* quais são as sugestões captadas pelo animal no aprendizado. Não podemos sequer concluir, a partir do fato de um objeto ser proeminente, que ele vem a ser uma das sugestões que condicionam a abordagem. Assim, Blodgett e MacCutchan treinaram ratos em um labirinto em T com um disco iluminado em uma extremidade. Os animais foram treinados para ir até o braço que continha o disco. Se a extremidade em que o disco era colocado variava durante o aprendizado, os animais podiam ser treinados para se aproximar do disco, mas, se este permanecesse em uma extremidade, um deslocamento do disco após certa quantidade de treinamento não os induziria a ir

---

[43] Esse ponto será discutido mais pormenorizadamente no próximo capítulo. Deutsch, *The Structural Basis of Behavior*, p.35, fala em uma sequência de comportamento como "um conjunto de tropismos", mas não podemos presumir que ele acredite que o mecanismo envolvido seja aquele simples descrito por Loeb.

[44] Cf. supra, p.222.

[45] Deutsch, "A Theory of Insight, Reasoning and Latent Learning", op. cit., p.124.

para a outra extremidade. Desse modo, o seu comportamento não poderia ser descrito como "aproximando-se do disco".[46]

Mas a teoria na sua forma atual pode ser considerada inadequada. A principal diferença de uma visão cognitiva teleológica ordinária do aprendizado é, como dissemos, que ela explica o aprendizado em termos de aquisição de respostas de abordagem a uma série de sugestões. Isso significa que a teoria de Deutsch continua sendo uma teoria E–R no sentido de que o ambiente aprendido está univocamente relacionado com o comportamento, ao passo que, para a teoria cognitiva, aprender o ambiente é dar ao animal a capacidade de fazer muitas coisas diferentes. Tal como as outras teorias E – R, então, a de Deutsch tem problemas para explicar o aprendizado adquirido pela exploração livre, *i.e.*, ele encontra o "problema do caminho verdadeiro". Quando os animais percorrem o labirinto na mesma direção todas as vezes, a ordem em que eles pegam as sugestões é mais ou menos definida; mas, no caso de um experimento como o de Buxton, em que os animais são colocados e retirados do labirinto em pontos diferentes, o que garante que as sugestões sejam adquiridas na ordem necessária para mostrar o comportamento de teste? A noção de uma hierarquia de sugestões é bastante plausível no caso ordinário do aprendizado, pois as características particulares do ambiente do labirinto se prestam a ser vistas como um conjunto de "objetivos" a serem alcançados um após o outro, assim como fazem para ser vistas como um conjunto de "direções". Mas nem todos os ambientes a ser aprendidos são

---

[46] Blodgett; McCutchan, "Place versus Response Learning in the Simple *T*-maze", *Journal of Experimental Psychology*, v.37, n.5, p.412-22, 1947. Blodgett e MacCutchan parecem afirmar que isso mostra a prevalência do "aprendizado por resposta" sobre o "aprendizado de lugar", contrariando a hipótese de Ritchie; mas é claro que os ratos iam sempre para o mesmo lugar; podemos tão facilmente interpretar isso como a demonstração do predomínio do "aprendizado do lugar" sobre o "aprendizado por aproximação".

como labirintos e nem todos são aprendidos na mesma ordem em que serão percorridos no futuro.

Ora, Deutsch[47] tenta explicar isso pela hipótese de que as fileiras de sugestões podem ser anexadas a outras fileiras quando uma série é percorrida e termina em uma sugestão já anexada a uma fileira. Assim, em um labirinto com muitos braços que se encontram em algum ponto central, os animais estabelecerão várias fileiras de sugestões que se conectarão nesse ponto particular. Desse modo, em um labirinto complexo, teremos não só uma hierarquia principal de sugestões para as quais o animal correrá como também um conjunto de "ramificações" se estendendo a outras partes do labirinto. Assim, se o animal for colocado em qualquer parte do labirinto, desde que o tenha aprendido, mesmo em um canto fora do caminho principal, ele pode encontrar o caminho da meta seguindo a "ramificação" até o lugar em que ela se junta à hierarquia principal e depois até a meta.

O único problema com isso é que ele contraria a hipótese da hierarquia de Deutsch. Pois não há nada que garanta que, por exemplo, as sugestões na ramificação sejam adquiridas na ordem em que serão usadas no futuro. Um animal pode facilmente explorar um caminho lateral percorrendo-o e voltando. Ora, se a ordem das sugestões no sistema for tal como foram adquiridas inicialmente, elas estarão na ordem errada para mediar uma solução bem-sucedida se o animal for colocado no fim desse caminho lateral no futuro. Pois as sugestões mais abaixo em direção ao caminho principal serão "desligadas" pela sugestão no fim. Ou ainda, se um animal explorasse um labirinto sendo colocado na metade do caminho verdadeiro e avançando rumo à meta e recuando ao começo, ele seria incapaz de percorrer o labirinto no futuro. Um caso extremo seria aquele em que o animal aprendeu o labirinto na ordem inversa daquela em que ele teria de percorrê-lo nos ensaios de teste. Este é o contraexemplo

---

[47] Deutsch, "A Theory of Insight, Reasoning and Latent Learning", op. cit.

que também foi sugerido para a teoria de MacCorquodale e Meehl. Caso se pudesse encontrar evidência desse tipo, muito pesaria contra a teoria de Deutsch bem como na sua forma atual.[48]

A teoria pode ser retificada, porém, mediante o descarte da hipótese de que a hierarquia depende da ordem em que os estímulos são primeiramente encontrados. Podemos presumir que a ordem dos estímulos em relação um ao outro esteja registrada no sistema, mas isso não significa que a ordem de proeminência seja definida assim. Poderíamos dizer que a ordem de proeminência poderia correr em qualquer direção, dependendo das circunstâncias. Mas, nesse caso, o que determinaria qual sugestão era mais proeminente do que outra? Para responder a essa pergunta, podemos usar uma das hipóteses de Deutsch no sentido de que, quando uma fileira de sugestões termina em reforço, em ocasiões futuras, quando o animal estiver em estado pulsional, essa fileira e as conectadas com ela – suas "linhas de ramificação" – serão ativadas. Ora, como a excitação da linha é mantida para fluir de certa sugestão-meta que representa o reforço, acaso não poderíamos supor que a excitação diminui à medida que flui através da fileira, de modo que as sugestões mais distantes da meta são menos potentes que as mais próximas? Isso explicaria o efeito hierárquico que media a evitação de becos sem saída e o comportamento de tomar atalhos, sem os inconvenientes de uma ordem hierárquica fixa.

A teoria retificada (não tenho evidência de que Deutsch a aceitaria) pode parecer explicar a maior parte dos fenômenos de aprendizado latente e improvisação. E ainda seria uma teoria E – R, na qual o aprendizado seria explicado presumindo o que se poderia chamar de certo número de "objetivos" que o animal é induzido a alcançar,

---

[48] Deutsch, *The Structural Basis of Behavior*, p.114-5, afirma, claro está, que a sua teoria poderia explicar o fato de o animal encontrar o seu caminho em qualquer direção. Mas isso não se reconcilia em parte alguma com a hipótese de que as sugestões se organizam na hierarquia pela ordem em que são experienciadas.

sendo que a ordem dos objetivos depende da meta final em cada caso. Mas haveria um número finitamente enumerável de "objetivos" e de hierarquias de objetivos para que não houvesse necessidade de explicar o aprendizado em termos de aquisição de uma capacidade geral de ir a qualquer lugar a partir de qualquer lugar. O ambiente ainda estaria, portanto, univocamente relacionado com o comportamento na medida em que serviria para suscitar, em condições viscerais adequadas, certo número de respostas de aproximação.

Mas o problema é que a teoria de Deutsch, assim retificada, sofre da mesma deficiência que a de MacCorquodale e Meehl, só que em maior grau, ou seja, as condições para a aquisição de hábitos ou, nesse caso, para a captação de sugestões "que servem como pontos de referência", são tão indefinidas que ela parece totalmente incorrigível para a verificação. E, na verdade, um claro teste experimental para a teoria na sua forma atual é dificílimo de encontrar, embora talvez não seja impossível.[49] Porém, mesmo na ausência de um teste experimental, podemos avançar um pouco rumo à avaliação da teoria. A principal vantagem da teoria de Deutsch é, como já mencionamos, a sua noção do papel das sugestões no aprendizado por orientação. A função desses "pontos de referência" é induzir o comportamento de aproximação por parte do animal. Ora, conhece-se parcialmente a natureza e o papel das sugestões no aprendizado de orientação e deve ser possível conferir se isso se enquadra em uma explicação da orientação em termos do condicionamento das respostas de aproximação a uma série de sugestões.

A priori, pode parecer provável que se enquadre razoavelmente bem. A plausibilidade da teoria de Deutsch repousa amplamente no modo como geralmente pensamos o labirinto como uma série de etapas a serem percorridas, que podemos expressar para nós mesmos como uma série de objetivos a serem alcançados. Mas o problema provém de como esses objetivos são reconhecidos como tais.

---

[49] Cf. na p.267.

Como é que o animal consegue organizar o seu ambiente no tipo certo de "mapa" em que as sugestões são ordenadas nas linhas e "ramificações" certas? Se pensarmos em um labirinto com rotas de desvio do caminho principal, que o tocam em mais de um ponto, temos de presumir que o animal "reconhece" um ponto no caminho principal como "o mesmo" quando dele se aproxima seja da rota de desvio, seja do caminho principal.[50] Do contrário, evitar o desvio no futuro dependerá da ordem em que ele percorre o labirinto pela primeira vez.[51] Do mesmo modo, em experimentos de atalho complexos como o de Shepard,[52] nos quais, depois de aprender um labirinto com muitos becos sem saída, o animal descobre que a parede entre um dos becos e o caminho foi removida, abrindo assim uma via mais curta, coisa que ele só descobre depois de ter passado pelo beco, pois não pode ver que o atalho se abre desde a entrada até os becos. Shepard constatou que, no ensaio seguinte, os animais tendiam a seguir a via nova. Mas isso dependia de eles reconhecerem que a abertura vinha do fim do que anteriormente havia sido o beco em questão. Ora, a pergunta é: como o animal reconhece isso?

Podemos supor que cada porção do labirinto tem certos estímulos característicos ligados a ela, certa aparência ou sensação ou

---

[50] Deutsch, na verdade, tenta ter as duas coisas. Geralmente, ele presume que o mesmo lugar é reconhecido como o mesmo, mas, na sua discussão dos experimentos de Hull-Leeper, *The Structural Basis of Behavior*, p.118-23, ele tem de postular uma diferença nas sugestões escolhidas na mesma meta final quando aproximadas a partir de ângulos diferentes a fim de derivar o resultado observado. Se se permitir esse grau de liberdade, qualquer resultado "confirmará" virtualmente a teoria.

[51] Se o ponto de partida for *A*; a entrada do desvio, *B*; e a saída, *D*, os estímulos de desvio sendo *C*, então o animal pode percorrer *ABDBCD* e seguir até os pontos mais altos, *E*, *F* etc. Porém, a menos que, na segunda ocasião, *D* seja reconhecido como o *D* da primeira ocasião, o animal tomará o desvio; pois se, na segunda vez, *D* for visto como diferente, isto é, *D'*, a ordem das sugestões será *ABD*(*B'?*) *CD'*. Assim, *C* será mais potente que *D* e o animal tomará o desvio.

[52] Apud Maier; Schneirla, *Principles of Animal Psychology*, p.468-9.

cheiro pelos quais o animal a reconhece. As sugestões que são ordenadas em fileiras, então, são sugestões intralabirínticas desse tipo. Mas, na realidade, os labirintos muitas vezes são tais que a variedade dessas sugestões intralabirínticas é muito pequena, e elas podem ser deliberadamente minimizadas. Na verdade, os testes mostraram que as sugestões que os animais usam para aprender um labirinto são extremamente variadas e o animal pode se apoiar em algumas se as outras não estiverem disponíveis[53] ou até deslocar o peso se algumas sugestões, até então importantes, ficarem "embaralhadas" após o aprendizado – geralmente, entretanto, depois de um período inicial de desorientação.[54] Os ratos parecem depender muito de sugestões visuais, se estiverem disponíveis, e muitíssimo de sugestões visuais extralabirínticas.[55] No limite, um rato parece ser capaz de não depender de nenhuma pista se for uma questão de aprender um labirinto com alguma alternância regular de resposta (*e.g.*, ir para a direita, ir para a esquerda).[56] As sugestões visuais extralabirínticas são particularmente importantes para os casos de improvisação ou de comportamento de atalho, isto é, são particularmente importantes nos casos em que o animal tem de "reconhecer" um novo elemento, como um novo caminho, como pertencente ao complexo de certo modo, como sendo de fato um atalho ou a passagem final de um beco X.[57]

---

[53] Patrick; Anderson, "The Effect of Incidental Stimuli on Maze Learning with the White Rat", *Journal of Comparative Psychology*, v.10, n.3, p.295-307, 1930.

[54] Tryon, "Studies in Individual Differences in Maze Ability. VI: Effects of Stimulus Variation", *Journal of Comparative Psychology*, v.28, p.361-419, 1939.

[55] Tsang, 1934, 1935, apud Munn, *Handbook of Psychological Research on the Rat*.

[56] Às vezes, isso é chamado de dependência de sugestões "cinestésicas", mas isso significa simplesmente que o rato sabe que virou à direita e agora deve virar à esquerda. É difícil enxergar o que se acrescentou ao chamar isso de "sugestão".

[57] Restle, "Discrimination of Cues in Mazes", op. cit., aponta para essa importância das sugestões extralabirínticas, como se resolvesse o problema que o aprendizado e o comportamento de atalho colocam para a teoria E – R; mas é claro que isso

Ora, se considerarmos a importância das sugestões extralabirínticas, isto é, o grau de perturbação causado pela sua remoção ou pelo seu "embaralhamento", particularmente nos casos em que o animal mostra a capacidade de improvisar, a estrutura simples apresentada pela teoria de Deutsch parece necessitar de retificação. Pois isso significa que um atalho é muitas vezes reconhecido como tal ou o caminho no fim do desvio é reconhecido como o caminho principal, em grande parte pelas sugestões do ambiente fora do labirinto, e não por alguma propriedade especial desse caminho. O animal, quando a situação permite, se orienta por essas sugestões. Mas então é duvidoso se ainda podemos falar em "comportamento de aproximação" no mesmo sentido, pois o animal não aprendeu simplesmente a percorrer o caminho com tal e tal aparência ou sensação, mas a percorrer esse caminho se tal e tal constelação de sugestões estiver presente no ambiente. Ou, se ainda desejarmos falar em comportamento de aproximação, a descrição do caminho do qual se aproximar agora é muito complexa, inclusive a menção da sua relação com sugestões ambientais extralabirínticas. O animal em um labirinto relativamente aberto estabelece não tanto uma ordem de sugestões quanto uma ordem de distribuições das mesmas sugestões ambientais importantes.

Mas, se as sugestões extralabirínticas são importantes, as sugestões características do caminho principal abordado a partir do desvio certamente serão muito diferentes das características dessa parte do caminho abordado a partir do caminho principal. E a constelação de estímulos abertos pelo atalho em que o animal pode ver uma parte posterior do labirinto até agora invisível a partir desse ponto por certo será muito diferente das sugestões anteriormente associadas

---

não faz nada do tipo, pois o problema continua sendo que o animal apresenta uma resposta nova, não previamente condicionada a essas sugestões. O problema não diz respeito à importância das sugestões extralabirínticas, e sim ao papel dessas e de outras sugestões na orientação.

a essa parte quando ela era vista da seção imediatamente anterior. Como o animal sabe que esse conjunto de sugestões deve ser "abordado"? Assim, no caso de Tolman, Ritchie e Kalish,[58] os ratos que se dirigiram à meta que antes estavam na frente da luz seguiram um caminho que levava um pouco à esquerda dela, embora esse caminho não tivesse a luz brilhando diretamente para baixo como ocorria com o caminho da meta original. O mesmo se dava no experimento de Ritchie,[59] no qual, depois de virar o labirinto, os ratos tendiam a se dirigir à parede em que antes tinham sido alimentados. Eles ainda conheciam a direção geral da meta. Pode-se dizer que aprenderam a "se aproximar" da parede? Então surge a pergunta: de qual parede? Já que um dos caminhos que levava a uma parede se assemelhava aos caminhos originais da meta por ter uma luz no fim, seria de esperar que todos os animais seguissem esse caminho, mas, em vez disso, os animais que foram alimentados junto à outra parede seguiram o caminho dela apesar das diferenças. São esses casos em que a orientação é incerta, em que só a "direção geral" é conhecida, em que a explicação da improvisação em termos de aproximação de certa sugestão é claramente inadequada. Mas a dificuldade surge claramente também nos casos em que a improvisação é perfeita e em que é forte a dependência de sugestões extralabirínticas. Se se pode dar à teoria de Deutsch um significado específico, isso pareceria implicar que o comportamento de atalho seria mais difícil se as sugestões extralabirínticas fossem importantes, ao passo que geralmente são consideradas menos do que isso.

Em vista disso, parece improvável que possamos explicar o comportamento de orientação pelo condicionamento das respostas de aproximação a uma série de pistas. Então qual é o papel das sugestões na orientação? A tese de que as várias distribuições das

---

[58] Tolman; Ritchie; Kalish, "Studies in Spatial Learning", op. cit.
[59] Ritchie, "Studies in Spatial Learning. VI: Place Orientation and Direction Orientation", *Journal of Experimental Psychology*, v.38, n.6, p.659, 1948.

sugestões disponíveis em cada ponto não estão relacionadas entre si e cada uma condicionou a elas alguma resposta é improvável e parece não explicar os fatos. É muito mais provável que essas várias distribuições de sugestões extralabirínticas na situação parcialmente fechada do labirinto estejam conectadas da mesma maneira como estão na situação aberta, na qual se espera que as distribuições variem de modo ordenado com a locomoção do organismo ou as mudanças nas disposições dos seus órgãos dos sentidos. Com toda a probabilidade, é em virtude de uma expectativa de covariação desse tipo que sujeitos com certos músculos dos olhos paralisados tendem a "ver" os objetos no campo visual mudarem em direção oposta àquela em que eles tentaram mover os olhos. Assim, a orientação no espaço é questão de uma esperada covariação entre a locomoção do animal e as mudanças na distribuição de certos pontos de referência. Se este é o caso para os labirintos abertos, não há por que acreditar que o caso seja diferente para os labirintos fechados, nos quais os "pontos de referência" aparecem um após o outro. Não devemos presumir que aqui a ordem em que os pontos de referência aparecem não está relacionada com os movimentos que o animal executou para se orientar. E isso, claro está, é o que Deutsch supõe não só na situação fechada como também na aberta. Mas é muito mais provável que o reconhecimento pelo animal de certo caminho, o seu conhecimento de "onde está" no labirinto, dependa também de como ele acaba de se deslocar ou de ser deslocado de um ponto anterior. Parece bastante certo[60] que os animais podem aprender a percorrer um labirinto virtualmente sem pontos de referência, simplesmente aprendendo a mudar de direção em determinada ordem. Parece improvável que esse conhecimento do rumo

---

[60] Cf., *e.g.*, Hunter; Hall, "Double Alternation Behavior of the White Rat in a Spatial Maze", *Journal of Comparative Psychology*, v.32, n.2, p.253-66, 1941. Alguns pontos de referência parecem necessários, porém, no período de treinamento.

tomado não tenha nenhum papel na maior parte do aprendizado de orientação.[61, 62]

Se essa visão estiver correta, a improvisação ocorre não porque certas sugestões experienciadas anteriormente estejam presentes, e sim porque uma distribuição de sugestões de algum modo relacionadas com as previamente experienciadas o é a partir de uma posição no labirinto que mostra que se abriu um atalho para a meta final. E a mera presença de sugestões semelhantes às experienciadas mais perto da meta não funcionará se a posição em que elas são experienciadas ficar longe da meta. E o tipo de sugestões que contarão como representantes de um novo caminho mais curto à meta final varia conforme a posição em que elas aparecem. Assim, nunca podemos explicar a orientação pelo condicionamento de uma resposta de aproximação a certo número de sugestões.

A questão entre essa visão e a teoria revisada de Deutsch poderia, talvez, ser decidida em parte por um experimento do seguinte tipo: em um labirinto com uma distintiva meta final coberta, os animais são treinados para correr rumo à recompensa. Depois, quando o aprendizado tiver atingido certo padrão, a caixa com a meta final é colocada, vazia, ao lado do caminho em uma parte inicial do labirinto. Segundo a visão de Deutsch, isso seria parecido, em princípio, com abrir um atalho. O animal deve entrar na caixa, e esses estímulos devem "desligar" todas as pistas mais acima no

---

[61] A evidência de que os animais podem prescindir de "estímulos cinestésicos" é irrelevante aqui, a não ser que se possa mostrar que saber o que se está fazendo depende de certos "estímulos cinestésicos", e isso parece muito improvável. Um homem muito bêbado pode ignorar por onde esteve vagando, assim como uma pessoa absorta em pensamentos, mas não lhes falta nenhum estímulo cinestésico.

[62] A noção de "orientar-se" em um ambiente outrora familiar aponta para esse fato da covariação. Tenta-se encontrar um ponto em que se possa entrar no sistema de covariação esperada, por assim dizer. É preciso simplesmente começar, descobrir onde se está, e então é possível encontrar o caminho livremente. Na reorientação, encontrar a posição inicial é tudo.

caminho, de modo que, quando o animal surgir, não tenderá a ir mais adiante no labirinto. Além disso, segundo uma hipótese especial de Deutsch, introduzida para explicar o experimento de múltiplas vias de Tolman e Honzik, convém não reativar esses estímulos durante algum tempo. Desse modo, podemos ter alguma evidência de que um animal pode ou não discriminar a posição em um ambiente espacial independentemente da natureza dos objetos nessa posição, se pode discriminar a mudança na ordem dos estímulos representados por um atalho real representado pela introdução de alguns elementos novos. Se ele puder fazê-lo, será porque a posição conhecida no ambiente não é inteiramente uma função da ordem dos estímulos e, portanto, o comportamento orientado não é "um conjunto de tropismos". *A priori*, as chances são de que os animais vejam que aquilo não é um atalho e, assim, não percam a esperança, mas sigam para ver se uma caixa de meta final cheia não está no lugar original.

Ainda não há (que o autor saiba) nenhuma evidência experimental desse tipo. Mas há outra classe um tanto semelhante de resultados em que temos evidências que parecem se opor decisivamente à visão de Deutsch, ou seja, casos de comportamento de desvio. O próprio Deutsch diz que, quando o animal pode ver a meta ou um ponto próximo à meta, mas não consegue alcançá-lo pela via mais direta devido a algum obstáculo, ele deixa de tomar uma rota indireta.[63] Isso parece ser uma consequência inevitável, já que fazer o desvio envolveria direcionar-se a sugestões de referência mais abaixo na hierarquia do que a visível, que agora, portanto, estão "desligadas". Mas o comportamento de desvio ocorre em macacos, cães e, em alguns casos, talvez até em ratos. E, ali onde esse é o caso, a posição no ambiente não pode ser inteiramente uma função da ordem de sugestões, pois o animal pode "rumar" para as

---

[63] Deutsch, *The Structural Basis of Behavior*, p.38.

sugestões menos favorecidas, mesmo quando as mais favorecidas estão presentes.[64]

Pareceria, a partir dessa discussão, que são remotas as chances de explicar as mudanças de comportamento como um resultado do aprendizado do labirinto em particular ou de qualquer exploração de um ambiente espacial em geral em termos de uma série de tropismos adquiridos ou outras tendências a emitir certas respostas em certas condições. Pelo menos, nenhuma das teorias apresentadas até agora parece ser adequada. Pois a evidência mostra que os animais e os humanos podem lucrar com a exploração melhorando o desempenho em um grande número de caminhos diferentes – talvez um número indefinido. As teorias E–R ainda não explicaram esse fato adequadamente e, na medida em que tentaram, isso se deu pela modificação das suas hipóteses em direção à vacuidade. E, então, os animais e os seres humanos podem "improvisar" – *e.g.*, tomando um novo caminho, até então não percorrido, para a meta. Esse fenômeno é a pedra de tropeço de todas as teorias, com a aparente exceção da teoria do "ponto de referência" de Deutsch. Mas, quando examinamos evidência acerca da natureza e do papel das sugestões de referência, essa teoria parece, para dizer o mínimo, implausível.

Parece, portanto, que o aprendizado por "orientação", o aprendizado decorrente da exploração espacial, resulta em uma capacidade geral de "se deslocar" para encontrar o caminho de um lugar a outro. A noção de posição ou lugar parece fundamental aqui. Saber como chegar de *A* a *B* para o animal devidamente orientado é mais do que conhecer um caminho; é ter uma noção da direção geral de *B*; isto é, *B* em certo sentido tem uma posição ou lugar em relação

---

[64] Algumas evidências da influência das sugestões na orientação podem ser obtidas da seguinte forma: em um labirinto em T com uma cobertura sobre o ponto de escolha do T, opere os animais sem treinamento prévio e gire as sugestões extralabirínticas em 90° enquanto o animal estiver fazendo a curva, de modo que ele saia da parte coberta virado para a mesma direção em relação ao ambiente girado, e veja se isso produz uma interrupção no comportamento.

ao animal e a outras posições. O nosso exame do papel das sugestões "de referência" na orientação pareceu produzir um resultado semelhante. Pois o comportamento orientado parece não depender somente da ordem dos estímulos, mas da sua ordem em relação à locomoção, *i.e.*, mudanças na posição do animal. Mas, então, também parece que a noção de posição, de saber "onde está" em relação a outras partes do ambiente, é fundamental para a orientação. Se assim for, ficará claro por que não podemos explicar o comportamento orientado em termos de leis E – R, *i.e.*, o efeito constante de certos estímulos no comportamento. Pois o seu efeito variará com a posição, *i.e.*, com o conhecimento do animal da sua posição e, portanto, longe de explicar a orientação pelo efeito constante dos estímulos, temos de explicar o efeito variado dos estímulos pelo fato da orientação.

Parece provável, então, que o aprendizado de orientação envolva a aquisição de um ambiente intencional, no qual objetos "remotos" – isto é, aqueles que não podem incidir nos receptores – têm um lugar assim como os objetos presentes; que isso envolve, em outras palavras, ampliar a área do ambiente intencional. E isso significa que, na orientação, o efeito do ambiente remoto sobre o comportamento vem a se assemelhar ao do ambiente presente, *i.e.*, podemos falar em "aproximar-se" de um objeto remoto como nos aproximamos de um objeto presente. Em suma, significaria que a barreira entre a situação "aberta" – na qual "as consequências dos atos alternativos poderiam ser antecipadas sem a efetiva execução do ato"[65] – e a fechada – que é tão importante para os teóricos E–R – se revelaria artificial na medida em que as leis que ligam o ambiente ao comportamento estão em causa. E, nesse caso, a questão muito negligenciada das leis que regulam o comportamento na situação "aberta" adquiriria uma nova e importante relevância para a questão que nos ocupa.

---

[65] Spence, "Theoretical Interpretations of Learning", em Stevens (org.), *Handbook of Experimental Psychology*, p.718.

9
A direção do comportamento

1. O ambiente aberto

Subjacente a toda a discussão sobre o aprendizado nos últimos capítulos foi a questão da natureza do comportamento, se ele deve ser caracterizado como ação ou não. Como vimos, caracterizar o comportamento como ação é caracterizá-lo como dirigido a algum objetivo ou meta. Ora, isso significa que a forma específica que ele assume em qualquer situação pode ser explicada em parte de modo teleológico pelo que a situação requer dado o objetivo em questão. A questão da natureza do comportamento é, portanto, em parte uma questão do que poderia ser chamado de direção do comportamento em determinado ambiente: de que maneira o comportamento depende ou varia com o ambiente em que é conduzido? Essa questão diz respeito ao que poderíamos chamar de correlações de primeiro nível que existem entre o ambiente e o comportamento, isto é, o modo pelo qual eles de fato variam entre si, independentemente de como a manutenção dessas correlações deve ser explicada.

A alternativa, então, é esta: temos de explicar as características particulares de uma resposta de modo teleológico com base nos objetivos perseguidos pelo animal, ou temos de explicá-las na hipótese de uma resposta com essas características estar ligada de um modo nomológico aos estímulos obtidos no momento, e é constantemente induzida por eles? Esta é uma das questões cruciais em jogo entre a teoria E – R e a explicação por propósito. É porque os teóricos E – R adotam a última alternativa nessa questão básica, como vimos, que eles têm de explicar as mudanças de comportamento como resultado do aprendizado em termos de respostas "condicionadas"; eles têm de fazer um comportamento aprendido, isto é, uma função da história do comportamento, das respostas emitidas nessa situação ou em outras semelhantes no passado (e, no caso da teoria do reforço, também das "recompensas" obtidas), o que confere à situação o poder de provocar algumas dessas respostas no futuro.

Por outro lado, se adotarmos a outra alternativa, de que o comportamento é uma função do que a situação exige, garantidos os objetivos ou metas do animal, então o papel do treinamento será diferente: será mudar as características operativas ou relevantes da situação em que o comportamento é uma função, em suma, para mudar o ambiente intencional. Nesse sentido, claro está, o aprendizado é realizado para mudar o comportamento. Mas – e este é o ponto crucial – a mudança no ambiente intencional não deve ser considerada uma função da história do aprendizado. Pelo contrário, um grande número de diferentes histórias de aprendizado pode ocasionar a mesma mudança e, inversamente, como vimos antes, a mesma história pode provocar diferentes mudanças em animais diferentes. O aprendizado, nessa visão, é, portanto, simplesmente uma condição necessária para que se façam certas respostas adaptativas. Mas não uma condição antecedente que variará com o comportamento de modo nomológico, *i.e.*, não a variável independente em uma lei funcional.

Assim, o que talvez seja o desacordo mais fundamental entre as duas visões do aprendizado é o seguinte: que, para a nossa visão ordinária, o aprendizado simplesmente "facilita" certas respostas, isto é, torna possível uma gama de respostas, ao passo que, para a teoria E – R, ele determina quais respostas serão emitidas.[1] E isso está intimamente relacionado com – na verdade, é quase outra maneira de a enunciar – a questão da direção do comportamento.

Ora, a evidência discutida no capítulo anterior parece se opor à teoria E – R. Pois o comportamento de improvisação, ou o resultante do aprendizado latente, parece não ser uma função do comportamento passado do animal nessa situação ou em outras semelhantes, ao passo que esses fenômenos podem ser explicados teleologicamente em certas suposições sobre os objetivos do animal. Esses são casos em que as respostas "adaptativas" ocorrem ali onde a teoria E – R preveria respostas mal-adaptativas. Mas também há casos opostos que se contrapõem à teoria E – R, nos quais a resposta é mal-adaptativa de um modo que ela não preveria. Assim, Tolman[2] relata um experimento em que ratos, em certa parte de um labirinto, sofreram choque de um aparelho que foi retirado imediatamente depois e não voltou a ser visto. O rato, por conseguinte, não conseguiu identificar "o que o atingiu" e, nessas condições, os animais às vezes não seguiam o curso "adaptativo" de evitar o ponto perigoso, como a teoria E – R preveria que fariam. Outro exemplo é um experimento de McDougall, no qual um rato tinha de abrir uma trava abrindo primeiramente outra trava. Aqui, apesar de às vezes acertar a resposta acidentalmente, ele não melhorava e não conseguia dominar o problema. A emissão da resposta certa, seguida de recompensa, em outras palavras, parecia não fortalecer a tendência a emiti-la posteriormente. Somos tentados a dizer simplesmente que

---

[1] Por contraste, como veremos no próximo capítulo, as posições sobre motivação são invertidas. Para a teoria E – R, o papel do "impulso" é simplesmente "facilitar" as respostas sem selecioná-las, ao passo que a visão ordinária, como está implícito na noção de "desejo", é que a resposta seja selecionada pelo objetivo para o qual somos "movidos" ou "conduzidos".

[2] Tolman, "Cognitive Maps in Rats and Men", *Psychological Review*, v.55, n.4, p.189-208, 1948.

o problema era muito complexo para o rato e que nenhuma quantidade de sucesso fortuito podia induzir o aprendizado.

A evidência dentro do próprio campo de aprendizado de orientação, portanto, parece apontar para a visão teleológica ordinária. Mas não há motivo para que restrinjamos a nossa atenção a esse tipo de caso. Uma crítica endereçada merecidamente aos teóricos da escola E – R é que eles tentam erigir uma teoria em uma gama demasiado estreita de experimentos. Essa abordagem, na verdade, envolve um duplo risco de distorção. Em primeiro lugar, os experimentos não são colocados no contexto de um corpo de evidências colhidas na observação do comportamento dos animais no seu *habitat* normal, tal como obtiveram os etólogos, e assim estão sujeitos a ser mal interpretados. No segundo caso, a própria gama de experimentos é extremamente restritiva no tipo de situação escolhida – os experimentos de aprendizado de labirinto e discriminação constituem uma grande parte do trabalho dos teóricos E – R – e são feitos sob medida para se adequar à teoria. A eles se dá muitas vezes um ar espúrio de validade que desaparece, ou pelo menos tende a se obscurecer, assim que se olha além do estreito contexto escolhido. Assim, o trabalho de Pavlov sobre a salivação dos cães foi bem adequado a uma teoria dos reflexos condicionados, mas, quando nos voltamos para o comportamento ordinário dirigido a um objetivo ou meta, podemos ver quão pouca base há para postular um mecanismo desse tipo como subjacente a toda a gama do comportamento aprendido. Do mesmo modo, o tipo ordinário de experimento de labirinto, em que os animais percorrem o mesmo caminho nos ensaios de treinamento e teste, era ideal para a teoria E – R. Pois introduzia no comportamento certa rigidez não encontrada no *habitat* normal. O animal era compelido, pela forma do labirinto, a seguir um número limitado de caminhos fixos. O que Tolman denominou "rastreamento múltiplo", a capacidade de tomar caminhos diferentes para o mesmo objetivo, foi, portanto, reduzido a um mínimo. Restou em grande parte aos adversários das teorias E – R conceber experimentos, como os voltados para a improvisação e o aprendizado latente, que questionavam a visão ortodoxa. Pois o tipo ordinário de projeto de experimento tinha o efeito de evitar que se levantassem tais questões.

Mas, assim como o tipo ordinário de experimento de labirinto – com treinamento e teste no mesmo caminho – era apenas um entre muitos experimentos possíveis, o ambiente do labirinto é apenas um entre muitos ambientes possíveis e, em muitos aspectos cruciais, não é o mais comum. Pois, ao lado do ambiente "fechado" do labirinto, está o ambiente aberto, no qual a escolha do animal não se restringe à locomoção por uma série de caminhos fixos, e no qual muitas outras características dos arredores são visíveis ao mesmo tempo. Se nosso objetivo é elaborar uma teoria do comportamento, devemos também olhar aqui e ver que leis se aplicam a esse tipo de situação.

E, se quisermos fazer algum progresso na questão em pauta, temos de olhar para a situação aberta. Pois a questão diz respeito ao papel das metas e dos objetos da meta final na direção do comportamento. Assim, a suposição por trás da explicação ordinária do comportamento "de atalho" é que a resposta adaptativa improvisada não precisa ser explicada como condicionada a um conjunto de estímulos, mas simplesmente como uma que tem como resultado esse objetivo, tendo o treinamento proporcionado as condições necessárias no ambiente intencional do animal. A presunção é, portanto, que o alimento, por exemplo, funciona como uma meta final no ambiente intencional do animal; que a sua presença no ambiente não deve se ligar a um conjunto de respostas que foram condicionadas aos estímulos que o acompanham, ou que – no caso de comportamento inato – se conecta a elas inerentemente, mas com comportamento de aproximação em geral, isto é, com respostas que têm o resultado de "obter" essa meta final. O papel do treinamento é, pois, tornar a meta final intencionalmente "presente" no ambiente, e não alterar o repositório de "hábitos" do animal.

Mas essa questão do papel das metas e dos objetos de meta no comportamento é geral e deve ser respondida não só no contexto do aprendizado de orientação. Temos de descobrir, por exemplo, se em geral certos objetos, digamos, certos tipos de alimento ou certo conjunto de subobjetivos aprendidos operam como objetos de meta nesse sentido, isto é, se não provocam mais do que apenas aquelas respostas a eles condicionadas ou inerentemente conectadas a eles, se o seu papel é provocar aquele comportamento que terminará em um "ato consumatório". E essa pergunta dificilmente pode ser respondida examinando somente o caso especial do aprendizado de orientação – um caso que é "especial" em virtude do fator de complicação de que o objetivo não está presente para os sentidos do animal no momento da escolha –, mas deve ser testado no caso geral, não complicado por tais considerações, que é o comportamento na situação aberta em que o ponto terminante da ação do animal ou do objeto por ela afetado é visível para ele.

A importância do ambiente aberto para a nossa discussão é, de fato, dupla. Não é só que a tentação seja removida para ver a escolha diante do animal como limitada a um número definido de possibilidades de comportamento claramente demarcadas; também estamos transferindo a nossa atenção das chamadas "sequências de comportamento" para o que é, realmente, a unidade básica na explicação E – R do comportamento, uma resposta a uma característica do ambiente que está presente, no sentido de "impactar os receptores". Assim, já não discutiremos simplesmente se sequências de comportamento complexas podem ser vistas como construídas a partir de tais unidades – e a evidência de improvisação e aprendizado latente parece mostrar que elas não podem ser –, mas a questão mais radical: se uma unidade desse tipo existe, se há alguma coisa respondendo à descrição clássica de uma conexão estímulo-resposta. Isto é, perguntaremos se as respostas mais simples e curtas, que podemos distinguir como unidades em uma sequência de respostas, podem ser entendidas como movimentos provocados por estímulos ou se devem ser explicadas em termos dos objetivos pelos quais elas ocorrem. De fato, pois, a questão sobre as leis que vigoram na situação aberta nos leva de volta, de certo modo, à questão discutida no fim do Capítulo 7, que diz respeito à natureza da resposta. Ali se concluiu que não havia nenhum tipo de descrição (por exemplo, "aproximação de X") que se aplicasse a todos os movimentos como respostas. Aqui a questão é a mais geral, se as respostas, *i.e.*, os movimentos emitidos, na medida em que possam ser vinculados de um modo nomológico ao ambiente, devem ser classificados pelos seus objetivos ou pelo que alcançam, ou se devem ser classificados de algum outro modo, por exemplo, topograficamente, pelos membros ou "efetores" usados e os processos aos quais são submetidos.

2. A resposta como conquista

Voltamo-nos, então, para examinar casos de comportamento aprendido ou inato na situação aberta. Vejamos, por exemplo, casos do tipo estudado por Köhler,[3] em que os chimpanzés aprendiam a usar varas e caixas como instrumentos para obter o alimento que de outro modo estaria fora de alcance. Ora, a evidência parece mostrar[4] que o treinamento é relevante aqui; que os animais que tiveram a oportunidade de brincar com varas são mais propensos a usá-las do que os que não a tiveram. Mas é difícil ver como a ocorrência de respostas adaptativas desse tipo pode ser considerada uma função do comportamento passado do animal nessa situação. Isto não é só porque a resposta às vezes pode ocorrer sem experiência anterior com varas ou caixas, mas também porque o treinamento passado que é relevante, onde é relevante, não é necessariamente um

---

[3] Köhler, *The Mentality of Apes*.
[4] Birch, "The Relation of Previous Experience to Insightful Problem-Solving", *Journal of Comparative and Psychological Psychology*, v.38, n.6, p.367-83, 1945.

treinamento nessa situação ou em outra semelhante, se se entender "semelhante" como "semelhante no conteúdo do estímulo". Colocando o ponto de outro modo, a semelhança entre situações de treinamento e de teste reside simplesmente no fato de que há um papel para uma vara desempenhar, algo que poderia ser feito por uma vara em cada uma delas. Assim, se podemos falar que o animal adquiriu um "hábito", é o de usar a vara onde for necessário. Naturalmente, há um sentido de "hábito" na linguagem ordinária, na qual seria bastante correto dizer que o animal "adquiriu o hábito" de usar a vara, mas isso é muito diferente do sentido que o termo tem na teoria E – R. Ele não se destina a explicar o seu comportamento; só estamos reafirmando o fato de que é mais provável que, depois do treinamento em uma situação que exija o uso de uma vara, o animal a use. Mas não podemos dizer que a resposta está condicionada a uma situação "que exige o uso de uma vara para certo objetivo". Pois, se o animal pode reconhecer uma situação como desse tipo, ele não precisa aprender a usar uma vara nela. O papel do treinamento deve ser torná-lo mais propenso a reconhecer situações desse tipo, levá-lo a ver a situação de certo modo.

A natureza da melhora do animal nos problemas de "*Umweg*" que exigem o uso de algum meio ou caminho indireto também aponta para a visão de que o efeito do treinamento e da prática é permitir que ele "veja" a solução mais prontamente. No começo, a solução vem com muita dificuldade. As condições têm de ser muito favoráveis. Às vezes, os animais não "adquirem a ideia" enquanto, em certo momento e casualmente, a vara não estiver apontando para a direção certa. Outros animais não viram que uma caixa poderia oferecer a solução enquanto outro animal estivesse sentado nela, fixando a sua relevância comportamental, por assim dizer, como a de um "assento". Mas, depois de alguma prática, os animais podem ir buscar caixas em outro cômodo se a situação o exigir ou, na ausência de varas disponíveis, alguns podem arrancar o galho de uma árvore para substituí-las. A natureza desse comportamento de "improvisação" mostra que a situação foi claramente reconhecida como exigindo essa solução, mesmo na ausência de "acessórios", como a vara apontando para a direção certa. O papel do treinamento, portanto, é "facilitar" a resposta.

Mas, qualquer que seja a precisão dessa hipótese, é praticamente impossível ver como esse tipo de comportamento de improvisação pode ser explicado em termos de condicionamento – ainda mais difícil do que no caso de comportamento de atalho no labirinto. Pois a ausência de vara ou caixa deve significar a ausência de alguns dos estímulos provocadores originais, o que deve enfraquecer a resposta em vez de evocar a improvisação adaptativa, que é a única a fazer que isso ocorra. Por outro lado, tanto esse comportamento quanto o comportamento instrumental original são perfeitamente compreensíveis na suposição de que obter alimento é um objetivo para o animal.

Contudo, não precisamos olhar para as façanhas superiores dos chimpanzés. Esse exemplo somente ilustra de modo mais impressionante – porque mais inteligente – uma característica que está presente em todo comportamento. É o objetivo declarado da maioria dos teóricos da escola E – R conceber as leis do comportamento que só farão menção – para usar os termos de Hull – de "movimentos incolores". Porém, apesar disso, quase todos usam termos ordinários de ação nas correlações que afirmam ter estabelecido. Isso é verdadeiro para o próprio Hull, como indicou Peters.[5] Por exemplo, Hull descreve o comportamento do rato com termos como "mordendo os tacos do assoalho" ou "pulando a barreira". Assim, o comportamento do animal é classificado não com referência a membros e músculos etc. usados, e seus movimentos e contrações – isso não é o que se chama "definido pelo efetor" –, mas em termos dos fins alcançados, *i.e.*, é "definido pela realização". Do mesmo modo, Nissen e Spence concordam que o comportamento do animal no

---

[5] Peters, *The Concept of Motivation*, p.114.

aprendizado de discriminação não pode ser classificado com base em movimentos, mas deve ser referido "como um ato, isto é, em termos da sua consequência ou do seu efeito (geralmente com referência a um objetivo ou a uma relação organismo-ambiente alterada)".[6] Até mesmo Guthrie, que é muito consistente em evitar termos definidos por realizações, só conseguiu esboçar uma correlação usando termos de movimento em uma situação altamente artificial, e mesmo a validade disso é duvidosa.

Ora, pode-se pensar que isso não seja um revés muito grande para a teoria E – R, e que as leis que usam termos de realização são simplesmente as primeiras aproximações a ser substituídas posteriormente por leis mais exatas usando uma classificação de comportamento como definida pelo efetor. Mas não há nenhum motivo para esperar isso. Assim, MacCorquodale e Meehl[7] baseiam o seu otimismo na crença em que "qualquer classe R (classe de respostas) especificada por realização é uma função veritativa de um conjunto finito de classes R especificadas por descrições de fluxo de não realização".[8] Seu fundamento para essa crença é que "há mais de uma maneira de descer uma alavanca, mas não há um número infinito de maneiras".[9] Em outras palavras, o enunciado de que o rato desceu a alavanca seria uma função veritativa da disjunção, "o rato fez isso e aquilo com as patas ou o rato fez isso e aquilo com os dentes" e assim por diante.

Ora, é claro, falando rigorosamente, que aqui não podemos falar em uma relação verofuncional. Não faz parte do significado da disjunção acima que o rato desceu a alavanca no processo. Mas

---

[6] Nissen, "Description of the Learned Response in Discrimination Behavior", *Psychological Review*, v.57, n.2, p.130, 1950.

[7] MacCorquodale; Meehl, "Edward C. Tolman", em Estes et al., *Modern Learning Theory*, p.219-31.

[8] Ibid., p.223.

[9] Loc. cit.

pode-se considerar isso um mero detalhe, se pudéssemos estabelecer leis empíricas no sentido de que sempre que um evento de uma classe de realização ocorresse, ocorreria também um evento de certa lista de classes efetoras, e que o mesmo valeria no sentido inverso. É essa afirmação que MacCorquodale e Meehl querem fazer quando dizem que não há "um número infinito de maneiras" de descer uma alavanca. Ora, em certo sentido, isso é verdade, mas não é realmente útil para MacCorquodale e Meehl. Isso fica claro quando examinamos o que se entende por uma "maneira" no sentido que teríamos de dar para tornar esse enunciado verdadeiro. MacCorquodale e Meehl a apresentam como uma "subclasse definida por topografia efetora bastante restrita, mas necessariamente permitindo certas variações quantitativas sobre as suas próprias instâncias". Assim, um animal, por exemplo como um rato, terá somente certo número de padrões de resposta motora no seu repertório, e dizer que desceu a alavanca equivale inevitavelmente a dizer que ele desceu a alavanca com os dentes, ou que a desceu com a mandíbula ou as patas etc. Isso é certamente verdadeiro, e se isso é o que se entende por "maneira", o enunciado permanece. Mas é claro que ainda não alcançamos um conjunto de classes definidas pelo efetor. O enunciado "o rato empurrou a alavanca para baixo com a pata (direita)" não classifica a ação somente em termos de efetor, mas também em termos de realização. A questão é, portanto, se podemos encontrar um movimento definido pelo efetor de modo que ele ocorra sempre que esse enunciado for verdadeiro. Mas, claro está, quando examinamos a situação mais de perto, descobrimos que há muitos movimentos da pata que o animal pode fazer que contarão como "empurrando a alavanca para baixo"; tudo depende do tamanho e da posição da alavanca, da posição e da postura do animal imediatamente antes e assim por diante. Talvez então precisemos desfazer a ação ainda mais finamente, e fazer "ele empurrou a alavanca para baixo" "verofuncional" de um conjunto de subclasses mais pormenorizadamente descrito. Mas aqui o conceito de uma "maneira" começa a se tornar mais indefinido. Pois está claro que, com um padrão motor desse tipo, não temos de lidar com um conjunto de movimentos claramente diferenciados, mas com um padrão de respostas que pode variar refinada e continuamente de vários modos e pode ser ajustado à ação em andamento. Dizer que há certo número de "maneiras" de empurrar uma alavanca para baixo é tão arbitrário quanto dizer que há determinado número de pontos em uma linha. Mas o problema é mais fundamental do que isso. Pois os vários movimentos que o animal pode fazer ao empurrar uma alavanca para baixo são adequados, isto é, cada um constituirá realmente empurrar a alavanca para baixo somente em certas circunstâncias. O movimento que desceria a alavanca a essa altura e considerando essa postura inicial, por exemplo, falhará totalmente em fazê-lo desde que haja outro conjunto de condições iniciais. Assim, ainda que fosse o caso de haver um conjunto seguramente enumerável de movimentos das patas que o animal emitiu quando empurrou a alavanca para baixo, de modo que, a partir do enunciado "ele empurrou a alavanca para baixo", poder-se-ia inferir que ele deve ter feito X ou Y ou Z etc., ainda não poderíamos inferir, a partir do fato de o rato ter feito X ou Y ou Z etc., que ele empurrou a alavanca para baixo. Pois, em certas circunstâncias, ele pode ter emitido qualquer um desses movimentos sem a empurrar. De fato, um desses movimentos pode ser facilmente emitido no curso de uma ação bem diferente, como ficar contra a parede a fim de obter algo a partir de certa altura e assim por diante.

 Assim, a relação verofuncional é totalmente inadequada para termos de ação e termos de movimento. Podemos de fato inferir, de "o rato desceu a alavanca", que ele a desceu com os dentes ou com as patas etc., e certamente podemos inferir (em um sentido mais forte), do fato de que ele a desceu com os dentes ou as patas etc., que a desceu; mas não podemos inferir a partir do fato de ele ter feito qualquer movimento com os dentes, as patas, o queixo, as nádegas ou o que quer que seja, que ele desceu a alavanca. Pois isso depende de o movimento ter sido adequado.

Segue-se, pois, que quando os teóricos E – R estabelecem correlações "estímulo-resposta" usando termos de ação e não de movimento, que eles não estão dando esboços de leis usando apenas termos para "movimento incolor". Pelo contrário, quando dizem que a resposta *R* é condicionada a *E*, estão dizendo que, na ocorrência de *E*, o animal fará o que for necessário dentro de certos limites[10] para atingir *O*, sendo *O* o objetivo em termos do qual a ação *R* é definida. E esta, claro está, é uma correlação de uma forma teleológica, em que a ação é explicada, pelo menos em parte, em termos do objetivo a que se destina.

O fato de os teóricos E – R terem sido forçados a dar lugar a um tipo teleológico de explicação é significativo, por mais que eles deem a impressão de desconhecer grande parte do seu significado. Pode parecer que eles usam termos de ação somente pela conveniência de empregar termos de uso comum, mas o enunciado de Nissen e Spence sobre a evidência do aprendizado de discriminação mostra que não é esse o caso. Não é só por conveniência, mas porque as correlações comportamentais molares que podem ser abstraídas estão no nível das ações e não naquele dos vários movimentos componentes, dos quais não há número definido, sendo que, em determinadas circunstâncias, cada um pode constituir uma ação. Assim, como mostra Nissen,[11] é a ação de alcançar a porta branca, e não certos movimentos musculares, que é "condicionada" no experimento de discriminação. O problema está no fato de que o que é quase invariavelmente condicionado – exceto em certas situações artificiais

---

[10] Os limites sendo estabelecidos pelos limites de realização de determinado hábito motor ou – como veremos mais adiante – conjunto de hábitos motores; obviamente, haverá alguns casos em que o objetivo estará além do alcance do animal.

[11] Nissen, "Description of the Learned Response in Discrimination Behavior", op. cit.

extremas ou nas de experimentos de reflexo condicionado, que têm muito pouco a ver com o comportamento operante – é uma ação, ou seja, a consecução de certo resultado. Portanto, não se pode prever, a partir dos *movimentos* emitidos no período de treinamento, o que o animal fará em futuras situações de teste, mas unicamente a partir de qual *ação* ele está aprendendo a realizar.[12]

Os teóricos E – R às vezes falam como se essa consistência da meta de ação pudesse ser explicada por algum princípio de "indução"[13] no sentido de que certas respostas definidas pelo efetor estão conectadas de tal modo que o fortalecimento de uma a determinado estímulo fortalecerá automaticamente as outras. Mas isso, claro está, não pode servir de explicação. Pois a classe de respostas que são reforçadas juntamente com a resposta, por exemplo, de pressionar a alavanca são precisamente as que terão o resultado de pressionar a alavanca. Não podemos encontrar uma caracterização em termos de movimento para um conjunto de ações que se fortalecem com determinada ação e, entre as quais, uma relação de indução se mantém. É possível, como vimos, "induzir" um conjunto de movimentos bem diferente "fortalecendo" (recompensando) determinado movimento, se a ação que está sendo executada por ele for diferente, *e.g.*, quando a ação for "aproximar-se do cartão cinzento" e não "virar à direita" ou "aproximar-se do cartão quadrado".

3. Liberadores e direcionadores

A linguagem de "estímulo-resposta" é, portanto, bastante enganosa quando se consideram as correlações com que os psicólogos realmente trabalham. Um esquema conceitual muito mais adequado a uma teoria do comportamento não teleológica é desenvolvida por

---

[12] Cf. Cap.7.

[13] Cf. MacCorquodale; Meehl, "Edward C. Tolman", op. cit.

Tinbergen no seu estudo sobre o comportamento inato.[14] Tinbergen distingue entre a "liberação" e as funções de "direção" dos estímulos. Aquela simplesmente inicia a atividade motora ou libera a energia contida mediante o padrão motor; estas "dirigem uma atividade em relação aos arranjos espaciais nos arredores".[15] Assim, o problema da variação de uma resposta e da sua dependência da situação é claramente reconhecido. Mas isso, naturalmente, não oferece nenhuma solução. A direção da atividade por um objetivo não pode ser explicada pela introdução da noção de "estímulo direcionador". Tal como está, Tinbergen restringe a função desses estímulos à de fixar a direção do movimento ou a orientação do corpo. E aqui a noção de um estímulo direcionador faz sentido, como um ponto de referência ou ponto rumo ao qual se direcionar. Mas, claro está, o problema da direção a uma meta é muito mais amplo do que isso. Todos os padrões motores, de agarrar, escalar, andar, correr, alcançar, empurrar para baixo com a pata etc. etc., são direcionados pelo ambiente, isto é, são ajustados em cada caso a uma característica ou a características específicas do que está sendo agarrado, escalado, atropelado etc. E aqui a noção de um "estímulo direcionador", mesmo do tipo "configuracional", não tem a mesma aplicação clara. Certos tipos simples de "táxis" ou de direção de movimento ou de disposição do corpo em relação ao ambiente podem ser caracterizados por leis da forma "se a fonte de luz se mover de tal e tal modo, o animal fará tais e tais movimentos", mas isso não é verdade para a direção de atividades como "pegar o tinteiro", "descer a alavanca" ou "pegar a bola". Tampouco é verdade para as formas filogeneticamente "superiores" de "táxis"; *e.g.*, um cachorro, ao perseguir um coelho, pode levar em consideração a direção e a velocidade de movimento da sua presa na perseguição.

---

[14] Tinbergen, *The Study of Instinct*.
[15] Ibid., p.82.

Pode-se pensar que essas formas superiores de coordenação sensório-motora diferem dos "táxis" mais simples somente por sua complexidade maior. Poder-se-ia pensar, por exemplo, que os estímulos dirigem o comportamento em um número maior de maneiras, isto é, que as variações do estímulo em um número maior de aspectos se correlacionam com variações no comportamento. Assim, embora para o inseto a posição da luz seja tudo, para o cão, não só a posição, mas também a velocidade (direção e velocidade do movimento) do coelho determinam o seu curso. Mas, nesse nível, a noção de um "estímulo" direcionador está começando a perder o significado. Para tomar o caso citado por Tinbergen,[16] de voo para a segurança: quando a mãe gaivota emite um sinal de alarme (estímulo liberador), os seus filhotes correm ao abrigo mais próximo (estímulo direcionador). Ora, falar de "estímulos direcionadores" aqui é duplamente enganoso. Pois o fato de certo espaço constituir abrigo para o animal não depende necessariamente de ele dar determinado conjunto de estímulos; um abrigo pode ser reconhecido de um grande número de maneiras; e o fato de a direção desse ponto constituir a direção do abrigo mais próximo ou mais acessível não é uma função das características somente dessa parte do ambiente, e sim do todo. Portanto, não há estímulos que possam ser isolados nesse caso como os "direcionadores", e a introdução dessa expressão não nos leva mais longe do que isto: que a resposta é direcionada por toda a situação de modo que o animal se esconda o mais rapidamente possível.

Porém há algo mais gravemente errôneo com o esquema conceitual que postula estímulos "direcionadores" e "liberadores". Pois os limites de uma "resposta" podem ser mais amplos do que os de um único hábito motor. Quando um animal foi treinado para emitir determinada resposta, *i.e.*, atingir certa meta, a meta pode não só determinar qual variação de determinado padrão será emitida

---

[16] Ibid., p.82.

como também qual padrão motor será usado. Já vimos isso no caso de "descer a alavanca", no qual o rato pode usar os dentes, a pata direita, a pata esquerda, o queixo etc. Assim, se treinamos um rato para empurrar uma alavanca para baixo, ação que ele geralmente pratica com os dentes, e se então o amordaçarmos, ele imediatamente usará as patas. O rato foi treinado para "empurrar a alavanca para baixo", e ele escolherá o melhor de vários modos possíveis de fazê-lo. É inútil tentar explicar isso por "indução de resposta": a regra segundo a qual existem certos grupos de respostas que sempre crescem juntos de modo que, quando um é reforçado, os outros também o são. Pois essa "explicação", como no caso referido, levanta a questão tal como MacCorquodale e Meehl[17] percebem em parte. Pois não se pode dizer que os movimentos das patas e os movimentos dos dentes geralmente andam juntos: o animal não corre com os dentes nem mastiga com as patas; simplesmente alguns desses movimentos estão em uma relação de indução mútua, e esses acabam sendo movimentos que têm em comum certo resultado. Pois amordaçar um rato não induz quaisquer movimentos da pata, mas somente os que têm o efeito de empurrar a alavanca para baixo.

Do mesmo modo, a tentativa de MacCorquodale e Meehl de explicar isso por um princípio de indução de resposta "secundária" ou aprendida não pode dar resposta ao caso. Trata-se de uma lei segundo a qual sempre que $R1$ e $R2$ são condicionados a $E1$, então, quando $R1$ for condicionado a um novo estímulo Ei, $R2$ também tenderá a ser evocado por Ei. Desse modo, a "transferência" dos dentes para as patas seria vista como resultado do aprendizado. Em algum momento do passado, o animal aprendeu ambas as respostas a algum objeto e, portanto, o condicionamento de uma provoca a outra. Ora, isto é, para dizer o mínimo, altamente implausível. Mesmo supondo que o movimento da mandíbula necessário fosse diferente, devido à forma da alavanca, isso não teria efeito sobre o

---

[17] MacCorquodale; Meehl, "Edward C. Tolman", op. cit.

movimento da pata; o animal amordaçado deixaria de improvisar ou descrever um movimento irrelevante com a pata? E supondo que treinemos um animal em um labirinto no qual qualquer um dos caminhos para metas separadas seja recompensado e o treinemos, em seguida, para discriminar recompensando somente um, todo o reforço do caminho "positivo" também fortalecerá a resposta ao caminho negativo, e acaso essa ligação será válida para todas as situações no futuro?

Mas, bem à parte dessas dificuldades, é claro que a hipótese de MacCorquodale e Meehl ainda se baseia na suposição de que "ele empurrou a alavanca para baixo com as patas" descreve um movimento definido pelo efetor. Na verdade, o animal pode, em diversas ocasiões, usar uma pata diferente ou um movimento diferente, dependendo da postura inicial e assim por diante. Assim, a "indução", seja aprendida, seja inata, não é para *um* movimento, e sim para o uso das patas para qualquer movimento necessário para empurrar a alavanca para baixo. É claro que, uma vez adquirida a capacidade de usar as patas, um animal não precisa aprender quais movimentos das patas causarão o quê, *i.e.*, não é necessário, para que ele use as patas para descer uma alavanca, que esse movimento tenha sido condicionado; pois vimos que um animal pode facilmente emitir um movimento não encontrado no período de "condicionamento" se isso for necessário – de fato, é possível que somente uma pequena proporção dos movimentos que ele pode ser induzido a usar tenha aparecido no período de treinamento.

Mas então é difícil ver qual poderia ser o papel do aprendizado aqui. Na verdade, ele poderia ser apenas para familiarizar o animal com as potencialidades do uso das patas para esses trabalhos que também podem ser feitos com os dentes. Ora, o treinamento pode desempenhar esse papel com algumas habilidades, como vimos no caso dos chimpanzés e o seu uso de "ferramentas", mas este dificilmente é o tipo de aprendizado que MacCorquodale e Meehl subscrevem. Nem mesmo isso poderia ser invocado no caso da capacidade de usar as patas, pois esta resulta do crescimento, não do treinamento. O princípio da "indução secundária" é, portanto, totalmente equivocado.

Afirmamos anteriormente que dizer que um animal aprendeu a emitir R para E é dizer que, na ocorrência de E, ele fará o que for necessário dentro de certos limites para conseguir O, sendo O o objetivo pelo qual a resposta R é definida. Agora está claro que os "limites" em questão podem ser mais amplos do que os estabelecidos por uma atividade motora; o animal pode ter vários no seu repertório entre os quais escolher, de modo que, se um deles for inaplicável, pode-se tentar outro. Assim, o modelo de Tinbergen, segundo o qual um estímulo de liberação é necessário para desencadear uma atividade motora, que é então dirigida por estímulos direcionadores, é muito enganoso. Pois o papel de um "estímulo liberador", se ele puder ser encontrado (nesse caso E, as condições em que a resposta é emitida), será simplesmente desencadear a atividade em direção a um objetivo específico; tanto a escolha da atividade motora como a sua direção serão ditadas pelas exigências da situação. Não precisamos presumir um estímulo de liberação específico para cada atividade motora. A noção de um liberador específico pode parecer plausível para sequências de comportamento baixas na escala filogenética. Mas, à medida que direcionarmos a nossa atenção para cima, ela começa a sofrer o mesmo destino que tiveram os "estímulos de direção": no fundo, o "liberador" torna-se simplesmente "uma situação em que essa atividade motora específica é necessária para alcançar a meta".

Assim, no exemplo de Tinbergen da sequência de resposta instintiva no acasalamento no carapau de três espinhos, cada estágio deve ser "iniciado" por uma reação específica do parceiro. Mas é difícil ver como essa análise poderia ser aplicada ao comportamento "apetitivo" (*i.e.*, comportamento anterior na sequência e preparatório do "ato consumatório") de criaturas filogeneticamente superiores. Podemos tomar uma sequência como a do comportamento de procura de alimento dos animais que caçam. Por exemplo, o falcão-peregrino[18] começa por um voo aleatório, então, ao avistar a sua presa, por exemplo, um bando de pássaros, desfere uma série de ataques simulados até que um dos pássaros fique isolado do bando, então ele dá a arremetida final, captura, mata, depena e come. Qual é o estímulo de liberação para a arremetida? Um pássaro fora do bando? Mas isso é um "estímulo" ou estamos realmente falando de uma situação que pode ser reconhecida de inúmeros modos diferentes? O falcão mergulha em alta velocidade e pode se machucar se atacar um pássaro em um bando muito compacto; portanto ele espera que uma ou algumas das aves fiquem suficientemente espaçadas. Talvez um "liberador" seja simplesmente uma situação em que um pássaro esteja longe o suficiente dos outros para evitar danos. A noção de um estímulo de liberação é ainda menos adequada na parte mais alta da escala filogenética. Assim, quando um leão caça, *e.g.*, passa pela sequência de perseguição e investida, o que "libera" a investida? Acaso é um tamanho ou uma distância ou um cheiro específico? Certamente, onde o leão atacará dependerá da localização do terreno, da cobertura existente, da distância e da velocidade potencial da presa. Em suma, o leão atacará a partir do ponto em que, consideradas todas as coisas, a presa puder ser mais bem apreendida.

Podemos ver isso ainda mais claramente se considerarmos não só as atividades que se seguem como também aquelas que são alternativas no mesmo estágio, por assim dizer, como empurrar a alavanca com as patas ou os dentes, pegar a banana com a vara ou a caixa. O que "libera" uma dessas atividades em vez de outra? Evidentemente, aqui a seleção da atividade motora é ditada tanto pelas exigências da situação, considerado o objetivo, quanto pela seleção da variação particular dentro do padrão motor. O tipo específico de resposta motora, em outras palavras, não está correlacionado com

---

[18] Tinbergen, *The Study of Instinct*, op. cit.

nenhum elemento de estímulo particular, e sim com um estado de coisas em que é necessário atingir um objetivo. Assim, uma vez que o animal "entendeu", uma vara passa a ser usada nas situações em que é necessária para a obtenção de alimento. A situação de liberação só pode ser definida em termos teleológicos como uma que a exige. Nem mesmo a presença da vara precisa ser uma condição, como vimos.

Mas não temos necessidade de traçar uma linha nítida entre as sequências de comportamento que são baixas e as que são altas na escala filogenética. Mesmo as criaturas tão inferiores como os pássaros e as vespas podem apresentar, na sequência instintiva de construção de ninhos, variações na maneira como lidam com a reparação de danos no ninho,[19] e as respostas motoras mais rudimentares são direcionadas de algum modo pelo ambiente. A escala filogenética, na verdade, mostra uma gama de comportamentos nos quais há uma transição gradual do mais "rígido" para o mais "plástico". Em um limite, poucas atividades motoras, ou somente uma, estão disponíveis para levar a efeito determinada resposta; o comportamento é, portanto, "estereotipado". No outro, o animal tem uma ampla gama de efetores à sua disposição, e o comportamento pode ser altamente variado. Do mesmo modo, abaixo na escala, o animal depende de sinais "abstratos", isto é, se uma situação é considerada propícia a determinada resposta depende apenas de algumas sugestões de maneira rígida. Assim, os animais nesse nível são "enganados" facilmente, como mostrou Tinbergen com a resposta hostil do carapau macho. Nesse nível, portanto, uma noção como a de "liberar estímulo" tem aplicação. Porém, mais acima, uma resposta se correlaciona não com certas características abstraídas, e sim com toda uma situação de certo tipo. Enganar o animal é mais difícil e, se o conseguirmos, ele pode se desiludir rapidamente. A noção de "liberar estímulo" então se torna duplamente inaplicável: não só porque não

---

[19] Cf. Thorpe, *Learning and Instinct in Animals*, p.34-43.

há uma gama específica de estímulos que seja crucial para o reconhecimento da situação por parte do animal como também porque a situação que evocará determinada atividade motora geralmente só pode ser caracterizada como aquela que, dadas as potencialidades do animal, requeira essa resposta para determinado objetivo. Mas a transição entre o comportamento rígido e o plástico é gradual.

O crescimento do comportamento na ontogênese mostra algumas características análogas. Obviamente, o comportamento dos animais com comportamento mais "plástico" é o que sofre mais mudanças em consequência do aprendizado. Algumas funções motoras, porém, como andar ou voar, parecem ser inatas, no sentido de que não parecem exigir nenhum treinamento, mas se desenvolvem independentemente da prática em determinado ponto. Mas o desenvolvimento de animais superiores, seja por meio do crescimento, seja do treinamento, apresenta a mesma transição entre o rígido e o plástico. Nos mamíferos, a resposta estereotipada original à sugestão abstrata de uma pressão na bochecha, isto é, virar a cabeça e chupar, dá lugar a comer, e depois a encontrar ou caçar e também matar a comida. É uma característica do desenvolvimento ontogenético, seja pelo treinamento, seja pelo crescimento, que o animal adquira e aperfeiçoe gradualmente hábitos motores, e as discriminações e coordenações que os acompanham, de modo que o comportamento rígido gradualmente dê lugar ao plástico. A noção E – R de ontogênese, segundo a qual certas conexões inatas ($sUr's$) são gradualmente suplementadas pelas aprendidas ($sHr's$), é, por conseguinte, incorreta. Pois o desenvolvimento não consiste em condicionar novos movimentos a estímulos liberadores novos, e sim em desenvolver uma nova atividade motora direcionada às mesmas metas. Por exemplo, o desenvolvimento desde a fase infantil de se alimentar de determinada comida quando lhe é dada (ou porque essa comida é inatamente selecionada pela espécie ou como resultado de treinamento) até a fase de ir buscá-la não pode ser explicado pelo condicionamento de novos movimentos. O que intervém é o desenvolvimento da capacidade motora de andar. Mas, como vimos, uma vez adquirida a capacidade motora, o animal não precisa de nenhum treinamento especial para aprender quais movimentos do andar o levarão a quais pontos no ambiente. Basta que comer esse tipo de alimento seja um objetivo para ele procurá-lo e buscá-lo sem treinamento adicional, já que sabe se mover. E, se esse alimento é naturalmente selecionado ou se ele foi treinado para comê-lo na infância, então esse é um objetivo e tanto. Mas, nesse caso, não podemos explicar esse desenvolvimento pelo condicionamento de uma resposta nova.

Em suma, aprender uma nova capacidade motora é aprender a usá-la para quaisquer que sejam os propósitos que o animal possa ter. Não pode ser concebido como a aquisição de um novo tipo de movimento e, a seguir, o condicionamento dos movimentos dessa gama a estímulos. A nova atividade já está "dirigida" desde o início pelos objetivos do animal. De fato, podemos ver com frequência que ela é dirigida por um objetivo durante o seu período de desenvolvimento. Assim, o macaco pode desenvolver a sua aptidão para empilhar caixas ao tentar pegar algumas frutas. Os movimentos de uma criança que está aprendendo a se alimentar sozinha são claramente direcionados a esse objetivo, mesmo que sejam desajeitados e que errem o alvo no começo. Assim, quando o aprendizado está envolvido na aquisição de novas aptidões motoras, é definitivamente aprendizado do tipo previsto pela visão teleológica ordinária, isto é, um aprendizado que aumenta a capacidade do animal de buscar certos objetivos, que "facilita" as respostas, mas não as condiciona (*i.e.*, não as determina). Os teóricos de E – R só podem manter as suas teorias de aprendizado evitando a consideração de fenômenos desse tipo.[20]

---

[20] Cf. Nissen, "Description of the Learned Response in Discrimination Behavior", *Psychological Review*, v.57, n.2, p.121-31, 1950. Nissen se refere de passagem às "integrações" que "são inatas ou adquiridas na ontogenia inicial". A questão

4. A resposta como ação

O resultado desta discussão é que a noção de resposta como é usada nas correlações que se verificam entre o ambiente e o comportamento é a de um elemento de comportamento identificado pelo seu objetivo, e não pela sua topografia. De fato, a topografia pode variar muito, pois várias atividades motoras diferentes podem, às vezes, ser usadas para levar a efeito a mesma resposta. Assim, com uma correlação com o propósito de que determinada resposta ocorra em certas circunstâncias, estamos dizendo que essa atividade, dentro de certos limites, ocorrerá e será direcionada para certo objetivo. Quais movimentos são emitidos no caso particular será uma função do que é necessário nesse caso para atingir a meta. Nesse sentido, a resposta é selecionada pelo objetivo, e esta é a justificativa de falar, no nível molar ou "periférico", em "ação" ou comportamento que é eliciado "por causa de" ou visando a uma meta.

Pode ser que se constate que certos mecanismos fisiológicos estão na base desse comportamento adaptativo. Alguns teóricos sustentam a possibilidade de que pesquisas mais minuciosas em neurofisiologia produzam alguma explicação não teleológica de tipo "centralista". A possibilidade de tal descoberta está além do escopo desta discussão. Mas o que parece claro é que uma teoria centralista teria de partir do fato de que, no nível molar, o nível de correlações entre os elementos ambientais e de resposta observáveis, a resposta é selecionada pelo objetivo e tenta explicar isso por algum mecanismo interveniente.

"como aprendeu?" não é levantada. E é difícil ver como poderia sê-lo dentro dos limites da teoria E – R, pois o tipo de aprendizado envolvido aqui é bem diferente daquele envolvido no ambiente; mas somente a teoria E – R permite um tipo de aprendizado, e esta é uma das características que o distinguem em relação à "teoria cognitiva" ou à *Gestalt* (cf. Tolman, "There is More than One Kind of Learning", *Psychological Review*, v.56, n.3, p.144-55, 1949; e Lewin, *Field Theory in Social Science*); e ao senso comum.

Isto é, parece claro que, em um nível molar, deve-se dar lugar a uma forma teleológica de explicação, pois as correlações de nível básico entre ambiente e comportamento geralmente são de tipo teleológico. A natureza da resposta deve, pelo menos em parte, ser explicada em termos de objetivos e de subobjetivos aprendidos (como, *e.g.*, descer a alavanca), em relação aos quais a atividade do animal variará de modo a ocasioná-los. Que uma noção como "objetivo" e, por conseguinte, uma noção como "ação" tem de desempenhar algum papel em uma explicação "periferalista" do comportamento parece, portanto, inegável. A única questão diz respeito ao âmbito desse papel.

É possível que o modelo de conexões inatas ou condicionadas possa explicar alguns aspectos do comportamento, mas certamente não explica todos. Tomemos como exemplo o comportamento de busca de alimento na situação "aberta", isto é, uma situação em que os objetos de meta e os caminhos até eles são totalmente visíveis. Ora, talvez possamos explicar o fato de determinado objeto ser realmente procurado como alimento pelo animal por uma tendência inata a selecionar esse alimento, ou em termos de comportamento alimentar que foi seguido de "reforço", em outras palavras, a seleção desse alimento pelo animal talvez fosse uma função do seu histórico comportamental. Mas não podemos explicar o seu comportamento para obter o alimento por uma teoria que afirme que os movimentos que ele apresenta são condicionados a certos estímulos. Pois esses movimentos não são uma função do seu histórico comportamental. Pelo contrário, são uma função do que é necessário na situação para chegar ao objetivo. Pois vimos que eles não precisam ter sido exibidos antes para aparecer agora: basta que o animal tenha adquirido uma capacidade geral de emitir uma atividade motora desse tipo. E vimos que a aquisição dessa capacidade motora não é o condicionamento de novas respostas a estímulos, e sim o desenvolvimento de uma nova maneira de levar a cabo uma resposta definida pelo seu objetivo. Assim, embora seja possível que tenhamos de explicar o fato de o macaco procurar a banana pelas ocasiões anteriores em que comeu bananas e pela satisfação que então resultou, não podemos explicar assim o seu ato de alcançar, de saltar, de escalar, de usar a vara ou a caixa etc. etc.

Isso significa, claro está, que toda a noção de "condicionamento" E – R é muito enganosa. Se, por exemplo, um animal adulto vier a descobrir que uma substância nova é comestível e agradável ao paladar, experimentando-a e depois procurando-a, não podemos dizer que o ato de comê-la foi "condicionado" (que uma resposta de comer foi condicionada aos estímulos ligados a essa substância). Pois o que se seguirá a partir disso não é que certa gama de movimentos será emitida quando essa substância aparecer (e em certas outras condições, *e.g.*, quando o animal estiver com fome), mas que aparecerá uma grande e indefinida gama de movimentos que têm em comum o fato de ser dirigidos para obter e comer essa substância. Mas então deveríamos falar mais propriamente nessa substância não como um estímulo "eliciante" ou "liberador", mas como um objeto de meta, isto é, como algo que é objeto de um ato consumatório cujo ato é um objetivo para o animal sob certas circunstâncias.[21] Qualquer que seja o modo como expliquemos a seleção de objetivos ou objetos de meta específicos, a direção do comportamento não pode ser explicada em termos de condicionamento das conexões estímulo-resposta.

Com isso em mente, o que podemos dizer acerca do caso "especial" do comportamento orientado do animal na situação fechada? Acaso é possível explicá-lo por conexões historicamente adquiridas ou convém explicá-lo pelos objetivos que o animal está buscando? Agora, depois do que se disse a respeito da situação aberta, está claro que a explicação jamais poderia ser inteiramente em termos de

---

[21] Isso além do fato de que pode não ser a presença de nenhuma sugestão específica, e sim a do objeto que desencadeia o comportamento; isto é, o animal não pode confiar simplesmente em sugestões "abstratas".

conexões entre estímulos e movimentos. Pois a situação fechada é delimitada por uma aberta; a sequência de comportamento no labirinto, por exemplo, pode ser vista como uma série de atos em uma cadeia temporal de ambientes "abertos". E essas respostas unitárias constituintes, pelo menos, geralmente devem ser vistas como direcionadas a um subobjetivo. Assim, quando dizemos que um animal é treinado para trilhar o caminho iluminado, não estamos dizendo que ele emitirá certos movimentos, e sim que fará o que for necessário para entrar nesse caminho e percorrê-lo – ele pode até superar obstáculos para fazê-lo –, assim como, no aprendizado de discriminação, ou treinamento de animais em uma "caixa de Skinner", a resposta treinada é definida pelo resultado. A questão então é sobre a natureza da resposta que o animal está emitindo: é simplesmente "virar à esquerda", "virar à direita" ou também deve ser descrita como "ir à comida"? Isto é, devemos explicar o fato de o animal procurar os subobjetivos "virando à direita" e "virando à esquerda"[22] pelo seu histórico comportamental ou podemos explicá-lo de modo teleológico em termos do objetivo de procurar comida? Na primeira hipótese, como vimos, o comportamento do animal no labirinto pode ser caracterizado como seguindo uma série de "direções", no segundo caso, como comportamento verdadeiramente orientado; pois, no segundo caso, a explicação presume que o animal sabe onde está a comida.

Vimos que a própria evidência de comportamento orientado parece apontar para a segunda hipótese. Mas, além disso, o que descobrimos a respeito do papel dos objetos de meta no

---

[22] O uso do termo "subobjetivo", aqui e em outras partes deste capítulo, pode parecer uma petição de princípio. Mas, seja qual for a nossa conclusão, ainda assim estaríamos justificados em distinguir "objetivos" tais como "ir para a direita" e "empurrar a alavanca" de, *e.g.*, conseguir comida ou bebida; pois pode-se facilmente treinar a inclusão ou exclusão dos primeiros, mas eles não sobreviverão muito tempo quando deixarem de ser os meios para os últimos. Cf. a distinção análoga na teoria E – R entre recompensas "primárias" e "secundárias".

comportamento dá peso a essa visão. Pois, se o comportamento do animal na situação aberta pode ser explicado de modo teleológico invocando a presença de um objeto de meta como a comida, não há nada necessariamente estranho ou "místico" em explicar de modo semelhante, por exemplo, o comportamento de improvisação em um labirinto que oferece recompensa alimentar, já que o treinamento forneceu a orientação necessária. Por que deveríamos nos recusar a fazê-lo? Em outras palavras, por que deveríamos explicar a complexa sequência comportamental de modo diferente daquele em que explicamos as respostas que identificamos como suas "unidades" constituintes?

Pode haver dois motivos para isso. Pode ser, em primeiro lugar, por causa do processo de aprendizado envolvido. Pois a explicação teleológica pressupõe que o papel do aprendizado é facilitar a resposta, não a condicionar; isto é, ele possibilita uma série de respostas adaptativas, mas estas não podem ser transformadas em uma função das respostas que aparecem na história do aprendizado. A crença pode ser, então, que o aprendizado por orientação se parece mais com o aprendizado envolvido na descoberta de um novo alimento, na qual as respostas presentes podem ser consideradas uma função das respostas passadas, do que com a aquisição de uma nova aptidão. Ora, no caso do aprendizado de discriminação ou o induzido em uma "caixa de Skinner", em que os ratos aprendem a empurrar uma alavanca para obter comida, pode ser difícil dizer que tipo de aprendizado está envolvido. Mas é difícil ver como o aprendizado por orientação poderia ser classificado desse modo. Pois o aprendizado por orientação pode ocorrer em um ambiente aberto, isto é, um animal pode conhecer melhor um ambiente aberto, e isso dificilmente pode ser explicado pelo condicionamento de respostas.

Voltamo-nos então para o segundo motivo. E este é simplesmente que a situação fechada é fechada; em outras palavras, que o objeto de meta é "remoto" e não presente. Ora, os teóricos E – R naturalmente querem manter uma barreira entre as situações abertas e as fechadas. Assim, MacCorquodale e Meehl[23] desejam excluir na caracterização de respostas toda linguagem "que se refira mesmo implicitamente [...] à estimulação *não presente no organismo no momento em que a resposta estiver sendo emitida*".[24] A partir do ponto de vista de uma teoria que postula conexões entre estímulos, *i.e.*, objetos a colidirem com os receptores, e respostas, essa preocupação é compreensível. Porém, uma vez que tenhamos visto que a função de um objeto de meta no comportamento pode não depender simplesmente de dar origem a certo conjunto de estímulos, uma vez que admitimos que um objeto, como uma situação, que "libera" uma ação, pode não depender para o seu reconhecimento de várias sugestões "abstratas", então não há necessidade de manter essa exclusão. Se quisermos mantê-la, teremos nas mãos a tarefa extremamente difícil de definir o limite entre as situações abertas e as fechadas. Por exemplo, até que ponto a situação aberta se estende no tempo? O que se viu há um minuto ainda faz parte dela? Onde exatamente fica o limite entre o visível e o invisível? Onde, na gama que vai da sala aberta através do labirinto elevado ao labirinto fechado, o animal entra em uma situação fechada? Ao examinar essas questões, podemos ver que uma distinção rígida é praticamente impossível de traçar. As sequências ordinárias de comportamento estão sempre se deparando com essas questões. O que dizemos no caso em que o macaco vai buscar uma caixa no cômodo contíguo para nela subir? Qual é essa resposta se ele não "for buscar a caixa"? Se não, qual é a resposta da execução a que está condicionada a resposta de entrar correndo no outro cômodo? Estaríamos mais justificados em presumir que o treinamento pode estender o ambiente intencional de modo a tornar os objetos remotos relevantes; que a sequência de comportamento, como a unidade, deve ser explicada pela sua meta.

---

[23] MacCorquodale; Meehl, "Edward C. Tolman", op. cit., p.231.

[24] O grifo é deles.

10
Os fins do comportamento

1. Teorias de motivação

O resultado da discussão no último capítulo é que uma explicação "periferalista" do comportamento deve fazer uso de algo como a noção de ação. Pois as correlações de primeiro nível entre eventos ambientais e comportamentais serão em grande parte de natureza teleológica e exigirão que se dê lugar a noções de uma meta e de uma resposta emitida em prol de uma meta. Mas a pergunta é: que lugar? O que isso significa para as leis mais básicas de uma ciência "periferalista", aquelas por meio das quais se deve explicar a seleção de metas específicas, a aquisição de ligações específicas entre ambiente e comportamento, a ocorrência de ações específicas?

Vimos nos últimos capítulos as ramificações que essa conclusão tem na teoria do aprendizado, na nossa explicação do modo como o comportamento mudará em determinado ambiente. Mas, se essa conclusão for correta, o aprendizado desse tipo, *i.e.*, o aprendizado acerca do ambiente, não alterará as metas que o animal persegue, mas sim a sua eficiência em atingir essas metas. A questão mais fundamental – por que as metas que ele persegue são o que são? – não pode ser respondida, portanto, por uma teoria do aprendizado ou pelo menos não por uma teoria restrita a esse tipo de aprendizado.

O que estamos discutindo, então, é o conjunto de leis mais gerais que determinam os objetivos que o animal procurará, o comportamento que ele emitirá em circunstâncias diferentes. É esse conjunto de leis que geralmente é discutido sob o título "motivação" nos manuais de psicologia, nos quais se ataca o problema de explicar a excitação (ou despertar) e a direção do comportamento e a sua persistência em determinada direção.[1]

Uma explicação em termos de propósito deve ser, como vimos, uma em que as leis básicas estabelecem as tendências naturais ou os propósitos básicos do ser ou da espécie em consideração. Aqui, a força de falar em "propósitos básicos" está em que as tendências em questão são tendências a se envolver em uma ação de certo tipo ou a perseguir certas metas que determinam os fins para os quais o comportamento é direcionado. Estes podem ser de diversos tipos: as leis têm a possibilidade de estabelecer um estado final para a obtenção do qual a ação é dirigida, ou um ato consumatório que o animal se esforça para realizar, ou podem especificar um tipo de atividade que é inerentemente desejável, na qual, em certas circunstâncias, o animal normalmente se envolve. Mas, em todos esses casos, elas delineiam um tipo de ação que o animal tende a apresentar. A pergunta, então, é se as leis básicas da motivação são desse tipo.

Vimos que esse tipo de explicação está implícito no nosso discurso ordinário.[2] Ora, o fato de uma explicação de tipo teleológico ser a regra no discurso ordinário naturalmente não pode, por si só, estabelecer que uma teoria científica também deva adotar essa forma. Mas torna compreensível o fato de que a grande maioria das teorias que foram concebidas para explicar o comportamento tenha sido desse tipo. Com a era moderna e especificamente com Hobbes,

---

[1] Cf. Hebb, *The Organization of Behavior*, p.172.

[2] Cf. Cap.2.

nasce a ambição de explicar o comportamento dos organismos por meio de um modelo mecânico, usando os conceitos de "corpo" e "movimento", e mesmo isso foi relativamente titubeante até muito recentemente; os "mecanismos" geralmente eram de caráter mentalista, e a ligação entre as "ideias" e a ação era com frequência sub-repticiamente teleológica na forma. Assim, como vimos, Bain teve de presumir a ideia ou a antecipação do prazer como uma das molas da ação, e isso chega muito perto de dizer que o animal age porque sabe que o resultado será o prazer, *i.e.*, age por causa do prazer ou com o prazer como objetivo. Essas teorias não resolveram o "problema" de "chegar" à resposta de um modo que não envolvesse a teleologia. Até muito recentemente, a grande maioria das teorias do comportamento continuava explicando a ação em termos de propósitos de homens ou animais.

Mas, posto que essas teorias fossem influenciadas por noções de senso comum da forma da explicação, elas mostraram claramente, pela sua extraordinária diversidade, que não existe algo como a teoria do senso comum. Os "pontos de parada" da explicação do senso comum eram diferentes de era para era, assim como o são de sociedade para sociedade, e mesmo de meio para meio em uma sociedade. A noção de "instinto" era usada frequentemente como sinônimo de "propósito básico", e um comentarista afirma ter contado seis mil instintos diferentes que foram examinados por um ou outro teórico desde que o termo foi cunhado.

Contudo, em meio a essa infinidade de teorias, é possível distinguir dois tipos básicos. Alguns teóricos tendem a permanecer muito próximos do nível naturalista de observação e postulam um grande número de instintos ou propósitos diferentes para explicar os diversos tipos de comportamento apresentados pelas espécies vivas; McDougall é um exemplo disso. Eles defendem a opinião, para usar a frase de Thorpe, de que o animal em análise é uma "república do instinto". Outros tentam ir abaixo do nível naturalista e encontrar um ou talvez dois propósitos básicos prevalecentes que comandam todo o comportamento; assim foram, *e.g.*, Bentham e Freud. O animal é considerado uma "monarquia instintiva", ou talvez "duunvirato". Para a primeira, é necessário afirmar não apenas o que são os instintos, mas sua ordem de importância ou urgência, ou seja, quais propósitos prevalecerão sobre quais outros em quais circunstâncias. (Pode não haver uma hierarquia fixa válida em todas as circunstâncias; por exemplo, em algumas espécies, a autopreservação parece ter prioridade em geral, mas uma mãe pode defender seus filhotes com risco de vida se eles forem ameaçados.) Mas para o segundo, o fato da precedência de uma atividade ou objetivo sobre os outros pode ser explicado teleologicamente em termos do propósito principal. A superação de uma determinada disposição é então como o sacrifício por um general de uma de suas unidades em batalha; é ditado pelo bem geral do todo. Não é necessário em uma hipótese desse tipo, é claro, assumir um modelo intelectualista de ação calculada, como, por exemplo, no caso do cálculo felicífico de Bentham.

Duas das teorias mais "monárquicas" dos tempos modernos postularam, respectivamente, a sobrevivência e o prazer como os principais objetivos básicos. (Para a segunda, o "prazer" inclui a ausência de dor, de modo que, aqui, dois objetivos foram realmente condensados em um.) Essas duas teorias são plausíveis. Uma grande proporção da atividade de qualquer espécie animal contribui diretamente para a sobrevivência, concebida no sentido estrito como sobrevivência individual, e se pode colocar ainda mais sob essa rubrica se interpretarmos o termo amplamente de modo a incluir a sobrevivência das espécies. Mas apoiar-se nessa evidência é confundir propósito com função. Pode ser que certa atividade tenha a função biológica de contribuir para a sobrevivência, mas isso não quer dizer que tal resultado constitua o seu propósito. Para fazer a última afirmação, temos de mostrar que o resultado final pode ser usado para explicar a atividade, que a atividade variará do modo necessário para causar o resultado; em outras palavras, que a atividade é uma função do que a situação exige para ocasionar o resultado. E isso não se segue necessariamente. Assim, no caso do comportamento reprodutivo, não temos evidência para dizer que o comportamento de acasalamento de muitas espécies tenha como objetivo a continuação das espécies. Esse comportamento é "adaptativo" no sentido de que "funciona" biologicamente e resulta na produção de filhotes, mas aqui não há dúvida quanto à variação da atividade conforme o necessário para esse resultado biológico, embora ela varie de modo a provocar o "ato consumatório" do acasalamento. Esse ato pode ser considerado a meta, mas temos de distingui-lo de função. Pode-se pensar, talvez, que este é um exemplo injusto, pois não se trata aqui de circunstâncias variadas para o animal normal; o acasalamento sempre leva à concepção. Porém é possível encontrar muitos outros exemplos. Assim, Tinbergen relata[3] que certas aves apresentam uma reação de voo instintiva (não aprendida) à forma de movimento de uma ave de pescoço curto. Aqui, o comprimento curto do pescoço é o estímulo crucial, as outras características da ave podem variar sem resultado aparente. Essa tendência é muito útil, já que essa característica é de fato possuída pelos predadores dessa espécie. Mas não podemos explicar a reação de fuga por essa função essencial, pois a reação é desaprendida e opera mesmo quando é inútil, por exemplo, no laboratório de Tinbergen e Lorenz.

Assim, deve-se distinguir a noção de meta ou propósito daquela função ou valor de sobrevivência. Uma ação pode ter propósito e função, mas os dois não são necessariamente os mesmos. Onde não são, não podemos explicar a ação pela função enquanto estamos tentando explicar o comportamento da espécie como é hoje, isto é, em termos dos seus determinantes contemporâneos.

Essa última qualificação é importante porque ainda temos de explicar a coincidência de propósito e função. Isso, contudo, não se pode fazer no nível do indivíduo na sua vida, mas somente no nível da espécie através de algum período evolutivo. E, claro está, aqui se

---

[3] Tinbergen, *The Study of Instinct*, p.162.

coloca uma questão análoga à que vimos discutindo: podemos explicar a coincidência de objetivo e função em termos de uma tendência teleológica da espécie ao longo do tempo para se adaptar, ou confiar na "seleção natural", a visão de que a coincidência de objetivo e função em qualquer espécie pode ser explicada por outras leis não teleológicas, e que a coincidência geral entre todas as espécies sobreviventes se deve simplesmente ao fato de que sem isso nenhuma espécie poderia sobreviver? A questão da herança de características adquiridas também está envolvida aqui como uma condição necessária, embora não suficiente, da verdade da primeira vista.

O problema de explicar a adaptação por meio da evolução, claro está, não se restringe ao de explicar a coincidência de objetivo e função. Também temos de levar em conta as capacidades especiais de várias espécies que lhes permitem atingir os seus objetivos no seu ambiente. Pois, como afirmamos antes, dizer que qualquer coisa é uma meta para os animais de determinada espécie é dizer que eles farão o que for necessário, *dentro dos limites estabelecidos pela sua capacidade motora*, para alcançá-la. A aceitação de uma explicação teleológica para o comportamento não implica, como muitos teóricos parecem pensar,[4] que nenhuma outra questão precisa surgir acerca de como ocorre o comportamento. Assim, a teoria evolucionária deve explicar não só a coincidência adaptativa de objetivo e função como também a adaptação da capacidade à meta.

Uma vez que a teoria da sobrevivência foi deslocada para o contexto evolucionário, a outra grande teoria monista, a do hedonismo, começa a parecer mais plausível. Pois há muitas atividades que podem ter valor de sobrevivência, mas que obviamente não têm a sobrevivência como meta. O exemplo mais marcante é constituído pelas atividades que são "intrinsecamente" motivadas. Esses são casos em que o propósito da atividade não é um estado final apenas contingentemente ligado à atividade, um resultado que podia ter

---

[4] Cf., *e.g.*, Tinbergen, *The Study of Instinct*, op. cit., p.3-4.

sido obtido de outro modo, mas é a atividade em si. Assim, às vezes explicamos uma ação dizendo que ela contribuiu para a sobrevivência ou o poder ou o prestígio ou o bem-estar do agente, e às vezes dizemos simplesmente que determinado tipo de atividade é desejável em si, *e.g.*, todas as formas de jogo, exercício, atividades culturais e assim por diante. Essas ações são as que dizemos que não foram feitas "para nenhum outro propósito", isto é, diferentes de si mesmas, e *a fortiori* não foram feitas para o propósito da sobrevivência.

É aqui que a história hedonista parece plausível. Pois, na verdade, costumamos dizer – pelo menos quando falamos em seres humanos – que nos envolvemos em atividades intrinsecamente motivadas "por prazer". Mas, pensando bem, essa mesma consideração parece privá-la do seu valor. Pois o prazer não é um resultado que esteja ligado apenas contingentemente à atividade de que gostamos. Pois ter prazer é ter prazer em algo, e desfrutar é desfrutar de algo, e o prazer ou gozo não é identificável separadamente do que está sendo desfrutado, isto é, não podemos saber que estamos experimentando prazer e ignorar com o que estamos nos deleitando. Desse modo, como indica Ryle, o prazer é assimétrico à dor, pois é um fato a ser descoberto por indução o que nos dá dor, mas uma busca desse tipo não tem sentido no caso do prazer. É verdade que há alguns contraexemplos aparentes.[5] Assim, alguém pode dizer que gostou da peça, mas não saber ao certo se foi a atuação ou simplesmente o ritmo com que avançava que a tornou tão encantadora. A resposta supostamente poderia ser descoberta indutivamente imaginando-a em um ritmo mais lento. Mas este não é um contraexemplo real. Pois a tese não pretende negar que, em qualquer evento ou atividade usufruída, não existam causas que sejam contingentemente ligadas ao prazer que eles nos dão, e que, por conseguinte, poderiam ser descobertas por indução. Assim, posso gostar de que

---

[5] Tomei emprestado aqui boa parte de uma discussão em uma versão anterior inédita do livro de Kenny, *Action, Emotion and Will*.

cocem as minhas costas sem saber quem ou o que as está coçando. Ou pode ser que eu goste de uma festa por nela ter muito que beber, e isso eu poderia descobrir por indução. Mas, sejam quais forem os fatores contribuintes, o que está claro é que a consciência do prazer está não contingentemente ligada à consciência de em que esse prazer consiste, *e.g.*, seja no ato de me coçarem as costas, seja na festa, de maneira que a gente não pudesse ter um sem o outro. Do mesmo modo, no caso acima, não há dúvida de que o homem gostou da *peça*; a única coisa que está em questão é se a atuação ou o ritmo é uma condição desse prazer, que é uma condição do objeto que proporciona prazer. De modo semelhante, podemos descobrir por indução que certo esquema de cores era agradável, que o nosso prazer dependeu de certa combinação de cores, mas isso não significaria que tivéssemos de descobrir que foi do esquema de cores que gostamos.

Um segundo conjunto de presumíveis contraexemplos surge nos casos de autoengano. Uma pessoa pode acreditar que estava gostando de cumprir o seu dever de punir outra, ao passo que, na verdade, ela estava gostando de infligir dor. Mas a questão nesse caso *é* que se trata de autoengano. Portanto, a pessoa não precisaria de evidência *indutiva* para descobrir a verdade. Geralmente, podemos convencê-la disso mostrando fatos como "você continuou mais tempo do que o necessário segundo a lei"; mas o vínculo entre gostar de uma ação e prolongá-la não é contingente. Contudo, acima de tudo, a nossa evidência principal para essa afirmação teria de ser a sua confissão, e não uma admissão relutante baseada na observação indutiva de casos como o dela, e sim nos fundamentos não indutivos ordinários pelos quais geralmente sabemos o que nos dá prazer. Pois uma confissão desse tipo se prenderia à questão a favor da hipótese, ao passo que quanto mais evidências acumulássemos que mostrassem que ela não se enganou, *e.g.*, a sua capacidade de falar nisso abertamente e sem resistência violenta à hipótese, menos certos estaríamos do nosso ponto de vista.

O prazer não é, portanto, um estado final separável, mas está incontingentemente ligado à fonte de prazer. Isso também se pode ver na reflexão que se segue. Se o prazer fosse um estado final contingentemente ligado às fontes de prazer, como são, *e.g.*, a sobrevivência e o bem-estar, o prazer de beber, por exemplo, isto é, o prazer que sentimos quando bebemos com prazer deveria estar apenas contingentemente ligado à bebida, de modo que poderíamos conceber plausivelmente que esse prazer ocorresse sempre que jogássemos uíste, ao passo que o prazer de ouvir, por exemplo, a *Quinta Sinfonia* de Beethoven ocorreria quando ouvíssemos um raga e vice-versa. É difícil ver o que pretende essa hipótese.

Mas, se for assim, será um grave revés para uma teoria hedonista. Pois, se o prazer não é identificável separadamente das coisas que dão prazer, dizer que as pessoas buscam o prazer é simplesmente dizer que elas fazem as coisas que dão prazer. Assim, uma teoria monista hedonista se torna equivalente a uma teoria "republicana" que postule que as pessoas tendem a se envolver em determinada lista de atividades, sendo que essa lista consiste nas atividades que elas acham prazerosas. Mas, por certo, uma teoria hedonista diz mais do que isso, também diz que, se uma dessas atividades deixar de ser agradável, será excluída da lista, e, se quaisquer outras se tornarem agradáveis, passarão a ter lugar nela. Essa não seria, pois, puramente uma teoria que estabelece uma série de propósitos básicos. Isso é verdade, mas seria de pouca utilidade, pois ainda teríamos de descobrir *a posteriori* quais atividades deixaram de ser ou se tornaram agradáveis, e, embora a teoria permitisse a mudança, não seria capaz de prevê-la. Se, entretanto, houvesse um modo de identificar o prazer independentemente, então esse já não seria o caso; poderíamos dizer antecipadamente se algo resultaria em prazer ou não, assim como podemos dizer se algo resultará em sobrevivência ou não, e a lista de ações que tenderiam a ser emitidas poderia derivar desse princípio único. Esse é o sentido que as teorias hedonistas geralmente têm, e, se é verdade que o prazer não é identificável separadamente, elas são despojadas de boa parte do seu valor, mesmo que verdadeiro.

Digo "mesmo que verdadeiro" porque elas não são inteiramente despojadas do seu conteúdo por esse fato. Assim, a teoria, tão desbastada, seria incompatível com a visão de que qualquer uma das nossas ações foi motivada extrinsecamente, salvo quando o objetivo era algum prazer. Assim, isso descartaria qualquer tentativa de explicar o comportamento em termos de algum outro propósito extrínseco, como o bem-estar ou a sobrevivência e assim por diante. E também descartaria a visão de que o desejo de qualquer ação poderia ter qualquer outra gênese que não o prazer a ser encontrado nela, isto é, toda ação intrinsecamente motivada seria motivada pelo prazer. Ora, pode-se pensar que ambas as afirmações eram vazias; pois o único modo de estabelecer que determinado objetivo ou estado final era agradável seria averiguar se ele era procurado ou não. Assim, alguns filósofos concluíram, a partir do fato de o prazer não ser um estado identificável separadamente da atividade ou do evento que o produz, que não podemos falar em prazer como um tipo específico de fim de atividade, juntamente e competindo com outros fins, como o poder, a sobrevivência etc. A função da resposta "por prazer" a uma pergunta da forma "por que você está fazendo isso?" é simplesmente negar que o ato tenha qualquer um desses outros fins como propósito, não para afirmar o fim que ele tem. Assim, na sua *Ética*, Nowell-Smith diz: "'Gozo' não é o nome de um tipo de disposição nem o de um tipo de ocorrência. É principalmente uma *pro-word* cuja função é bloquear a pergunta 'Por que você fez isso?'".[6]

Ora, não há dúvida de que "por prazer" ou "porque estou gostando" podem funcionar como um modo de bloquear outras perguntas, até mesmo como uma repulsão, mas nem sempre precisam fazê-lo, e muitas vezes não o fazem. Por prazer, como qualquer

---

[6] Nowell-Smith, *Ethics*, p.115.

outro propósito, pode ser a finalidade de uma atividade, de modo que podemos dizer que ela foi bem-sucedida ou fracassou no critério de nos dar prazer ou não. Ali onde o prazer é a meta de uma atividade nesse sentido, não podemos dizer que a resposta "por prazer" à pergunta "por que você está fazendo isso?" simplesmente signifique que estamos fazendo isso por fazer. Pois a ação acerca da qual se indaga pode ter sucesso, isto é, pode atingir o objetivo pelo qual ela é definida, mas pode não haver prazer e, nesse sentido, o empreendimento será um fracasso. Assim, se eu for à praia por prazer e realmente chegar lá, seria absurdo ficar surpreso se eu voltasse decepcionado por não ter gostado, com base em que a ação de ir foi bem-sucedida. Em segundo lugar, podemos dizer que um homem está em busca de prazer, que ele saiu à procura de prazer, que o seu único interesse é o prazer. Mas isso não é a mesma coisa que procurar o ato gratuito.

Assim, há certo sentido empírico no hedonismo, mesmo na sua forma desbastada. Mas essa consideração, assim como a supracitada a respeito da atividade intrinsecamente motivada, embora pareça apoiar o hedonismo, é na verdade uma faca de dois gumes. Pois, ao receber o significado empírico, as alegações de hedonismo parecem ser menos plausíveis. Na verdade, boa parte da plausibilidade do hedonismo assenta sobre um equívoco entre uma noção de prazer com conteúdo empírico, como aquele que usamos quando dizemos que o prazer é o objetivo de uma atividade, e um mais geral em que é considerado um critério suficiente para que um ato seja agradável ao ser levado a cabo. Neste último sentido, a teoria, claro está, se torna uma grande tautologia vazia. Mas, no sentido anterior, ela está aberta a graves objeções. Pois uma das alegações, como dissemos, é que podemos explicar o desejo por determinada ação pelo prazer que a acompanha. Mas, em alguns casos, parece que temos de explicar o prazer em termos de desejo. Assim, o nosso prazer em comer aumenta quando estamos com fome, isto é, quando queremos comer. Mesmo os alimentos menos preferidos ficam saborosos. Talvez possamos explicar isso com uma teoria que afirme que o prazer depende aqui de certas condições fisiológicas. Mas isso pressupõe que seja possível explicar a fome, isto é, o desejo de comer, em termos puramente fisiológicos. Mas podemos estar biologicamente privados e, mesmo assim, perder o apetite por causa de algumas notícias ruins, por exemplo, e o nosso prazer seria menor ainda. Parece, pois, que o prazer é uma função do desejo de comer, e não que o desejo de comer seja uma função do prazer. Como ambos podem ser o caso? É possível que tenhamos de explicar o desejo de comer em outros termos, mas a satisfação irrestrita desse desejo traz prazer. Esse prazer durante a ontogenia se apega mais a certos alimentos do que a outros, de modo que, embora nossos motivos para comer possam ser geralmente os originais, o nosso motivo para escolher um prato e não outro é o prazer. É possível que a noção aristotélica de prazer como o fluxo livre e desimpedido da atividade desejada forneça uma explicação correta da gênese do prazer que, posteriormente, tende a se fixar em certos atos e não em outros. Mas, em todo caso, parece que temos de admitir que há algumas coisas que são agradáveis porque são desejadas, assim como outras que são desejadas porque são agradáveis, possa ou não possa a segunda categoria ser explicada geneticamente nos termos da primeira. A evidência particularmente dos "impulsos biogênicos", fome, sede, sexo e assim por diante, parece apontar para uma ordem de dependência do primeiro tipo; o prazer sexual parece mais uma função do desejo sexual do que vice-versa, e parece haver pouca dúvida quanto a qual desses dois motivos é básico no sentido de anterior no tempo.

2. Mecanismo: o modelo hidráulico

Esse debate aparentemente interminável entre visões divergentes das metas básicas, ou "instintos", do ser humano e do animal, o quebra-cabeça aparentemente insolúvel de qual deve ser tomado como básico tem sido um poderoso incentivo para abandonar inteiramente esse modo de procedimento e, em vez de buscar as metas da ação, tentar estabelecer as leis do comportamento "objetivas", isto é, não teleológicas. Mas esse procedimento ofereceu um alívio apenas aparente dos problemas e perplexidades do método mais antigo. Na realidade, as mesmas questões voltaram a surgir no contexto novo. Pois os próprios teóricos "objetivos" geralmente tomam uma das teorias teleológicas existentes como ponto de partida, modificando-a ao longo de linhas comportamentalistas. A principal exceção a essa regra, a teoria pavloviana dos reflexos condicionados, é, por isso mesmo, sabidamente incapaz de explicar a maioria dos comportamentos não reflexos de tipo dirigido. Este é um testemunho do domínio que as teorias teleológicas ainda exercem; ainda que não possamos julgar, antes de examinar as teorias mais profundamente, se isso se deve à natureza dos fenômenos a serem explicados ou simplesmente ao domínio da tradição.

Uma teoria não teleológica foi desenvolvida pelos etólogos alemães (notavelmente Lorenz e Tinbergen). Normalmente, tendo começado a partir de uma ampla gama de observações naturalistas, essa teoria, ou família de teorias, tem caráter "republicano"; ela postula uma série de instintos. Esses instintos são identificados em parte pelas condições que facilitam certo padrão de comportamento, isto é, aumentam a sua intensidade e diminuem o limiar para os seus "estímulos de liberação" iniciadores; mas, em parte, também pelo próprio padrão de comportamento. Nisso, os teóricos seguiram a noção usual do senso comum de comportamento instintivo e distinguiram padrões de comportamento alimentar, reprodutivo e assim por diante. Mas, a partir disso, eles tentaram remover o elemento teleológico. Assim, o próprio padrão de comportamento é caracterizado não como uma sequência de ações, e sim como um conjunto de movimentos, cada qual liberado por certos estímulos e conduzido ("dirigido") pelos mesmos ou por outros. Na teoria de Tinbergen, o modelo parece ser hidráulico. As condições internas facilitadoras propiciam um fluxo de energia que tende a ativar as atividades motoras que constituem o padrão de comportamento adequado; por exemplo, certa condição hormonal tende a excitar, ou despertar, as atividades motoras envolvidas na luta contra outros machos, no namoro, no acasalamento, talvez também no cuidado para com os filhotes e assim por diante. Mas essas atividades motoras geralmente só aparecem quando o estímulo apropriado está presente, *e.g.*, o de um macho rival ou o de uma possível parceira e assim por diante. Tais estímulos então "liberam" a atividade; por assim dizer, eliminam aquilo que a bloqueia, e ela aparece.[7] Assim, os fatos que estão por trás da noção ordinária de senso comum de propósitos básicos, o de procurar alimento, o de reproduzir etc., são reinterpretados de um modo não teleológico.

Ora, os fatos reunidos por etólogos como Lorenz e Tinbergen são valiosíssimos para qualquer ciência do comportamento animal, mas, por três motivos, é incerto se a teoria é adequada.

Primeiramente, nem sempre podemos delinear as condições internas de determinado padrão tão claramente quanto se pressupõe.[8] No caso do comportamento reprodutivo, isso parece ser

---

[7] Às vezes, porém, se a pressão for suficientemente alta, ela pode aparecer sem os estímulos, e Lorenz e Tinbergen se referem a isso como atividade de "vácuo", e, às vezes, quando uma atividade é frustrada, outra atividade pertencente a uma sequência diferente pode aparecer, as chamadas "atividades de deslocamento".

[8] Morgan e seus associados tentaram determinar mais exatamente essas condições internas: cf. Morgan; Stellar, *Physiological Psychology*; Morgan, "Physiological Mechanisms of Motivation", em Jones (org.), *Nebraska Symposium on Motivation*, v.5; também Stellar, "The Physiology of Motivation", *Psychological Review*, v.61, n.1, p.5-22, 1954. A teoria de Morgan se assemelha à de Tinbergen em alguns aspectos, postulando um estado central de motivação (ecm) que está relacionado com a iniciação e perseverança de certos tipos de comportamento. Mas os estímulos externos desempenham um papel mais importante para Morgan, pois eles também agem como "excitadores" e "amplificadores" de ecm. Isso, claro está, significa que o papel das condições internas é ainda menos claro.

possível. Os grandes avanços da endocrinologia nos últimos anos têm mostrado a íntima correlação que há em praticamente todas as espécies animais entre a presença de certos hormônios no sistema e o comportamento de acasalamento, o comportamento maternal e assim por diante. (A correlação, porém, é muito menos próxima no ser humano.) Mas, no caso, por exemplo, do comportamento exploratório, da atividade "gratuita", da solução de problemas sem recompensa,[9] as condições internas não podem ser delineadas dessa maneira precisa. É claro que as condições de comportamento desse tipo incluem a ausência de toda outra forte tendência competitiva à ação, como a fome, o sexo e assim por diante, e a ausência de fadiga, mas nada indica que as condições possam ser estabelecidas com maior precisão do que essa. Naturalmente, podem-se citar outras condições fisiológicas, assim como há outras além do simples equilíbrio endocrinológico no caso do comportamento de acasalamento. Esses comportamentos podem ser prejudicados ou eliminados por lesões corticais, por exemplo. Mas as condições desse tipo, a saber, que certos órgãos estejam em bom estado de funcionamento, não são condições específicas para, por exemplo, o comportamento exploratório, mas afetam todo o alcance do comportamento do animal; e a sua presença não é simplesmente uma condição para o aparecimento do comportamento, mas para o seu aparecimento em forma normal, pois, muitas vezes, o efeito de uma lesão é perturbar o comportamento ou torná-lo menos eficiente, em vez de eliminá-lo.

Ademais, mesmo nos casos em que há condições internas seletivas, não se sabe ao certo se elas não envolvem uma forma teleológica de explicação. Por exemplo, no caso de fome e sede, não se sabe ao certo se é possível referir-se a essas condições internas sem qualquer menção a uma "necessidade" de comida e de água. Há uma variedade de comportamentos esqueléticos em que incorrem

---

[9] Cf. os casos relatados por, *e.g.*, Harlow, "Mice, Monkeys, Men and Motives", *Psychological Review*, v.60, n.1, p.23-32, 1953.

comer e beber, que apresentam continuidade de função com a atividade autorreguladora autônoma do organismo, pela qual são mantidos certos estados necessários à sobrevivência. Essa tendência do organismo a se regular para determinadas normas geralmente é denominada "homeostasia", termo que Cannon pôs em circulação. Em muitos casos, porém, as normas são restauradas não só pelas mudanças corporais internas ou reações autonômicas, como também pelo comportamento esquelético, que assim funciona de modo complementar a essas reações. Assim, por exemplo, uma tendência a que a temperatura do corpo se desvie da norma será neutralizada em muitas espécies por calafrios ou suor, ou, para lidar com as mudanças sazonais de longo prazo, pelo crescimento da pelagem. Contudo, as mesmas condições também levarão à ação corretiva de tipo esquelético, isto é, o animal procurará o sol ou a sombra, migrará e assim por diante. Tampouco é fácil traçar uma distinção nítida entre o comportamento que é regulado "automaticamente" e as respostas "voluntárias"; há, pelo contrário, um *continuum* desde reações como tremer, que mal pode ser inibida, através de outras como, *e.g.*, respirar, defecar, dormir, que podem ser inibidas, mas só durante algum tempo, até, por exemplo, comer, que pode ser inibida indefinidamente por pessoas excepcionais, e, finalmente, no ser humano, transformando-se em atividades aprendidas e altamente desenvolvidas, como a construção de casas e assim por diante, as quais não podem em sentido algum ser consideradas "automáticas".

Essas atividades "homeostáticas", então, substituem ou complementam as funções autorreguladoras do organismo e, tal como estas, normalmente são postas em movimento pelos desequilíbrios que elas corrigem. A questão de saber se o efeito desses desequilíbrios no comportamento seguinte pode ser explicado de modo não teleológico é uma continuação da questão de saber se as funções homeostáticas como um todo podem ser explicadas assim. Essa questão, ainda controversa na biologia, está fora do escopo desta investigação; mas não podemos presumir *a priori*, como fazem muitos teóricos, que os comportamentos "homeostáticos" podem ser postos em pé de igualdade com o comportamento sexual no sentido de que podemos encontrar antecedentes para eles que não nos obriguem a explicar a sua ocorrência pela introdução de outras leis teleológicas; isto é, que podemos identificar as condições sob as quais determinado comportamento é predominante em outros termos que não o de que esse comportamento seja necessário para manter certas normas.

Mas, qualquer que seja a resposta acerca das condições internas, ali onde as houver, de uma sequência de comportamento aparecendo, uma teoria do tipo de Tinbergen é inadequada por um terceiro motivo, mais sério. Trata-se do motivo que exploramos no capítulo anterior: parece, na verdade, impossível explicar essas sequências de comportamento de um modo inteiramente não teleológico. Pois, mesmo no comportamento mais estereotipado, há alguma variação de atividade em função da situação que é de caráter teleológico, isto é, uma variação com o que a situação exige, dada determinada meta. A noção de um "estímulo direcionador", como vimos, não provê uma explicação não teleológica desse fato, mas é simplesmente uma maneira de reconhecê-lo em uma terminologia um tanto capciosa. Com os animais superiores, essa "adaptabilidade" de comportamento é mais acentuada, o comportamento é mais "plástico", e podemos falar no "ato consumatório" que termina a sequência como a sua meta, e no comportamento "apetitivo" que o precede como sendo inteiramente comandado pela meta. Assim, teremos de encontrar um lugar para a noção de meta ou propósito e de tomar como nossas leis de nível mais elevado postulados enunciando os propósitos básicos da espécie animal em questão, bem como o tipo de comportamento que ela apresenta na busca dessas metas, e quiçá as condições em que essas metas se tornam preponderantes no comportamento do animal. Mas essas condições internas agora não serão as facilitadoras de determinado movimento (ou determinados movimentos), e sim de atividades motoras comandadas por determinada meta; serão condições, isto é, não só das atividades motoras como também da operação de certas metas no comportamento do animal.

Assim, se esse argumento for válido, então se descobrirá que a característica crucial da teoria de Tinbergen, que a torna não teleológica, é inválida. Esta é a hipótese de que o comportamento pode ser explicado sem o uso da noção de uma meta, e por leis que ligam os estímulos "liberadores" a atividades motoras, que, por sua vez, estão ligadas à visão de que as condições para a excitação da energia psíquica podem ser separadas das que determinam a sua direção. Este parece ser o propósito de metáfora hidráulica em Tinbergen; o fluxo é acionado pelas condições internas (o estado endocrinológico, por exemplo), mas é dirigido pelos canais que se instalam no organismo e que requerem que somente certos estímulos de liberação sejam desbloqueados. Assim se mantém a esperança em que as condições para a direção do comportamento, a saber, as várias conexões entre os padrões motores, sejam delineadas separadamente e sejam bastante independentes das condições da sua excitação. Pois a direção do comportamento seria inteiramente uma função das conexões entre os diferentes padrões motores e entre eles e o estado interno que excita, ou desperta, a sequência, uma função, para continuar a metáfora, da forma dos canais estabelecidos. Ora, uma separação completa desse tipo entre as condições de excitação e os determinantes da direção da energia psíquica é, naturalmente, impossível na premissa de que as leis do comportamento de nível mais alto são teleológicas na forma. Pois o conteúdo dessas leis seria que a espécie em questão tendia a perseguir certos propósitos, isto é, procurar certos estados finais ou se engajar em certas atividades. Se houver condições específicas para o despertar de uma dessas tendências, elas também são *ipso facto* condições para que o comportamento que elas excitam, ou despertam, tenha certa direção, isto é, para que seja direcionado ao estado final em questão ou para que a atividade seja do tipo em questão. Claro está que a ação emitida também seria determinada pela situação e, em alguns casos, pela história do animal; porém jamais poderia ser inteiramente determinada por elas, pois o efeito da história ou do ambiente sobre o comportamento seria em si uma função do objetivo ou do propósito desse tipo de comportamento. Dizer, pois, que as condições do despertar e os determinantes da direção podem ser delineados separadamente é dizer que as leis de nível mais elevado são do tipo presumido na explicação teleológica, mas que os fenômenos geralmente caracterizados por essas leis podem ser explicados em dois conjuntos distintos de leis não teleológicas.

Se bem que ninguém tenha afirmado que descobriu as condições que determinam a direção do comportamento, seria um bom passo se pudéssemos descobrir leis não teleológicas que regem o comportamento excitado, ou despertado, por determinado conjunto de condições internas. Pois, nesse caso, não teríamos de pressupor que essas condições de excitação estavam ligadas ao comportamento definido pela sua direção a determinada meta, e, portanto, que as condições de excitação também foram parcialmente condições determinantes. Assim, a tentativa de explicar o comportamento por meio de estímulos liberadores e direcionadores é de importância vital se quisermos pensar na teoria de Tinbergen especificamente como um empreendimento ou o primórdio de um empreendimento concebido para explicar o comportamento sem usar a noção de propósito, de maneira não teleológica. Desse modo, a evidência que citamos contra a validade dessa tentativa também é evidência contra a viabilidade do empreendimento.

3. Mecanismo: impulsos sem direção

Mas, no campo da teoria do comportamento molar, há outra séria tentativa de dar uma explicação não teleológica do comportamento, procurando separar os determinantes do comportamento das condições de seu despertar. Trata-se da teoria E – R do reforço. Uma das principais características que distinguem essa visão da teoria do instinto de etólogos como Tinbergen é a sua concentração no comportamento dos animais em posição mais elevada na escala filogenética e, portanto, no comportamento aprendido. E essa diferença está na base de uma importante diferença na abordagem. Um dos pontos fracos da teoria antes discutida e só implicitamente declarado foi que, na sua concentração em padrões inatos fixos de comportamento, dava pouca atenção aos problemas de aprendizado. Essa fragilidade é corrigida, aliás supercorrigida, na teoria E – R, na qual a concentração no aprendizado é intensa e a teoria do aprendizado é a área de pesquisa mais desenvolvida. Mas, precisamente por causa dessa concentração no comportamento aprendido, os teóricos E – R acreditam estar em condições não só de elaborar correlações descritivas de comportamento como também de descobrir os determinantes da direção do comportamento. Para uma teoria do comportamento inato, esses determinantes devem estar na composição fisiológica do organismo; porém, no caso do comportamento aprendido, é possível descobrirmos as condições para que o comportamento tenha a direção que tem na própria história do aprendizado.

Esta, como vimos nos últimos capítulos, é a abordagem fundamental da teoria E – R, considerar o comportamento emitido em qualquer situação como uma função do comportamento emitido no passado nessa situação ou em outras semelhantes, isto é, uma função do histórico de aprendizado. A ideia da teoria do reforço é que certos atos em certas situações são seguidos por estados fisiológicos "recompensadores". Quando isso acontece, estabelece-se uma conexão entre a situação e o ato, de modo que aquela tenda a evocar este no futuro. Tal processo é conhecido como "reforço" de uma conexão E – R, e as condições recompensadoras que o ocasionam, como "estados de coisas reforçadores" ou simplesmente "reforçadores". O problema do que deve ser considerado um reforçador é, claro está, controvertido. Alguns autores[10] têm se queixado que o uso desse conceito nos envolve em um círculo: um reforçador é um estado de coisas que fortalece uma conexão, ao passo que uma conexão é fortalecida por um estado de coisas reforçador. Mas, como indica Meehl,[11] isso só envolve um círculo se "fortalecer as conexões E – R" for o único critério para um "reforçador". Mas é possível que se descubra em primeiro lugar quais estados de coisas eram reforçadores ao descobrir quais conexões foram fortalecidas e então extrapolar deste para outros casos, tendo estabelecido critérios para um estado de coisas reforçador que não sejam os critérios que cometem petição de princípio.

Mas os teóricos E – R geralmente não seguem esse caminho tedioso. Preferem tomar emprestados do senso comum os seus critérios para reforçadores – pelo menos para começar. E isso ilustra o que se disse sobre o empréstimo de teorias teleológicas que é uma característica das teorias mais "objetivas". Pois a escolha dos estados de coisas que devem ser considerados reforçadores é como a escolha dos objetivos ou propósitos que se atribuem ao animal. Pois isso é postular aonde o seu comportamento tenderá a ser direcionado, mesmo que isso seja explicado de modo um pouco diferente.

Na verdade, embora Thorndike tenha começado com uma noção aparentemente hedonista, o "saciador", os teóricos E – R que tomaram emprestada a sua Lei do Efeito tendem a adotar um ponto de partida diferente. Eles têm sido muito influenciados pela descrição de Cannon dos processos homeostáticos, e a noção paradigmática de reforço é a redução de algum estado de necessidade pulsional, a restauração de uma norma corporal necessária. Hull, por exemplo, adota essa visão:

---

[10] *E.g.*, Postman, "The History and Present Status of the Law of Effect", *Psychological Bulletin*, v.44, n.6, p.489-563, 1947.

[11] Meehl, "On the Circularity of the Law of Effect", *Psychological Bulletin*, v.47, n.1, p.52-75, 1950.

> Sempre que uma atividade efetora ocorre em contiguidade temporal com o impulso aferente, ou o traço perseverativo de tal impulso, resultante do impacto de uma energia de estímulo sobre um receptor, e essa conjunção está intimamente associada no tempo à diminuição na descarga do receptor característica de uma necessidade, resultará um incremento na tendência desse estímulo em ocasiões subsequentes a evocar tal reação.[12]

Isso esbarra, é claro, em todas as dificuldades da teoria teleológica que postulava a sobrevivência como o objetivo principal. Tais dificuldades levaram os teóricos E – R a alterar um pouco a noção de reforçador. Hull adotou a visão de que *qualquer* redução de um estímulo era reforçadora, com resultados totalmente insustentáveis.[13]

Mas, como se indicou bem antes, aprendizado não é a mesma coisa que desempenho. O que um animal faz não é puramente uma função do histórico de aprendizado. Assim, um animal pode aprender o que fazer para obter comida, mas só o fará quando estiver com fome. Assim, a noção de "impulso" foi introduzida na teoria E – R para explicar o despertar do comportamento. Um impulso era um estado de alta atividade geral que era considerado o resultado da existência de uma necessidade.[14] Assim, um reforçador era frequentemente identificado como um estado redutor de impulsos, e essa terminologia corria paralelamente à da redução de necessidades e muitas vezes a substituía.

---

[12] Hull, *Principles of Behavior*, p.80.

[13] A tese não pode sobreviver aos contraexemplos mais óbvios em que um "aumento na estimulação" é "recompensador", *e.g.*, bebês no escuro.

[14] Posteriormente, a noção de impulso foi estendida como a de um reforçador. É escusado dizer que os teóricos E – R não tencionavam aceitar a conotação teleológica do termo "necessidade". Uma necessidade implica uma meta para a qual ela é necessária. Eles esperavam ser capazes de estabelecer em termos fisiológicos não teleológicos que os vários estados de necessidade eram os que resultavam em impulsos e cuja redução resultava em reforço; ou, na falta disso, usar a história do organismo como um critério de necessidade, *e.g.*, se ele foi privado de alimento e durante quanto tempo. Cf. Skinner, *Science and Human Behavior*, cap. IX, para o argumento operacionalista favorável a esse rumo.

"Impulso" é o termo-chave na teoria neobehaviorista da motivação. Praticamente todos os problemas nessa área são pensados em termos de teorias de impulso rival, que, como mencionamos, correm ao lado das disputas mais antigas entre sistemas teleológicos e as parodiam. A lista de impulsos está se tornando tão longa e fluida quanto costumava ser a lista de instintos. Agora temos impulsos a conhecer, a explorar, por dinheiro, poder etc. Porém, mesmo assim, a noção está fadada a ser fundamentalmente diferente da de instinto ou propósito. Pois a noção de impulso se destina simplesmente a explicar o despertar do comportamento, mas de modo algum a sua direção. Assim, Brown[15] deixa bem claro que as únicas funções que podem ser atribuídas ao impulso são (1) a de "energizar" ou "ativar" o comportamento; (2) a de aumentar a probabilidade de que determinada resposta siga determinado estímulo quando a sua ocorrência conjunta é seguida por uma redução no impulso; e (3) a de reduzir a probabilidade disso quando for seguido por um aumento abrupto no impulso. O impulso, assim, ativa sem direcionar.[16] A direção do comportamento deve ser explicada exclusivamente em termos da noção de "hábito" ou conexão E – R que é estabelecida como resultado da redução do impulso, e assim as condições e as determinantes do comportamento são consideradas bastante separadas. Brown adverte contra

---

[15] Brown, "Problems Presented by the Concept of Acquired Drives", em *Current Theory and Research in Motivation*; e também id., *The Motivation of Behavior*.

[16] O mecanismo é visto de diversas maneiras. Segundo alguns teóricos, um impulso "sensibiliza" o animal para os estímulos que provocam respostas. Desse modo, poderíamos explicar casos em que um animal em estado de pulsão pode, no entanto, ficar inerte em um ambiente monótono e imutável até que outros estímulos sejam introduzidos. Cf. Campbell; Sheffield, "Relation of Random Activity to Food Deprivation", *Journal of Comparative and Physiological Psychology*, v.46, n.5, p.320-2, 1953: "A fome não instiga a atividade; ela apenas reduz o limiar para os estímulos normais para a atividade". Mas o princípio aqui é o mesmo, para o papel "sensibilizador" ou "facilitador" do impulso, como o seu papel "ativador", é indiscriminado e afeta todos estímulos do mesmo modo.

a confusão de "impulso" e "hábito", que, como ele vê, frustraria toda a tentativa dos teóricos E – R de conceber uma teoria não teleológica do comportamento. "Cada caso de comportamento dirigido deve ser atribuído não a impulsos ou motivos, e sim às capacidades das sugestões de estímulo, sejam inatas, sejam adquiridas, de desencadear reações."[17] A teoria do impulso como um ativador não direcionado do comportamento é projetada principalmente, como se disse, como uma explicação do que chamamos de atividades "homeostáticas". Mas, além disso, o comportamento reprodutivo, no qual também há um critério fisiológico bastante bem estabelecido, pois um "estado de impulso" geralmente é citado. Isso leva à noção, absurda em termos teleológicos, de que o objetivo da atividade de acasalamento é a redução da tensão que vem do coito. Talvez seja correto atribuir essa conclusão imensamente contraintuitiva à formação cultural protestante ianque de muitos dos proeminentes teóricos do comportamento. Mas, sendo assim ou não, a elisão do comportamento sexual com atividades homeostáticas encobre diferenças importantes e ajuda a ocultar a fraqueza da teoria.

A visão de que a atividade é despertada por "impulsos" e dirigida pelos hábitos construídos no histórico de aprendizado não pode sequer explicar o comportamento no seu território de origem, *i.e.*, entre os comportamentos "homeostáticos". Pois é imediatamente óbvio que os "impulsos" não podem se restringir às três funções que Brown lhes atribuiu. A noção hulliana de impulso como um ativador *absolutamente geral* do comportamento está próxima do absurdo. Quando está saciado em relação a comida e sexualmente excitado, um animal não se empanturra, mas vai em busca de uma parceira. Mas, segundo essa teoria, não é isso que ele deve fazer. Tampouco temos de tomar tais exemplos fantasiosos. Um animal, em geral, comerá quando tiver fome e beberá quando tiver sede. (Pode haver,

---

[17] Op. cit., p.6.

naturalmente, alguns alimentos limítrofes que satisfazem tanto a fome quanto a sede.) Mais, ele pode muitas vezes discriminar e comer seletivamente os alimentos dos quais tem necessidade. Ora, diante dessa evidência, Brown e outros teóricos E – R postularam um *estímulo* impulsional que, embora separado do impulso, acompanha e ajuda a conduzir o comportamento. Pois esse estímulo está associado às respostas que levaram à redução do impulso no passado e, portanto, tende a evocá-las. Na ausência desse estímulo, uma ação inadequada, por conseguinte, não tenderá a ocorrer. Mas esse é realmente outro modo de dizer que os impulsos têm, afinal, uma função de direção. Pois tal estímulo não foi descoberto. A visão anterior de que a fome dependia de alguns sinais, como as contrações estomacais, foi refutada há muito tempo, assim como a que afirmava que a sede depende de secura na garganta. O estímulo impulsional é, no momento, pura ficção destinada a manter a aparência de natureza não direcional do impulso. A noção de estímulos impulsionais torna-se ainda mais implausível quando refletimos que o animal pode frequentemente distinguir se está precisando de uma vitamina e não de outra.

O fato de termos de dar aos "estados pulsionais" um papel de direção também levou alguns teóricos a rejeitarem totalmente as interpretações "motivacionais", favorecendo uma interpretação puramente "associativa".[18] Nessa visão, a noção de impulso como um ativador é inteiramente eliminada; a ocorrência de certo comportamento (*e.g.*, procurar comida) devido a certas condições internas (*e.g.*, privação alimentar) se explica simplesmente pelo fato de certos estímulos internos ligados a essas condições, e aos quais o comportamento é condicionado, se tornarem mais proeminentes. Como a hipótese é que a probabilidade de uma resposta ocorrer depende da proeminência dos elementos de estímulo na situação

---

[18] Cf. Estes, "Stimulus-Response Theory of Drive", em Jones (org.), *Nebraska Symposium on Motivation*; e discussão em Brown, *The Motivation of Behavior*, cap.4.

para a qual a resposta é condicionada,[19] isso explicaria a predominância do comportamento adequado. Desse modo, evita-se o problema insolúvel de distinguir o estado pulsional dos seus "estímulos" acompanhantes.

Mas, seja qual for a visão aceita, é claro que, na medida em que certos impulsos podem ser identificados pelas suas condições fisiológicas antecedentes, eles estão ligados não só à atividade em geral como também a essa atividade que tende a determinado resultado. Isso se deve admitir. Mas talvez seja possível restringir a função de direção dos impulsos a isto: um estado pulsional pode escolher, entre todos os hábitos condicionados, aqueles que levam à sua redução. E isso poderia ser tornado compatível com as presunções E – R se postularmos estímulos internos hipotéticos ligados ao estado pulsional. Então o que o animal faz ainda é uma função do seu histórico de comportamento nessa situação ou em outras semelhantes, mas "semelhante" aqui significará "semelhante em condição impulsiva interna", assim como em ambiente externo.

Entretanto, nem isso funcionará. Pois a evidência citada nos dois últimos capítulos mostra que grande parte da atividade de um animal não pode ser explicada somente por seu histórico de comportamento, mas só pode ser explicada pelas metas rumo às quais ele se dirige, metas, precisamente, tais como chegar à comida ou à bebida e consumi-la, ou encontrar um parceiro ou uma parceira. Por exemplo, o comportamento do chimpanzé ao usar a caixa não poderia ser explicado por uma teoria do condicionamento, mas unicamente pela hipótese de que a sua ação estava direcionada para a meta de obter a banana. O papel do aprendizado aqui não era o de condicionar o comportamento, e sim o de facilitá-lo. Isso é verdadeiro para o comportamento da maioria dos animais acima de certo nível filogenético na situação aberta, e vimos evidência de que também

---

[19] Cf. Estes, "Towards a Statistical Theory of Learning", *Psychological Review*, v.57, n.2, p.94-107, 1950.

é verdadeiro na situação fechada. Assim, na medida em que a fome está ligada ao comportamento de obtenção de alimento, *i.e.*, tende a evocá-lo, não podemos explicar isso dizendo simplesmente que a fome evoca as reações que, no passado, nessa situação ou em situações semelhantes, levaram ao alimento (e, portanto, à redução da fome); será mais verdadeiro dizer que a fome geralmente está ligada ao comportamento que está dentro da capacidade do animal que, na situação como ele a conhece, leva ao alimento. Em outras palavras, temos de aceitar o "impulso" como uma tendência a perseguir determinada meta e, assim, abandonar a noção de um desorientado ativador de comportamento.

Nestas páginas, discutimos a teoria do reforço E – R; mas é claro que esta conclusão pesa igualmente contra a teoria da contiguidade. Pois aqui também o destino da tentativa de separar as condições do despertar do comportamento a partir dos determinantes da sua direção depende – uma vez estabelecida a função de seleção do impulso – da nossa capacidade de explicar o comportamento usando o histórico de resposta do animal; e, se isso não for possível, então uma explicação não teleológica de motivação, pelo menos em um nível molar, é impossível.

Mas, embora esteja claro que muitas vezes devamos explicar o comportamento "apetitivo", *e.g.*, a procura de alimento, pelo "ato consumatório" ao qual ele é dirigido, neste caso, comer o alimento, não poderíamos tentar explicar o fato de esse ato ser uma meta em termos das noções de redução de impulsos e do consequente fortalecimento do hábito? Assim, nos exemplos discutidos no capítulo anterior, o uso da vara pelo chimpanzé, a tomada do atalho pelos ratos e, em geral, com o comportamento de aproximação do alimento pelos animais quando estão com fome, temos de explicar o comportamento pela meta de obter alimento e comê-lo. Mas como explicamos o fato de esse ato ser uma meta sempre que o animal estiver com fome? Pareceria que, de acordo com Hull e outros teóricos do reforço E – R, isso deve ser explicado como um hábito construído pela redução do impulso. É verdade que a reação de sucção dos bebês mamíferos é inata, mas que ela seja seguida na vida adulta pelo ato de comer parece ser o resultado do aprendizado na teoria deles, ou pelo menos da seleção entre várias respostas inatas por reforço seletivo.[20] E Hebb, que não é um teórico do reforço, parece considerar que a conexão entre a fome e o comer também é aprendida.[21]

Contudo, é difícil ver quais são as evidências disso. Reconhecidamente, os bebês mamíferos são cuidados pelos pais, tal como os filhotes de muitas espécies não mamíferas, e o seu desenvolvimento é assim controlado. Talvez, em circunstâncias experimentais especiais, seja possível mostrar que comer era uma resposta aprendida à fome, mas é difícil ver onde, no *continuum* entre a sucção do bebê e a alimentação do adulto, se poderia traçar a linha entre o inato e o aprendido. A evidência citada por Hebb em conexão com uma teoria neurológica de ligações adquiridas parece muito fraca. Ele ressalta que um rato comerá menos em ambientes desconhecidos do que quando está habituado a eles. Mas que o interesse pelo ambiente possa distraí-lo de comer não é evidência do efeito que a conexão entre alimento, privação de alimento e comer seja aprendida. Hebb também indica que a privação extrema pode reduzir ou às vezes eliminar a vontade de comer. Mas é difícil ver por que isso também deveria constituir evidência para a sua tese.

A verdade é que podemos explicar a preferência dos seres humanos e, às vezes, dos animais por alimentos diferentes, pelo menos em parte lembrando sua dieta inicial, isto é, o que reduziu a fome no passado. Este talvez não seja o único elemento na preferência alimentar. Mas alguns dos resultados de P. T. Young sobre o assunto[22]

---

[20] Cf. Hull, *Principles of Behavior*, p.79-80.

[21] Cf. Hebb, *The Organization of Behavior*, cap.VIII.

[22] *E.g.*, Young, "The Role of Affective Processes in Learning and Motivation", *Psychological Review*, v.66, n.2, p.104-25, 1959.

parecem indicar que um alimento que corrigiu um grave desequilíbrio nutricional em um animal no passado tende a ser selecionado preferencialmente no futuro, mesmo quando o elemento nutricional em questão tiver sido abstraído. Mas se podemos explicar o desenvolvimento do paladar historicamente, através da redução da fome ou não, não indica de modo algum que a conexão entre a privação alimentar e o ato consumatório de comer seja adquirida.

E, quando nos voltamos para o caso do comportamento de acasalamento, nem isso se pode dizer. Não parece difícil duvidar que, na maior parte das espécies, é inata a conexão entre o estado de excitabilidade sexual que resulta das condições hormonais relevantes e estímulos externos e o ato consumatório do acasalamento. Também aqui há preferências quanto a "objetos-meta", *i.e.*, parceiros, que em algumas espécies, notadamente no ser humano, podem variar muito, mesmo além dos membros do sexo oposto, e, de fato, além dos membros da mesma espécie, mas é claro que essa "canalização" do impulso sexual não pode ser explicada em termos de hábitos construídos pela redução do impulso, e certamente não por aquele induzido pelo coito. É forte a evidência de que muitos dos fatores que determinam as preferências desse tipo estão em operação antes da puberdade. A falsa analogia entre o acasalamento e as atividades "homeostáticas" tendeu a obscurecer a fraqueza do caso de redução do impulso quando aplicado a qualquer coisa além de comer e beber, e até que ponto uma teoria geral do comportamento foi erigida sobre a evidência de uma fração do comportamento total dos organismos – e evidência que foi mal compreendida nesta.

Assim, pareceria que a conexão entre, por exemplo, a privação de comida e água, a excitabilidade sexual e os seus atos consumatórios adequados é inata. Mas esta não é uma conexão entre certas condições fisiológicas e certos movimentos, e sim entre condições antecedentes e certas metas. Pois vimos que o ato consumatório funciona como uma meta no comportamento; isto é, grande parte do "comportamento apetitivo" anterior que leva a ele só pode ser explicada na hipótese de que é dirigida, de que ocorre "por causa" do ato consumatório. Abaixo na escala filogenética e no início da ontogenia, o comportamento ligado a qualquer estado de necessidade é muito estereotipado, e uma caracterização em termos de movimento é mais plausível; porém, à medida que subimos na escala e à medida que o animal cresce, o comportamento se torna mais "plástico". Esse comportamento plástico é fortemente dependente do aprendizado, mas não do tipo de aprendizado que pode ser explicado pelo condicionamento; consiste no desenvolvimento de coordenações sensório-motoras ligadas às habilidades motoras do animal e no aumento da orientação. O comportamento aprendido e inteligente provém de um comportamento inato estereotipado, as ações que muitas vezes são chamadas de "instintivas" no discurso ordinário, que mantêm a direção para o mesmo objetivo, mas alteram e ampliam as modalidades de ação.

Na medida em que se podem delinear condições antecedentes fisiológicas para certos tipos de energias psíquicas, como está implícito na noção de "impulso", estas estão ligadas não a um estado generalizado de ativação, e sim a uma ação direcionada a determinada meta. Pois não é só o caso, como os próprios teóricos E – R admitem, de os diferentes estados pulsionais estarem ligados a ações que têm certo resultado, *e.g.*, que o estado de privação alimentar está ligado a ações que têm o resultado de satisfazer essa necessidade; mas de também estarem ligados a ações que devem ser vistas como dirigidas a certos atos consumatórios como sua meta. Essas conexões parecem ser inatas e, portanto, parece haver pouca evidência de "impulso" concebido como energia psíquica sem direção. Pelo contrário, a energia psíquica que é despertada por essas condições antecedentes sempre parece estar direcionada a alguma meta. E isso é que está implícito, é claro, em conceitos da linguagem ordinária como "fome", "sede", em que as condições de privação antecedentes estão ligadas à tendência a realizar a ação consumatória no sentido do termo. Assim, podemos falar em alguém morrendo de fome (*i.e.*, privação alimentar), ao passo que, ao mesmo tempo, estar com fome significa (*i.e.*, implica) querer comer. Assim, mesmo nesses casos favoráveis em que parecemos ser capazes de identificar um impulso em termos de algumas condições antecedentes especificáveis, não podemos separar as condições para o despertar dos determinantes da direção do comportamento. Para a privação alimentar, o equilíbrio hormonal e assim por diante parecem ser inseparavelmente um e outro. E, do mesmo modo, temos de aceitar, como base da nossa explicação do comportamento, leis que estabelecem a direção à qual o comportamento tende "naturalmente", isto é, os objetivos ou propósitos pelos quais ele ocorre.

4. A multiplicação dos "impulsos"

Quando saímos do alcance da fome, da sede e do sexo, a teoria E – R do reforço parece ainda menos plausível. Isso fica particularmente claro quando consideramos toda a gama do comportamento social humano, aquele comportamento que normalmente explicamos pelo desejo de dinheiro, poder, amizade, sucesso e assim por diante. Pois aqui o modelo de um impulso sem direção que adquire a capacidade de direcionar o comportamento só porque as reduções nele reforçam as conexões estímulo-resposta que ocorrem simultaneamente não tem sequer a aparência de validade. Os próprios teóricos E – R se veem forçados a adotar uma noção de energia psíquica dirigida quando começam a identificar os vários impulsos "secundários" como o impulso "por dinheiro" ou "para conquistar" e assim por diante.

A tentativa de enfiar à força essa área de fatos recalcitrantes no molde da redução do impulso levou a um amontoado de teorias amplamente verbais da chamada "motivação secundária". Às vezes se faz uma tentativa de explicar, *e.g.*, o desejo de dinheiro utilizando-se a noção de "reforço secundário". Um reforçador secundário é um estímulo que, tendo evocado uma ação que por si só leva ao reforço primário (redução do impulso), adquire ele mesmo o poder de reforçar, isto é, de aumentar a probabilidade de ocorrência das conexões E – R que levam à sua ocorrência. Isso foi usado originalmente para explicar o aprendizado de sequências bastante longas de respostas como, *e.g.*, em um labirinto longo e complexo, no qual, de acordo com o "gradiente de reforço" (o tempo que deve transcorrer entre uma resposta e a recompensa para que esta seja reforçadora), o fato de os membros anteriores da sequência terem sido "carimbados" não pode ser explicado somente pelo reforço primário, que ocorreu muito mais tarde. Essas respostas anteriores então seriam reforçadas pelos estímulos do ponto de escolha que evocaram as respostas posteriores. Sempre houve alguma dúvida quanto a se os reforçadores secundários foram feitos para reduzir os impulsos ou se os seus poderes provieram de alguma outra fonte. Mas, em todo caso, é esta extensão *ad hoc* da noção de reforço que forneceu algumas justificativas para as acusações sobre a circularidade da lei do efeito. No entanto, seja qual for a validade dessa crítica, é claro que o princípio do reforço secundário não nos ajudará muito aqui. Pois é notório que o desejo de dinheiro, amizade, poder e assim por diante muitas vezes pode continuar durante muito tempo depois de já não ser necessário para alcançar quaisquer outras gratificações "primárias"; ao passo que o valor "recompensador" dos estímulos do ponto de escolha diminuirá muito rapidamente se o alimento for removido do compartimento final.

Os teóricos E – R, portanto, geralmente têm se voltado para outro estratagema; a invenção de supostos estados pulsionais que são aliviados ou reduzidos pelo alcance das metas – poder, dinheiro, prestígio etc. – em questão. Com frequência, esses impulsos são chamados de "ansiedade". O uso liberal dessa noção parece destinado principalmente a salvar a teoria E – R dos fenômenos que, para dizer o mínimo, a põem em dúvida. É o que sugere Mowrer, um dos mais conhecidos teóricos nesse campo, quando diz:

Além disso, ao postular a ansiedade como uma espécie de elo que faz a conexão entre o bem-estar completo e o desconforto ou a lesão orgânica ativa, é possível conciliar o fato de que muito, talvez a maior parte, do comportamento cotidiano dos seres humanos civilizados não é motivado por impulsos orgânicos simultaneamente ativos e o fato de que a lei do efeito (aprendizado através da redução da motivação) é aparentemente um dos princípios psicológicos mais bem estabelecidos.[23]

Seward mostra a mesma preocupação:

> Entrementes, isso pode ajudar a enfrentar diretamente a questão diante de nós. Os experimentos implicam fortemente que as principais fontes de motivação são algumas necessidades corporais, uma variedade de maneiras de satisfazê-las e um grande número de temores. Uma experiência comum, por outro lado, sugere que a maior parte da nossa atividade é direcionada para as coisas que nós queremos, e não para longe das coisas que não queremos, e que muitas das coisas que queremos têm pouco a ver com as necessidades corporais. Como essas linhas de evidência conflitantes podem ser reconciliadas?[24]

Mas essa "reconciliação" é puramente verbal. Isto se pode ver claramente a partir de uma amostra de análise de redução do impulso do comportamento social, retirada de *Personalidade e psicoterapia*, de Dollard e Miller.

> Se uma criança experimentou dor intensa e outras formas de desconforto quando longe da mãe e teve a presença da mãe associada ao alívio, é de esperar que ela aprenda a se sentir ansiosa quando separada da mãe e mais segura quando próxima dela. Assim motivada, aprenderá a se aproximar da mãe virando-se à esquerda para a sugestão de vê-la à esquerda, à direita para a sugestão de vê-la à direita e avançando em linha reta pela sugestão de vê-la à frente. Quando ela tiver aprendido essas respostas relativas (virar à esquerda ou à direita ou seguir adiante) para as sugestões de diferenças relativas na posição, o seu comportamento será orientado rumo a ela como uma meta. Em suma, a criança responderá às sugestões de distância da mãe com o impulso do medo

---

[23] Mowrer, *Learning Theory and Personality Dynamics: Selected Papers*, p.26.
[24] Seward, "How are Motives Learned?", *Psychological Review*, v.60, n.2, p.101, 1953.

e às sugestões da direção relativa com respostas adequadas à aproximação. Do mesmo modo, pode aprender hábitos de aproximação muito mais complicados, como contornar ou passar por baixo de obstáculos e até tomar ônibus e bondes a fim de ir para casa. O fato de a mãe ser o único objeto de estímulo que lhe reduzirá o medo fará que o seu comportamento seja orientado para ela como uma meta.[25]

Agora despojada das suas suposições insustentáveis, isso significa simplesmente que a criança adquire, pela importância da sua mãe na satisfação das suas necessidades primárias na primeira infância, um forte desejo de estar com ela, juntamente com ansiedade quando longe dela. Pouco importa se esta é ou não a explicação correta da gênese do amor aos pais. A questão é que essa tentativa de enfiar à força o comportamento da criança no padrão de redução do impulso não logrou encontrar um lugar para a noção de impulso como energia psíquica originalmente sem direção. Pois as condições do despertar do "impulso" ou ansiedade também são as condições de a criança tentar se aproximar da sua mãe. O impulso é desde o começo caracterizado pela meta à qual ele é destinado.

A tentativa de Dollard e Miller de mostrar o contrário está na afirmação absurda segundo a qual a criança aprende a ir à esquerda quando a sua mãe está à esquerda e à direita quando ela está à direita e assim por diante. Pode-se dizer com segurança que o aprendizado desse tipo jamais ocorre. Se as habilidades motoras necessárias na locomoção espacial se devem ao aprendizado ou crescimento, elas não requerem para o seu uso adequado que, além de fazer os movimentos de caminhar, por exemplo, também aprendamos a que direção os diferentes movimentos nos levarão. Aprender a andar é aprender a ir de um lugar a outro; e esta é uma capacidade geral que não pode ser explicada em termos de um conjunto de hábitos E – R. Quando uma criança aprende a andar pela primeira vez, depois de

---

[25] Dollard; Miller, *Personality and Psychotherapy: An Analysis in Terms of Learning, Thinking and Culture*, p.87.

muitas tentativas no processo, por exemplo, de pegar um chocalho, ela não tem de começar tudo de novo a partir de zero para aprender os movimentos necessários para chegar a algum outro objeto. Talvez Dollard e Miller desejem afirmar não que a criança aprende quaisquer movimentos específicos para executar, e sim que ela aprende "por acaso" que se aproximar da sua mãe alivia a ansiedade. Mas a evidência disso é nula. A partir dos primeiros dias, antes que a criança seja capaz de se locomover com muita eficiência para chegar à sua mãe, ela chorará quando a mãe se afastar, implorará que ela venha e assim por diante. É claro que aqui estamos lidando com um desejo de estar perto da mãe, que pode ser explicado historicamente de algum modo, mas que não pode ser reduzido a um estado "pulsional" não direcionado que só adquire a capacidade de direcionar o comportamento através da aquisição de hábitos baseados na redução do impulso. Em outras palavras, não podemos separar a ansiedade como o fenômeno primitivo e o desejo ou a disposição de se aproximar da mãe como o resultado derivado do aprendizado por "tentativa e erro". O desejo e a ansiedade são o mesmo fenômeno, sendo esta compreensível somente como reação à frustração ou à ameaça de não atendimento daquele.

Assim, a frágil tentativa de Dollard e Miller de encontrar um uso para o modelo de redução de impulso é, na medida em que não se baseia em suposições patentemente falsas, como as do aprendizado, meramente uma cobertura verbal sobre o fato constrangedor de estarmos lidando com desejos, isto é, energia psíquica direcionada para um objetivo, e que esse fato é o primitivo na explicação. O dispositivo que eles usam é tentar dividir essa disposição de buscar uma meta em um estado de ansiedade causado pela sua ausência, por um lado, e um conjunto de hábitos induzidos pela redução dessa ansiedade por outro. Mas não podemos explicar o comportamento de busca de metas em termos de um conjunto de hábitos E – R, e tampouco há qualquer evidência que mostre que a ansiedade é anterior ao desejo de uma meta. No entanto, essa é uma abordagem comum entre os teóricos E – R. Assim, Brown[26] apresenta a hipótese de que "o importante componente motivador de muitos dos supostos impulsos adquiridos para objetivos específicos é, na verdade, uma tendência aprendida para estar descontente ou angustiado ou ansioso na ausência desses objetos de meta".[27]

Mas isso acaba sendo outro modo – ainda que mais aceitável para os teóricos do impulso E – R – de dizer que a pessoa vem a querer dinheiro, poder, prestígio ou qualquer outra coisa; e isso é assim porque não se dão critérios para a aquisição da "tendência a ficar descontente ou angustiado", que são separados daqueles para a aquisição do desejo. Assim, Brown discute a possibilidade de explicar o desejo de dinheiro por uma ansiedade despertada na infância pela preocupação dos pais com dinheiro. Ora, sem dúvida, esse pode ser um importante fator contribuinte para a atitude posterior da criança, e pode lhe dar, como disse Cortés a Montezuma, "uma doença do coração que só o ouro pode curar". Mas não podemos separar a ansiedade pela ausência de dinheiro do desejo de fazê-lo ou obtê-lo. A ansiedade induzida em relação ao dinheiro é um desejo induzido de ansiedade por conseguir dinheiro, e não podemos explicar a segunda pela primeira.

O baixíssimo grau de plausibilidade dessa teoria vem da noção de ansiedade, que tende a incluir essas metas na classe das "aversões", as quais induzem o comportamento criado para evitar uma consequência ruim em vez de alcançar uma boa e, assim, acentuar a semelhança com atividades que são "redutoras de necessidades". Ora, é possível que muitos dos nossos desejos sejam acompanhados de ansiedade, embora mais, nós sentimos, no círculo cultural ao qual a maioria dos teóricos do comportamento pertence do que a qualquer outro lugar. Mas a ansiedade não pode ser usada para

---

[26] Brown, "Problems Presented by the Concept of Acquired Drives", em *Current Theory and Research in Motivation: A Symposium*.

[27] Ibid., p.12.

fornecer uma explicação E – R desse comportamento. Pois a ansiedade geralmente não desconhece aquilo que a torna ansiosa. Como estado psíquico, ela tem uma direção, e uma explicação com base em ansiedade também é uma em termos de desejo, isto é, uma explicação de forma teleológica.

Mas essa dependência da ansiedade traz à tona outra característica importante da teoria E – R do reforço. Como mencionamos, os teóricos do comportamento "objetivo" não evitaram os tipos de disputas que afligem os teóricos teleológicos na sua defesa de diferentes conjuntos de instintos ou propósitos básicos. Pois as suas teorias partem de uma das teorias teleológicas estabelecidas e tentam reformulá-la em termos objetivos. E se as teorias teleológicas são fortemente influenciadas pelo que o pensador ou o seu meio ou cultura consideram importante, assim o são também as teorias objetivas. Aqueles que discerniram nas páginas dos autores E – R a forte marca da ética de trabalho anti-hedonista ianque protestante talvez não tenham estado muito longe do alvo. Em todo caso, parece que todos os teóricos dessa escola (1) presumem que toda atividade é extrinsecamente motivada, *i.e.*, que toda ação é feita para algum fim que pode ser identificado separado da ação; e (2) que esse fim é a redução ou remoção de algum mal ou desconforto. A vida do rato, e presumivelmente a humana, vista por um psicólogo E – R, é um assunto muito sombrio, uma luta interminável para afastar a estimulação nociva ou desagradável.[28]

No entanto, as objeções a essa teoria são mais do que estéticas. Os fatos em si não podem ser retorcidos até se ajustarem a esse quadro. Pois ele não pode explicar atividades como a exploração, o divertimento, a solução de problemas na ausência de recompensa

---

[28] Recentemente, houve alguma crítica nesse sentido de dentro da escola, *e.g.*, Koch, "Behaviour as 'Intrinsically' Regulated: Work Notes Toward a Pre-Theory of Phenomena Called 'Motivational'", em Jones (org.), *Nebraska Symposium on Motivation*, v.4.

primária e assim por diante, que são intrinsecamente motivadas. Isso tem sido reiteradamente indicado por pensadores como Nissen,[29] Harlow,[30] Montgomery[31] e recentemente White.[32] Pois nessas atividades não há nenhum estado final identificável e *a fortiori* nenhum estado de redução de necessidade ou de impulso identificável. A atividade desse tipo parece ocorrer sempre que o animal não tiver uma exigência mais urgente para atender, e parece puramente gratuita.

Fizeram-se várias tentativas de forçar também esses fenômenos a entrarem no molde, por exemplo, as de Berlyne,[33] Montgomery[34] e Glanzer.[35] As teorias de Berlyne e Montgomery utilizaram um impulso especial recém-inventado, chamado "impulso exploratório" em um caso e "curiosidade" no outro. Glanzer se baseia na noção de "saciedade do estímulo", a hipótese de que, depois de certo tempo, um animal deixa de responder aos estímulos aos quais foi exposto. Essa teoria é, obviamente, incapaz de explicar o comportamento exploratório; pode explicar por que o animal "segue em frente", mas não por que ele explora ativamente, por que a oportunidade de explorar pode ser um objetivo para ele como mostraram Montgomery e Harlow. Mas as duas primeiras teorias não estão em

---

[29] Nissen, "The Nature of the Drive as Innate Determinant of Behavioural Organization", em Jones (org.), *Nebraska Symposium on Motivation*, v.2.

[30] Harlow, "Mice, Monkeys, Men and Motives", op. cit.

[31] Cf. a série de artigos de Montgomery sobre "Comportamento exploratório", *Journal of Comparative and Physiological Psychology*, 1952 e 1953.

[32] White, "Motivation Reconsidered: The Concept of Competence", *Psychological Review*, v.66, n.5, p.297-333, 1959.

[33] Berlyne, "Novelty and Curiosity as Determinants of Exploratory Behaviour", *British Journal of Psychology*, v.41, n.1-2, p.68-80, 1950.

[34] Cf. a série de artigos de Montgomery sobre "Comportamento exploratório", *Journal of Comparative and Physiological Psychology*, 1952 e 1953.

[35] Glanzer, "Curiosity, Exploratory Drive and Stimulus Satiation", *Psychological Bulletin*, v.55, n.5, p.302-15, 1958.

um caso muito melhor e são amplamente reafirmações verbais dos fenômenos.

Isso pode ser ilustrado com a teoria de Berlyne; muitos dos mesmos pontos também se aplicam a Montgomery. Berlyne[36] tenta expor uma teoria da curiosidade com dois postulados hullianos. Estes são:

i.) Quando um novo estímulo afeta os receptores de um organismo, haverá uma resposta produtora de estímulo pulsional [...] (que chamamos de curiosidade).
ii.) À medida que um estímulo que desperta a curiosidade continua a afetar os receptores de um organismo, a curiosidade diminuirá.

Há uma série de outros corolários, mas isso dá o cerne da teoria. Berlyne pretende manter que o comportamento exploratório é aprendido. (Corolário (i). Um organismo aprenderá a responder a uma curiosidade despertando estímulo com uma atividade que aumentará a estimulação por ela.) Assim, podemos subsumir esse comportamento também sob o modelo de redução de impulso. Mas essa subsunção é totalmente verbal. A primeira expressão que comete petição de princípio é a de um "novo estímulo". Na verdade, a novidade raramente pode ser explicada em termos de estímulo. Quase sempre, quando o animal explora, não é um novo tom de cor, por exemplo, que ocasiona isso, e sim um novo objeto ou situação, ou um objeto conhecido em um lugar incomum. Pelo mesmo motivo, o comportamento exploratório não pode ser explicado, pelo aumento da estimulação de um estímulo específico, mas somente como uma familiaridade crescente com a situação. No mais, a teoria é pura verborreia. Não há evidência de uma suposta "resposta produtora de estímulos pulsionais" além da evidência banal que

---

[36] Berlyne, "Novelty and Curiosity as Determinants of Exploratory Behaviour", op. cit.

define o problema em primeiro lugar, a saber, que os animais tendem a explorar situações desconhecidas e, passado algum tempo, quando eles se familiarizam com elas, cessam de fazê-lo. Além disso, a sugestão de que podemos explicar o comportamento exploratório como um conjunto de hábitos estímulo-resposta é quase ininteligível. Pois o conjunto de respostas que o animal usará na exploração inclui uma vasta gama, na verdade uma grande proporção das que fazem parte do seu repertório: correr, farejar, circundar, pular em cima, empurrar com a pata. Não podemos explicar a emissão de todas elas dizendo que estão condicionadas a estímulos que tenham a propriedade "novidade", pois o problema é explicar *qual delas* será emitida, sendo a resposta, claro está, aquela que constituirá exploração efetiva nesse ambiente. A explicação hulliana de comportamento exploratório acaba por ser vazia. Os fatos simplesmente não se encaixam no molde teórico, e se encaixarão menos ainda os da atividade lúdica e de solução gratuita de problemas.

Foi Nissen[37] quem arregaçou as mangas e postulou que esse comportamento é "autonomamente motivado", *i.e.*, ocorre por si só. Nissen sustenta que um animal tende naturalmente a exercer as suas capacidades e a explorar. Ele resume isso sob o *slogan* "a capacidade é a sua própria motivação". Mas, claro está, isso é apenas outra maneira de dizer que a tentativa de encontrar uma explicação não teleológica aqui é equivocada. Na verdade, temos de explicar o comportamento por uma tendência natural a se envolver em atividades desse tipo. Nissen praticamente admite isso ao falar em um "impulso para perceber" e em um "impulso para saber". Na verdade, sob a unidade da terminologia com as teorias E – R, ele está propondo uma visão de um tipo radicalmente diferente, em que os fatores básicos que motivam o comportamento são identificados pela sua direção, *i.e.*, pelo tipo de atividade que eles induzem.

---

[37] Nissen, "The Nature of the Drive as Innate Determinant of Behavioral Organization", op. cit.

5. O caso da aversão

Mas uma das objeções mais reveladoras contra a teoria E – R do reforço é que ela não pode explicar o caso paradigmático de uma aversão, isto é, o comportamento que visa evitar a dor. O procedimento dessa teoria, como dissemos, é tentar explicar o comportamento com base em seu histórico: que ocorrerá a resposta que levou à recompensa no passado. Mas, no caso da evitação, o estado de coisas usual é precisamente uma não recorrência de ação anterior – isto é, se o animal "aprender". Se um rato caminhou por uma grade, sofreu um choque e fugiu, na ocasião seguinte, ele não voltará a pisar na grade; embora, sem dúvida, a resposta de correr que eliminou a dor tenha sido "recompensadora", o rato não repetirá a sequência para obter essa "recompensa". Agora podemos explicar esse caso presumindo o princípio complementar ao do reforço, como fizeram muitos teóricos, inclusive Thorndike. Isto é, podemos supor que qualquer conjunção de estímulo e resposta que leve a um *aumento* no impulso tenderá a ser *enfraquecida* ou "rejeitada". Isso explica o fato de o rato não repetir a ação, *i.e.*, correr para a grade, o que levou ao choque. Mas isso também não é suficiente. Pois o choque não levará simplesmente a uma tendência a não repetir as ações que levaram a ele, mas também a uma tendência a *evitar* o ponto doloroso. Assim, um rato não só deixará de repetir a ação original, como também pode se abster de outras ações que terão o mesmo resultado. Isso fica evidente no experimento de Tolman e Gleitman,[38] no qual os ratos, depois do treinamento para se alimentarem em um labirinto com duas caixas distintas no fim, foram introduzidos separadamente e tomaram choque em uma dessas caixas; quando novamente colocados no início do labirinto, eles seguiram o caminho

---

[38] Tolman; Gleitman, "Studies in Learning and Motivation. I: Equal Reinforcements in both End-Boxes, Followed by Shock in One End-Box", *Journal of Experimental Psychology*, v.39, n.6, p.810, 1949.

que levava à caixa segura. Ora, nesse caso, o que levou ao choque não foi uma ação da parte deles, e sim o fato de terem sido colocados pelo pesquisador na caixa que dava choque. A ação inibida no ensaio de teste, a saber, seguir o caminho da caixa de choque, não foi emitida no "ensaio de treinamento"; o que os dois processos têm em comum é simplesmente resultarem em uma situação dolorosa para o animal. Em segundo lugar, um animal que tomou choque em determinada câmara, se voltar a ser colocado nessa câmara, tenderá a fugir dela: em outras palavras, ele aprendeu não só que não deve repetir a ação que o levou para lá no teste anterior como também que deve evitar o lugar em geral, quer isso envolva tratar de não ir para lá, quer isso envolva sair caso volte a ser colocado lá. Essa reação de fuga não pode ser explicada em termos pavlovianos como uma resposta condicionada às sugestões da meta final pelo estímulo incondicionado da dor. Pois o animal não pode repetir a mesma ação ao fugir da caixa como ele emitiu originalmente ao fugir da dor. O experimento de Miller[39] mostrou que um rato é capaz de aprender uma nova resposta para fugir de um lugar perigoso que foi identificado como tal por uma experiência anterior de dor ali. Do mesmo modo, um experimento de Brogden, Lipman e Culler[40] com cobaias ilustrou o mesmo ponto. Se um estímulo condicionado, como uma campainha ou um som, ocorreu antes do estímulo incondicionado de choque que evocou a fuga, aquele também pode adquirir o poder de evocar a fuga. Mas, se o choque seguiu o sinal em qualquer caso, isto é, quer o animal tenha fugido, quer não, então a fuga tendeu a ser abandonada; os animais "desistiram", prepararam-se e esperaram. Nos casos em que o choque foi condicionado

---

[39] Miller, "Studies of Fear as an Acquirable Drive. I: Fear as Motivation and Fear-Reduction as Reinforcement in the Learning of New Responses", *Journal of Experimental Psychology*, v.38, n.1, p.89-101, 1948.

[40] Brogden; Lipman; Culler, "The Role of Incentive in Conditioning and Extinction", *American Journal of Psychology*, v.51, n.1, p.109-17, 1938.

ao comportamento do animal, isto é, não foi administrado caso eles tenham fugido, eles continuaram a fugir. Em outras palavras, a fuga não pode ser explicada como uma resposta condicionada ao sinal, ou no máximo apenas em parte; também devemos vê-la como uma tentativa de fuga, que é abandonada quando se mostra infrutífera.

Assim, parece que o comportamento de evitação não pode ser explicado pelo condicionamento pavloviano nem pelo condicionamento "operante", o ato de carimbar ou rejeitar de uma resposta. Pois o efeito de administrar a dor em um animal em uma situação não pode, ao que parece, ser explicado em termos de uma tendência aumentada ou reduzida a repetir certas respostas emitidas em situação de dor, mas somente em termos de o animal adquirir um objetivo, o de evitar o lugar doloroso. Mas então a função da dor não é o carimbar ou rejeitar de certas respostas, e sim uma função cognitiva, a de informar o animal de que certo lugar é doloroso. Teremos, portanto, de presumir explicando o comportamento de evitação como uma propensão geral do animal a evitar a dor, isto é, considerar a evitação da dor como um propósito do animal.

Os teóricos E – R naturalmente desejam evitar essa conclusão e, portanto, tentaram explicar o comportamento de evitação em termos de redução de impulso por meio de um mecanismo especial. Dois dos principais teóricos que abordaram essa questão são Mowrer e Miller, e, posto que haja pequenas diferenças entre as hipóteses de ambos, a sua abordagem é essencialmente a mesma. E a abordagem consiste, naturalmente, em presumir um impulso que está sendo reduzido pelo comportamento de evitação, e que pode, portanto, explicar o seu condicionamento. Esse impulso é naturalmente rotulado "medo". É explicado como um "ato de estímulo", isto é, uma resposta que produz estímulos proprioceptivos característicos. Estes funcionam como um "impulso", isto é, desempenham os papéis descritos por Brown; ativam o comportamento e carimbam ou rejeitam as respostas que levam à sua redução ou ampliação respectivamente. A noção é, então, que a resposta ao medo indutora do impulso se torna condicionada, na ocorrência de dor, aos estímulos associados ou adjacentes à dor. Mowrer e Miller divergem na questão relativamente marginal se esse condicionamento pode ser explicado pelo reforço, ou se devemos invocar alguma lei pavloviana de condicionamento. Segundo Mowrer,[41] eles parecem concordar em considerar o medo como um acompanhamento ou parte da resposta inata à dor, que, ao contrário do resto da resposta à dor, pode ficar condicionada a estímulos circundantes. O comportamento de evitação pode então ser explicado como carimbado pela redução desse impulso.

Segundo Miller,[42] o condicionamento do medo a um novo estímulo produz três resultados: (1) traz consigo as respostas inatas de medo, *e.g.*, aumento da acidez estomacal, sobressalto etc.; (2) "serve como uma sugestão para mediar a transferência de respostas anteriormente aprendidas em outras situações", isto é, os estímulos internos produzidos pelo medo podem ter certas respostas (de fuga) a eles condicionadas a partir da experiência em outras situações, e essas respostas tenderão, portanto, a ser emitidas; e (3) "serve como um impulso para motivar (enquanto a redução do medo serve como uma recompensa para reforçar) o aprendizado de novas respostas. Esse aprendizado será influenciado pelos dois fatores antecedentes através do seu papel na determinação de quais respostas têm probabilidade de ocorrer".

Mas como funciona esse aprendizado? A ideia é que, como o impulso é produzido por uma resposta condicionada aos estímulos circundantes, qualquer ação que impeça esses estímulos de colidirem com os receptores reduzirá o impulso e, portanto, será recompensadora. Mas o comportamento de evitação é obrigado a ser desse tipo; e, portanto, podemos explicar esse comportamento

---

[41] Mowrer, "Two Factor Learning Theory Reconsidered, with Special Reference to Secondary Reinforcement and the Concept of Habit", *Psychological Review*, v.63, n.2, p.114-28, 1956.

[42] Miller apud Stevens, *Handbook of Experimental Psychology*, p.441-2.

desse modo. Mowrer[43] explica isso com mais pormenores. No caso em que um animal se abstém de praticar uma ação que levou à dor no passado, podemos supor que os estímulos proprioceptivos a praticar a ação passaram a despertar medo. Por isso é gratificante deixar de fazer isso, e talvez possamos postular um mecanismo que funcione mais diretamente pelo qual o próprio medo iniba a ação. Em outros casos, como o examinado por Brogden, Lipman e Culler, podemos supor que o medo esteja ligado ao estímulo "sinal" e que, portanto, qualquer coisa que levar o animal para longe disso será recompensadora.

> Se o estímulo que desperta o medo for externo ao organismo, o comportamento será reforçado se afastar o organismo do estímulo; e, se o estímulo que desperta o medo for interno, *i.e.*, produzido por uma resposta, o organismo será aliviado, recompensado, reforçado por descontinuar o comportamento responsável por tal estimulação.[44]

Mas é duvidoso que o comportamento de evitação possa ser explicado desse modo. Primeiramente, a teoria presume que as respostas de evitação sejam aprendidas em cada caso por tentativa e erro, sendo as respostas que reduzem o medo carimbadas. Muitas vezes, porém, uma resposta de evitação correta aparecerá na primeira tentativa após o choque; e isso pode diferir da resposta que eliminou o choque, se houver, na tentativa anterior. Basta que olhemos para o caso estudado por Tolman e Gleitman, mas há muitos outros casos. Por exemplo, um rato pode fugir do choque administrado no caminho de um labirinto correndo rapidamente à frente. Na tentativa seguinte, ele vai parar e se recusar a entrar no caminho. Ou, inversamente, um rato que evitou o choque por não entrar pode, se o incentivo for suficientemente grande, entrar no caminho, mas

---

[43] Mowrer, "Two Factor Learning Theory Reconsidered", op. cit.
[44] Ibid., p.116.

tentar percorrê-lo muito velozmente. Aqui a "evitação" é apenas parcial, mas o rato está plenamente ciente de que correr é um modo de minimizar o choque, e isso sem treinamento de tentativa e erro.

Ora, Miller tenta explicar isso pelo segundo suposto efeito do condicionamento do medo, a transferência de respostas de fuga ou evitação de outras situações. Mas invocar isso é somente petição de princípio. Pois, na medida em que quaisquer respostas de evitação são condicionadas aos estímulos internos do medo, todas as respostas de evitação que foram bem-sucedidas no passado devem sê-lo. Mas estas variarão muito através do repertório do animal, e incluem correr para a frente, correr para trás, saltar, dar um passo para o lado e assim por diante. O problema é explicar qual delas ocorrerá nessa situação, isto é, o que rege a seleção entre todas as respostas de evitação. E a resposta parece ser que essa resposta será selecionada por ser necessária nessa situação para evitar o choque, que é outra maneira de dizer que evitar o choque é uma meta para o animal.

É claro que a teoria pode explicar alguns desses casos. Assim, onde o animal corre à frente para fugir do choque, e então fica parado na segunda tentativa para evitá-lo, pode-se dizer que os estímulos da área de perigo despertam medo, de modo que a aproximação deles se torna aumentadora do impulso e, portanto, tende a não ocorrer. Mas esse dispositivo não pode ser usado para explicar o caso de Tolman e Gleitman. Pois aqui os ratos correram até o ponto de escolha, onde os dois caminhos se bifurcavam, e então o ultrapassaram pelo caminho que os levava à caixa de segurança. E isto nos leva ao nosso segundo ponto, a saber, que todo o modelo de evitação baseado no medo despertado por certos estímulos é suspeito. O modelo conjectura que o comportamento de evitação é como o comportamento envolvido na fuga da dor. O medo é um afeto parecido com a dor (na verdade, talvez, uma parte da dor) que surge no contato (posto que talvez um contato apenas olfativo ou visual) com certas características do ambiente que se tornaram "sinais" de dor mediante o condicionamento, assim como a dor surge mediante o contato com partes do ambiente que são incondicionalmente produtoras de dor. Em ambos os casos, o animal aprende por tentativa e erro que as respostas reduzirão a sua angústia e se tornam condicionadas. O comportamento de evitação é, por conseguinte, fundamentalmente semelhante à fuga da dor. O animal evita a angústia maior do choque porque é induzido a fugir da angústia menor causada pelo medo que é condicionado à circunvizinhança. Uma teoria de reforço da evitação está fadada a adotar tal modelo. Pois não poderia presumir que a não ocorrência da dor é em si um estado de coisas reforçador. Isso reforçaria toda e qualquer ação não seguida de dor e não só as respostas de evitação. A questão é explicar por que as respostas que não terminam em dor são "corretas" somente nos casos em que há algum perigo ou possibilidade de dor. Isso se resolve interpretando as respostas de evitação como uma fuga dos estímulos angustiantes que estão associados ou adjacentes à coisa ou região indutora de dor.

Mas não há evidência de que a evitação da dor geralmente também seja fugir ou se esquivar de outra coisa. Podemos assim interpretar os fatos quando o animal se afasta do caminho em que tomou choque no último experimento; e isto pode explicar essa reação mesmo nos casos em que ele avançou no experimento com choque. Mas evitar pode significar, como no caso de Tolman e Gleitman, simplesmente seguir outro caminho. Aqui não há nenhuma evidência que nos permita interpretar isto como um caso de recuo ou afastamento de uma situação angustiante por causa de uma situação geradora de medo. Pode-se retorquir que o afastamento não deve ser interpretado simploriamente como algo que sempre envolve avanço e recuo. Isso podemos admitir facilmente, mas ainda resta o problema de como interpretá-lo de modo a explicar os fenômenos do comportamento de evitação. No caso de Tolman e Gleitman, por exemplo, quais são exatamente os estímulos indutores de medo? São os estímulos no ponto de escolha? Mas o animal não mostra nenhuma tendência a se afastar deles; aproxima-se deles e então percorre o caminho seguro. O afastamento foi realmente apresentado por um animal que tomou o caminho errado e logo se virou e tentou recuperar o ponto de escolha principal. Esse animal também apresentou sinais de medo. Mas, no caso dos outros, não há evidência de que o seu comportamento deva ser interpretado como fuga ou afastamento. Do mesmo modo, com um grande número de outros comportamentos de evitação. Por exemplo, às vezes os animais simplesmente não conseguem entrar em uma situação que se revelou dolorosa. O medo e o afastamento só se mostram na sua resistência se forem obrigados a isso. Ou, ainda, o comportamento de evitação pode se apresentar quando se passa por uma rotina com cuidado onde se demonstrou que o descuido resulta em dor ou dano. Esse é o caso de um homem dirigindo lentamente sobre o gelo ou consertando uma instalação elétrica com atenção especial ou tomando certas precauções antecipadamente, como se acolchoar antes de um jogo violento. Tais ações podem ser explicadas pelo objetivo para o qual contribuem, mas não, pelo menos *prima facie*, em termos de afastamento de estímulos desagradáveis.

Parece que não podemos interpretar o comportamento de evitação como afastamento, pois a finalidade do comportamento de evitação é precisamente não ter de se afastar, para evitar entrar em uma situação na qual o afastamento se torna necessário ou desejável. A confusão entre as duas coisas leva aos enigmas que surgem para os teóricos E – R acerca do problema da extinção das respostas de evitação. Ora, uma resposta de evitação costuma ser muito resistente à extinção; isto é, quando um animal sofreu dor em uma situação, ele geralmente continuará a evitá-la durante muito tempo sem nenhuma experiência recente de dor. Mas, segundo a teoria E – R, não deveria ser assim. Pois, embora a resposta de evitação seja constantemente reforçada pelo afastamento dos estímulos indutores de medo, o poder destes de induzir o medo deve diminuir constantemente. Pois, se isso se deve ao reforço na forma do alívio que se segue ao fim da dor (como pensa Miller) ou ao condicionamento de tipo pavloviano (como pensa Mowrer), a ocorrência dos estímulos sem a dor subsequente deve extinguir a resposta de medo a eles.[45] A teoria E – R está, portanto, em total contradição com os fatos.

Parece difícil encontrar uma saída. Miller[46] indica que podemos explicar a resistência à extinção pelo fato de "as respostas de evitação reforçadas pela fuga do medo muitas vezes manterem o sujeito da experiência fora da situação assustadora". Ora, sem dúvida é assim. As respostas de evitação se extinguem mais lentamente do que as respostas de aproximação porque, se a evitação for bem-sucedida, o animal fica fora da situação e não descobre que ela mudou. Mas isso é uma admissão de que a teoria E – R está equivocada ou não dá absolutamente nenhuma explicação. Se com "manter o sujeito fora da situação assustadora" Miller quer dizer mantê-lo longe dos estímulos indutores de medo, ele está admitindo que a evitação não pode ser explicada pela fuga do medo. Se ele quer dizer mantê-lo longe da dor, resta o problema de como os estímulos indutores de medo continuam podendo induzir medo quando não são seguidos pela dor. Em outras palavras, nas premissas E – R, não há motivo pelo qual a não entrada na área de choque tenha algo a ver com a resistência à extinção das respostas de evitação. Isso só passa a ser uma explicação se presumirmos que o animal está agindo com a "hipótese" de que a região X é uma área de choque. Nesse caso, a sua evitação bem-sucedida dessa região significa que ele nunca tem oportunidade de alterar essa crença, mesmo que a corrente tenha sido desligada. Mas, então, estamos dizendo que o efeito do choque é alterar o ambiente intencional do animal, o que ele acredita ou sabe a respeito do seu ambiente, e, assim, estamos explicando o comportamento de evitação em termos teleológicos, *i.e.*, como comportamento emitido porque, no ambiente intencional

---

[45] Cf. a discussão de Ritchie, "Can Reinforcement Theory Account for Avoidance?", *Psychological Review*, v.58, n.5, p.382-6, 1951.

[46] Miller apud Stevens, *Handbook of Experimental Psychology*, p.452.

do animal, terá o resultado de evitar o choque, *i.e.*, como comportamento emitido "com o propósito de" evitar o choque.

Em terceiro lugar, a teoria E – R está aberta a objeções ao seu uso da noção de medo. Segundo essa visão, o medo sempre acompanha a evitação; ele é o impulso que "energiza" as respostas de evitação, e a sua redução é essencial para que estas sejam carimbadas e mantidas como "hábitos". Mas a questão é: o que se entende por medo? Os critérios para o medo são simplesmente que um animal (a) sofreu dor; (b) toma medidas evasivas? Se assim for, a teoria perde muito do seu conteúdo empírico, e o que resta é, como vimos, altamente duvidoso. Miller, porém, parece querer tomar outra linha. Identifica o medo em parte em termos de certas respostas ou reações características, acidez estomacal, palidez, sobressalto e assim por diante. E isso é o que normalmente queremos dizer com a emoção do medo. Mas, se for esse o caso, parece que a tese de que o medo sempre está envolvido com evitação não se sustenta. Pois há muitos casos de evitação bem-sucedida em que não há sinais de medo. De fato, caracteristicamente, quando uma rotina de evitação está bem estabelecida e temos confiança nela, não sentimos medo. De modo geral, não há medo envolvido em ligar uma luminária na tomada, ainda que tenhamos cuidado para não tomar choque. Do mesmo modo, o próprio Miller relata que os animais se estabeleceram em uma rotina de evitação na qual não apresentavam sinais de medo. Para Miller, isso é apenas o prelúdio da extinção, como a sua teoria implicaria, mas esse nem sempre é o caso. No caso estudado por Miller, no qual os ratos tinham de sair da câmara de perigo, a extinção era mais provável, já que lhes era possível perceber, atrasando um pouco, que o choque não acontecia. Mas as rotinas de evitação que mantêm o animal fora da situação de perigo podem prosseguir durante muito tempo sem quaisquer sinais de medo.

Há evidência, contudo, de que o medo pode ser revivido se algo der errado com uma rotina estabelecida que é executada sem medo. Assim, quando Miller introduziu um problema no processo, os ratos, que estavam "passando por todo o processo despreocupadamente e aparentemente sem impulso",[47] de repente apresentaram sinais de medo. A evidência, corroborada pela introspecção (se valer alguma coisa), é que o medo é uma função do perigo sentido, e que onde se sabe que uma resposta de evitação é perfeitamente adequada não se sente medo algum. Ser capaz de fazer algo eficaz em uma situação perigosa reduz o medo. Este parece sugerir que, longe de explicar a evitação em termos de medo, devemos explicar o medo em termos de evitação. Pois, se o medo não é a função de certos estímulos indutores de medo – e é difícil ver como poderíamos explicar a recorrência do medo quando a nossa ação de evitação é bloqueada nesta hipótese –, e sim do perigo da situação (o perigo visto pelo animal, é claro), e um elemento desse perigo é a própria possibilidade de ação de evitação, então parece que o medo geralmente só pode surgir nos casos em que há um objeto ou uma contingência que, para o animal, deve ser evitada como dolorosa ou nociva. Assim, o medo também é uma função da evitação, o sucesso da evitação, isto é, e não só evitação do medo. Ou melhor, o medo surge simultaneamente com o desejo de evitar; não pode ser considerado como um caso de energia psíquica não dirigida cujos resultados no comportamento podem ser explicados em termos de condicionamento de hábitos E – R por reforço (*i.e.*, a redução dessa energia), mas como emoção ou energia psíquica direcionada para a evitação. Essa, claro está, é a implicação da noção de "medo" no discurso ordinário. Mas, se isso for verdade, então – como a "ansiedade", que foi discutida anteriormente –, uma explicação em termos de medo seria uma explicação teleológica.

---

[47] Ibid., p.451.

6. A opção hedonista

A nossa discussão da teoria E – R do reforço, portanto, parece produzir resultados negativos ao longo de toda a linha. O objetivo dessa teoria é fornecer uma solução para o problema da motivação a fim de responder à pergunta: por que os animais se comportam como se comportam? Mas não só isso; a resposta tem de ser "objetiva" e não teleológica. Responder a essa pergunta é oferecer um conjunto de leis gerais que estabeleçam fatores que determinam o comportamento. Para a teoria teleológica, como vimos, esses fatores são as metas ou fins a que o ser em questão naturalmente visa. A teoria E – R rejeita esse caminho e tenta explicar o comportamento nos termos da lei do efeito; isto é, os fatores que determinam o comportamento são atributos do histórico do comportamento anterior do animal. Ali onde o histórico não basta para explicar o comportamento, invoca-se uma energia psíquica generalizada, um "sensibilizador" geral de hábitos estímulo-resposta, que ativa quaisquer respostas que tenham sido condicionadas no histórico do animal a essa situação. A noção de impulso então é levada a cumprir dupla função como a de uma condição cuja eliminação é "reforçadora", isto é, fortalece os hábitos estímulo-resposta.

Mas a teoria esbarra em três obstáculos principais. Primeiro, como o comportamento emitido é uma função conjunta das respostas emitidas no passado e o reforço que as seguiu, a teoria E – R se vê em apuros quando tenta explicar o comportamento que é intrinsecamente motivado, *i.e.*, em que o fim do comportamento não é um estado de coisas separadamente identificável. Pois aqui não há nada que possa ser identificado como um reforçador, nenhum estado de coisas tal que, se ele seguir uma resposta desse tipo, a probabilidade de essa resposta ocorrer no futuro seja aumentada. A tentativa de pôr esse comportamento à força no molde da motivação extrínseca não parece ser bem-sucedida. Essas atividades, por outro lado, consistem em ações, não em movimentos. As ações são "sem sentido", isto é, não têm fim fora de si mesmas, porém continuam sendo direcionadas a uma meta. O cachorro correndo e pegando a bola, o macaco resolvendo o quebra-cabeça, o gato explorando a sala, todos dirigem a sua ação a um fim, e os seus movimentos só podem ser explicados com essa suposição, mesmo que o estado final que eles alcançam não seja a finalidade da atividade – o cão perde o interesse pela bola depois de tê-la pegado; o macaco, pelo quebra-cabeça ao resolvê-lo –, mas somente a ação de alcançá-lo. Parece necessário, pois, invocar a hipótese, como faz Nissen, de que os animais tendem naturalmente a se envolver em atividades desse tipo.

Em segundo lugar, parece impossível identificar uma fonte de energia psíquica ou "impulso", seja pelas suas condições fisiológicas antecedentes (como no caso de fome, sexo etc.), seja pelas respostas autônomas a ela ligadas (como no caso do medo), que não são "direcionadas" – isto é, energia psíquica que está disponível apenas ou principalmente para ações que tendem a determinado objetivo (*e.g.*, os atos consumatórios de comer e se acasalar ou a prevenção de danos). E essa direção parece original e irredutível.

E, em terceiro lugar, e este é um ponto que se sobrepõe ao anterior, há muitos casos em que a tese de que o comportamento é uma função do histórico do comportamento parece ser falseada da maneira mais direta, isto é, o comportamento ocorre em condições nas quais as supostas condições no histórico do comportamento do animal não podem ser encontradas. Discutimos exemplos desse tipo no capítulo anterior e podemos acrescentar os fenômenos do comportamento de evitação discutidos neste. Essas ações, contudo, podem ser explicadas na hipótese de o comportamento do animal ser direcionado a certas metas.

Parece que a ciência do comportamento, pelo menos no nível molar ou "periferalista", não pode substituir ou derivar de leis não teleológicas de nível superior, aquelas leis que determinam a tendência dos animais de determinada espécie a perseguir fins de certo tipo, isto é, tentar praticar atos consumatórios de certo tipo (*e.g.*, procurar e comer alimentos em condições de privação) ou buscar certo estado final (*e.g.*, a evitação da dor ou do dano, a proteção dos filhotes) ou envolver-se em atividade de certa forma (*e.g.*, a exploração, o exercício gratuito de capacidades). Assim, o comportamento deve ser explicado, ou uma grande extensão dele em todo caso, seja dizendo que, no caso de atos consumatórios ou de atividades "gratuitas", esse é o tipo de ação que os seres desse tipo normalmente praticam, ou dizendo que isso é necessário a certo ato consumatório ou a certo estado final que o animal procura naturalmente conseguir. Em ambos os casos, temos uma forma teleológica no ápice da explicação.

Consideramos nesta última seção somente a teoria E – R do reforço; e esta não é a única teoria no campo de behaviorismo, nem a única possível. Por certo, não podemos afirmar *a priori* que nenhuma teoria behaviorista terá sucesso ali onde a teoria da redução de impulsos falhou, mas pode-se ver prontamente que muitas das objeções feitas a esta se aplicam a outros pontos de vista que são discutidos entre os psicólogos E – R. As três principais dificuldades aqui delineadas se aplicariam a qualquer teoria de reforço e não só a uma que tomasse a redução de impulso ou de necessidade como a sua recompensa. Pois ela ainda tentaria explicar o comportamento historicamente (terceira dificuldade) e não poderia explicar o novo comportamento adaptativo ou de evitação, que envolve precisamente substituir a antiga resposta de fuga ou afastamento pela nova resposta adaptativa de evitação. E seria igualmente incapaz de descobrir uma forma de energia psíquica não direcionada ou de explicar o comportamento intrinsecamente motivado. Pois qualquer teoria do reforço deve postular uma situação de reforço separadamente identificável, sob pena de circularidade, para não dizer vacuidade.

Do mesmo modo, a teoria E – R da "contiguidade" não seria muito melhor. Ela esbarra na terceira dificuldade, a saber, que grande parte da ação adaptativa não pode ser explicada pelo condicionamento de respostas a estímulos em experiência passada, e o seu desempenho no aprendizado da evitação é bem pior do que a teoria do reforço, já que, pelo princípio da postremidade, o animal deve refazer a mesma coisa e correr diretamente para o choque. De resto, os teóricos da contiguidade não estão mais perto de mostrar que as ações consumatórias ligadas aos "impulsos" são aprendidas por associação do que os teóricos E – R estão de mostrar que elas são aprendidas por reforço, e a evidência de que essas ações são metas que o animal tende naturalmente a procurar nas circunstâncias adequadas também pesa contra a sua teoria. Tampouco está claro como eles poderiam oferecer um relato mais plausível de atividades gratuitas.

Uma abordagem bem diferente, entretanto, do tipo E – R normal é representada pelo neo-hedonismo de teóricos como McClelland e Young. Tais pensadores criticam veementemente os teóricos da redução do impulso por ignorarem ou distorcerem todos os tipos de comportamento que não se encaixam no padrão homeostático. Eles concentram a atenção no fato de o comportamento poder ser levado a cabo por si mesmo, e não em virtude de um resultado final extrínseco. Mas, tendo removido o comportamento da camisa de força homeostática, propõem confiná-lo na vestimenta igualmente inadequada do hedonismo. Para McClelland, existem "dois objetivos básicos – aproximar ou manter o prazer e evitar ou reduzir a dor".[48] Assim, embora possa parecer que a teoria hedônica é capaz de superar a primeira dificuldade, a de explicar o comportamento intrinsecamente motivado, é provável que ela tenha problemas para explicar outros tipos de comportamento.

Mas os problemas parecem começar mesmo com o comportamento intrinsecamente motivado. Na verdade, há muita falta de clareza nas obras de McClelland e Young acerca de como o prazer e a dor direcionam o comportamento. Eles parecem dar pouco uso à noção de impulso, *i.e.*, a de um tipo específico de energia

---

[48] McClelland, *The Achievement Motive*, p.38.

psíquica identificada pelas suas condições fisiológicas antecedentes. A sua posição é muito parecida com a outrora adotada por Hebb,[49] segundo a qual não há nenhum problema especial em explicar o despertar, ou excitação, do comportamento; o organismo geralmente está ativo; o problema da motivação é o de explicar a direção do comportamento. Assim, "motivo", nos escritos desses pensadores, se afasta do significado que costuma ter entre os neobehavioristas, onde é usado com frequência de modo intercambiável com "impulso", e assume o significado de um estado antecipatório estabelecido por uma sugestão. Assim, Young afirma:

> Segundo a teoria de impulso do estímulo-necessidade, a fonte de motivação é encontrada na estimulação persistente dos tecidos necessitados, como as contrações de um estômago vazio ou a persistente pressão da dor na garganta ressecada pela sede. Segundo a teoria da determinação afetiva, a motivação persistente vem dos proprioceptores quando o organismo está em um conjunto com tensão expectante.[50]

Esse estado é estabelecido como resultado da experiência. Todos os motivos são aprendidos. McClelland e Young são enfáticos nesse ponto. Mas é muito incerto como isso acontece. A ideia é basicamente que o animal ou o ser humano aprende com a experiência quais coisas dão prazer e quais dão dor e passa a procurar aquelas e a evitar estas. Mas é difícil entender no que consiste o aprendizado. Young aumenta a confusão usando o termo "aprendizado" com um sentido estranho. O prazer direciona o comportamento de acordo com dois princípios:[51] o da organização hedônica, segundo o qual "um indivíduo organiza padrões neurocomportamentais que

---

[49] Hebb, *The Organisation of Behavior*.
[50] Young, "Food-Seeking Drive, Affective Processes and Learning", *Psychological Review*, v.56, n.2, p.109, 1949.
[51] Young, "The Role of Hedonic Process in the Organization of Behaviour", *Psychological Review*, v.59, n.4, p.249-62, 1952.

aumentam o prazer e aliviam a angústia", em segundo lugar, o do exercício, que "modifica o padrão neurocomportamental no sentido de que aumenta a sua probabilidade de ocorrência na mesma situação ou em uma semelhante, mesmo quando processos hedônicos já não estão presentes".[52] O termo "aprendizado" deve ser confinado neste último processo:

> É necessário, portanto, distinguir entre o aprendizado através do exercício (prática, treinamento) e a regulação hedônica do comportamento. Os processos afetivos regulam e organizam os padrões neurocomportamentais no sentido de que eles determinam o que será e o que não será aprendido; mas não se deve confundir tais regulação e organização hedônicas com o aprendizado pela prática. Aqui o aprendizado é definido como uma mudança nos padrões neurocomportamentais que depende do exercício. Os processos afetivos não *causam* aprendizado. São motivacionais por natureza e influenciam o desempenho.[53]

Mas isso significa que o interessante problema do aprendizado, *i.e.*, como aprendemos os atos instrumentais que levam ao prazer e evitam a dor, é deixado de lado e fica sem resposta, nem mesmo recebe o nome de "aprendizado". A única coisa que nos dizem é que um "padrão neurocomportamental" é organizado. McClelland é igualmente pouco esclarecedor nesse ponto. Aparentemente, o prazer leva às sugestões associadas a ele adquirindo o poder de "reintegrar uma mudança na situação afetiva".[54] Mas como isso leva à ação adequada continua sendo obscuro. Às vezes, McClelland fala quase como se os atos instrumentais fossem "carimbados" com prazer como o "reforço". Assim,[55] ele explica como um cão pode aprender a dar as respostas certas à presença de uma parceira: um cão pode sentir o cheiro de uma cadela no cio; virando a cabeça para

---

[52] Ibid., p.256.
[53] Id., "The Role of Affective Processes in Learning and Motivation", op. cit., p.123.
[54] McClelland, *The Achievement Motive*, op. cit., p.28.
[55] Ibid., p.91.

este ou aquele lado, ele descobrirá se o prazer aumenta ou diminui, e assim aprenderá o que fazer. Mas, geralmente, ele e Young falam como se a sugestão tivesse induzido um conjunto para dar a resposta adequada: "Um motivo adquirido é um conjunto preparatório do organismo despertado por sugestões de estímulo e contendo uma tensão persistente dos proprioceptores e das estruturas viscerais".[56]

Young parece atribuir a força da motivação à tensão despertada por esse conjunto.

Agora despojado dos enfeites neurológicos, para os quais nenhuma base empírica é dada, isso significa simplesmente que um animal tenderá a procurar as experiências agradáveis e a evitar as dolorosas. Ora, a fim de ser usada para prever o comportamento, tal teoria, como vimos, deveria ter algum critério para o prazer ou a dor além da aproximação ou evitação do animal. Com a dor, isso geralmente não é um problema. Mas, com o prazer, o é manifestamente. Como identificamos algo como um estado de prazer *ex ante*? Young parece não ter resposta para essa pergunta. Mas McClelland[57] propõe usar as respostas autonômicas expressivas como um sinal de excitação afetiva, embora ele sinta que deve confiar no comportamento futuro para estabelecer se a experiência foi de prazer ou de dor. Mas, se esse for o critério, certamente não podemos sustentar que todo comportamento é motivado pelo prazer e pela dor, pois grande parte do nosso comportamento não é acompanhada por nenhuma dessas reações.

Porém McClelland também tem uma teoria mais sofisticada de prazer e dor como uma resposta autonômica provocada por uma discrepância entre a experiência do organismo e o seu "nível de adaptação" – *grosso modo*, o que ele espera; uma pequena diferença é agradável, uma grande é dolorosa. Se não há nenhuma diferença,

---

[56] Young, "The Role of Hedonic Processes in Motivation", em Jones (org.), *Nebraska Symposium on Motivation*, v.3, p.233.

[57] McClelland, *The Achievement Motive*, op. cit., p 34-5.

a experiência é, obviamente, enfadonha. McClelland aduz uma série de exemplos plausíveis, alguns deles tirados de Hebb (*e.g.*, quem lê uma história de detetive pela segunda vez acaba dormindo). Mas a tese, claro está, é intoleravelmente vaga. Não há como dizer em geral qual é o nível de adaptação e quanta experiência difere disso; e como McClelland diz que os eventos podem diferir das expectativas em uma variedade de dimensões, sempre é possível encontrar alguns modos pelos quais um evento prazeroso se encaixa na tese. A teoria, assim, avança para os limites da vacuidade, onde o critério efetivo para o prazer passa a ser que uma coisa é escolhida. Então, McClelland enfrenta o desafio tradicional contra o hedonismo:

> E o mártir, por exemplo? Acaso ele pode procurar o prazer e evitar a dor? A resposta é "sim" no sentido mais amplo em que os afetos positivo e negativo são definidos aqui. Se um homem construir uma concepção do Universo – uma expectativa do modo como as leis morais ou espirituais o governam e o seu lugar nele – que seja suficientemente firme e bem definida, pode ser que a não confirmação antecipada de uma tal expectativa pela transgressão dessas leis produza afeto negativo suficiente para que um homem escolha o afeto negativo menor de queimar na fogueira. Uma das virtudes da nossa visão de motivação é justamente permitir o desenvolvimento de novos motivos de alto nível à medida que a experiência muda as expectativas ou os níveis de adaptação da pessoa.[58]

É claro que, aqui, a noção de "nível de adaptação" foi deslocada para acomodar o caso novo. Pois as *expectativas* do mártir, no sentido normal desse termo, não estão em questão aqui. Efetivamente, o mártir, se acredita no pecado original, pode esperar que as leis sejam transgredidas com muita frequência, inclusive por ele mesmo. O que é necessário para o martírio não é que a transgressão seja inesperada, e sim que seja eminentemente indesejável e é exatamente isso que precisa ser explicado sob o título "motivação". A questão

---

[58] Ibid., p.66.

é, por que o mártir *deseja* tanto determinada consumação que está disposto a morrer por ela? E isso McClelland está longe de explicar.

Na ausência de um critério mais claro para o prazer, a teoria de McClelland não pode oferecer sequer uma explicação para as atividades que são empreendidas por si mesmas. E, como vimos, há outras considerações que tornam a teoria hedonista implausível. Especificamente, a visão de que todos os motivos são aprendidos contraria a evidência de uma conexão inata entre certos estados impulsionais e certos atos consumatórios. Se a motivação deve ser explicada como um estado que é despertado por uma sugestão associada ao prazer *experimentado no passado*, o comportamento sexual, por exemplo, não se encaixará na teoria. Mas, além disso, vimos que há evidência para a crença em que o prazer é, em parte, uma função do desejo e, portanto, não pode ser o único fator envolvido na motivação. McClelland tenta fechar essa lacuna explicando, *e.g.*, o aumento do desejo de comer que vem com a privação crescente dizendo que as sugestões que evocam o conjunto para esperar o prazer de comer ficam mais fortes. Mas que sugestões são essas? Se forem uma forte cólica estomacal, esta geralmente vem acompanhada por uma redução da fome. Uma sensação de vazio no estômago? Mas isso também não acompanha invariavelmente a fome. Na verdade, como os fisiologistas dizem constantemente, as sugestões decorrentes da privação de alimento são extraordinariamente difíceis de localizar. Em segundo lugar, por que ela procede do fato de a sugestão ser mais forte do que o aumento do desejo? Assim, se a visão de um prato saboroso é uma sugestão que desperta um motivo, como deve ser na visão de McClelland e Young, segue-se que o desejo é mais forte se a sugestão for "mais forte"? A noção de "força" perde todo o significado aqui.

O hedonismo de McClelland e Young, pois, quando despojado do seu tempero neurológico, parece ser muito semelhante ao hedonismo tradicional: a sua tese básica é que os animais e os seres humanos procuram o prazer e evitam a dor. Tal como o hedonismo tradicional, parece ser teleológico na forma, embora pareça haver a esperança de que se possam explicar os efeitos do prazer direcionando o comportamento em termos de uma teoria molecular "centralista" de "organização neurocomportamental". Suas principais alegações são que todas as metas são aprendidas e que o prazer pode ser identificado separadamente das ações que lhe dão origem, por meio da noção de "nível de adaptação". Mas, neste empreendimento, não parece ser mais bem-sucedido que o hedonismo tradicional e, na alegação anterior, contradiz os fatos. O neo-hedonismo ainda não forneceu uma explicação do comportamento que não recorra à noção de propósito.

11
Conclusão

Nos últimos capítulos, tentei examinar o caso para uma explicação "periferalista" do comportamento que não utilizasse explicação pelo propósito, isto é, que se abstivesse do uso de conceitos que envolvessem intencionalidade e explicação teleológica. Tentamos ver os tipos de correlação que uma ciência desse tipo procuraria, e tentamos testar se as regularidades que valem para os fenômenos são tais que correlações desses tipos podem ser encontradas – ou se elas são mais do tipo consonante com uma explicação em termos de propósito.

Ao fazê-lo, partimos do pressuposto – ainda que nosso relato da explicação por propósito seja extraído principalmente dos conceitos que usamos para descrever e explicar o comportamento humano – de que essa pergunta pode ser feita sensatamente não só acerca dos seres humanos, mas também acerca, pelo menos, dos animais superiores. Portanto, temos tirado grande parte – na verdade a maior – da nossa evidência do comportamento destes últimos. O pressuposto de continuidade entre a vida humana e a animal parece ter sido justificado no caso. Pois muitos dos fenômenos de *insight*, de orientação, de improvisação e assim por diante, que sabemos que desempenham um papel importante no comportamento humano, também podem ser encontrados no comportamento de muitos animais, como vimos, e até em um grau bastante extraordinário entre os primatas.

Os fenômenos que vimos estudando parecem apontar, então, tanto no comportamento humano quanto no animal, para uma explicação em termos de propósito. Assim, no campo do aprendizado, o tipo de correlação que o neobehaviorismo espera descobrir entre o histórico do aprendizado e o comportamento pós-aprendizado parece não se sustentar, e tampouco podemos explicar o comportamento de aprendizado por correlações que liguem o ambiente e o comportamento do tipo que essa teoria exige, isto é, entre estímulos e respostas. Além disso, há alguma indicação, como vimos no Capítulo 8, de que grande parte do aprendizado não pode ser explicada com base em um conjunto definido de correlações, de qualquer tipo, que ligue o ambiente ao comportamento. Os casos em que um animal aprende uma resposta diferencial a certos tipos de coisa – o tipo de aprendizado testado em experimentos de discriminação – talvez se possa entender dessa maneira, isto é, como um conjunto de "direções" para responder de certa maneira na apresentação de certa sugestão. Mas em outros casos, casos do que se pode chamar de aprendizado de orientação, nenhuma lista finita de instruções pode expressar o que é aprendido. Aqui, parece mais adequado falar na aquisição de uma capacidade geral de locomoção. A orientação espacial, assim, parece ser um tipo de "saber-como" e, nisso, tem algumas afinidades com outro tipo de aprendizado do qual muitos animais também são capazes, a aquisição de novas habilidades motoras – um fenômeno que a teoria E – R não se mostra capaz de explicar.

A evidência aqui, então, é que temos de introduzir uma série de noções relacionadas com "o modo como o animal vê a situação", ou alguma faixa análoga, em qualquer explicação "periferalista" do aprendizado – se isso puder ou não puder ser explicado por uma teoria "centralista" que não seja teleológica. Esta conclusão é fortalecida pelo fato de as correlações de primeiro nível que há entre o ambiente e o comportamento serem tais que a resposta geralmente deve ser definida pelo seu objetivo ou consecução, de modo que uma noção como "ação" parece ser indispensável aqui.

Assim, parece essencial que uma explicação periferalista do comportamento recorra à explicação pelo propósito, ou, pelo menos – se assim se espera que esta seja derivada de leis "centralistas" mais básicas de outro tipo –, de leis e noções estreitamente análogas às desse modo de explicação; e que, em particular, como vimos no Capítulo 10, deve utilizar a noção de uma tendência natural a se envolver em certo tipo de atividade ou perseguir determinados objetivos.

O resultado talvez não seja surpreendente. De fato, para alguns, parecerá óbvio. Mas a evidência da literatura é que para muitos, e particularmente para muitos que trabalham no campo, essa conclusão está longe de ser óbvia e, na verdade, encontra resistência mesmo em face da evidência mais reveladora. Por certo, o que mais surpreende é que as objeções mais importantes às suas teorias muitas vezes não são vistas por esses pensadores, que, por exemplo, apresentam hipóteses especiais para lidar com contraexemplos problemáticos – como a hierarquia familiar de hábitos de Hull ou a percepção de semelhança e diferença de Nissen – que evidentemente cometem petição de princípio; pois não podem descobrir antecedentes para esses fatores especiais do tipo exigido pela teoria mais do que se podem descobrir para os fenômenos inesperados – pegar o atalho ou aprender a combinar amostras – que eles foram chamados a explicar. A teoria E – R é rica em tais hipóteses especiais que cometem petição de princípio, soluções meramente verbais que deixam o problema intato – pistas "condicionais", estímulos relativos, integração sensorial, impulsos adquiridos de todos os tipos – que, como vimos no Capítulo 5, são um sintoma geralmente confiável de péssima saúde de uma teoria. O fato de essas dificuldades não serem vistas talvez seja uma prova da força, entre muitos teóricos, da crença que discutimos no Capítulo 4, a crença em que a linguagem de dados da psicologia não deve incluir conceitos psicológicos. Pois, se assim for, quaisquer correlações nomológicas que forem encontradas devem valer entre os eventos caracterizados somente na linguagem da "coisa física", e a alternativa para a qual a evidência aponta cada vez mais, que algum lugar deve ser dado a conceitos que envolvem a intencionalidade, é excluída desde o início, de modo que nunca se enxerga a influência disso sobre a questão que vimos discutindo. Estabelece-se *a priori* que, se uma correlação for considerada válida, ela deve ser do tipo exigido, mesmo que relacione elementos duvidosos como os estímulos "relativos" ou os "conjuntos de aprendizado".

A pretensão da teoria E – R é que, ao defender o behaviorismo, eles defendem a própria possibilidade de uma ciência do comportamento, cujas proposições podem ser verificadas intersubjetivamente.[1] Mas essa pretensão, como vimos, se apoia em certas proposições da epistemologia e da filosofia da mente que estão longe de ser autoevidentes, e as conclusões delas tiradas sobre a "linguagem de dados" são altamente duvidosas. Na verdade, a questão que vimos discutindo não é se uma ciência do comportamento é possível, e sim em que direção devemos seguir para desenvolver tal ciência? Podemos eliminar completamente a noção de propósito na explicação; ou ela é essencial? Há uma série de teorias, sobretudo as da psicanálise,[2] que, embora seja mais precisa que a visão singela

---

[1] Cf., *e.g.*, Spence, "The Postulates and Methods of "Behaviorism", *Psychological Review*, v.55, n.2, p.67-78, 1948; reimpr. em Feigl; Brodbeck (orgs.), *Readings in the Philosophy of Science*.

[2] Freud, naturalmente, em conformidade com o cientificismo da sua época, acreditava que tudo isso podia ser explicado em um nível mais básico em termos de uma teoria neurofisiológica "centralista". Mas os freudianos, inclusive o mestre, parecem nunca ter levado isso suficientemente a sério para tentá-lo. Mesmo a importância da metáfora fisiológica na linguagem parece ter diminuído com o tempo.

Conclusão

do homem comum e possa até chocá-lo de várias maneiras, utiliza a noção de propósito e outras relacionadas, como a de "ação", de *"insight"*, de "descrição intencional" e assim por diante. A questão é se elas representam o caminho correto para a investigação científica ou se ele se encontra no rumo traçado pelo behaviorismo. Não podemos prejulgar a questão em favor desta alternativa, concedendo-lhe o monopólio do título "científico", particularmente se a evidência parece apontar para aquela.

Mas há outro motivo para fazer pouco-caso da evidência contrária. Os teóricos E – R muitas vezes alegam, em face de objeções, a complexidade do objeto em questão e a infância do assunto. Ora, a alegação de "complexidade" certamente tem validade como motivo da incerteza quanto aos princípios em que a explicação deve se basear, e decerto é verdade que não podemos inferir, a partir da inadequação das teorias neobehavioristas, a inadequação de todas as abordagens que evitam a explicação pelo propósito. Pois, como dissemos, a possibilidade de uma explicação "complexa", "centralista", continua aberta. E isso geralmente é o que significa falar em complexidade. Porém, se certos princípios definitivos foram apresentados, como no caso da teoria E – R, de nada servirá, caso eles se saiam mal, dizer que o objeto em questão é complexo, pois, sendo ele complexo ou simples, tais princípios lhe são inadequados.

Aliás, "complexidade" em outro sentido, longe de ser um fator atenuante, pode ser um sinal de erro.[3] Pois qualquer assunto é complexo à luz de uma teoria equivocada quando tentamos aplicá-la, tanto que somos obrigados a complicar a nossa teoria com hipóteses *ad hoc*. Se estivermos certos e o objeto em questão for realmente tão complexo, então essas hipóteses devem ser passíveis de ser restritas e, se o forem, confirmadas. Mas, se elas não forem prontamente passíveis do teste – e esse certamente é o caso de muitas das hipóteses vagas e flexíveis da teoria E – R, por exemplo, "indução

---

[3] Cf. a discussão no Cap.5.

de resposta", "interação neural aferente", "resposta de meta antecipatória fracionária" etc. –, ou, pior, elas próprias forem inadequadas para a evidência, então a complexidade não é uma desculpa, e sim um sintoma.

Quanto à alegação de "infância", só se pode responder que ela comete petição de princípio. Pois é possível que essas teorias estejam na "infância" justamente porque há um obstáculo fatal ao seu crescimento, isto é, elas estarem incorretas. O "espírito galileano" tem se espraiado na psicologia há já um bom tempo e, se não produziu nada muito sólido em psicologia experimental, *pode* ser porque as abordagens atuais são errôneas. A melhor maneira de resolver tal questão é testar a validade dessas abordagens contra os fenômenos como nós tentamos fazer. O fato de o assunto ser jovem pode desculpar a estreiteza do escopo das hipóteses ou a escassez de evidências, mas não pode prestar ajuda a uma teoria que não conseguiu atender aos fatos e não fornece nenhuma base para lhe facultar uma consideração especial. Na verdade, devemos, sem dúvida, ser mais exigentes nos primeiros dias, pois esse é o período em que, notoriamente, as abordagens equivocadas podem prosperar.

Sem embargo, surpreendentemente ou não, o resultado da nossa investigação dificilmente há de ser espetacular. Isso, conforme indicamos no Capítulo 4, era de se esperar. Pois a questão de maior interesse tanto para o cientista quanto para o leigo é a que levantamos no início: se os seres animados devem receber um *status* diferente do das coisas inanimadas, já que o seu comportamento só pode ser explicado em termos de propósito. Mas, na natureza do caso, não poderíamos, com base nas evidências revisadas aqui, ter dado qualquer coisa próxima de uma resposta final positiva a essa questão (posto que, se os nossos resultados tivessem sido diferentes, poderíamos ter estabelecido a conclusão negativa). Pois ainda resta considerar toda uma gama de teorias neurofisiológicas "centralistas" e quiçá também teorias de outros âmbitos, *e.g.*, a bioquímica. De fato, percebe-se, como já dissemos, que não se pode dar nenhuma resposta afirmativa conclusiva, uma vez que a reivindicação de *status* especial envolve um enunciado existencial negativo; que não há nenhum modo de explicação que evite conceitos que envolvam intencionalidade e sejam adequados a essa gama de comportamento que agora explicamos mediante conceitos tais como "ação" e "desejo". E, embora possamos estabelecer que certa gama de teorias desse tipo é inadequada, nunca podemos afirmar que isso é tudo que existe, que essa gama esgota as possibilidades de explicações não propositais.

Não obstante, pode-se fazer algum progresso, e uma base racional fornecida para a crença em que os organismos animados apresentam essas propriedades especiais, se alguma das teorias baseadas na suposição oposta se mostrar inadequada. E esse é o valor dos nossos resultados, se forem válidos, que, ao reunirem as evidências contra uma rota falsa para a investigação científica, podem acrescentar alguma substância a uma crença que tem sido objeto de debate há séculos e que provavelmente continuará a ser assim nos próximos séculos; que, ao colocar certas teorias à prova, elas podem acrescentar um pouco à nossa compreensão de uma questão fundamental, a qual, mesmo que, como muitas questões filosóficas, jamais possa ser finalmente decidida por consenso universal, é, no entanto, de importância fundamental e de interesse perene.

Referências bibliográficas

BERLYNE, D. E. Novelty and Curiosity as Determinants of Exploratory Behaviour. *British Journal of Psychology*, v.41, n.1-2, p.68-80, 1950.

BIRCH, H. G. The Relation of Previous Experience to Insightful Problem--Solving. *Journal of Comparative and Physiological Psychology*, v.38, n.6, p.367-83, 1945.

_____; BITTERMAN, M. E. Sensory Integration and Cognitive Theory. *Psychological Review*, v.58, n.5, p.355-61, 1951.

_____; _____. Reinforcement and Learning. *Psychological Review*, v.56, n.5, p.292-308, 1949.

BLODGETT, Hugh C. The Effect of the Introduction of Reward upon the Maze Performance of Rats. *University of California Publications in Psychology*, v.4, p.113-34, 1929.

_____; MCCUTCHAN, Kenneth. Place versus Response Learning in the Simple T-Maze. *Journal of Experimental Psychology*, v.37, n.5, p.412-22, 1947.

BRAITHWAITE, Richard Bevan. *Scientific Explanation*: A Study of the Function of Theory, Probability and Law in Science. Cambridge: Cambridge University Press, 1953.

BRIDGMAN, Percy W. *The Logic of Modern Physics*. Nova York: Macmillan, 1927.

BROADBENT, Donald E. *Perception and Communication*. Londres: Pergamon Press, 1958.

BROGDEN, W. J.; LIPMAN, E. A.; CULLER, E. The Role of Incentive in Conditioning and Extinction. *American Journal of Psychology*, v.51, n.1, p.109-17, 1938.

BROWN, J. S. *The Motivation of Behavior*. Nova York: McGraw-Hill, 1961.

_____. Problems Presented by the Concept of Acquired Drives. In: *Current Theory and Research in Motivation*: A Symposium. Lincoln: University of Nebraska Press, 1953.

BUXTON, Claude E. Latent Learning and the Goal Gradient Hypothesis. *Contributions to Psychological Theory*, v.2, n.2, 1940.

CALDWELL, Willard E.; JONES, Helen B. Some Positive Results on a Modified Tolman and Honzik insight Maze. *Journal of Comparative and Physiological Psychology*, v.47, n.5, p.416-8, 1954.

CAMPBELL, Byron A.; SHEFFIELD, Fred D. Relation of Random Activity to Food Deprivation. *Journal of Comparative and Physiological Psychology*, v.46, n.5, p.320-2, 1953.

CAMPBELL, Donald T. Operational Delineation of "What Is Learned" via the Transposition Experiment. *Psychological Review*, v.61, n.3, p.167-74, 1954.

CARNAP, Rudolf. The Methodological Character of Theoretical Concepts. In: FEIGL, Herbert; SCRIVEN, Michael (orgs.). *Minnesota Studies in the Philosophy of Science*. v.I: The Foundations of Science and the Concepts of Psychology and Psychoanalysis. Mineápolis: University of Minnesota Press, 1956.

_____. Testability and Meaning (Continued). *Philosophy of Science*, v.4, n.1, p.1-40, 1937.

_____. Testability and Meaning. *Philosophy of Science*, v.3, n.4, p.419-71, out. 1936.

DEUTSCH, J. Anthony. *The Structural Basis of Behavior*. Chicago: University of Chicago Press, 1960.

_____. The Inadequacy of Hullian Derivations of Reasoning and Latent Learning. *Psychological Review*, v.63, n.6, p.389-99, 1956.

_____. A Theory of Insight, Reasoning and Latent Learning. *British Journal of Psychology*, v.47, n.2, p.115-25, 1956.

_____. A Theory of Shape Recognition. *British Journal of Psychology*, v.46, p.30-7, 1955.

_____. A Machine with Insight. Quarterly Journal of Experimental Psychology, v.6, n.1, p.6-11, 1954.

_____. A New Type of Behaviour Theory. British Journal of Psychology, v.44, n.4, p.304-17, 1953.

DOLLARD, John; MILLER, Nell E. *Personality and Psychotherapy*: An Analysis in Terms of Learning, Thinking and Culture. Nova York: McGraw-Hill, 1950.

EHRENFREUND, David. An Experimental Test of the Continuity Theory of Discrimination Learning with Pattern Vision. *Journal of Comparative and Physiological Psychology*, v.41, n.6, p.408-22, 1948.

ELLIS, Willis D. (org.). *A Source Book of Gestalt Psychology*. Londres; Inglaterra: Kegan Paul; Trench; Trubner & Co., 1938.

ESTES, William K. Stimulus-Response Theory of Drive. In: JONES, Marshall R. (org.). *Nebraska Symposium on Motivation*. v.6. Lincoln: University of Nebraska Press, 1958.

_____. Towards a Statistical Theory of Learning. *Psychological Review*, v.57, n.2, p.94-107, 1950.

_____ et al. *Modern Learning Theory*: A Critical Analysis of Five Examples. Londres: Appleton-Century-Crofts, 1954.

FEIGL, Herbert; BRODBECK, May (orgs.). *Readings in the Philosophy of Science*. Nova York: Appleton-Century-Crofts, 1953.

GLANZER, Murray. Curiosity, Exploratory Drive and Stimulus Satiation. *Psychological Bulletin*, v.55, n.5, p.302-15, 1958.

HAMLYN, David W. *The Psychology of Perception*: A Philosophical Examination of Gestalt Theory and Derivative Theories of Perception. Londres: Routledge and Kegan Paul, 1957.

HARLOW, Harry F. Mice, Monkeys, Men and Motives. *Psychological Review*, v.60, n.1, p.23-32, 1953.

_____. The Formation of Learning Sets. *Psychological Review*, v.56, n.1, p.51-65, 1949.

HAYES, K. J.; THOMPSON, R.; HAYES, C. Discrimination Learning Sets in Chimpazees. *Journal of Comparative and Physiological Psychology*, v.46, n.2, p.99-104, 1953.

HEBB, Donald O. *The Organization of Behavior*: A Neuropsychological Theory. Nova York; Londres: John Wiley and Sons; Chapman & Hall, 1949.

HEMPEL, Carl G. The Theoretician's Dilemma: A Study in the Logic of Theory Construction. In: FEIGL, Herbert; SCRIVEN, Michael; MAXWELL, Grover (orgs.). *Minnesota Studies in the Philosophy of Science*. v.II: Concepts, Theories and the Mind-Body Problem. Mineápolis: University of Minnesota Press, 1958.

_____. Problems and Changes in the Empiricist Criterion of Meaning. *Revue Internationale de Philosophie*, v.4, n.11, p.41-63, 1950.

HERB, F. H. Latent Learning: Non-Reward Followed by Food in Blinds. *Journal of Comparative Psychology*, v.29, n.2, p.247-56, 1940.

HULL, Clark. The Discrimination of Stimulus Configurations and the Hypothesis of Afferent Neural Interaction. *Psychological Review*, v.52, n.3, p.133-42, 1945.

_____. *Principles of Behavior*: An Introduction to Behavior Theory. Nova York: Appleton-Century-Crofts, 1943.

_____. The Problem of Intervening Variables in Molar Behaviour Theory. *Psychological Review*, v.50, p.273-91, 1943.

_____. Mind, Mechanism and Adaptive Behaviour. *Psychological Review*, v.44, p.1-32, 1937.

_____. The Mechanism of the Assembly of Behavior Segments in Novel Combinations Suitable for Problem Solution. Psychological Review, v.42, n.3, p.219-45, 1935.

_____. The Concept of the Habit-Family Hierarchy, and Maze Learning. Psychological Review, v.41, n.1, p.33-54, 1934.

_____. Goal Attraction and Directing Ideas Conceived as Habit Phenomena. Psychological Review, v.38, n.6, p.487-506, 1931.

HUNTER, W. S.; HALL, B. E. Double Alternation Behavior of the White Rat in a Spatial Maze. *Journal of Comparative Psychology*, v.32, n.2, p.253-66, 1941.

KENDLER, Howard H. The Influence of Simultaneous Hunger and Thirst Drives upon the Learning of Two Opposed Spatial Responses of the White Rat. Journal of Experimental Psychology, v.36, n.3, p.212-20, 1946.

KENNY, Anthony. *Action, Emotion and Will*. Londres: Routledge and Kegan Paul, 1963.

KOCH, S. Behaviour as "Intrinsically" Regulated: Work Notes Toward a Pre-Theory of Phenomena Called "Motivational". In: JONES, Marshall R. (org.). *Nebraska Symposium on Motivation*. v.4. Nebraska: University of Nebraska Press, 1956.

KOFFKA, Kurt. *Principles of Gestalt Psychology*. Nova York: Harcourt Brace and Co., 1935. [Ed. bras.: *Princípios de psicologia da Gestalt*. São Paulo: Cultrix, 1975.]

KÖHLER, Wolfgang. Simple Structural Functions in the Chimpanzee and the Chicken. In: ELLIS, Willis D. (org.). *A Source Book of Gestalt Psychology*. Londres; Inglaterra: Kegan Paul; Trench; Trubner & Co., 1938.

_____. *The Mentality of Apes*. 2.ed. Londres: Kegan Paul; Trubner and Co., 1927.

KRECHEVSKY, Isadore. "Hypotheses" in Rats. *Psychological Review*, v.39, n.6, p.516-32, 1932.

LANGFELD, H. S. Symposium on Operationism: Introduction. *Psychological Review*, v.52, n.5, p.241-2, 1945.

LASHLEY, Karl S. An Examination of the "Continuity Theory" as Applied to Discriminative Learning. *Journal of General Psychology*, v.26, n.2, p.241-65, 1942.

_____; WADE, Marjorie. The Pavlovian Theory of Generalization. *Psychological Review*, v.53, n.2, p.72-87, 1946.

LAWRENCE, Douglas H. Acquired Distinctiveness of Cues. II: Selective Association in a Constant Stimulus Situation. *Journal of Experimental Psychology*, v.40, n.2, p.175-88, 1950.

_____. Acquired Distinctiveness of Cues. I: Transfer between Discriminations on the Basis of Familiarity with the Stimulus. *Journal of Experimental Psychology*, v.39, n.6, p.770-84, 1949.

_____; DE RIVERA, J. Evidence for Relational Discrimination. *Journal of Comparative and Physiological Psychology*, v.47, p.465-77, 1954.

_____; MASON, W. A. Systematic Behaviour During Discrimination Reversal and Change of Dimensions. *Journal of Comparative and Physiological Psychology*, v.48, p.1-7, 1955.

LEWIN, Kurt. *Field Theory in Social Science*: Selected Theoretical Papers. Ed. Dorwin Cartwright. Nova York: Harper & Brothers, 1951. [Ed. bras.: *Teoria de campo em ciência social*. Rio de Janeiro: Pioneira, 1965.]

LINSKY, Leonard (org.). *Semantics and the Philosophy of Language*: A Collection of Readings. Urbana: University of Illinois Press, 1952.

MACCORQUODALE, Kenneth; MEEHL, Paul E. Edward C. Tolman. In: ESTES, W. K. et al. (eds.). *Modern Learning Theory*. Nova York: Appleton-Century-Crofts, 1954.

_____; _____. On a Distinction between Hypothetical Constructs and Intervening Variables. *Psychological Review*, v.55, p.95-107, 1948.

MAIER, Norman R. F.; SCHNEIRLA, Theodore C. *Principles of Animals Psychology*. Nova York: McGraw-Hill, 1935.

MCCLELLAND, David C. *The Achievement Motive*. Nova York: Appleton--Century-Crofts, 1953.

MCDOUGALL, William. *An Outline of Psychology*. 13.ed. Londres: Methuen, 1949.

MCNAMARA, Harold J.; LONG, John B.; WIKE, Edward. L. Learning without Response under Two Conditions of External Cues. *Journal of Comparative and Physiological Psychology*, v.49, n.5, p.477-80, 1956.

MEEHL, Paul E. On the Circularity of the Law of Effect. *Psychological Bulletin*, v.47, n.1, p.52-75, 1950.

MERLEAU-PONTY, Maurice. *The Phenomenology of Perception*. Londres: Routledge, 1945. [Ed. bras.: *Fenomenologia da percepção*. São Paulo: WMF Martins Fontes, 2018.]

_____. *Phénoménologie de la perception*. Paris: Gallimard, 1945. [Ed. bras.: *Fenomenologia da percepção*. São Paulo: WMF Martins Fontes, 2018.]

_____. *La Structure du comportement*. Paris: Presses Universitaires de France, 1942. [Ed. bras.: *A estrutura do comportamento*. São Paulo: Martins Fontes, 2006.]

MILLER, Neal E. Studies of Fear as an Acquirable Drive. I: Fear as Motivation and Fear-Reduction as Reinforcement in the Learning of New Responses. *Journal of Experimental Psychology*, v.38, n.1, p.89-101, 1948.

MONTGOMERY, Kay C. The Effect of Activity Deprivation upon Exploratory Behavior. *Journal of Comparative and Physiological Psychology*, v.46, n.6, p.438-41, 1953.

_____. Exploratory Behavior as a Function of Hunger in "Bright" and "Dull" Rats. *Journal of Comparative and Physiological Psychology*, v.46, n.5, p.323-6, 1953.

_____. The Effect of the Hunger and Thirst Drives upon Exploratory Behavior. *Journal of Comparative and Physiological Psychology*, v.46, n.5, p.315-9, 1953.

_____. Exploratory Behavior as a Function of "Similarity" of Stimulus Situation. *Journal of Comparative and Physiological Psychology*, v.46, n.2, p.129-33, 1953.

_____. A Test of Two Explanations of Spontaneous Alternation. *Journal of Comparative and Physiological Psychology*, v.45, n.3, p.287-93, 1952.

_____. Exploratory Behavior and its Relation to Spontaneous Alternation in a Series of Maze Exposures. *Journal of Comparative and Physiological Psychology*, v.45, n.1, p.50-7, 1952.

MORGAN, Clifford T. Physiological Mechanisms of Motivation. In: JONES, Marshall R. (org.). *Nebraska Symposium on Motivation*. v.5. Nebraska: University of Nebraska Press, 1957.

_____; STELLAR, Eliot. *Physiological Psychology*. 2.ed. Nova York: McGraw-Hill, 1950. [Ed. bras.: *Psicologia fisiológica*. São Paulo: Edusp, 1973.]

MOWRER, O. H. Two-Factor Learning Theory Reconsidered, with Special Reference to Secondary Reinforcement and the Concept of Habit. *Psychological Review*, v.63, n.2, p.114-28, 1956.

_____. *Learning Theory and Personality Dynamics*: Selected Papers. Nova York: Ronald Press, 1950.

MUNN, Norman L. *Handbook of Psychological Research on the Rat*: An Introduction to Animal Psychology. Boston: Houghton Mifflin, 1950.

NAGEL, Ernest. Teleological Explanations and Teleological Systems. In: FEIGL, H.; BRODBECK, M. (orgs.). *Readings in the Philosophy of Science*. Nova York: Appleton-Century-Crofts, 1953.

NISSEN, Henry W. The Nature of the Drive as Innate Determinant of Behavioral Organization. In: JONES, Marshall R. (org.). *Nebraska Symposium on Motivation*. v.2. Nebraska: University of Nebraska Press, 1954.

_____. Sensory Patterning versus Central Organization. *Journal of Psychology: Interdisciplinary and Applied*, v.36, p.271-87, 1953.

_____. Description of the Learned Response in Discrimination Behavior. *Psychological Review*, v.57, n.2, p.121-31, 1950.

NOWELL-SMITH, Patrick H. *Ethics*. Londres, Baltimore: Penguin Books, 1954.

PATRICK, James R.; ANDERSON, Amos C. The Effect of Incidental Stimuli on Maze Learning with the White Rat. *Journal of Comparative Psychology*, v.10, n.3, p.295-307, 1930.

PETERS, Richard S. *The Concept of Motivation*. Londres: Routledge; Kegan Paul, 1958.

POSTMAN, Leo. The History and Present Status of the Law of Effect. *Psychological Bulletin*, v.44, n.6, p.489-563, 1947.

RESTLE, Frank. Towards a Quantitative Description of Learning Set Data. *Psychological Review*, v.65, n.2, p.77-91, 1958.

_____. Discrimination of Cues in Mazes: A Resolution of the "Place-vs.--Response" Question. *Psychological Review*, v.64, n.4, p.217-28, 1957.

_____. A Theory of Discrimination Learning. *Psychological Review*, v.62, n.1, p.11-9, 1955.

RIOPELLE, Arthur J. Learning Sets from Minimum Stimuli. *Journal of Experimental Psychology*, v.49, n.1, p.28-32, 1955.

_____. Transfer Suppression and Learning Sets. *Journal of Comparative and Physiological Psychology*, v.46, n.2, p.108-14, 1953.

RITCHIE, Benbow F. Explanatory Powers of the Fractional Antedating Response Mechanism. British Journal of Psychology, v.50, n.1, p.1-15, 1959.

_____. Can Reinforcement Theory Account for Avoidance? *Psychological Review*, v.58, n.5, p.382-6, 1951.

_____. Studies in Spatial Learning. VI: Place Orientation and Direction Orientation. *Journal of Experimental Psychology*, v.38, n.6, p.659, 1948.

_____. Studies in Spatial Learning. III: Two Paths to the Same Location and Two Paths to Two Different Locations. *Journal of Experimental Psychology*, v.37, n.1, p.25, 1947.

ROSENBLUETH, Arturo; WIENER, Norbert. Purposeful and non-purposeful behavior. *Philosophy of Science*, v.17, n.4, p.318-26, 1950.

SCRIVEN, Michael. A Study of Radical Behaviorism. In: FEIGL, Herbert; SCRIVEN, Michael (orgs.). *Minnesota Studies in the Philosophy of Science*. v.I: The Foundations of Science and the Concepts of Psychology and Psychoanalysis. Mineápolis: University of Minnesota Press, 1956.

SEWARD, Georgene H.; SEWARD, John P. (orgs.). Current Psychological Issues: Essays in Honor of Robert S. Woodworth. Nova York: Holt, 1958.

SEWARD, John P. How Are Motives Learned? *Psychological Review*, v.60, n.2, p.99-110, 1953.

_____. Introduction to a Theory of Motivation in Learning. *Psychological Review*, v.59, n.6, p.405-13, 1952.

_____. Secondary Reinforcement as Tertiary Motivation: A Revision of Hull's Revision. *Psychological Review*, v.57, n.6, p.362-74, 1950.

_____. A Theoretical Derivation of Latent Learning. *Psychological Review*, v.54, n.2, p.83-98, 1947.

SKINNER, B. F. *Verbal Behavior*. Nova York: Appleton-Century-Crofts, 1957. [Ed. bras.: *O comportamento verbal*. São Paulo: Cultrix; Edusp, 1978.]

_____. Critique of Psychoanalytic Concepts and Theories. In: FEIGL, Herbert; SCRIVEN, Michael (orgs.). *Minnesota Studies in the Philosophy of Science*. v.I: The Foundations of Science and the Concepts of Psychology and Psychoanalysis. Mineápolis: University of Minnesota Press, 1956.

_____. *Science and Human Behavior*. Nova York: Simon and Schuster, 1953. [Ed. bras.: *Ciência e comportamento humano*. São Paulo: Martins Fontes, 2003.]

SPENCE, Kenneth W. The Postulates and Methods of "Behaviorism". In: FEIGL, Herbert; BRODBECK, May (orgs.). *Readings in the Philosophy of Science*. Nova York: Appleton-Century-Crofts, 1953.

_____. The Nature of the Response in Discriminatory Learning. *Psychological Review*, v.59, n.1, p.89-93, 1952.

_____. Theoretical Interpretations of Learning. In: STEVENS, S. (org.). *Handbook of Experimental Psychology*. Nova York: Wiley, 1951.

_____. The Postulates and Methods of "Behaviorism". *Psychological Review*, v.55, n.2, p.67-78, 1948.

_____. An Experimental Test of the Continuity and Non-Continuity Theories of Discrimination Learning. *Journal of Experimental Psychology*, v.35, n.4, p.253-66, 1945.

_____. The Nature of Theory Construction in Contemporary Psychology. *Psychological Review*, v.51, n.1, p.47-68, 1944.

_____. The Differential Response in Animals to Stimuli Varying within a Single Dimension. *Psychological Review*, v.44, n.5, p.430-44, 1937.

_____. The Nature of Discrimination Learning in Animals. *Psychological Review*, v.43, n.5, p.427-49, 1936.

STELLAR, Eliot. The Physiology of Motivation. *Psychological Review*, v.61, n.1, p.5-22, 1954.

STEVENS, S. (org.). *Handbook of Experimental Psychology*. Nova York: Wiley, 1951.

TAYLOR, Charles. *The Language Animal*: The Full Shape of the Human Linguistic Capacity. Cambridge, MA: Harvard University Press, 2016.

_____. A Secular Age. Cambridge, MA: Harvard University Press, 2007. [Ed. bras.: *Uma era secular*. Rio Grande do Sul: Unisinos, 2010.]

TAYLOR, Richard. Purposeful and Non-Purposeful Behavior: A Rejoinder. *Philosophy of Science*, v.17, n.4, p.327-32, 1950.

TEAS, Don C.; BITTERMAN, M. E. Perceptual Organization in the Rat. *Psychological Review*, v.59, n.2, p.130-40, 1952.

THISTLETHWAITE, Donald. A Critical Review of Latent Learning and Related Experiments. *Psychological Bulletin*, v.48, n.2, p.97-129, 1951.

THORPE, William H. *Learning and Instinct in Animals*. Massachusetts: Harvard University Press, 1956.

TINBERGEN, N. *The Study of Instinct*. Oxford: Clarendon Press; Oxford University Press, 1951.

TOLMAN, E. C. There Is More than One Kind of Learning. *Psychological Review*, v.56, n.3, p.144-55, 1949.

_____. Cognitive Maps in Rats and Men. *Psychological Review*, v.55, n.4, p.189-208, 1948.

_____; GLEITMAN, Henry. Studies in Learning and Motivation. I: Equal Reinforcements in both End-Boxes, Followed by Shock in One End-Box. *Journal of Experimental Psychology*, v.39, n.6, p.810, 1949.

_____; HONZIK, C. H. "Insight" in Rats. *University of California Publications in Psychology*, v.4, p.215-32, 1930.

_____; RITCHIE, B. F.; KALISH, D. Studies in Spatial Learning. VII: Place and Response Learning under Different Degrees of Motivation. *Journal of Experimental Psychology*, v.39, n.5, p.653, 1949.

_____; _____; _____. Studies in Spatial Learning. V: Response Learning versus Place Learning by the Non-Correction Method. *Journal of Experimental Psychology*, v.37, n.4, p.285, 1947.

_____; _____; _____. Studies in Spatial Learning. IV: The Transfer of Place Learning to other Starting Paths. *Journal of Experimental Psychology*, v.37, n.1, p.39, 1947.

_____; _____; _____. Studies in Spatial Learning. II: Place Learning versus Response Learning. *Journal of Experimental Psychology*, v.36, n.3, p.221-9, 1946.

_____; _____; _____. Studies in Spatial Learning. I: Orientation and the Short-Cut. *Journal of Experimental Psychology*, v.36, n.1, p.13-24, 1946.

TRYON, Robert. Studies in Individual Differences in Maze Ability. VI: Effects of Stimulus Variation; A Theory of Generalized Directional Components. *Journal of Comparative Psychology*, v.28, p.361-419, 1939.

VERPLANCK, William S. A Glossary of Some Terms Used in the Objective Science of Behavior. *Psychological Review*, v.64, parte 2(6), p.1-42, nov. 1957.

WEISE, Phillip; BITTERMAN, M. E. Response-Selection in Discriminative Learning. *Psychological Review*, v.58, n.3, p.185-95, 1951.

WHITE, Robert W. Motivation Reconsidered: The Concept of Competence. *Psychological Review*, v.66, n.5, p.297-333, 1959.

YOUNG, Paul T. The Role of Affective Processes in Learning and Motivation. *Psychological Review*, v.66, n.2, p.104-25, 1959.

_____. The Role of Hedonic Processes in Motivation. In: JONES, Marshall R. (org.). *Nebraska Symposium on Motivation*. v.3. Nebraska: University of Nebraska Press, 1955.

_____. The Role of Hedonic Process in the Organization of Behavior. *Psychological Review*, v.59, n.4, p.249-62, 1952.

_____. Food-Seeking Drive, Affective Processes and Learning. *Psychological Review*, v.56, n.2, p.98-121, 1949.

Índice remissivo

Ação: 55-83, 103-4, 111, 173, 214, 271, 301, 366-7; atribuição 62n, 136-7; e animais 103-9, 121-5; correlações estímulo-resposta 283; e consciência 103-6; e desejo 70, 83-9, 368-9; e direção 56-60, 63-9, 92-3, 139; explicação 69-79; explicação não teleológica 79-83; explicação teleológica 69-79, 91-2; funções 305-6; leis que governam 70-9; leis não teleológicas 72-3, 79; e mecanismo 72-3, 79-83, 146-7; meta-constância 284; e metas 56-63, 69-70; e movimento 91-101, 135-7; e não ação 63-4, 80-3, 84n; nível periférico 294; precedência 303-4; redescrição 68; respostas como 294-9; e responsabilidade 60-1, 67; sobredeterminada 65n; tipos 57-8n
Adaptabilidade: 315-7
Adaptação: 166-72, 306
Agência: 94-5, 100
Ambiente: 35, 195-6, 222-3, 227-30, 263, 269, 294, 364-5; aberto 271-7, 298; aprendizado sobre 245-6, 301-2; correlações de primeiro nível 271; fechado 275; geográfico 101, 228-9; intencional 100-1, 173, 175n, 178-9, 180, 226-30, 272, 276, 298-9
Animismo: 33-4, 139-40, 143-4
Animais: ausência de autoafirmação 105-8; e ação 103-9, 121-5; consciência de 102-12; intencionalidade 109-10; seres humanos e 102-3; tendências naturais 109-10
Ansiedade: 332-7, 351
Antecedente: 36-44, 49-52, 54, 67, 73-5, 76-80, 82, 83, 84-8, 92, 104-6, 131n, 140, 143-6, 152-3, 154, 162-3, 164, 272, 317-8, 326, 329-31, 344, 353-5, 365-6; causal 45, 53-4n, 64-6, 74-5, 77, 81-2, 87n, 138-9; de desejo 84-5, 86-7, 88n
Antecipação: 302-3
Antropologia filosófica: 28, 138-9
Aprendizado: 161-92, 271, 319-20, 345-6, 356-8, 364; de (ou discriminatório) 174, 178-9, 204-5, 217-20, 226-7, 231-2, 255-6, 279-80, 283-4, 296-8; de discriminação 180-3, 196, 204-13, 217, 218-23, 225-7, 231-2,

255-6, 283-4; de evitação 354-5; de labirinto 225-43, 245n, 247-69, 273-5, 279, 287-8, 296-9, 331-2, 341-3, 345-6; de orientação 230-6, 254-5, 260-9, 274-5, 276, 364; de orientação espacial 225-69; de respostas 214-23, 257n, 271-3; de lugar 257n; de aproximação 257n; elementos 183; e desempenho 322-3; e improvisação 227-36; e seleção 180-92; latente 233-36, 243-5, 246-7, 259-60; limites do 193-203; sobre o ambiente 245-6, 301-2; o problema do conjunto 173-80; papel do 288-9, 326-7; reforço 170-2; teorias estímulo--resposta (E – R) 161-6; teste 204-6, 225-6; transferência 204; visão cognitiva 174-80; comparação com maturação 228n; como condicionamento 166-72; continuidade do comportamento por meio do 176; teoria de Deutsch 252-69; conjuntos 173-92, 365-6; Lei do Efeito 166-72; aprender 186; habilidades motoras 292-3; orientação 228-36, 254-8, 260-9, 273-5, 276, 296-8
Arte: 9, 23
Associações: 161, 171-2, 195-6, 325-6
Atividade de Vácuo: 314n
Atividades Gratuitas: 314-5, 337-8, 353-5
Ato Reflexo: 65n, 172
Atomistas: 36-44
Atos de Estímulo: 236-43, 243-5, 343-4
Autoafirmação: 105-8
Autopreservação: 72, 303-4
Autorregulação: 315-7
Aversão: 336-7, 341-51

Bain, A.: 169-70, 302-3
Behaviorismo: 9-15, 18-9, 93-4n, 135-6, 137-9, 157-8, 161, 167, 190-1, 191-2n, 223, 244-5, 323-4, 354-6, 364, 366-7
Behaviorista, Psicologia: 9, 11, 12-3, 27-8, 31, 139-40, 146, 155-6
Bentham, J.: 303-4
Berlyne, D. E.: 338-40
Birch, H. G.: 177n, 236, 277n
Bitterman, M. E.: 212-3, 219, 222, 236
Blodgett, H. C.: 233-6, 256-7
Braithwaite, R. B.: 41n, 43n, 46n, 47n, 130n
Bridgman, P. W.: 118-9, 122n
Broadbent, D. E.: 183-4
Brogden, W. J.: 342-3, 344-5
Brown, J. S.: 323-5, 335-6, 343-4
Buxton, C. E.: 234-5, 257-8

Caldwell, W. C.: 232-3
Campbell, B. A.: 323n
Campbell, D. T.: 216n
Campo de Estímulo: 14, 198-9, 200-1, 202-3
Cannon, W. B.: 315-6, 321
Carnap, R.: 11-2, 119-22, 126-7, 130n
Cartesianismo: 11, 138-9
Casos Patológicos: 66-7, 76-7
Categorial, Sugestões: 187, 193
Causas Finais: 43-4
Causais: antecedentes 34, 42, 45, 64-6, 74-5, 77, 81-2, 87n, 138-9; leis 77-9
Centralistas, Teorias: 156-8, 294, 360-1, 364-5, 366n, 368-9
Centro, Noção de: 95, 101
Chimpanzés: 216-7, 277-80, 288-9, 326-8
Chomsky, Noam: 9, 11-2, 18-9
Cibernética: 48-9n, 72-3, 87-8
Ciência: 9-12, 17-9, 22-3, 28, 47n, 51-2, 54, 109-10, 113-8, 119-20, 132-4, 137-8, 139, 149, 154-5, 158, 162-3, 166-7, 193-4, 222-3, 230-1, 301, 314, 353-4, 363, 366-7; linguagem da 10, 114, 119-20; natural 19; social 21-2
Ciências humanas: 19, 23-4

Cientistas, comunicação entre os: 117
Cinestésicas, Sugestões: 262n
Cinestésicos, Estímulos: 219, 266n
Círculo de Viena: 137-8
Coisa física, linguagem da: 114-5, 117-8, 121, 132-5, 162, 198, 365-6
Complexidade: 286, 367-8
Comportamental, ambiente: 101n, 173n
Comportamento: 15, 27-9, 30, 55-6, 79, 111, 115-6, 143-4, 363-4; adaptativo 304-5, 354; animal 50-1, 102-12, 117, 314; anormal 50-1; apetitivo 289-90, 317-8, 327-8, 329-30; aprendido 166-72, 191-2n, 195n, 271-2, 274-5, 277-8, 319-20, 329-30; de acasalamento 304-5, 314-5, 329; de aproximação 222, 255-6, 260, 263, 275-6, 327-8; de intencionalidade 109-10; estereotipado 292-4, 317-8, 329-30; exploratório 314-5, 338-40; humano 15, 27-9, 30, 55-6, 79, 111, 115-6, 143-4, 363-4; inato 275-6, 284-5, 319-20, 329-30; intencional e teóricos E – R 163-6; mal-adaptativo 165, 174-5; operante 172, 283-4, 343; orientado 12-3, 231-3, 247-9, 266-7, 268-9, 296-8, 333-4; padrões de 30, 143-4, 313-5, 319-20; perspicaz 252-69; plástico 291-3, 317-8, 329-30; reprodutivo 304-5, 314-5, 323-4; sexual 316-7, 323-4, 360; continuidade do 176-7
Compostas, Sugestões: 189
Compreensão, tácita: 20
Comunicação, entre cientistas: 117
Conceitos de ação, rejeição de: 164-5
Condicionais, sugestões: 187-91, 365-6
Condicionamento: 166-72, 279, 287-8, 292-3, 295-8, 326-7, 329-30, 343-51, 354-5
Condições: antecedentes 30, 32-44, 50-1, 53-4n, 64-6, 72-5, 78-9, 82-8, 92, 104-6, 143-4, 152-4, 162-4, 272, 326, 329-31, 353, 355-6; estimulantes 318-9; hormonais 313-5, 329; impulsos 326; iniciais 46-7, 156-7, 281-2; internas 163-4, 228n, 313-9, 325-6
Configuração, propriedades de: 194, 199-200, 203, 212-3
Conflito: 87-9, 151-2, 202
Conhecimento: 15, 17, 37-8, 47n, 80-1, 96n, 106n, 114-5, 137-8, 151n, 154-5, 156-8, 173, 230-1, 252, 264-6, 268-9
Conjunto: 173-80, 183, 184-92
Conjuntos: circulares 249-52; de aprendizado 184-92, 365-6
Conotações metafísicas: 80-1, 83
Consciência: 9-10, 12, 95-7, 100, 162, 307-8; e ação 103-8; dos animais 102-12; definição 103-4; e intencionalidade 109-10, 114-7, 131-2; origem da 139-40; e pensamento 108-9
Consequente, o: 36-7, 38-9, 42-4, 77-8
Constância nos objetivos: 283-4
Construções lógicas: 120-1
Contensão moral: 58-61
Continuidade: do comportamento 176-7; e descontinuidade 177
Controle: 47-8
Convenção: 93-4n
Coordenação sensório-motora: 286-7
Correlações estímulo-resposta: 18, 19, 155-6, 161, 210-1, 231, 234-6, 247-8, 254-5, 276-7, 283, 284-5, 296, 331, 339-40, 352
Costume: 109-10, 164-5
Culpa: 60-1, 65n, 70, 75-6, 143-4
Culturas políticas: 19-20
Curiosidade: 338-40

Dados dos Sentidos: 137-8, 140-1
Darwin, C.: 167-8
Declarações psicológicas, suposições empíricas: 132-44
Definição operacional: 118-25, 132-4

Definido: pelo efetor 207, 284, 288; por realização 279-80
Descontinuidade *versus* continuidade: 176-7
Descrição: intencional 96n, 109-10, 141n, 179, 202, 366-7; privilegiada 109-10
Desejo: 56, 91, 103-4, 111, 170-1, 311-2, 360; e ação 70, 83-9, 368-9; antecedente de 84-7, 87n; e ansiedade 334-7; e intencionalidade 84-7, 96-9; e mecanismo 83-9, 146-7; explicação não teleológica 87-8; reprimido 67n, 98-9; inconsciente 98-9
Desejos: 99-100n
Desempenho e aprendizado: 322-3
Desenvolvimento: 21
Deutsch, J. A.: 156, 156n, 241, 242-3, 252-68
Diferenças culturais: 23-4
Dimensões de Sugestão: 186-7
Direção: 91-2, 364; e ação 56-60, 63-9, 91-2, 139; escala de 57-8; do comportamento 271-99; determinantes 319-20; direcionar e libertar estímulos 284-93; e ambiente 271-7; correlações de primeiro nível 271-2; improvisação 278-9; respostas 277-84; respostas como ação 294-9; papel das metas 274-6; correlações de estímulo-resposta 283; relação funcional de verdade 279-84
Direcionadores, estímulos: 284-93, 317-9
Direcionamento: 39-40, 56-7, 92-3
Diretores: 94-5
Discriminação: 180-6, 188-92, 196, 198-9, 202-3, 212, 225-7, 242-3n, 266-7, 274-5, 287-8, 292-3, 324-5, 364; aprendizado de (ou discriminatório) 174, 178-9, 204-5, 217-20, 226-7, 231-2, 255-6, 279-80, 283-4, 296-8; jogo de discriminação de qualidade de objeto 189-90
Disposição: 86-9, 87n, 163-4; espontânea 86-7
Distinção adquirida: 181-3, 191-2
DNA: 17-8
Dollard, J.: 333-6
Dor: 87n, 106-7, 167-71, 304-5, 307-8, 333-4, 341-50, 353-4, 355-61
Doutrina antiatomística: 38
Dualismo: 81-2n, 87n, 143-4, 167-8

Efetor: 207, 216-7, 276-7, 279-82, 284, 288, 291-2, 322
Ehrenfreund, D.: 180-1
Eisenstadt, Shmuel: 21
Elementos de estímulo: 180-3, 193-5, 200-1, 203, 204-7, 213, 290-1, 325-6
Emoções: 70, 350-1
Empírica: verificação 147-8; questão 31-6, 40-2, 44, 109, 127-9, 147-9, 150
Empirismo, empirista: 12, 37-40, 47n, 81-2n, 87n, 136-43, 161, 162, 163, 167-70, 201-2
Empiristas **lógicos:** 114-5, 118-9
Energia Psíquica: 70, 318-9, 330-1, 334, 335-6, 350-1, 352-4
Enteléquia: 31-2, 45
Entendimento tácito: 20
Entendimentos compartilhados: 20
Epistemologia: 37-8, 41-2, 133-4, 136-40, 142-3, 147-8, 161, 162, 201, 366-7
Escala filogenética: 111-2, 289-92, 319-20, 329-30
Escolha, pontos de: 225-6, 231-2, 234-5, 236-7, 254-5, 268n, 331-2, 346-8
Estados: de necessidade 329-30; de redução de impulso 323-4; fisiológicos 53-4n, 314-6
Estes, W. K.: 114-5, 117, 137n, 142-3
Estímulos: 161-3, 174-5, 177-84; cinestésicos 219, 266n;

condicionados 204-6, 341-3; definição 178n, 193, 197-8, 201; dirigir e libertar 284-93, 295, 317-9; discriminativos 204-5; e limites do aprendizado 193-203; e respostas 171-2, 204-9, 220-3; proprioceptivos 237-40, 343-5; propriedades do 198-203; seleção 195-7; teoria de Deutsch e 252-69; vazio dos 204-13

Evidência: 127-30, 150-1

Evitação, afastamento: 217-8, 219-20, 236, 259, 341-3, 347-51, 353-5, 358; aprendizado de 354-5

Existência humana, significado da: 28-9

Expectativa: 121-5, 174-9, 183, 242-3, 264-6, 358-60; Teoria da 243-52, 254-5

Experiência: 37-8, 70, 85-6, 101n, 108n, 136-9, 137-41, 157, 163, 166-9, 177, 182-3, 183-4, 188, 191-2, 192n, 197n, 201, 207-8, 210, 228-9, 238, 250-2, 277-8, 333, 341-4, 348-9, 356-7, 359; primitiva 140-3

Experimental, psicologia: 31, 146, 155-6, 368

Explicação: da ação 69-79; hipóteses de atomismo 36-44; assimetria da 44-54; causal 43-4, 53-4n; níveis de 46-9; não empírica 44-5, 55, 140-1; não teleológica 15, 41-2, 53-4n, 70-1, 72, 75-7, 78-9, 79-83, 87, 91, 100, 294, 317-8, 319-20, 327, 340; de poderes 45, 49; pelo propósito 27-54, 55-89, 100, 111-2, 113, 140, 145-6, 363-9; sentido mais fraco da 47n

Explicação teleológica: 30-1, 38-9, 41-4, 49-53, 55, 69-72, 92, 100-1, 145-6, 169-70, 298, 306, 318-9, 350-1, 363; de ação 69-79, 91-2; assimetria da 44-54; hostilidade behaviorista a 31; de propósito 30-54; regularidades 40-2; vitalismo 31

Explicações: causais 43-4, 53-4n; não empíricas 44-5, 55, 140-1

Extrínsecas, propriedades: 200-1

Falta de significado: 146

Fatos psicológicos, inobserváveis: 33-4, 135-41, 167-8

Fenomenologia: 10-1, 11-2, 13-4, 19, 20, 109-10n

Filogenética, escala: 111-2, 289-92, 319-20, 329-30

Fins, consciência dos: 103-4

Física aristotélica: 54-5

Fisicalismo: 137-8

Freud, S.: 98-9, 143-4, 303-4, 366n

Função: e metas 304-6; e propósito 305-6

Funções: de verdade 133n, 280-2; do ato consumatório 276, 289-90, 296, 302, 304-5, 317-8, 327-30, 353-4

Galileu: 51-2, 153-4

Generalização: contínuo aferente 206-9; de estímulo primário 205-6, 208-9; de estímulo secundário 207; primária de estímulo 205-9

Genes Egoístas: 17-8

Geográfico, ambiente: 101, 173n, 228-9

Glanzer, M.: 338-9

Goffman, Irving: 20

Guthrie, E. R.: 171-2, 279-80

Habilidades motoras, aprendizado: 167n, 292-3, 329-30, 334-5, 364

Hábitos: 18, 232-3, 242-3n, 277-8, 283n, 323-4, 333-5, 350; família de 238-41, 249; de resposta a estímulos 232-3

Hamilton, G. W.: 212

Harlow, H. F.: 184-9, 191-2n, 337-9

Hebb, D. O.: 33-4, 139-40, 327-8, 355-6, 357-8

Hedonismo: 306-12, 352-61; teoria da sobrevivência 302-7
Hempel, C. G.: 130n, 131n
Herb, F. H.: 234-6
Hermenêutica: 15, 20-1, 22, 24
Hierarquia familiar de hábito: 238-41, 249, 365-6
Hipóteses: empíricas 132-44; holísticas 41-2
Hobbes, T.: 22-3, 302-3
Holismo: 38
Homeostase e atividades homeostáticas: 39-40, 315-7, 321, 323-5, 329, 355
Hull, C. L.: 18, 42-3, 115-6, 121n, 134-5, 139-40, 142-3, 149, 156, 156n, 162, 164-7, 205-6, 207, 217, 221-2, 237-43, 243-4n, 246-9, 254-5, 261n, 279-80, 321-2, 327-8, 365-6
Humanismo: 28

Identificação: 37n
Ignorância Isenta: 60-1
Imaginários Sociais: 20
Impressões: 142-3
Improvisação: 225-36, 236-40, 244-5, 248-9, 251-69, 273-5, 276-7, 278-9, 297-8, 363-4; teoria da expectativa 243-52
Impulso: exploratório 338-9; sexual, canalização de 329-30; biogênicos 311-2
Impulso, estados de: 164, 228n, 323-6, 326-31, 331-40; associativo 326-7; aversão 343-4; condições antecedentes 326, 330-1; comportamento apetitivo 327-31; definição 322-4; funções 323-5; secundário 331-40; teoria do reforço 319-31
Incolor, movimento: 11, 134-5, 166, 216-7, 283
Inconsciente, desejo: 97-9
Indução: 249-50, 284, 286-8, 307-8, 367-8; de resposta 286-8

Inércia, princípio da: 52-3, 148-9, 153
Inibição externa: 221-2
Insight: 12-4, 20, 134-5, 165, 175-7, 191-2, 252-69, 363-4, 366-7
Instinto: 167, 303-4, 312-3, 319-20, 323-4, 337
Instruções: 174-5, 364
Integração sensorial: 236, 365-6
Inteligência, limites da: 203
Intencional, ambiente: 14, 100-1, 173, 175n, 178-9, 180, 226-30, 272, 276, 298-9
Intencionalidade, propósito: 17-8, 27, 35-6, 42, 62-3, 63-9, 91-112, 141n, 151-2, 156-7, 363; e ação 60-3, 76-7, 81-2, 91-101; e animais 107-8; e consciência 107-9; e desejo 84-5, 95-100; e desempenho 61n; e teoria E – R 162, 202-3
Interação neural aferente: 221-2, 367-8
Interacionismo: 33-4, 139-40
Interior, noção de: 95-6, 100
Interpretação: 20; operacionista 126-8; parcial 119-21, 128
Intersubjetiva, verificação: 116, 131-2, 147, 162, 366

Jogo de discriminação de qualidade de objeto: 189-90

Know-how: 184-5
Koehler, O.: 213
Köhler, W.: 108n, 208, 248, 277-8
Krechevsky, I.: 176-7, 180-1

Labirinto, aprendizado de: 225-43, 245n, 247-69, 273-5, 279, 287-8, 296-9, 331-2, 341-3, 345-6
Language Animal, The (Taylor): 22-3
Lashley, K. S.: 179-80, 184-5, 186-7, 205-6
Latente, aprendizado: 225-36, 236-8, 242-7, 259-60, 273-7

Lawrence, D. H.: 181-3, 184-5, 186-7, 209
Lei de Boyle: 46
Lei do efeito: 167-8, 170-2, 321, 331-3, 352
Lei de Newton: 51-2
Leis: 27-8, 30, 31-6, 39-42, 46-52, 53-4n, 54-5, 66-8, 80, 84n, 91-5, 106-7, 109-10, 131-2, 145-6, 151-2, 166, 211-2, 228n, 229-31, 244-5, 268-70, 275-7, 279-85, 317-9, 359-60, 365; ação governante 70-9; causais 76-9; do Efeito 167-8, 170-2, 321, 331-3, 352; forma conceitual das 148-9; não teleológicas 72-3, 79, 83, 100, 305-6, 312-4, 318-9, 353-4; nível básico 102, 150, 156-7, 162, 301-2; teleológicas 37-9, 42-4, 70-1, 101n, 111-2, 163, 228-9, 316-7; a principal evidência de 36-7; verificação de 150-4
Lewin, Ê.: 114-5, 149, 294n
Liberadores, estímulos: 284-93, 296, 318-9
Linguagem: 22-3, 55, 59, 70-1, 100, 109-10, 147-8, 330-1; da ciência 119-20; da coisa 121, 126, 131, 134-5; da coisa física 114-5, 117, 121, 132-5, 162, 198; da teoria 114-5; ordinária 15, 70-1, 91, 100, 123-4, 131-2, 134-5, 146-8, 161-7, 173, 219-20, 277-8, 330-1; suposições empíricas 132-44
Linguagem de dados: 113-44, 162, 201-2, 366-7; básica 142-3; definição 114; e definição operacional 118-25; e interpretação parcial 119-22, 128; e termos psicológicos 113-8, 122-3, 126-44; interpretação operacionista 126-7; neutralidade científica 113-8; psicologia não psicológica 126-32; suposições empíricas 132-44
Lorenz, Ê.: 305, 313-4
Lugar, aprendizado de: 257n

MacCorquodale, K.: 32n, 122-3, 131n, 133n, 234-5, 243-9, 252, 256-60, 280-2, 286-9, 298-9
Máquinas: 48-9n
Martírio: 359-60
Marxismo: 19
Materialismo, materialista: 9-10, 17-8, 19
Maturação: 228n
McClelland, D. C.: 355-7, 357-61
McDougall, W.: 226-7, 273-4, 303-4
McNamara, H. J.: 255-6
Mecanismo: 147-8, 210-1, 221-2, 302-3; e ação 72-3, 79-83, 146-7; e desejo 83-9, 146-7; modelo hidráulico 312-9; teoria do reforço 319-31
Mecanicistas: 17, 28-9, 31-2, 36, 87n, 109, 147, 201
Medo: 70, 104-5, 106-8, 122-3, 333-4, 343-51, 353
Meehl, P. E.: 32n, 122-3, 131n, 133-4, 234-6, 243-52, 256-60, 280-2, 286-9, 298-9, 320-1
Melhora: 278-9
Mente: 11-2, 18, 27-8, 103-4, 136-40, 163-4, 167, 210, 366-7; inacessível 11, 142-3
Merleau-Ponty, Maurice: 10-1, 11-5, 19, 108n, 109-10n, 141n
Metas: 17-8, 57, 94-5, 96-7, 171-2, 226-9, 231-43, 245n, 246-7, 258-61, 263-4, 266-8, 271, 284-7, 289, 294-9, 301, 304-7, 310-1, 317-9, 322n, 326-31, 333-4, 335-6, 341-3, 346, 352-3, 367-8; e ação 56-63, 69-70; e direção 56-7; e função 305-6; aprendizado 174-5; rastreabilidade múltipla 274-6; prazer 307-8; e respostas 271-2; papel das 275-6
Miller, N. E.: 333-6, 341-4, 346, 348-51
Modelo de redução de impulso: 335-6, 339-40, 343-4, 354
Modelo hidráulico: 312-9

Modernidades: alternativas 21-2; Múltiplas 21-2
Modernização: 21-2
Monarquia Instintiva: 303-4
Montgomery, K. C.: 337-9
Morgan, C. T.: 314n
Moss, Lenny: 24
Motivação: 72, 97-8, 228n, 273n, 314n; autônoma 340; impulsos biogênicos 311-2; hedonismo 306-12, 352-61; secundária 331-40; teorias de 301-12; ver também impulsos
Motivo: 70
Motora, atividade: 284-5, 289, 290-6, 313-4, 317-9
Movimento: 79-80, 147; e ação 91-101, 135-6; incolor 216-7; e sugestão 214-6; direcionando e libertando 284-5; definido pelo efetor 288; constância de meta 283-4; natural 79-80, 147; padrões de 143-4; respostas como ação 294-9; violento, 79-80, 147
Mowrer, Ï. H.: 332-3, 343-5, 348-9

Nagel, E.: 39-41
Não Ação: 63-4, 75-7, 79-81, 83, 84n, 91-2; e ação 63-9, 80-3
Não psicológica, psicologia: 126-32, 142-3
Não teleológica, explicação: 15, 70-1, 75-9, 79-83, 88-9
Não teleológicas, leis: 41-2, 72-3, 77, 79, 83, 100, 148, 305-6, 318-9, 353-4
Narrativa: 23
Natural, movimento: 51-2, 54-5, 79-80, 147
Natureza: animada e inanimada 102; e convenção 93-4n; humana 28; processos na 27-8
Necessidade: 156-7, 162, 164-5, 170-2, 253n, 315-6, 321-3, 329-30, 334, 336-8, 354, 356

Neobehaviorismo: 155-6, 157-8, 161, 167, 190-1, 223, 323-4, 355-6, 364, 367
Neo-hedonismo: 355-61
Neurocomportamentais: 356-8, 360-1
Neurofisiológicas, teorias: 366n, 368-9
Neutralidade científica: 113-8
Newton, Lei de: 51-2
Nissen, H. W.: 210, 211-2, 216-20, 222, 279-80, 283-4, 293-4n, 337-8, 340, 352-3, 365-6
Nível Filogenético: 101n, 175, 326-7
Níveis de adaptação: 358-9
Noble, Denis: 24
Nowell-Smith, P.: 310

O Pensar: 107-8
Objetivos: 259-60, 312-3
Objetos intensionais: 96-7, 141n
Observação: 135-6; imediata 133-4
Ontogênese: 228n, 292-3, 293-4n, 311-2, 329-30
Operacional, definição: 117-8, 118-25, 126, 129, 132-4, 162
Operacionismo: 127-8, 129-31, 133-4, 137-9
Ordem: 30
Organismo: 101; animados 34, 102; status especial 34
Organização neurocomportamental: 356-7, 360-1
Orientação, aprendizado de: 230-6, 254-5, 260-9, 274-5, 276, 364
Orientação: 226-33, 250-1; espacial 12-3, 225-69, 364; teoria de Deutsch 252-69; período de exploração 234-5; e improvisação 226-36; ambiente intencional 226-7; pontos de referência 266-8; aprendizado latente 233-6; aprendizado de labirinto 225-7; comportamento orientado 228-31

Índice remissivo

Padrões: de comportamento 143-4; de movimento 143-4; de motor 281-2, 284-5, 286-7, 290-1, 318-9
Paradigmas científicos: 17
Paragem ou parada, pontos de: 72, 303
Pavlov, I. P.: 171-2, 221-2, 274-5, 312-3, 341-4, 348-50
Periferalistas, Explicações: 156-78, 295, 301, 353-4, 363, 364-5
Perspectivas filosóficas: 18
Peters, R. S.: 53-4n, 93-4n, 279
Poderes: 45
Pontos: de escolha 225-6, 231-7, 254-5, 268n, 331-2, 346-8; de paragem ou parada 72, 303; de referência 219-20, 260, 264-8, 284-5
Positivismo, positivista: 130n, 131n, 133-4, 137, 145-6, 147-8
Prazer: 87n, 167-71, 302-5, 307-12, 355-61
Pré-galileana, explicação: 45-6, 50-2
Primitiva, experiência: 140-3
Problema do caminho verdadeiro: 232-6, 242-3, 243-4n, 248-9, 253-4, 257-9
Problemas de Umweg: 278-9
Programação: 50-1, 72-7, 80-1, 84-5, 87
Programas de computador: 17-8
Propósito: 302-7, 323-4; básicos 302, 303-5, 317-8; e ação 55-83; e ambiente 35-6; e atomismo 36-44; antecedente 37-44, 45; condições antecedentes 32-6; assimetria da explicação 44-54; comportamento animal 102-12; consequente 36-9; e desejo 56; explicação pelo 27-54, 55-89, 100-1, 111-2, 113, 140, 145-6, 154-8, 363-5; e função 186-7; e significado 27; e ordem 30; explicação teleológica 30-54; vitalismo 31-2
Propriedades: de configuração 199-200; de sugestão 201-3; do estímulo 198-203; extrínsecas 200-1; relativas 200-1
Psicanálise: 366-7
Psicologia: 132-4, 149, 368; linguagem de dados 365-6; não psicológica 126-32
Punição: 75-6, 139-40, 218, 234-6

Rastreamento múltiplo: 274-5
Reação de Voo: 304-5
Realização: 59; respostas como 277-84
Recompensa: 75-6, 139-40, 170-1, 174-5, 177-80, 183, 184-6, 188-91, 193-4, 195-6, 202-3, 204, 215, 218, 222-3, 225-6, 233-6, 239-40, 241-3, 245-9, 251-2, 266-7, 271-4, 284, 287-8, 297-8, 314-5, 320-1, 322n, 331-2, 337-8, 341-5, 354
Redução: de impulso 326-8, 329; de necessidade 323-4
Redutivismo: 19, 22-3
Referência, pontos de: 219-20, 260, 264-6, 268, 284-5
Reflexão ética: 28
Reflexos condicionados: 221-2, 274-5, 283-4, 312-3
Reforçadores: 319-23, 357-8; secundários 331-2
Reforço: 170-2, 174, 188-91, 253-4, 259, 295-6, 331-2; definição 319-21; secundário 331-2
Regras de correspondência: 119-21, 127-30
Relação organismo-ambiente: 219-20
Relativas, propriedades: 200-1
Representar: 57-8n
Repressão: 98-9
Reprimido, desejo: 98-9
República do instinto: 303-4
Responsabilidade: 60-1, 67; lugares de 94-5
Resposta: antecipatória fracionária 237-8, 242-3; aprendizado de 214-23, 257n, 271-3; de evitação 347-9; de meta fracionária 239-40; adaptativas 248-50,

273-5; autonômicas expressivas 358; condicionadas 195-7, 207, 212-3, 226-7, 271-2, 277-8; de aproximação 257-8, 264-5; maladaptativas 273-4; secundárias 287-8

Respostas como: ação 294-9; adaptativas 248-50, 273-5; classe de 280; classificação pelo resultado 217-8; conquista 277-84; condicionadas 195-7, 207, 212-3, 226-7, 271-2, 277-8; dirigir e libertar 284-93; facilitar 278-9; fracionárias antecipatórias 237-8, 242-3; e metas 239-40, 271-2; no aprendizado 214-23, 257n, 271-3; maladaptativas 273-4; recompensadoras 225-6; secundárias 287-8; e estímulos 170-1, 204-8; sugestões 214; teoria da expectativa 243-52; atos de estímulo 236-43; correlações estímulo-resposta 283; relação vero-funcional 280-1; tipos 216-7

Restle, F.: 183-4, 187-91, 262-3n
Ritchie, B. F.: 226, 227n, 240-1, 242-3n, 243-4n, 248-9, 251-2, 257n, 263-4
Romantismo alemão: 23
Rosenblueth, A.: 48-9n

Saciador: 321
Satisfação: 170-1
Secularização: 21-2
Secundária, motivação: 331-40
Seleção: 180-92
Seleção natural: 167-8
Senso comum: 71-5, 93-4n, 146, 180-1, 293-4n, 303, 313-4, 321
Sequência: de resposta instintiva 289-93; de comportamento 256n, 276-7, 296-8, 317-8; de hábitos 238-41
Seward, J. P.: 243-5, 333
Shepard, J. P.: 260-1
Significado: 27; teoria da verificação do 119-20

Situação: 271-2
Situações Totais: 228-9
Skinner, B. F.: 9, 18-9, 117-8, 131n, 143-4, 162-3, 172, 296-7, 298, 322n
Sócrates: 60-1
Spence, K. W.: 33-4, 163-4, 176-7, 180-1, 191-2, 208-9, 217, 218, 219-20, 279-80, 283-4
Spencer, H.: 169-70
Status ontológico: 132-3
Subjetividade: 9-10, 163
Sugestão, propriedades de: 187, 193, 200-3
Sugestões: 180-92, 198-203, 214, 268n; abstratas 296n; categoriais 193; compostas 189; condicionais 188-91, 365-6; cinestésicas 262n; e movimento 214-7; hierárquicas 253-4; hierarquia 257-60, 267-8; papel no aprendizado de orientação 260-9; respostas de aproximação 259-60; ponto de referência 219-20, 260, 264-8, 284-5

Táxis: 57-8n, 284-6
Teas, D. G.: 212-3, 219, 222
Teleologia: 17-8
Teleológicas, leis: 36-44, 50-1, 51n, 53-4n, 70-1, 101n, 111-2, 148, 163, 228-9, 316-7
Tendências: inerentes 35-6, 72; naturais 35-6, 45, 49, 52-3, 71, 102, 208, 302, 340, 365
Teoria: 116-9, 121n, 142-4,131n, 150-2; cognitiva 211-2; da expectativa 243-52; da Gestalt 173n, 200n, 293-4n; da linguagem 22-3; da sobrevivência 304-7; da verificação do significado 119; do aprendizado 123-72, 301; do filtro 183-4, 196-7, 199-200; do ponto de referência 252-9; do reforço 331-40; eliminação da 154-5; evolucionária 305-6; hedonista 306-12; linguagem da 114-5; molar

estímulo-resposta 210-3; republicana 309-10, 313-4; verificação da 150-4
Teoria cinética dos gases: 46
Teoria da: contiguidade 327, 354-5; da expectativa 243-5, 248; da Gestalt 173n, 200n, 293-4n; da linguagem 22-3; da sobrevivência 304-7; da verificação do significado 119; do aprendizado 123-72, 301; do filtro 183-4, 196-7, 199-200; do ponto de referência 252-9; do reforço 331-40; evitação ou afastamento 218-29; obstáculos 352-4
Teorias (E – R) Estímulo-Resposta: 161-6, 225-6, 271-2, 276-8, 366-8; de Deutsch 252-69; e condicionamento 166-72; e intencionalidade 202-3; e aprendizado latente 234-6; e resposta 214; e seleção 180-92; atos de estímulo 236-43; constância de meta 283-4; correlações estímulo-resposta 283-4; explicação do aprendizado de orientação 229-31; indeterminação 207-8; limites do aprendizado 193-203; linguagem de dados 202-3; meta 164-5; o problema de conjunto 173-80; e propósito 164-5; rejeição de conceitos de ação 164-5; teoria do reforço 319-31; teóricos da contiguidade 128; vazio das 204-13; teoria da expectativa 243-52; ontogênese 292-3; e improvisação 227-8, 236-43
Teste empírico: 113, 123-4, 128-9
Thompson, Evan: 24

Thorndike, E. L.: 167-70, 321-2, 341-3
Tinbergen, N.: 284-6, 289-92, 304-5, 313-4, 317-20
Tolman, E. C.: 121-5, 126, 133n, 174-5, 226, 227n, 232-3, 240-4, 248-9, 253-4, 263-4, 266-7, 273-5, 293-4n, 341-3, 345-8
Tradução fora da existência: 39-40
Transferência: 239-40, 248-9
Treinamento, papel do: 231, 272, 275, 277-9
Tropismos: 256n, 266-8

Uma era secular (Taylor): 22

Valor: 27; funcional 108n
Valor de verdade: 118-9
Variáveis independentes: 163
Vazio empírico: 146-8
Verificação: de leis 150; de teoria 150-4; empírica 148-9; explicação pelo propósito 154-8; problema de 145-58
Verificação do significado, teoria da: 119-20
Verplanck, W. S.: 117-9
Vida humana, paradigmas: 17-8
Violento, movimento: 79-80, 147
Visão cognitiva, do aprendizado: 174-5, 176-7, 179-81
Vitalismo: 31-2

Watson, J. B.: 117-8, 171-2
Weise, P.: 219
White, R. W.: 337-8
Wiener, N.: 48-9n

Young, P. T.: 328-9, 355-8, 360-1

SOBRE O LIVRO

Formato: 13,7 x 21 cm
Mancha: 24,5 x 38,7 paicas
Tipologia: Iowan Old Style 10/14
Papel: Off-white 80g/m² (miolo)
Cartão Supremo 250g/m² (capa)
1ª edição Editora Unesp: 2024

EQUIPE DE REALIZAÇÃO

Edição de texto
Tulio Kawata (Copidesque)
Carmen T. S. Costa (Revisão)

Capa
Negrito Editorial

Editoração eletrônica
Sergio Gzeschnik (Diagramação)

Assistente de produção
Erick Abreu

Assistência editorial
Alberto Bononi
Gabriel Joppert

Rua Xavier Curado, 388 • Ipiranga - SP • 04210 100
Tel.: (11) 2063 7000 • Fax: (11) 2061 8709
rettec@rettec.com.br • www.rettec.com.br